MANNING

Amazon
Web Services
云计算实战
（第2版）

Amazon Web Services
IN ACTION
Second Edition

［德］ 迈克尔·威蒂格（Michael Wittig） 著
安德烈亚斯·威蒂格（Andreas Wittig）

费良宏 方凌 刘春华 译

人民邮电出版社
北 京

图书在版编目（CIP）数据

Amazon Web Services云计算实战 / （德）迈克尔·威蒂格（Michael Wittig）著；（德）安德烈亚斯·威蒂格（Andreas Wittig）著；费良宏，方凌，刘春华译. -- 2版. -- 北京：人民邮电出版社，2023.5
书名原文：Amazon Web Services in Action, Second Edition
ISBN 978-7-115-60929-8

Ⅰ. ①A… Ⅱ. ①迈… ②安… ③费… ④方… ⑤刘… Ⅲ. ①电子商务－云计算－研究 Ⅳ. ①F713.36

中国国家版本馆CIP数据核字(2023)第012661号

◆ 著　　　　[德]迈克尔·威蒂格（Michael Wittig）
　　　　　　[德]安德烈亚斯·威蒂格（Andreas Wittig）
　　译　　　费良宏　方凌　刘春华
　　责任编辑　孙喆思
　　责任印制　王郁　马振武
◆ 人民邮电出版社出版发行　　北京市丰台区成寿寺路 11 号
　　邮编　100164　电子邮件　315@ptpress.com.cn
　　网址　https://www.ptpress.com.cn
　　大厂回族自治县聚鑫印刷有限责任公司印刷
◆ 开本：800×1000　1/16
　　印张：29　　　　　　　　2023 年 5 月第 2 版
　　字数：626 千字　　　　　2023 年 5 月河北第 1 次印刷
　　著作权合同登记号　图字：01-2018-8754 号

定价：129.80 元
读者服务热线：(010)81055410　印装质量热线：(010)81055316
反盗版热线：(010)81055315
广告经营许可证：京东市监广登字 20170147 号

内容提要

    Amazon Web Services（AWS）是亚马逊公司的云计算平台，它提供了一整套基础设施和应用服务，可以帮助用户在云中运行几乎一切应用。本书介绍 AWS 云平台的核心服务，如计算、存储、网络等内容。读者可以从本书了解在云上实现自动化，保证安全，实现高可用、容错和海量扩展的系统架构的最佳实践。

    本书分为 4 部分，共 17 章。本书从介绍 AWS 的基本概念开始，引入具体的应用示例，让读者对云计算和 AWS 平台有整体的了解；然后讲解如何搭建包含虚拟机和网络的基础设施；在此基础上，深入介绍如何在云上存取数据，让读者熟悉存储数据的方法和技术；最后展开讨论在 AWS 上如何设计架构，让读者了解实现高可用性、高容错和高扩展性的最佳实践。

    本书第 2 版全面修订了第 1 版中的各章内容，并涵盖 AWS 的最新添加的服务，包括使用 AWS Lambda 的无服务器基础设施，与 EFS 共享数据以及使用 Amazon ElastiCache 的内存数据存储等。

    本书适合对 AWS 感兴趣的运维人员和开发人员，尤其是需要将分布式应用向 AWS 平台迁移的运维人员和开发人员阅读。

译者序

突如其来的疫情影响了我们的工作与生活，也包括导致这本书延误出版。但这时却可以让我们重新审视那些我们习以为常却又无比重要的东西，例如健康、亲情，还有科技的力量。

曾经有这样一种错误的看法：科技仅仅是专业人员的事情，与普通人关系不大。但事实告诉我们，科学技术的发展早已突破这种认知边界，科技已经成为与我们日常工作、生活密不可分的一部分。云计算就是这样的一个典型例子。今天的云计算如此普遍，以至于我们很容易忽视它的价值。但在社交应用、短视频、流媒体、智能家居、新医药的研发和无数其他创新的背后，云计算技术发挥了无可替代的巨大作用。今天，无处不在的云计算已经造就一个价值约 3700 亿美元的方兴未艾的行业，这个行业由亚马逊、微软和阿里巴巴等大型科技公司主导，并出现无数因此而崛起的初创企业。

10 多年前我著书立说，尝试解释何为"云计算"。随着时代的进步，云已经不再是一个新的概念，但它真正的价值直到现在才开始被人们认识。在我看来，未来 10 年甚至更久，云计算将以 3 种方式重新塑造世界。

（1）数字化的基础设施。云计算将为未来的城市提供数字化的基础设施，预计到 2023 年，全球人口数量将达到 80 亿。智慧城市、无人驾驶汽车和新能源等领域，都将由云计算提供数据存储和分析的能力。所有这些探索与尝试都将变得更安全，管理也会更有效。无论企业的规模如何，所有公司都需要数字化的基础设施来支持其业务运营。云计算将使信息技术从一个支持系统变成一个真正的生产系统。

（2）数据管理的能力。云计算还将帮助社会处理日益增长的数据。随着人工智能、物联网、5G 等技术的普及，全球数据正在无限制地增加。国际数据公司（IDC）统计显示，全球近 90% 的数据将在这几年内产生，预计到 2025 年，全球数据量将超过 2016 年的 16.1 ZB 的 10 倍，达到 163 ZB。而云计算将使我们能够存储这些不断增长的数据，并对其进行挖掘以获得数据之上的洞察力。

（3）人工智能的应用。人工智能和云计算已经融合，这改变了数百万人的生活。像苹果公司的 Siri、亚马逊公司的 Alexa 这样的数字助理每天都将人工智能和云计算融入我们的生活。通过语音，用户可以进行网购、调节灯光或者控制音箱播放歌曲。人工智能和基于云的资源的无缝结合使这些场景成为现实。在更大的范围内，人工智能正在业务云场景下发挥作用，使组织更高效、更具战略性和洞察力。云计算通过在云中托管数据和应用，为企业提供更强的灵活性、敏捷性和成本优化能力。现在，人工智能与云计算相结合，有效地帮助企业管理数据、寻找信息中的模式和见解、提升客户体验，并优化工作流程。可以说，人工智能等新兴技术将通过云计算使设想成为现实，并帮助新的技术适应新的平台和更多的场景。

云计算正在推动各个层面的业务变革。从数据分析到业务流程自动化，这种变革的潜力是巨大的。这也是我们每个人的机遇，让云计算为我们所用！

最后，感谢为出版此书付出努力的每一个人，相信我们的努力将会帮助更多有志者成为"云计算时代"的"弄潮儿"。

费良宏

2022 年 3 月 8 日于北京

译者介绍

费良宏，AWS 首席开发者、"布道师"。在过去的 20 多年一直从事软件架构、程序开发以及技术推广等领域的工作。擅长 Web 应用、移动应用以及机器学习应用等的开发，也从事过多个大型软件项目的设计、开发与项目管理工作。目前专注于云计算和互联网等技术领域，致力于帮助中国的开发者构建基于云计算的新一代互联网应用。

方凌，毕业于北京工业大学（学士）与北京邮电大学（硕士），曾于互联网公司及支付公司担任支付金融产品部门负责人，关注互联网金融。热爱阅读，业余研究涉猎广泛。

刘春华，AWS 行业解决方案架构师。关注 AWS 的云计算方案架构的咨询和设计以及在行业中的应用。同时致力于 AWS 云服务在全球的应用和推广，在安全合规领域以及大规模并发应用架构、无服务器架构、人工智能等方面有丰富的实践经验。曾任 IBM 云架构师，对企业应用迁移到云及应用系统改造有深入的研究。

对本书第 1 版的赞誉

本书对云计算基础进行了精彩的介绍，还提供了优秀的真实示例。

——Rambabu Posa，GL Assessment 公司

一本介绍 AWS 的全面且实用的指南，强烈推荐。

——Scott M. King，亚马逊公司

抛开浩繁的官方文档，讲解使用 AWS 的必备技巧。

——Carm Vecchio，计算机科学公司（CSC）

适合从零开始学习 AWS 编程的书。

——Javier Muñoz Mellid，Igalia 公司

原书序

从 20 世纪 90 年代末到 21 世纪初，我一直从事系统管理员的工作，我努力使网络服务保持在线、安全，并确保用户可以正常使用。当时，这样的管理工作是枯燥且繁重的，涉及网络电缆吊装、服务器架设、光学介质安装和手动配置软件。这是一项吃力不讨好的工作，我经常在挫折中得到锻炼。工作时需要耐心、毅力和饮用大量的咖啡。为了进入新兴的在线市场，那个时代的企业肩负管理相关物理基础设施的重任，承担相关资金成本和运营成本，并希望取得足够的成就来证明这些费用的合理性。

2006 年，Amazon Web Services（AWS）横空出世，它标志着行业的转变。计算资源和存储资源的管理事务大大简化，构建和启动应用的成本也大幅下降。突然间，任何有好想法和执行能力的人都可以在世界级的基础设施上构建全球性的业务，并且只需要付出每小时几美分的初始成本。AWS 的价值主张立竿见影，我们迎来了新的创业公司、数据中心迁移和第三方服务提供商的浪潮。对一个成熟市场的累积颠覆性而言，少数技术能凌驾于所有其他技术之上，而 AWS 就是其中之一。

如今，前进的脚步依然没有停止。2017 年 12 月，在拉斯维加斯举行的年度 re:Invent 大会上，亚马逊公司首席技术官 Werner Vogels 向 4 万多名与会者宣布，自 2012 年第一届大会以来，其公司已经发布了约 3951 项新的功能和服务。AWS 的年运营收入达到 180 亿美元，同比增长 40%。企业、创业公司和政府都大规模地采用了 AWS 云。这些数字是惊人的，而 AWS 的发展却没有任何放缓的迹象。

不用说，这种增长和创新是以极大的复杂性为代价的。AWS 云由数十种服务和数千种功能组成，可以实现强大的新应用和高效的设计。但它是由一个个全新的概念组成的，具有独特的架构和最佳技术实践。这个平台会让初学者感到困惑。如何知道该从哪里开始学习呢？

本书通过示例和可视化的方式来分解 AWS 的复杂体系，以巩固读者的知识。两位作者安德烈亚斯和迈克尔专注于用户最可能需要的最突出的服务和功能。第 4 章及之后的每章都提供了代码清单，以强化云的可编程性。由于许多读者将亲自为 AWS 的使用支付费用，因此任何产生费用的示例都会在文中明确指出。

作为一名顾问、作者，同时作为一名工程师，打心底里说，我非常赞赏为向新用户介绍令人困惑的云计算世界而做的任何努力。我可以自信地说，本书是一份整个业界领先的 AWS 云平台的实用指南。

有了这本书作为助手，你将在 AWS 云上构建什么？

本·惠利（Ben Whaley）
AWS 社区英雄和作者

前言

2008 年，我们开始软件开发者职业生涯的时候，并不关心运维。我们编写代码，其他人负责部署和运维。软件开发和运维之间存在巨大的鸿沟。更重要的是，发布新功能往往意味着巨大的风险，因为我们无法针对软件和基础设施的所有的变更进行手动测试。当需要部署新功能时，每隔 6 个月我们就要经历一场“噩梦”。

时间流逝，2012 年，我们开始负责开发一个产品：一个在线银行平台。我们的目标是快速迭代，并且能够每周为产品发布新功能。我们的软件要负责管理资金，因此，软件和基础设施的质量和安全性与创新能力一样重要。但是，缺乏灵活性的内部部署的基础设施和过时的软件部署过程使这一目标根本无法实现。于是，我们开始寻找更好的方法。

我们搜索到了 Amazon Web Services（AWS），它为我们提供了一种灵活、可靠的方式来构建和运行我们设计的应用。它让我们的基础设施的每一部分实现自动化的可能性令人着迷。逐步地，我们尝试不同的 AWS 服务，从虚拟机到分布式消息队列。能够将操作 SQL 数据库或负载均衡器这类任务外包的特性为我们节省了大量的时间。我们将节省下来的时间投入实现整个基础设施的自动化测试和运维上。

技术方面的变化并不是在向云转型过程中发生的唯一变化。一段时间后，软件架构从单体应用架构转变为微服务架构，软件开发与运维之间的鸿沟消失了。相反，我们围绕 DevOps 的核心原则——“谁构建，谁运维”，构建了我们的组织机构。

自 2015 年以来，我们一直作为独立顾问，帮助我们的客户充分利用 AWS。我们参与初创企业、中等公司和大型企业的云计算相关工作。除了设计和实施基于 AWS 服务的云架构，我们还专注于基础设施即代码、持续部署、Docker、无服务器、安全和监控。

我们很享受在 2015 年编写本书第 1 版的过程。来自 Manning 出版社和 MEAP 读者的巨大支持让我们仅用了 9 个月就完成了整本书。最重要的是，观察到你们（我们的读者）使用我们的书入门 AWS 或加深对 AWS 的了解，这让我们感到非常高兴。

AWS 一直在创新，不断推出新功能或全新的服务。因此，在 2017 年是时候更新我们的书了。我们在 2017 年 6 月开始编写第 2 版。在接下来的 6 个月内，我们更新了所有章节内容，又增加了 3 章内容，并根据读者和编辑的反馈对本书进行了改进。

我们希望您和我们一样喜欢《Amazon Web Services 云计算实战（第 2 版）》！

致谢

写一本书是很耗时的。我们投入了大量的时间,其他人一样投入了大量的时间。我们认为时间是世间最宝贵的资源,我们要尊重帮助我们完成这本书的人为此所花费的每一分钟。

感谢所有购买本书第 1 版的读者,感谢你们的信任和支持。知道你们阅读我们的书,并通过示例来解决问题,这让我们的写作动力大增。同时,我们从你们的反馈中学到了不少东西。

接下来,我们要感谢所有购买本书 MEAP 版的读者。感谢你们忽略了它的不足之处,而专注于学习 AWS 的知识。你们的反馈帮助我们打磨了你们现在正在阅读的第 2 版。

感谢所有在 Manning 出版社网站的本书论坛上发表评论的人以及为改进本书提供精彩反馈的人。

此外,感谢第 1 版和第 2 版的所有审阅者,他们从第一页到最后一页都提供了详细的评论。第 2 版的审阅者是 Antonio Pessolano、Ariel Gamino、Christian Bridge-Harrington、Christof Marte、Eric Hammond、Gary Hubbart、Hazem Farahat、Jean-Pol Landrain、Jim Amrhein、John Guthrie、Jose San Leandro、Lynn Langit、Maciej Drozdzowski、Manoj Agarwal、Peeyush Maharshi、Philip Patterson、Ryan Burrows、Shaun Hickson、Terry Rickman 和 Thorsten Höger。你们的反馈帮助我们完成了这本书,希望你们和我们一样喜欢这本书。

特别感谢 Michael Labib 对涉及 Amazon ElastiCache 的第 12 章的投入和反馈。

此外,我们要感谢我们的技术开发编辑 John Hyaduck。你对 Amazon Web Services 和这本书的公正的和具有技术性的观点帮助完善了第 2 版。同时要感谢第 1 版的技术编辑 Jonathan Thoms。

David Fombella Pombal 和 Doug Warren 确保了书中的所有示例都能按照预期工作。感谢你们对书中的技术部分进行的校对。

我们还要感谢 Manning 出版社对我们的信任。特别是,我们要感谢 Manning 出版社以下工作人员的出色工作。

- Frances Lefkowitz,策划编辑,感谢你指导我们完成了第 2 版的写作。你的写作和教学专长在我们书中的每个部分都很明显。感谢你的支持。
- Dan Maharry,编写第 1 版时的策划编辑。感谢你从我们编写第 1 版的第一页到完成第一本书的过程中对我们的帮助。

- Aleksandar Dragosavljević，感谢你组织了对我们的书的评论。谢谢你确保我们从读者那里得到有价值的反馈。
- Benjamin Berg 和 Tiffany Taylor，感谢你们完善了我们的英语表达。我们知道和我们在一起工作的你们很不容易，毕竟我们的母语是德语，我们要感谢你们的努力。
- Candace Gillhoolley、Ana Romac 和 Christopher Kaufmann，感谢你们帮助我们推广这本书。
- Janet Vail、Deirdre Hiam、Elizabeth Martin、Mary Piergies、Gordan Salinovnic、David Novak、Barbara Mirecki、Marija Tudor 以及所有其他的幕后工作者，感谢你们把我们粗糙的初稿变成了一本真正的书。

非常感谢 Ben Whaley 为本书作序。

最后但同样重要的是，我们要感谢我们生活中一些重要的人，他们在我们编写这本书的过程中默默地支持我们。Andreas 要感谢他的妻子 Simone，Michael 要感谢他的搭档 Kathrin，感谢他们的耐心和鼓励。

关于作者

　　迈克尔·威蒂格（Michael Wittig）和安德烈亚斯·威蒂格（Andreas Wittig）是专注于 Amazon Web Services（AWS）的软件工程师和 DevOps 工程师。2013年，这对兄弟将一家德国银行的整个 IT 基础设施迁移到了 AWS 上。这在德国银行界算是首例。自 2015 年以来，他们一直担任顾问，帮助客户在 AWS 上迁移和运行工作负载。他们专注于基础设施即代码、持续部署、无服务器、Docker 和安全等领域，也在亚马逊云上构建 SaaS 产品。两人都是 AWS 认证的专业级 AWS 解决方案架构师（AWS Certified Solutions Architect - Professional）以及 AWS 认证的专业级 DevOps 工程师（AWS Certified DevOps Engineer - Professional）。此外，他们还喜欢通过本书、博客以及在线和现场培训（如 AWS in Motion）与他人分享知识，教授他人如何使用 AWS。

关于本书

本书指导读者从创建 Amazon Web Services（AWS）账户开始，逐步深入，直到构建容错和自动扩展的应用。在这个过程中，读者将学到提供计算、网络和存储容量的服务，还将学到在 AWS 上运行 Web 应用所需的一切：负载均衡器、虚拟机、文件存储、数据库系统和内存缓存。

本书的第一部分会介绍 AWS 的原理，让读者对云计算的可能性有一些印象。接下来，书中会介绍基本的计算和网络服务。之后，书中将演示 6 种不同的数据存储方式。本书的最后一部分重点介绍高可用甚至容错的架构，让读者最终能动态地扩展自己的基础设施。

AWS 提供的服务种类繁多。遗憾的是，一本书的篇幅是有限的。因此，我们不得不跳过容器、大数据和机器学习等主题。不过，本书涵盖基本的或最重要的服务。

自动化贯穿整本书，所以最终读者可以很自如地使用自动化工具 AWS CloudFormation，这是一个基础设施即代码的工具，让读者能以自动化的方式管理自己的云基础设施。这将是读者从本书中学到的重要的技能之一。

本书中的大多数示例都是使用流行的 Web 应用来演示要点的。我们尽可能地使用 AWS 提供的工具而不是第三方工具，因为我们非常欣赏 AWS 的质量和提供的支持。本书专注于云安全的不同方面，例如，在访问云资源时遵循最小特权原则。

我们在书中重点将 Linux 作为虚拟机的操作系统。示例是基于开源软件的。

亚马逊公司在世界各地拥有地理区域运营数据中心。为了简化示例，我们在书中使用的是美国东部（弗吉尼亚州北部）地区。读者还将学习如何切换到另一个区域，以示范性地利用亚太（悉尼）地区的资源。

路线图

第 1 章介绍云计算和 AWS。读者可以了解关键概念和基础知识，并创建和设置自己的 AWS 账户。

第 2 章将 AWS 引入具体操作中。读者可以轻而易举地深入了解复杂的云基础设施。

第 3 章是关于使用虚拟机的。读者可以借助一些实际的示例，了解弹性计算云（Elastic Compute Cloud，EC2）服务的主要概念。

第 4 章展示实现基础设施自动化的不同方法：从终端使用的 AWS 命令行界面（Command Line Interface，CLI）、用喜欢的程序语言编程的工具 AWS SDK，以及基础设施即代码的工具 AWS CloudFormation。

第 5 章介绍将软件部署到 AWS 的 3 种不同方法。读者可以使用各种工具以自动化的方式将应用部署到 AWS 上。

第 6 章是关于安全的。读者将学习如何使用私有网络和防火墙来保护自己的网络基础设施，还将学习如何保护自己的 AWS 账户和云资源。

第 7 章是关于使用 AWS Lambda 自动化操作任务的。读者将学习如何在云中无须启动虚拟机即可运行小的代码片段。

第 8 章介绍提供对象存储的 Amazon 简单存储服务（Simple Storage Service，S3），以及提供长期存储的 Amazon Glacier 服务。读者将学习如何将对象存储集成到自己的应用中来实现无状态服务器，并用于创建图片库。

第 9 章介绍使用 Amazon 弹性块存储（Elastic Block Storage，EBS）和实例存储将虚拟机的数据存储到硬盘上。读者可以进行一些性能的测量，以了解 AWS 上可用的不同选项。

第 10 章介绍使用网络文件系统在多台机器之间共享数据。因此，我们介绍 Amazon 弹性文件系统（Elastic File System，EFS）。

第 11 章介绍 Amazon 关系数据库服务（Relational Database Service，RDS），它提供托管的关系数据库系统（如 MySQL、PostgreSQL、Oracle 和 Microsoft SQL Server）。读者将学习如何将应用连接到一个 RDS 数据库实例。

第 12 章介绍在基础设施中添加缓存，以加快应用的处理速度，并因最小化数据库层的负载而节省成本。具体来说，读者将学习 Amazon ElastiCache，它提供 Redis 或 Memcached 作为缓存服务。

第 13 章介绍 AWS 提供的 NoSQL 数据库服务 Amazon DynamoDB。DynamoDB 通常与遗留应用不兼容。我们需要重新设计应用，以便能够使用 DynamoDB。读者可以在这一章中实现一个待办事项的应用。

第 14 章解释使基础设施高可用所需的内容。读者将学习如何从故障的虚拟机甚至整个数据中心自动恢复数据。

第 15 章介绍解耦系统以提高可靠性的概念。读者将学习如何在弹性负载均衡（Elastic Load Balancing，ELB）的帮助下实现同步解耦。异步解耦也是这一章内容的一部分，我们将解释如何使用 Amazon 简单队列服务（Simple Queue Service，SQS），即一个分布式队列服务，构建容错系统。

第 16 章根据第 14 章和第 15 章介绍的概念深入探讨如何构建容错的应用。在这一章中，读者可以创建一个容错的图片处理网络服务。

第 17 章是关于灵活性的。读者将学习如何根据计划或基于系统的当前负载来扩展基础设施的容量。

代码的约定和下载

本书有 4 种类型的代码清单，即 Bash、YAML、Python 和 Node.js/JavaScript。我们使用 Bash 创建小型的脚本，以自动化的方式与 AWS 交互。YAML 用于以 AWS CloudFormation 能够理解的方式描述基础设施。此外，我们使用 Python 管理云基础设施。我们还使用 Node.js 平台通过 JavaScript 创建小型应用，以构建云原生应用。

本书包含许多源代码的示例，许多代码清单附带了代码注释，突出了重要的概念。有时我们需要将一行分成两行或多行，以适应页面。在 Bash 代码中，我们使用了延续的反斜杠。在 YAML、Python 和 Node.js/JavaScript 代码中，人为的换行符用➡表示。

本书中示例的代码可以从 Manning 出版社官方网站或者 GitHub 下载。

关于封面插画

本书封面插图名为 "Paysan du Canton de Lucerne"，即来自瑞士中部卢塞恩州的农民。这张插图取自 Jacques Grasset de Saint-Sauveur（1757—1810）于 1797 年在法国出版的各国服装服饰图集 Costumes de Différent Pays。这本图集中的每幅图都是手工精心绘制和上色的。

Jacques Grasset de Saint-Sauveur 的图集内容非常丰富，它生动地提醒我们 200 年前世界各地的城市和地区的文化差异多么大。当时人们彼此隔绝，不同城市和地区的人使用不同的方言和语言。在街头或乡间，仅从服装就能很容易地辨别出一个人居住在哪里，以及他从事的行业或生活状况。

与那时相比，现在我们的着装方式发生了变化，当时地域的多样化带来的着装上的丰富多彩已经渐渐消逝。现在很难区分不同大洲的居民，更不用说不同国家、不同地区或不同城镇的居民了。或许我们已经用更多样化的个人生活——当然也包括更多样化和快节奏的科技生活，取代了文化的多样性。

在这个很难将一本计算机类图书与另一本加以区分的时代，Manning 出版社以两个世纪前丰富多样的地域生活为基础，借用 Jacques Grasset de Saint-Sauveur 的插图作为书籍的封面，以此赞美计算机行业的创造性和主动性。

资源与支持

本书由异步社区出品，社区（https://www.epubit.com）为您提供相关资源和后续服务。

配套资源

本书提供源代码，要获得这一配套资源，请在异步社区本书页面中点击"配套资源"，跳转到下载界面，按提示进行操作即可。注意：为保证购书读者的权益，该操作会给出相关提示，要求输入提取码进行验证。

提交勘误

作者和编辑尽最大努力来确保书中内容的准确性，但难免会存在疏漏。欢迎您将发现的问题反馈给我们，帮助我们提升图书的质量。

当您发现错误时，请登录异步社区，按书名搜索，进入本书页面，点击"提交勘误"，输入勘误信息，点击"提交"按钮即可。本书的作者和编辑会对您提交的勘误进行审核，确认并接受后，您将获赠异步社区的 100 积分。积分可用于在异步社区兑换优惠券、样书或奖品。

扫码关注本书

扫描下方二维码，您将会在异步社区微信服务号中看到本书信息及相关的服务提示。

与我们联系

我们的联系邮箱是 contact@epubit.com.cn。

如果您对本书有任何疑问或建议，请您发邮件给我们，并请在邮件标题中注明本书书名，以便我们更高效地做出反馈。

如果您有兴趣出版图书、录制教学视频，或者参与图书技术审校等工作，可以发邮件给本书的责任编辑（sunzhesi@ptpress.com.cn）。

如果您来自学校、培训机构或企业，想批量购买本书或异步社区出版的其他图书，也可以发邮件给我们。

如果您在网上发现有针对异步社区出品图书的各种形式的盗版行为，包括对图书全部或部分内容的非授权传播，请您将怀疑有侵权行为的链接通过邮件发给我们。您的这一举动是对作者权益的保护，也是我们持续为您提供有价值的内容的动力之源。

关于异步社区和异步图书

"异步社区" 是人民邮电出版社旗下 IT 专业图书社区，致力于出版精品 IT 图书和相关学习产品，为作译者提供优质出版服务。异步社区创办于 2015 年 8 月，提供大量精品 IT 图书和电子书，以及高品质技术文章和视频课程。更多详情请访问异步社区官网 https://www.epubit.com。

"异步图书" 是由异步社区编辑团队策划出版的精品 IT 专业图书的品牌，依托于人民邮电出版社的计算机图书出版积累和专业编辑团队，相关图书在封面上印有异步图书的 LOGO。异步图书的出版领域包括软件开发、大数据、AI、测试、前端、网络技术等。

异步社区

微信服务号

目录

第一部分 AWS 云计算起步

1 第 1 章 什么是 AWS 3

1.1 什么是云计算 4

1.2 AWS 可以做什么 4

  1.2.1 托管一家网店 5

  1.2.2 在专用网络内运行 Java EE 应用 6

  1.2.3 实施高可用的系统 7

  1.2.4 从批量处理基础设施的低成本中获益 8

1.3 如何从使用 AWS 上获益 9

  1.3.1 创新和快速发展的平台 9

  1.3.2 解决常见问题的服务 9

  1.3.3 启用自动化 9

  1.3.4 灵活的容量（可扩展性） 10

  1.3.5 为失效而构建（可靠性） 10

  1.3.6 缩短上市的时间 10

  1.3.7 从规模经济中受益 11

  1.3.8 全球基础设施 11

  1.3.9 专业的合作伙伴 11

1.4 费用是多少 11

  1.4.1 免费套餐 12

  1.4.2 账单样例 12

  1.4.3 按使用付费的机遇 13

1.5 同类对比 14

1.6 探索 AWS 服务 14

1.7 与 AWS 交互 17

  1.7.1 管理控制台 18

  1.7.2 CLI 18

  1.7.3 SDK 19

  1.7.4 蓝图 20

1.8 创建一个 AWS 账户 20

  1.8.1 注册 21

  1.8.2 登录 25

  1.8.3 创建一个密钥对 26

1.9 创建账单警报跟踪 AWS 账单 29

1.10 小结 32

2 第 2 章 一个简单示例：5 分钟搭建 WordPress 站点 33

2.1 创建基础设施 34

2.2 探索基础设施 40

  2.2.1 资源组 40

  2.2.2 虚拟机 41

  2.2.3 负载均衡器 43

  2.2.4 MySQL 数据库 44

  2.2.5 网络文件系统 46

2.3 成本是多少 47

2.4 删除基础设施 48

2.5 小结 49

第二部分　搭建由计算机和网络组成的虚拟基础设施

3　第 3 章　使用虚拟机：EC2　53

3.1　探索虚拟机　53
　3.1.1　启动虚拟机　54
　3.1.2　连接到虚拟机　65
　3.1.3　手动安装和运行软件　68
3.2　监控和调试虚拟机　69
　3.2.1　显示虚拟机的日志　69
　3.2.2　监控虚拟机的负载　70
3.3　关闭虚拟机　71
3.4　更改虚拟机的大小　72
3.5　在另一个数据中心启动虚拟机　75
3.6　分配一个公有 IP 地址　78
3.7　向虚拟机添加额外的网络接口　80
3.8　优化虚拟机的开销　84
　3.8.1　预留虚拟机　85
　3.8.2　对未用虚拟机出价　87
3.9　小结　91

4　第 4 章　编写基础设施：命令行、SDK 和 CloudFormation　92

4.1　基础设施即代码　94
　4.1.1　自动化和 DevOps 迁移　94
　4.1.2　开发一种基础设施语言：JIML　94
4.2　使用 CLI　98
　4.2.1　为什么要自动化　98
　4.2.2　安装 CLI　98
　4.2.3　配置 CLI　99
　4.2.4　使用 CLI　102
4.3　使用 SDK 编程　106
　4.3.1　使用 SDK 控制虚拟机：nodecc　106

　4.3.2　nodecc 如何创建一台虚拟机　107
　4.3.3　nodecc 如何列出虚拟机并显示虚拟机的详细信息　108
　4.3.4　nodecc 如何终止一台虚拟机　109
4.4　使用蓝图来启动一台虚拟机　110
　4.4.1　CloudFormation 模板解析　111
　4.4.2　创建第一个模板　114
4.5　小结　120

5　第 5 章　自动化部署：CloudFormation、Elastic Beanstalk 和 OpsWorks　121

5.1　在灵活的云环境中部署应用　122
5.2　比较部署工具　123
　5.2.1　对部署工具进行分类　123
　5.2.2　比较部署服务　123
5.3　使用 AWS CloudFormation 创建虚拟机并在启动时运行部署脚本　124
　5.3.1　在服务器启动时用用户数据来运行脚本　125
　5.3.2　将 VPN 服务器 OpenSwan 部署到虚拟机　125
　5.3.3　从零开始而不是更新　129
5.4　使用 AWS Elastic Beanstalk 部署简单的 Web 应用　130
　5.4.1　Elastic Beanstalk 组件　130
　5.4.2　使用 Elastic Beanstalk 部署一个 Node.js 应用 Etherpad　131
5.5　使用 AWS OpsWorks Stacks 部署多层应用　135
　5.5.1　AWS OpsWorks Stacks 的组件　136

5.5.2　使用 AWS OpsWorks Stacks
　　　部署 IRC 聊天应用　138
5.6　小结　147

6　**第 6 章　保护系统安全：IAM、
　　　安全组和 VPC　148**
6.1　谁该对安全负责　149
6.2　使软件保持最新　150
6.2.1　检查安全更新　150
6.2.2　在虚拟机启动时安装
　　　安全更新　151
6.2.3　在正在运行的虚拟机上安装
　　　安全更新　152
6.3　保护 AWS 账户安全　153
6.3.1　保护 AWS 账户的 root
　　　用户安全　154
6.3.2　AWS 身份和访问管理　155
6.3.3　使用 IAM 策略定义权限　156
6.3.4　用户用于身份认证，组用于
　　　组织用户　158
6.3.5　使用角色认证 AWS 资源　159
6.4　控制进出虚拟机的
　　　网络流量　161
6.4.1　使用安全组控制虚拟机的
　　　流量　162
6.4.2　允许 ICMP 流量　163
6.4.3　允许 SSH 流量　164
6.4.4　允许来自源 IP 地址的
　　　SSH 流量　165
6.4.5　允许来自源安全组的
　　　SSH 流量　166
6.5　在云中创建一个专用网络：
　　　亚马逊虚拟私有云　170
6.5.1　创建 VPC 和互联网网关　171
6.5.2　定义公有堡垒主机子网　172
6.5.3　添加私有 Apache Web 服务器
　　　子网　174
6.5.4　在子网中启动虚拟机　175
6.5.5　通过 NAT 网关从私有子网
　　　访问互联网　176
6.6　小结　178

7　**第 7 章　用 Lambda 自动化
　　　操作任务　179**
7.1　用 AWS Lambda
　　　运行代码　180
7.1.1　什么是无服务器　180
7.1.2　在 AWS Lambda 上
　　　运行代码　180
7.1.3　比较 AWS Lambda 与虚拟机
　　　（Amazon EC2）　181
7.2　用 AWS Lambda 构建
　　　网站健康状况检查　182
7.2.1　创建 Lambda 函数　183
7.2.2　用 CloudWatch 搜索 Lambda
　　　函数的日志　188
7.2.3　用 CloudWatch 指标和警报
　　　监视 Lambda 函数　190
7.2.4　访问 VPC 中的端点　194
7.3　自动添加包含 EC2 实例
　　　所有者的标签　196
7.3.1　事件驱动：订阅 CloudWatch
　　　事件　196
7.3.2　在 Python 中实现 Lambda
　　　函数　199
7.3.3　用无服务器应用模型设置
　　　Lambda 函数　200
7.3.4　授权 Lambda 函数用具有 IAM
　　　角色的其他 AWS 服务　201
7.3.5　用 SAM 部署 Lambda
　　　函数　202
7.4　用 AWS Lambda 还能
　　　做什么　203
7.4.1　AWS Lambda 有哪些
　　　限制　203
7.4.2　无服务器定价模式的
　　　影响　203
7.4.3　使用场景：Web 应用　204
7.4.4　使用场景：数据处理　205
7.4.5　使用场景：物联网后端　206
7.5　小结　206

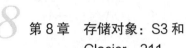

第三部分　在云中存储数据

第8章　存储对象：S3和
　　　　　Glacier　211
8.1　什么是对象存储　212
8.2　Amazon S3　212
8.3　使用 AWS CLI 在 S3 上
　　　备份数据　214
8.4　归档对象以优化成本　216
　　8.4.1　创建 S3 存储桶来配合
　　　　　　Glacier 使用　217
　　8.4.2　添加生命周期规则到
　　　　　　存储桶　218
　　8.4.3　实验 Glacier 和
　　　　　　生命周期规则　220
8.5　以编程的方式存储对象　222
　　8.5.1　设置 S3 存储桶　224
　　8.5.2　安装使用 S3 的
　　　　　　Web 应用　224
　　8.5.3　检查使用 SDK 访问 S3 的
　　　　　　代码　224
8.6　使用 S3 来实现静态网站
　　　托管　226
　　8.6.1　创建存储桶并上传一个
　　　　　　静态网站　227
　　8.6.2　配置存储桶来实现
　　　　　　静态网站托管　227
　　8.6.3　访问 S3 上托管的网站　228
8.7　使用 S3 的最佳实践　229
　　8.7.1　确保数据一致性　229
　　8.7.2　选择正确的键　230
8.8　小结　231

第9章　在硬盘上存储数据：
　　　　　EBS 和实例存储　232
9.1　弹性块存储：通过网络附加的
　　　持久的块级别存储　233
　　9.1.1　创建 EBS 卷并将其附加到
　　　　　　EC2 实例　234

　　9.1.2　使用 EBS　234
　　9.1.3　调整性能　236
　　9.1.4　使用 EBS 快照备份数据　238
9.2　实例存储：临时块存储　240
　　9.2.1　使用实例存储　243
　　9.2.2　测试性能　244
　　9.2.3　备份数据　244
9.3　小结　245

第10章　在机器之间共享数据卷：
　　　　　EFS　246
10.1　创建文件系统　248
　　10.1.1　用 CloudFormation 描述
　　　　　　　文件系统　248
　　10.1.2　定价　249
10.2　创建安装目标　249
10.3　在 EC2 实例上安装
　　　　EFS 共享　251
10.4　在 EC2 实例之间
　　　　共享文件　254
10.5　调整性能　255
　　10.5.1　性能模式　255
　　10.5.2　预期吞吐量　256
10.6　监视文件系统　256
　　10.6.1　是否应使用最大 I/O 性能
　　　　　　　模式　257
　　10.6.2　监控你的允许吞吐量　258
　　10.6.3　监控你的使用情况　259
10.7　备份数据　259
　　10.7.1　使用 CloudFormation 描述
　　　　　　　EBS 卷　260
　　10.7.2　使用 EBS 卷　260
10.8　小结　262

第11章　使用关系数据库服务：
　　　　　RDS　263
11.1　开始使用 MySQL
　　　　数据库　265
　　11.1.1　用 RDS 数据库启动
　　　　　　　WordPress 平台　265

11.1.2 探索带有 MySQL 引擎的
RDS 数据库实例 268
11.1.3 Amazon RDS 的定价 268
11.2 将数据导入数据库 268
11.3 备份和还原数据库 271
11.3.1 配置自动快照 271
11.3.2 手动创建快照 272
11.3.3 还原数据库 273
11.3.4 复制数据库到
另一个区域 274
11.3.5 计算快照费用 275
11.4 控制对数据库的
访问 275
11.4.1 控制对 RDS 数据库配置的
访问 276
11.4.2 控制对 RDS 数据库的网络
访问 277
11.4.3 控制对数据的访问 277
11.5 依赖高可用数据库 278
11.6 调整数据库的性能 280
11.6.1 增加数据库资源 281
11.6.2 使用读复制来提高
读性能 282
11.7 监控数据库 284
11.8 小结 286

**第 12 章 使用内存缓存数据：
Amazon
ElastiCache 287**
12.1 创建缓存集群 291
12.1.1 最小 CloudFormation
模板 292
12.1.2 测试 Redis 集群 293
12.2 缓存部署选项 294
12.2.1 Memcached 集群 295
12.2.2 Redis 单节点集群 295
12.2.3 Redis 禁用集群模式的
集群 296
12.2.4 Redis 启用集群模式的
集群 297

12.3 控制缓存访问 298
12.3.1 控制访问配置选项 298
12.3.2 控制网络访问 299
12.3.3 控制集群和数据访问 299
12.4 使用 CloudFormation 安装
示例 Discourse 应用 300
12.4.1 VPC——网络配置 301
12.4.2 缓存——安全组、子网组、
缓存集群 302
12.4.3 数据库——安全组、子网组、
数据库实例 303
12.4.4 虚拟机——安全组、
EC2 实例 304
12.4.5 测试 Discourse 的
CloudFormation 模板 306
12.5 监控缓存 307
12.5.1 监控主机相关指标 308
12.5.2 内存是否足够？ 309
12.5.3 Redis 只读副本是否
保持最新 309
12.6 优化缓存性能 309
12.6.1 选择合适的节点类型 310
12.6.2 选择正确的部署选项 311
12.6.3 压缩数据 311
12.7 小结 311

**第 13 章 面向 NoSQL 数据库服务的
编程：DynamoDB 312**
13.1 操作 DynamoDB 314
13.1.1 管理 314
13.1.2 定价 314
13.1.3 网络 315
13.1.4 与 RDS 对比 315
13.1.5 与其他 NoSQL 数据库
对比 316
13.2 开发人员需要了解的
DynamoDB 316
13.2.1 表、项目和属性 316
13.2.2 主键 317
13.2.3 本地 DynamoDB 318

13.3 编写待办事项应用 318
13.4 创建表 320
　　13.4.1 通过分区键标识用户 320
　　13.4.2 通过分区键和排序键
　　　　　 标识任务 321
13.5 添加数据 323
　　13.5.1 添加用户 324
　　13.5.2 添加任务 325
13.6 检索数据 325
　　13.6.1 通过键来获取项目 326
　　13.6.2 通过键和过滤器
　　　　　 查询项目 327
　　13.6.3 使用全局辅助索引进行
　　　　　 更灵活的查询 329
　　13.6.4 扫描和过滤表中的
　　　　　 所有数据 332
　　13.6.5 最终一致的数据检索 333
13.7 删除数据 333
13.8 修改数据 334
13.9 扩展容量 335
　　13.9.1 容量单元 336
　　13.9.2 自动扩展 337
13.10 小结 339

第四部分　在 AWS 上搭架构

14

第 14 章　实现高可用性：
　　　　　 可用区、自动扩展以及
　　　　　 CloudWatch 343
14.1 用 CloudWatch 从 EC2 实例
　　　故障中恢复 344
　　14.1.1 创建 CloudWatch 警报来
　　　　　 在状态检查失败时
　　　　　 触发恢复 345
　　14.1.2 根据 CloudWatch 警报监控和
　　　　　 恢复虚拟机 347
14.2 从数据中心中断中
　　　恢复 350

14.2.1 可用区：一组独立的
　　　　数据中心 351
14.2.2 用自动扩展确保 EC2 实例
　　　　一直运行 354
14.2.3 借助自动扩展将出现
　　　　故障的虚拟机恢复到
　　　　另一个可用区 356
14.2.4 隐患：网络附加
　　　　存储恢复 359
14.2.5 隐患：网络接口恢复 363
14.3 分析灾难恢复的
　　　必要条件 367
14.4 小结 368

15

第 15 章　基础设施解耦：
　　　　　 ELB 与 SQS 369
15.1 利用负载均衡器进行
　　　同步解耦 370
15.2 利用消息队列进行
　　　异步解耦 375
　　15.2.1 将同步过程转换成
　　　　　 异步过程 376
　　15.2.2 URL2PNG 应用的架构 377
　　15.2.3 创建消息队列 377
　　15.2.4 以编程方式生产消息 378
　　15.2.5 以编程方式消费消息 379
　　15.2.6 使用 SQS 传递消息的
　　　　　 局限性 383
15.3 小结 384

16

第 16 章　容错设计 385
16.1 使用冗余 EC2 实例提高
　　　可用性 387
　　16.1.1 冗余可以消除单点故障 387
　　16.1.2 冗余需要解耦 389
16.2 使代码容错的
　　　注意事项 390
　　16.2.1 让其崩溃，而且重试 390
　　16.2.2 幂等重试使容错
　　　　　 成为可能 391

16.3　构建容错 Web 应用：
　　　　Imagery　393
　16.3.1　幂等状态机　396
　16.3.2　实现容错的 Web 服务　397
　16.3.3　实现容错的工作进程来
　　　　　消费 SQS 消息　404
　16.3.4　部署应用　407
16.4　小结　413

第 17 章　向上或向下扩展：
　　　　自动扩展和
　　　　CloudWatch　414
17.1　管理动态 EC2 实例池　416

17.2　使用指标或计划
　　　　触发扩展　419
　17.2.1　根据计划进行扩展　420
　17.2.2　根据 CloudWatch 指标
　　　　　进行扩展　421
17.3　解耦动态 EC2 实例池　423
　17.3.1　通过负载均衡器同步解耦
　　　　　扩展动态 EC2 实例池　424
　17.3.2　通过队列异步解耦扩展动态
　　　　　EC2 实例池　428
17.4　小结　432

附录 A　术语及缩写　433

第一部分

AWS 云计算起步

你有没有在 Netflix 上看过影片，在 Amazon 上买过东西，或者在 Airbnb 上订过房间？如果有的话，你已经在后台使用了 Amazon Web Services（AWS），因为 Netflix、Amazon 和 Airbnb 都使用 AWS 开展业务。

AWS 是云计算市场中的 "大玩家"。分析师称，AWS 的市场份额保持在 30% 以上[①]。另一个令人印象深刻的数字：AWS 报告截至 2017 年 6 月的季度净销售额为 41 亿美元。AWS 数据中心遍布全球，分布在北美洲、南美洲、欧洲、亚洲和大洋洲等。但是，云并不只是由硬件和计算能力构成的，软件是每个云计算平台的一部分，旨在为你的服务的用户提供有价值的体验，体现出你的不同。信息技术的研究机构 Gartner 再次将 AWS 列为 2017 年云计算基础设施即服务（IaaS）魔力象限（Magic Quadrant）的领导者。Gartner 的魔力象限将供应商分为 4 个象限，即利基者、挑战者、远见者和领导者，并提供云计算市场的快速概述[②]。被公认为领导者可以证明 AWS 上的创新速度以及服务的质量都是非常优秀的。

本书的第一部分将指导你使用 AWS 完成最初的步骤，引导你了解如何使用 AWS 来改善 IT 基础设施。

第 1 章介绍云计算和 AWS。让你熟悉 AWS 的结构基础知识。

第 2 章介绍 AWS 的具体操作。在这一章你将轻松地学习复杂的云基础设施。

---

① Synergy Research Group, "The Leading Cloud Providers Continue to Run Away with the Market"（领先的云服务提供商继续占领市场），2017。

② AWS 博客, "AWS Named as a Leader in Gartner's Infrastructure as a Service (IaaS) Magic Quadrant for 7th Consecutive Year"（AWS 连续 7 年在 Gartner 基础设施即服务魔力象限中被评为领导者）。

第1章 什么是 AWS

本章主要内容
- AWS 概述
- 使用 AWS 的益处
- 你可以使用 AWS 做什么
- 创建和设置 AWS 账户

AWS 是一个提供 Web 服务解决方案的平台,它提供不同抽象层上的计算、存储和网络的解决方案。例如,你可以使用块级存储(低级别的抽象)或高度分布式对象存储(高级别的抽象)来存储数据。你可以使用这些服务来托管网站、运行企业应用和进行大数据挖掘。Web 服务可以通过互联网使用典型的 Web 协议(如 HTTP)来进行访问,并由机器或人类通过用户界面(User Interface,UI)来使用。AWS 提供的最突出的服务之一是提供虚拟机的 EC2 以及提供存储容量的 S3。AWS 上的服务可以很好地协同工作。你可以使用它们来复制现有的本地网络设置,或者从头开始设计新的设置。这些服务按使用付费定价模式收取服务费用。

作为 AWS 的客户,你可以选择不同的数据中心。AWS 数据中心遍布全球。例如,你可以在日本启动一台虚拟机,这与在爱尔兰启动虚拟机是一样的。这使你能够为世界各地的客户提供全球性的基础设施服务[①]。

从一般意义上讲,AWS 可以被认定为一个云计算平台。

---

① AWS 云基础设施围绕区域和可用区(Availability Zone,AZ)构建。AWS 区域提供多个在物理上独立且隔离的可用区,这些可用区通过延迟低、吞吐量高且冗余性高的网络连接在一起。通过这些可用区,AWS 客户可以更加有效地设计和操作应用和数据库。与传统的单一数据中心基础设施和多数据中心基础设施相比,这些应用和数据库具有高可用性、容错能力和可扩展性。对于特别需要跨较远的地理距离复制数据或应用的客户,AWS 提供了本地区域。AWS 本地区域是单一数据中心,旨在与已有 AWS 区域进行互补。与所有 AWS 区域类似,AWS 本地区域与其他 AWS 区域完全隔离。——译者注

1.1　什么是云计算

几乎目前每个 IT 解决方案都标有云计算（cloud computing）或者云（cloud）。一个时髦的词汇可能有助于销售产品，但在本书中却不适用。所以为了清晰，我们先来定义一些术语。

云计算或云是针对 IT 资源的供应和消费的比喻。云中的 IT 资源对用户来说不直接可见，其中有多个抽象的层。云提供的抽象级别可能会从提供虚拟机（Virtual Machine，VM）到提供基于复杂的分布式系统的软件即服务而有所不同。对于资源，可根据需要大量提供，并按使用付费。

下面是美国国家标准和技术研究所（National Institute of Standards and Technology，NIST）对云计算的一个较为正式的定义：

> 云计算是一种普适的、方便的、按需提供网络访问的可配置的计算资源（如网络、虚拟机、存储、应用和服务）的共享池模型，它能够以最少的管理工作量或与服务提供者交互的方式快速进行分配和发布。
>
> ——美国国家标准和技术研究所，"The NIST Definition of Cloud Computing"

云通常被划分成以下 3 种类型。
- 公有云——由某一机构、公司管理并对公众开放使用的云。
- 私有云——为单个机构提供的虚拟化和分发 IT 基础设施的云。
- 混合云——公有云和私有云的混合。

AWS 提供的是公有云。云计算服务也有许多种类。
- 基础设施即服务（Infrastructure as a Service，IaaS）——提供计算、存储和网络功能等基本资源，使用 Amazon EC2、Google Compute Engine 和 Microsoft Azure 这一类虚拟机。
- 平台即服务（Platform as a Service，PaaS）——提供将定制的应用部署到云上的平台，如 AWS Elastic Beanstalk、Google App Engine 和 Heroku。
- 软件即服务（Software as a Service，SaaS）——结合了在云上运行的基础设施和软件并且运行在云端，包括 Amazon WorkSpaces、Google Apps for Work 和 Microsoft Office 365 这一类办公应用。

AWS 产品阵容包含 IaaS、PaaS 和 SaaS。让我们更具体地了解一下 AWS 究竟可以做什么。

1.2　AWS 可以做什么

你可以使用一个或多个服务组合在 AWS 上运行所有类型的应用。本节中的示例将让读者了解 AWS 可以做什么。

1.2.1 托管一家网店

约翰是一家中型电子商务企业的首席信息官（Chief Information Officer，CIO），他想开发一个快速、可靠的网店，他最初决定以内部部署的方式管理该网店。3 年前他在数据中心租用了服务器，Web 服务器处理来自客户的请求，数据库存储商品信息和订单。约翰正在评估他的公司如何利用 AWS 的优势将同样的设置运行在 AWS 上，如图 1-1 所示。

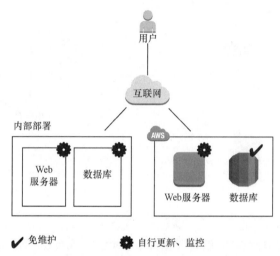

图 1-1　运行网店的对比：内部部署和运行在 AWS 上

约翰不仅希望将其当前的内部部署的基础设施升级到 AWS，他还希望充分利用云的优势。额外的 AWS 服务让约翰可以改进他的设置。

- 网店由动态内容（如产品及其价格）和静态内容（如公司标志）等组成。将动态内容和静态内容分离，在内容分发网络（Content Delivery Network，CDN）上传递静态内容，可以减少 Web 服务器的负载并提高性能。
- 使用免维护的服务，包括数据库、对象存储和 DNS 系统等，使得约翰无须管理系统的这些部分，可以降低运营成本并提高服务质量。
- 运行网店的应用可以安装在虚拟机上。使用 AWS，约翰可以运行与内部部署的服务器上等量的资源，只不过在处理时是将这些资源切分到多个较小的虚拟机中，这不需要额外的费用。如果这些虚拟机中有一台发生故障，负载均衡器将向其他虚拟机发送客户请求。这样的配置可以提高网站的可靠性。

图 1-2 展示了约翰是如何利用 AWS 优化他的网店的。

约翰很高兴能在 AWS 上运行他的网店。通过将公司的基础设施迁移到云上，他能够提高网店的可靠性和性能。

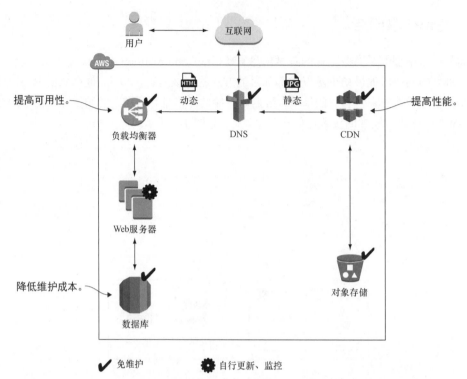

图 1-2　在 AWS 使用 CDN 使得网店获得更好的性能，用负载均衡器实现高可用性，
用托管的数据库来降低维护成本

1.2.2　在专用网络内运行 Java EE 应用

莫琳是一家全球性企业的高级系统架构师。在公司的数据中心相关合同将在几个月后到期的时候，她希望将部分业务应用迁移到 AWS 上，以降低成本并提高灵活性。她希望在 AWS 上运行由应用服务器和 SQL 数据库组成的企业应用（例如 Java EE 应用）。为此，她在云中定义了一个虚拟网络，并通过虚拟专用网络（Virtual Private Network，VPN）将其连接到公司网络。她在虚拟机上安装应用服务器以运行 Java EE 应用。莫琳还希望将数据存储在 SQL 数据库服务（例如 Oracle 数据库企业版或 Microsoft SQL Server 企业版）中。

为安全起见，莫琳使用子网将具有不同安全级别的系统彼此分开。她使用访问控制列表来控制每个子网的进出网络流量。例如，只能从 Java EE 服务器的子网访问数据库，这有助于保护关键任务的数据。莫琳还通过使用网络地址转换（Network Address Translation，NAT）和防火墙规则来控制访问互联网的流量。图 1-3 展示了莫琳的架构。

莫琳已经成功地将本地数据中心与远程运行在 AWS 上的专用网络连接起来，使客户端能够访问 Java EE 服务器。起初，莫琳使用本地数据中心和 AWS 之间的 VPN 连接，但她已经在考虑将来建立专用网络连接来降低网络成本和提高网络吞吐量。

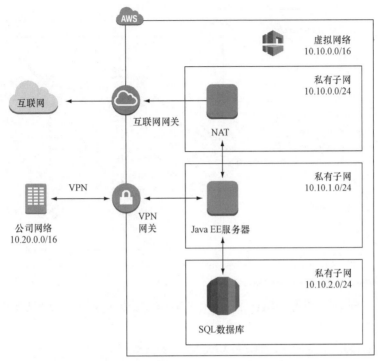

图 1-3　通过在企业网络 AWS 上运行 Java EE 应用提升灵活性、降低成本

　　该项目对莫琳来说非常成功。她能够将建立企业应用所需的时间从几个月缩短到几小时,因为 AWS 可以在几分钟内按需处理虚拟机、数据库甚至网络基础设施。与使用内部部署的基础设施相比,莫琳的项目还受益于 AWS 上较低的基础设施成本。

1.2.3　实施高可用的系统

　　亚历克莎是一名软件工程师,工作于一家初创企业。她知道墨菲定律适用于 IT 基础设施:任何可能出错的事情都会出错。亚历克莎正在努力构建一个高可用系统,以防止运行中业务出现中断。AWS 上的服务要么是高可用服务,要么是以高可用方式运行的服务。亚历克莎构建了一个如图 1-4 所示的具有高可用体系架构的系统。数据库服务提供复制和故障转移处理功能。如果主数据库实例失败,则备用数据库将被自动提升为新的主数据库。亚历克莎使用虚拟机作为 Web 服务器。这些虚拟机在默认情况下不具有高可用性,但亚历克莎在不同的数据中心启动多台虚拟机来实现高可用性。负载均衡器检查 Web 服务器的健康状况,并将请求转发给健康的 Web 服务器。

　　到目前为止,亚历克莎采用的方法保护了这家初创公司免受重大事故的影响。不过,她和她的团队总是在为各种故障计划解决方案,并不断提升系统的弹性。

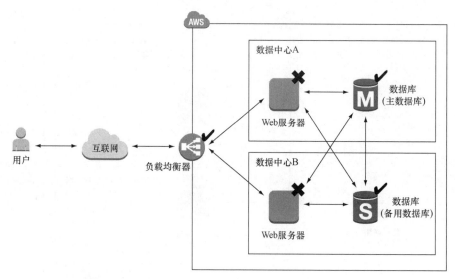

✔ 默认容错　　✖ 存在容错使用的可能性

图 1-4　使用负载均衡器、多虚拟机和具有主备副本的数据库在 AWS 上构建高可用系统

1.2.4　从批量处理基础设施的低成本中获益

尼克是一位数据科学家，需要处理从燃气涡轮机收集的大量测量数据。他需要每天制作一份包含数百台涡轮机维护状况的报告。因此，他的团队需要一个计算基础设施来每天分析一次新产生的数据；按计划运行批处理作业，并将聚合结果存储在数据库中；再用商务智能（Business Intelligence，BI）工具根据这些数据生成报告。

因为计算基础设施的预算非常少，所以尼克和他的团队一直在寻找一种经济、高效的解决方案来分析数据。他找到了一种巧妙利用 AWS 价格模型的方法。

■ AWS 对虚拟机实行按分钟计费[①]。因此，尼克在开始批处理作业时启动虚拟机，并在作业完成后立即终止。这样使得他只在实际使用时为计算基础设施付费。与传统的数据中心相比，这是一个重大的付费规则变动，之前尼克不得不为每台机器支付月度账单，无论实际使用多少。

■ AWS 对数据中心的空余容量给予极大的折扣。对尼克来说，并没有必须在特定时间运行批处理作业的需求，他可以等到有足够的空余容量可用时，才去处理批处理作业，因此 AWS 为他提供了一个折扣为 50% 的虚拟机。

图 1-5 说明了尼克如何从虚拟机的按使用付费价格模型中受益。

尼克很高兴能够通过访问一个计算基础设施使他的团队以低成本分析数据。现在你应该对使用 AWS 可以做什么有了一定的了解。一般来说，你可以在 AWS 上托管任何应用。1.3 节将介绍

① 2017 年 10 月 2 日，AWS 针对 EC2 和 EBS 推出了按秒计费模式。——译者注

AWS 带来的 9 个非常重要的好处。

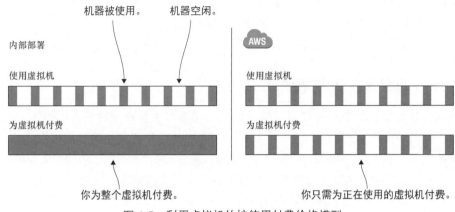

图 1-5　利用虚拟机的按使用付费价格模型

1.3　如何从使用 AWS 上获益

使用 AWS 最重要的优势是什么？你可能会说是节省成本。但省钱肯定不是其唯一的优势。让我们看看你还可以从使用 AWS 中获得哪些好处。

1.3.1　创新和快速发展的平台

AWS 不断发布新服务、新功能和新改进。利用 AWS 提供的创新技术，你可以生成针对自己的客户的创新解决方案，从而获得竞争优势。

我们期待 AWS 在未来几年扩大其平台的规模和扩展范围，例如，增加额外的服务和数据中心的数量。

1.3.2　解决常见问题的服务

如你所了解的，AWS 是一个服务平台。常见的问题，如负载均衡、队列、发送电子邮件和存储文件等，都可以通过服务解决。你不需要"重新发明轮子"，你的工作就是选择合适的服务来构建复杂的系统。因此，让 AWS 来管理这些服务，你就可以专注于服务自己的客户。

1.3.3　启用自动化

由于 AWS 提供了应用程序接口（Application Program Interface，API），因此你可以自动执行所有的操作：你可以编写代码来创建网络，启动虚拟机集群或部署关系数据库。自动化提高了可靠性，并提升了效率。

系统的依赖性越强，它就会越复杂。面对复杂的图形，人类会很快失去透视能力，而计算机可以应付任何大小的图形。你应该集中精力于人类擅长的领域（如描述系统的任务），而计算机会弄清楚如何处理所有这些依赖关系以创建系统。基于你的蓝图在云平台上设置所需的环境可以通过基础设施即代码以自动化的方式来完成，我们将在第 4 章中介绍这部分内容。

1.3.4   灵活的容量（可扩展性）

灵活的容量可以使你免于做规划。你可以从一台虚拟机扩展到数千台虚拟机。存储容量可以从 GB 级别增长到 PB 级别。你不再需要预测未来几个月或几年的容量需求。

你如果经营一家网店，则会面对季节性流量的模式，如图 1-6 所示。想想白天与晚上、工作日与周末或假期。如果你可以在流量增长时增加容量并在流量缩减时减少容量，那岂不是很好吗？这正是灵活的容量的特性。你可以在几分钟之内启动新的虚拟机，然后在几小时后删除它们。

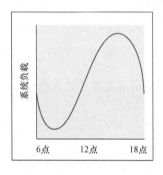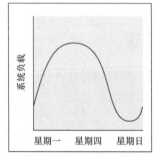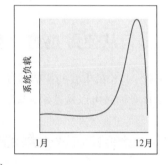

图 1-6   网店的季节性流量模式

云几乎没有容量的限制。你不再需要考虑机架空间、交换机和电源供应，你可以添加任意数量的虚拟机。如果数据量增长，则始终可以添加新的存储容量。

灵活的容量也意味着你可以关闭未使用的系统。在我们的一个项目中，测试环境只在工作日上午 7:00 到下午 8:00 运行，这让成本节省了 60%。

1.3.5   为失效而构建（可靠性）

大多数 AWS 服务都默认具有高可用或容错的特性。如果你使用这些服务，可以免费获得可靠性。AWS 支持你以可靠的方式构建系统，它为你提供了创建自己的高可用系统或容错系统所需的一切资源。

1.3.6   缩短上市的时间

在 AWS 中，你请求一个新的虚拟机。几分钟后，该虚拟机被启动并可以使用。同样的情况也适用于任何其他 AWS 服务。你可以按需使用它们。

由于反馈回路更短，你的开发过程将更快。你可以消除各种限制，如可用的测试环境数量。如果你需要另一个测试环境，可以创建一个并运行数小时。

1.3.7　从规模经济中受益

AWS 正在不断增加其全球基础设施。因此，AWS 受益于规模经济。作为客户，你将从这些影响中获益。

AWS 会不时地降低其云服务的价格。参考下面几个例子。

- 2016 年 11 月，在对象存储 S3 上存储数据的费用降低了 16%～28%。
- 2017 年 5 月，对于承诺使用 1 年或 3 年的虚拟机（预留实例），价格降低了 10%～17%。
- 2017 年 7 月，AWS 将运行 Microsoft SQL Server（标准版）的虚拟机的价格降低了 52%。

1.3.8　全球基础设施

你是否正在为全球的客户服务？利用 AWS 的全球基础设施可以获得以下优势：你的客户与基础设施之间的网络延迟较低，能够满足区域数据保护的要求，并从不同地区的不同基础设施价格中受益。AWS 在北美洲、南美洲、欧洲、亚洲和大洋洲拥有数据中心，因此你可以轻松地在全球部署应用。

1.3.9　专业的合作伙伴

当使用 AWS 服务时，你可以确定它们的质量和安全符合最新的标准和认证。

- ISO 27001——全球性信息安全标准，由独立的认证机构认证。
- ISO 9001——在全球范围内使用的标准化质量管理方法，由独立的认证机构认证。
- PCI DSS Level 1——支付卡行业（Payment Card Industry，PCI）的数据安全标准（Data Security Standard，DSS），用以保护持卡人的数据安全。

如果你想深入了解详细信息，可以访问 AWS 官方网站。

如果你还不相信 AWS 是专业的合作伙伴，那么你应当知道 Expedia、Vodafone、FDA、FINRA、Airbnb 和 Slack 等的繁重的工作负载都运行在 AWS 上。

我们已经讨论了在 AWS 上运行工作负载的很多理由。使用 AWS 的成本是多少呢？1.4 节中将会介绍有关定价模式的更多信息。

1.4　费用是多少

AWS 的账单类似电费账单，服务根据用量收费。你需要为运行虚拟机的时间、在对象存储

库中使用的存储空间或正在运行的负载均衡器的数量付费。服务按月开具发票。每项服务的定价
是公开的，如果要计算计划中每月的成本，可以使用 AWS 简单月度计算器（AWS Simple Monthly
Calculator）估算。

1.4.1　免费套餐

在注册后的 12 个月内你可以免费使用一些 AWS 服务。免费套餐让你能够对 AWS 进行实验
并获得一些使用服务的经验。下面是免费套餐中包含的内容。

- 每月运行 Linux 或者 Windows 小型虚拟机 750 小时（大约 1 个月）。这意味着你可以运
  行 1 台虚拟机 1 个月，也可以同时运行 750 台虚拟机 1 小时。
- 每月运行负载均衡器 750 小时。
- 具有 5 GB 存储空间的对象存储。
- 具有 20 GB 存储空间的小型数据库，包括备份。

如果超出了免费套餐的限制，你就要开始为使用的资源支付费用，并不再被另行通知。你将
在月底收到一张账单。在开始使用 AWS 之前，我们先展示一下如何监控成本。

为期一年的免费套餐结束后，你将要为所使用的所有资源付费。不过，有些资源是永久免费
的。例如，NoSQL 数据库的前 25 GB 是永久免费的。

你还可以获得一些额外的好处，详情见 AWS 的官方网站。本书尽可能使用免费套餐的资源，
并清楚地说明何时需要额外的不在免费套餐之内的资源。

1.4.2　账单样例

如前所述，你可能会通过以下几种方式被收费。

- 按使用时间计费——虚拟机按秒计费，负载均衡器按小时计费。
- 按流量计费——流量以吉字节（GB）或者请求数量来衡量。
- 按存储用量计费——存储用量可以按照配置的容量（例如 50 GB 的卷，不管使用了多少）
  或者实际用量（例如使用了 2.3 GB）来衡量。

还记得在 1.2 节提过的网店的示例吗？图 1-7 展示了该网店如何使用 AWS，并添加了有关各
个部分的计费信息。

假设你的网店在 1 月成功营业，并且你开展了市场营销活动以提高下个月的销售额。幸运的
是，你可以在 2 月将网店的访客人数增加到 1 月的 5 倍。正如你所了解的，你必须按用量支付
AWS 的费用。表 1-1 展示了 2 月的账单。访客人数从 10 万人增加到 50 万人，每月账单从 127
美元增加到 495 美元，约增长为原来的 3.9 倍。因为你的网店必须处理更多流量，所以你必须为
更多的服务（如 CDN、Web 服务器和数据库）付费。其他服务，如静态文件的存储量，因为没
有变化，所以费用保持不变。

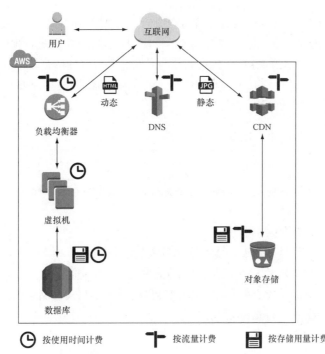

图 1-7 AWS 按使用时间计费、按流量计费或按存储用量计费

表 1-1 如果网店访客的数量增加，AWS 的账单将如何变化

服务	1 月用量	2 月用量	2 月费用/美元	增加费用/美元
网店访客	10 万人	50 万人	—	—
CDN	2500 万条请求+25 GB 流量	12 500 万条请求+125 GB 流量	135.63	107.50
静态文件	50 GB 的存储用量	50 GB 的存储用量	1.15	0.00
负载均衡器	748 小时+50 GB 流量	748 小时+250 GB 流量	20.70	1.60
Web 服务器	1 台虚拟机（748 小时）	4 台虚拟机（2992 小时）	200.46	150.35
数据库(748 小时)	小型虚拟机+20 GB 存储	大型虚拟机+20 GB 存储	133.20	105.47
DNS	200 万条请求	1000 万条请求	4.00	3.20
总成本			495.14	368.12

使用 AWS，你可以实现流量和成本之间的线性关系，这个定价模式还有其他机会正等待着你。

1.4.3 按使用付费的机遇

AWS 按使用付费的定价模式创造了新的机会。例如，降低启动新项目的门槛，因为你不再需要预先投资基础设施。你可以根据需要启动虚拟机，按使用时间付费，你可以随时停止使用这些虚拟机，而不必再为此付费。你不需要对自己将使用多少存储空间进行预先承诺。

再举一个例子，一台大型服务器的成本大致与具有相等容量的两台较小的服务器的成本之和相同。因此，你可以将系统分成几个较小的部分，因为服务器成本是相同的。这种容错的能力不仅适用于大公司，还适用于预算较少的场景。

1.5   同类对比

AWS 不是唯一的云计算提供者。Microsoft Azure 和 Google Cloud Platform（GCP）也是主流的云计算提供者。

三大云计算提供者有许多共同点。

- 拥有提供计算、网络和存储功能的全球基础设施。
- 拥有按需提供虚拟机的 IaaS 产品：Amazon EC2、Azure 虚拟机、Google Compute Engine。
- 拥有能够无限制地扩展存储和输入/输出容量的高度分布式存储系统：Amazon S3、Azure Blob 存储、Google Cloud Storage。
- 拥有按需付费的定价模式。

那么，各云计算提供者有何不同？

AWS 是云计算的市场领导者，提供丰富的产品组合。即使 AWS 近年来已经扩展到企业领域，但显而易见，AWS 从解决互联网规模问题的服务起步。总体而言，AWS 正在基于创新的，主要是开源的技术构建出色的服务。AWS 提供复杂但坚固的方法来限制对云基础设施的访问。

Microsoft Azure 提供微软公司的云技术栈，最近也扩展到以网络为中心和开源技术。看起来微软公司正在努力追赶亚马逊公司在云计算领域的市场份额。

GCP 致力于开发人员构建复杂的分布式系统。谷歌公司结合其全球基础设施，提供可扩展的容错服务（如 Google Cloud Load Balancing）。在我们看来，GCP 似乎更关注云原生应用，而不是将本地托管的应用迁移到云上。

对于选择哪个云计算提供者，我们没有捷径可走。每个用例和项目都不同，细节决定成败。另外，不要忘记你身处哪里。（你是否大量使用微软公司的技术？你是否拥有由系统管理员组成的大型团队，或者你就职于以开发人员为中心的公司？）总体而言，我们认为，AWS 是目前最成熟、最强大的云平台。

1.6   探索 AWS 服务

用于计算、存储和网络的硬件是 AWS 云的基础。AWS 在硬件上运行软件服务来提供云服务，如图 1-8 所示。API 充当 AWS 服务与应用之间的接口。

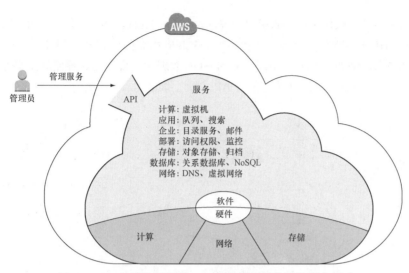

图 1-8 AWS 云由可通过 API 访问的硬件和软件服务组成

你可以通过基于 Web 的用户界面（如管理控制台）、CLI 或 SDK 编程，手动发送请求至 API 来管理服务。虚拟机有其特殊性，例如，你可以通过 SSH（Secure Shell，安全外壳）连接到虚拟机，并获得管理员访问权限。这意味着你可以在虚拟机上安装所需的任何软件。其他服务（如 NoSQL 数据库服务）则是通过 API 提供功能，细节被隐藏到幕后。图 1-9 展示了管理员在虚拟机上安装定制的 PHP Web 应用，并管理所依赖的服务，如 PHP Web 应用所使用的 NoSQL 数据库服务。

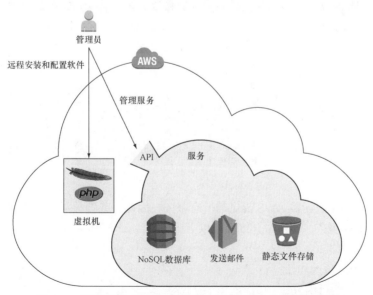

图 1-9 管理运行在虚拟机以及所依赖的服务上的定制应用

　　用户将超文本传送协议（Hypertext Transport Protocol，HTTP）请求发送到虚拟机。Web 服务器与定制的 PHP Web 应用在此虚拟机上运行。Web 应用需要与 AWS 服务进行通信，以便响应用户的 HTTP 请求。例如，Web 应用需要从 NoSQL 数据库查询数据、存储静态文件和发送电子邮件。Web 应用和 AWS 服务之间的通信由 API 处理，如图 1-10 所示。

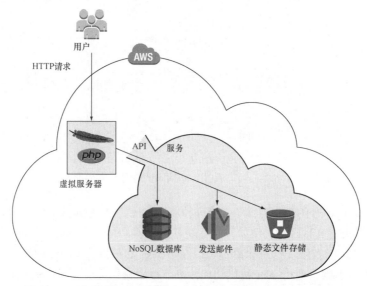

图 1-10　定制的 Web 应用使用 AWS 服务来处理 HTTP 请求

　　一开始，你可能会惊讶于 AWS 提供的服务的数量。登录 AWS 的 Web 界面时，你将看到列出 98 项服务的概览列表。最重要的是，在每年的 AWS re: Invent 大会上都会发布新的服务。

　　AWS 提供以下类别的服务：

- 分析
- 应用集成
- AR 和 VR
- 业务生产率
- 计算
- 客户参与
- 数据库

- 桌面和应用流媒体
- 开发者工具
- 游戏开发
- 物联网
- 机器学习
- 管理工具

- 媒体服务
- 迁移
- 移动服务
- 网络和内容交付
- 安全性、身份和合规性
- 存储

　　遗憾的是，本书无法涵盖 AWS 提供的所有服务。因此，我们关注的是能帮你快速入门的服务和使用非常广泛的服务。本书中详细介绍以下服务：

- EC2——虚拟机；
- ELB——弹性负载均衡器；
- Lambda——运行函数；
- Elastic Beanstalk——部署 Web 应用；

- S3——对象存储；
- EFS——网络文件系统；
- Glacier——归档数据；
- RDS——SQL 数据库；
- DynamoDB——NoSQL 数据库；
- ElastiCache——内存中的键值存储；
- VPC——专用网络；
- CloudWatch——监控和日志；
- CloudFormation——自动化你的基础设施；
- OpsWorks——部署 Web 应用；
- IAM——管理对云资源的访问；
- Simple Queue Service——分布式队列。

这里至少缺少 3 个可以单独成书的重要主题：持续交付、Docker /容器和大数据。

你如何与 AWS 服务进行交互？1.7 节将介绍如何使用 Web 界面、CLI 和 SDK 来管理和访问 AWS 资源。

1.7 与 AWS 交互

当你与 AWS 进行交互来配置或者使用 AWS 服务的时候，就会调用 API。这里提到的 API 是 AWS 的入口，如图 1-11 所示。

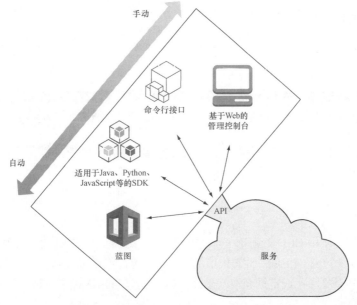

图 1-11 访问 AWS API 的不同方式，让你能够管理和访问 AWS 服务

接下来，我们将向你呈现调用 API 的可用工具的全貌：管理控制台、CLI、SDK 和基础设施蓝图。下面我们就来比较不同的工具，在阅读本书的过程中你将学会如何使用这些工具。

1.7.1 管理控制台

AWS 管理控制台提供了一个图形用户界面（Graphical User Interface，GUI）用于管理和访问 AWS 服务。这个管理控制台支持大多数现代 Web 浏览器（Chrome 的最新的 3 个版本，Firefox，Safari 7、Safari 8、Safari 9，IE 11，以及 Edge 12），如图 1-12 所示。

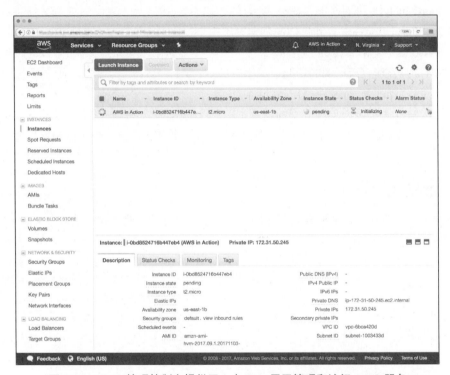

图 1-12　AWS 管理控制台提供了一个 GUI 用于管理和访问 AWS 服务

如果你正在尝试使用 AWS，管理控制台就是非常好的起点。它能够帮你快速了解不同服务的全貌。管理控制台也是开发和测试设置云基础设施的比较好的方式。

1.7.2 CLI

你可以在终端中使用 CLI 管理和访问 AWS 服务。因为你可以使用终端自动执行或半自动执行重复任务，所以我们说 CLI 是一种有价值的工具。你可以使用终端基于蓝图创建新的云基础设施，将文件上传到对象库，或定期获取基础设施网络配置的详细信息。图 1-13 展示了 CLI 的运行情况。

```
                          ⬆ andreas — -bash — 130×40
cumulus:~ andreas$ aws cloudwatch list-metrics --namespace "AWS/EC2" --max-items 3
{
    "Metrics": [
        {
            "Namespace": "AWS/EC2",
            "Dimensions": [
                {
                    "Name": "InstanceId",
                    "Value": "i-0bd8524716b447eb4"
                }
            ],
            "MetricName": "DiskWriteBytes"
        },
        {
            "Namespace": "AWS/EC2",
            "Dimensions": [
                {
                    "Name": "InstanceId",
                    "Value": "i-0bd8524716b447eb4"
                }
            ],
            "MetricName": "NetworkOut"
        },
        {
            "Namespace": "AWS/EC2",
            "Dimensions": [
                {
                    "Name": "InstanceId",
                    "Value": "i-0bd8524716b447eb4"
                }
            ],
            "MetricName": "NetworkIn"
        }
    ],
    "NextToken": "eyJOZXh0VG9rZW4iOiBudWxsLCAiYm90b190cnVuY2F0ZV9hbW91bnQiOiAzfQ=="
}
cumulus:~ andreas$ ▌
```

图 1-13　CLI 让你可以从自己的终端管理和访问 AWS 服务

　　如果你想通过持续集成服务器（如 Jenkins）的帮助使基础设施的某些部分自动化，CLI 是完成该任务的有效工具。CLI 提供了访问 API 的便捷方式，并可以将对 API 的多个调用整合到一个脚本中。

　　你甚至可以通过将多个 CLI 调用连接起来的脚本，实现基础设施的自动化。CLI 可用于 Windows、macOS 和 Linux 等操作系统，还有一个适用于 PowerShell 的版本。

1.7.3　SDK

　　你可以使用自己喜欢的编程语言与 AWS API 交互。AWS 为以下平台和语言提供了 SDK：

- Android
- 浏览器（JavaScript）
- iOS
- Java
- .NET
- Node.js（JavaScript）
- PHP
- Python
- Ruby
- Go
- C++

SDK 通常用于将 AWS 服务集成到应用中。如果你正在进行软件开发，并希望集成 AWS 服务（如 NoSQL 数据库或推送通知服务），那么 SDK 就是完成该任务的合适的选择。某些服务（如队列和主题订阅）必须使用 SDK。

1.7.4　蓝图

蓝图（blueprint）是对包含所有资源及其依赖的系统的描述。作为代码工具的基础设施会将你的蓝图与当前系统进行比较，并计算出创建、更新或删除云基础设施的步骤。图 1-14 展示了蓝图如何被转移到正在运行的系统中。

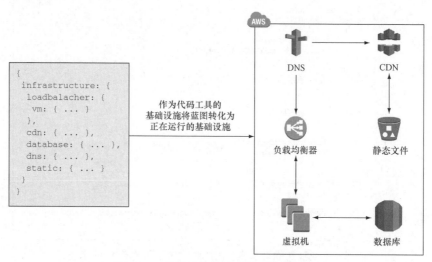

图 1-14　使用蓝图实现基础设施自动化

如果你必须控制许多或复杂的环境，可以考虑使用蓝图。蓝图将帮你自动化配置云中的基础设施。例如，你可以使用蓝图来设置网络并启动虚拟机。

你可以在 CLI 或 SDK 的帮助下编写自己的源代码，以此实现基础设施的自动化。但这样做需要你解决依赖关系，确保能够更新基础设施的不同版本，并自己处理错误。使用蓝图和基础设施作为代码工具可以为你解决这些问题，我们将在第 4 章中介绍有关自动化基础设施的更多信息。现在是时候开始创建你自己的 AWS 账户，并在学习所有这些理论之后探索 AWS 实践。

1.8　创建一个 AWS 账户

在开始使用 AWS 之前，你需要创建一个账户。AWS 账户是你拥有的所有资源的一个"篮子"。如果多个人需要访问该账户，你可以将多个用户添加到一个账户下面。默认情况下，你的账户将有一个 root 用户。要创建一个账户，你需要提供以下内容：

- 一个电话号码，以验证你的身份；
- 一张信用卡，以支付你的账单上的费用。

> **使用原有账户可以吗?**
>
> 在运行本书的示例时,读者可以使用现有的 AWS 账户。在这种情况下,使用的资源可能不在免费套餐范围内,可能需要支付费用。
>
> 如果读者是在 2013 年 12 月 4 日之前创建现有的 AWS 账户,那么在尝试运行本书的示例时应该创建一个全新的 AWS 账户,否则可能会遇到遗留问题。

1.8.1 注册

注册过程包括以下 5 个步骤①。

(1)提供登录凭据。

(2)提供联系信息。

(3)提供支付信息的细节。

(4)验证身份。

(5)选择支持计划。

使用浏览器访问 AWS 官方网站,然后点击"Create a Free Account"按钮。

1. 提供登录凭据

创建 AWS 账户首先要定义唯一的 AWS 账户名称,如图 1-15 所示②。AWS 账户名称必须在所有 AWS 客户中具有全球唯一性。尝试使用 aws-in-action-$yourname 并将$yourname 替换为你的姓名。除账户名称外,你还必须指定用于对 AWS 账户的 root 用户进行身份验证的电子邮件地址和密码。

图 1-15 创建 AWS 账户:注册页面

---

① 注册 AWS 中国区域账户的方式与流程与其他区域不同,请参考 AWS 中国官方网站的介绍。——译者注

② 本书中界面截图均采用作者原著中的英文界面,读者可以自行对照 AWS 中国官方网站的界面进行学习。——编者注

我们建议选择一个强密码来防止误用。使用至少包含 20 个字符的密码，保护你的 AWS 账户免受不必要的访问，对于避免你的数据泄露、数据丢失或不必要的资源使用至关重要。

2．提供联系信息

下一步需要提供联系信息，如图 1-16 所示。填写所有必填字段，然后继续下一步操作。

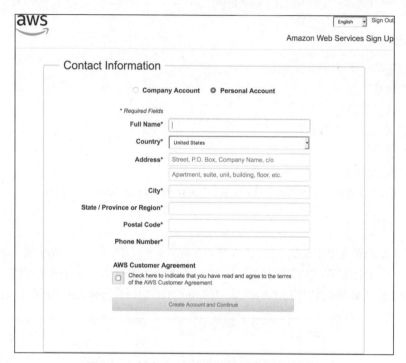

图 1-16   创建 AWS 账户：提供你的联系信息

3．提供支付信息的细节

接下来的页面如图 1-17 所示，需要提供支付信息的细节。这里提供你的信用卡信息。为了方便，你可以选择将货币设置从美元更改为澳元、加元、瑞士法郎、丹麦克朗、欧元、英镑、港币、日元、挪威币、新西兰元、瑞典克朗或南非兰特等。如果你选择这个选项，美元账单的金额将在月底转换为你的当地货币金额。

4．验证身份

接下来就是验证身份。图 1-18 展示了这个流程的第一步。当完成这个步骤后，你会接到一个来自 AWS 的电话。一个机器人会询问你的 PIN，网页上会显示 4 位数的 PIN，你必须通过电话输入。身份被验证以后，你就可以继续执行最后一步操作了。

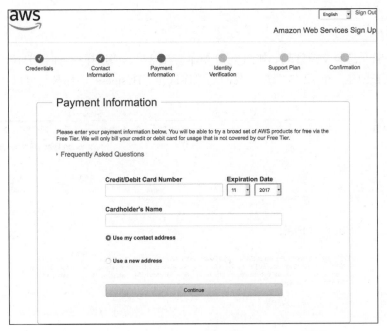

图 1-17　创建 AWS 账户：提供你的支付信息的细节

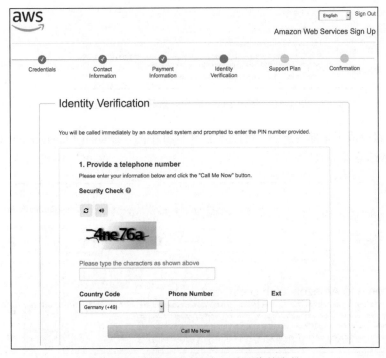

图 1-18　创建 AWS 账户：验证你的身份

5．选择支持计划

最后一步就是选择支持计划，如图 1-19 所示。在这里，请选择免费的 "Basic"。如果你以后要为自己的业务创建一个 AWS 账户，我们建议你选择 "Business"。你甚至可以在以后切换支持计划。

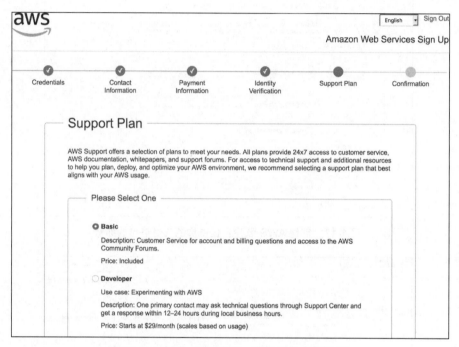

图 1-19　创建 AWS 账户：选择你的支持计划

现在你已经完成了全部的步骤，可以点击图 1-20 中的 "Launch Management Console" 首次登录自己的 AWS 账户。

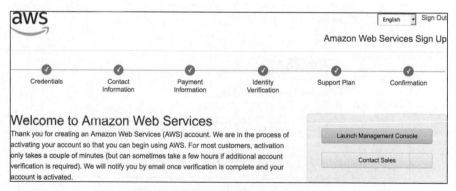

图 1-20　你已经成功创建了 AWS 账户

1.8.2　登录

你现在已经有了一个 AWS 账户，可以登录 AWS 管理控制台。如前所述，管理控制台是一个基于 Web 的工具，可用于控制 AWS 资源，它提供了大多数的 AWS API 功能。图 1-21 展示了管理控制台的登录页面。输入你的电子邮件地址，点击"Next"按钮，然后输入你的密码进行登录。

图 1-21　登录管理控制台

成功登录后，将转到图 1-22 所示的管理控制台的起始页面。

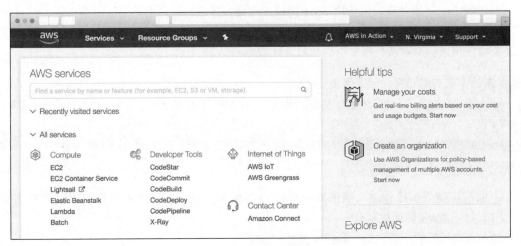

图 1-22　AWS 管理控制台

在这个页面中最重要的部分是图 1-23 所示的页面顶部的导航栏。它由以下 7 个部分组成。

图 1-23　AWS 管理控制台导航栏

- AWS——管理控制台的起始页面，包含全部资源的快速概览。
- 服务——提供快速访问全部的 AWS 服务的功能。
- 资源组——允许你概览所有 AWS 资源。
- 自定义部分——点击编辑图标并拖动重要的 AWS 服务到这里，实现个性化的导航栏。
- 你的名字——可以让你访问账单信息和账户，还可以让你退出。
- 你所在的区域——让你选择自己所在的区域，3.5 节中将会介绍"区域"的概念，现在不需要改变任何内容。
- 支持——可以让你访问论坛、文档、培训和票务系统。

接下来，我们需要创建一个用于连接虚拟机的密钥对。

1.8.3　创建一个密钥对

密钥对由一个私钥和一个公钥组成。公钥将被上传到 AWS 并注入虚拟机中，而私钥是你私有的。这有点儿类似密码，但更安全。一定要把自己的私钥当成密码保护好。这是私有的，所以不要弄丢它。一旦丢失，就无法重新获得。

要访问 Linux 服务器，请使用 SSH 协议。你将在登录时通过密钥对而不是密码进行身份验证。如果你需要通过远程桌面协议（Remote Desktop Protocol，RDP）来访问 Windows 服务器，你还需要使用密钥对解密管理员密码，然后才能登录。

美国东部（弗吉尼亚州北部）区域

亚马逊公司在全球多个区域运营数据中心。为简化示例，我们在本书中使用美国东部（弗吉尼亚州北部）区域。你还将学习如何切换到另一个地区以使用亚太区域（悉尼）的资源。

在创建密钥对之前，请确保已选择美国东部（弗吉尼亚州北部）区域。如果有需要，使用管理控制台导航栏中的区域选择器更改区域。

下面的步骤将引导你进入提供虚拟机的 EC2 服务的仪表板，在那里你可以获取密钥对。

（1）打开 AWS 管理控制台。

（2）点击导航栏中的"Services"，选择"EC2"。

（3）你的浏览器将显示"EC2 Dashboard"。

如图 1-24 所示，EC2 Dashboard 被分成 3 列：第 1 列是 EC2 导航栏，因为 EC2 是最早的服务之一，所以它具有许多可以通过导航栏访问的功能；第 2 列简要介绍了所有的 EC2 资源；第 3

列提供了附加信息。

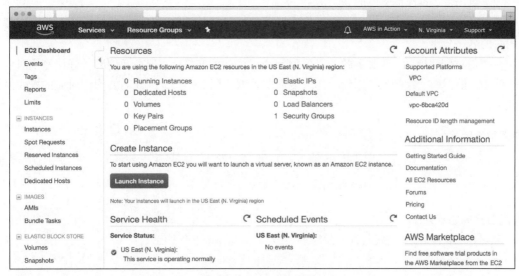

图 1-24   EC2 管理控制台

按照图 1-25 中的步骤创建一个新密钥对。

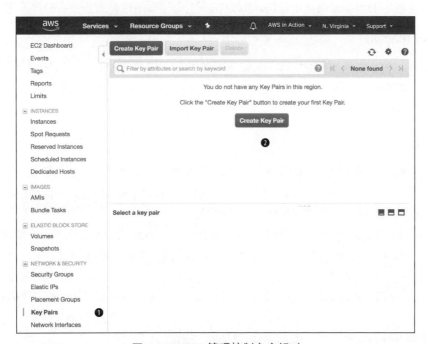

图 1-25   EC2 管理控制台密钥对

（1）在"NETWORK & SECURITY"下的导航栏中点击"Key Pairs"。

（2）点击"Create Key Pair"按钮。

（3）将密钥对命名为 mykey。如果你选择了其他名字，则必须在本书后续的所有示例中替换密钥对的名字！

在密钥对创建期间，你要下载一个名为 mykey.pem 的文件。你现在必须准备好该密钥对以备将来使用。根据所使用的操作系统，你可能需要采取不同的操作，因此需要阅读对应的操作系统的部分。

使用数字编号标识

在本书的某些图中，例如图 1-25，你将看到数字编号提示。它们标记了依照书中讨论的过程你需要进行点击操作的顺序。

使用自己的密钥对

读者也可以将现有的密钥的公钥上传到 AWS。这样做有以下两个优点。

■ 可以复用现有的密钥对。

■ 可以确定只有自己知道密钥对的私钥部分，如果使用"Create Key Pair"按钮，你可能担心 AWS 知道（至少是暂时的）自己的私钥。

我们决定在本书中不采用这个做法，因为在一本书里面用这种做法会有一些不方便的地方。

1．Linux 与 macOS

你现在唯一需要做的是更改 mykey.pem 的访问权限，以便只有自己可以读取该文件。为此，请在终端中执行命令 `chmod 400 mykey.pem`。在本书中，当读者需要首次登录虚拟机时，将会了解如何使用密钥。

2．Windows

Windows 操作系统不提供 SSH 客户端，因此你需要下载适用于 Windows 操作系统的 PuTTY 安装程序，然后安装 PuTTY。PuTTY 提供了一个名为 PuTTYgen 的工具，可以将 mykey.pem 文件转换为 mykey.ppk 文件，你需要按照以下步骤操作。

（1）运行 PuTTYgen 应用，打开图 1-26 所示的界面。重要的步骤在该界面上突出显示。

（2）在"Type of key to generate"下选择"RSA"（或"SSH-2 RSA"）。

（3）点击"Load"按钮。

（4）因为 PuTTYgen 仅显示*.ppk 文件，所以需要将"File Name"字段的文件扩展名修改为"All Files"。

（5）选择 mykey.pem 文件，然后点击"Open"按钮。

（6）确认对话框。

（7）将"Key comment"改成"mykey"。

（8）点击"Save private key"按钮。在没有密码的情况下，忽略关于保存密钥的警告。

.pem 文件现在已转换为 PuTTY 所需的.ppk 格式。当读者需要首次登录虚拟机时，我们会介绍如何使用密钥。

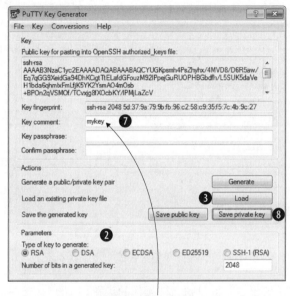

将密钥注释改成mykey。

图 1-26　PuTTYgen 允许将下载的.pem 文件转换为 PuTTY 所需的.ppk 文件格式

1.9　创建账单警报跟踪 AWS 账单

AWS 的按使用付费定价模式可能让你感觉不熟悉，因此到月底时，你的账单可能不是100%如你所预期的。本书中的大多数示例都包含在免费套餐中，因此 AWS 不会向你收取任何费用。需要付费的示例会有明显标记。为了没有顾虑地学习 AWS，接下来你应该创建一个账单警报。如果每月的 AWS 账单超过 5 美元，账单警报将通过电子邮件通知你，以便你可以快速应对。

首先，你需要在 AWS 账户中启用账单警报。如图 1-27 所示，先打开 AWS 管理控制台。

（1）点击顶部主导航栏中的账户名称。

（2）从弹出菜单中选择"My Billing Dashboard"。

（3）使用左侧的子菜单转到"Preferences"。

（4）选中"Receive Billing Alerts"复选框。

（5）点击"Save preferences"按钮。

选择首选项。　　　　　　　　　　　　　打开账单控制面板。

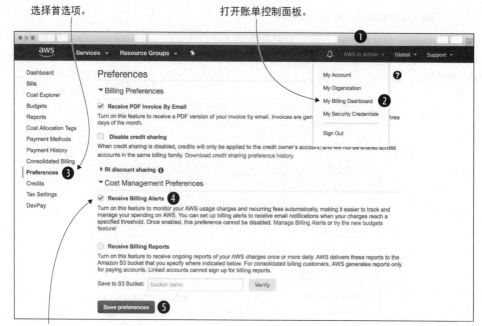

启用接收账单报警。

图 1-27　创建账单警报：第 1 步（共 4 步）

现在你可以创建账单警报。下面是执行此操作的步骤。

（1）打开 AWS 管理控制台。

（2）在导航栏中打开"Services"，然后选择"CloudWatch"。

（3）点击"Create a billing alarm"链接，如图 1-28 所示。

账单警报仅应用于弗吉尼亚州北部区域。

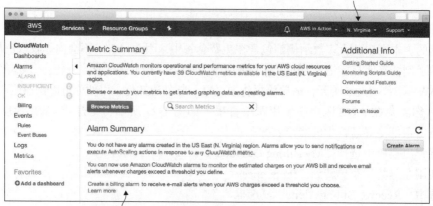

点击此处创建一个账单警报。

图 1-28　创建账单警报：第 2 步（共 4 步）

　　图 1-29 展示了引导你创建账单警报的向导。输入账单警报的月度账单的阈值。建议设为 5 美元，相当于一杯咖啡的价格作为门槛。输入你希望用来接收账单警报的电子邮件地址，如果你的 AWS 账单超过阈值，AWS 将会给你发送邮件。点击"Create Alarm"按钮创建账单警报。

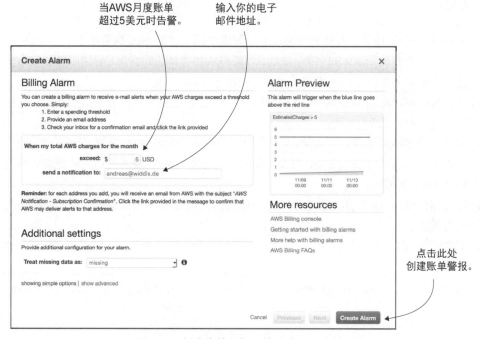

图 1-29　创建账单警报：第 3 步（共 4 步）

　　打开你的收件箱，你将看到来自 AWS 的包含确认链接的电子邮件。点击确认链接以完成账单警报的设置。图 1-30 中展示的对话框显示了账单警报的确认状态。

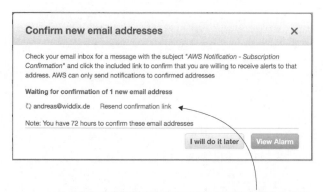

图 1-30　创建账单警报：第 4 步（共 4 步）

就这么简单。如果你的 AWS 月度账单因任何原因超过 5 美元，你将立即收到通知，让你在不必要的费用产生之前进行应对。

1.10　小结

- AWS 是一个使计算、存储和网络能够更好地协同工作的 Web 服务平台。
- 节约成本并非使用 AWS 的唯一好处，你还将从拥有灵活的容量、容错服务和遍布全球的基础设施的创新以及快速发展的平台中受益。
- 无论是应用广泛的 Web 应用，还是具有高级网络设置的专业的企业级应用，任何使用场景都可以通过 AWS 实现。
- 可以用许多不同的方式与 AWS 交互。可以使用基于 Web 的 GUI 来控制不同的服务，使用程序代码从 CLI 或者 SDK 中以编程的方式管理 AWS，或者使用蓝图设置、修改或删除 AWS 上的基础设施。
- 按使用付费是 AWS 服务的定价模式。计算能力、存储和网络服务的收费模式类似电力的收费模式。
- 创建一个 AWS 账户很容易。现在你已经了解了如何设置密钥对，可以登录到虚拟机，供以后使用。
- 通过创建账单警报，你可以跟踪自己的 AWS 账单，并在超过免费套餐时收到通知。

第 2 章　一个简单示例：5 分钟搭建 WordPress 站点

本章主要内容
- 创建博客站点的基础设施
- 分析博客站点基础设施的成本
- 探索博客站点的基础设施
- 关闭博客站点的基础设施

在第 1 章中，我们了解了为什么 AWS 是运行 Web 应用的绝佳选择。在本章中，我们将通过在 5 分钟内设置一个云基础设施示例，评估将一个简单的 Web 应用迁移到 AWS。

示例都包含在免费套餐中
本章中的示例都包含在免费套餐中。只要不是运行这些示例好几天，就不需要支付任何费用。记住，这仅适用于本书读者为学习本书刚刚创建的全新 AWS 账户，并且在这个 AWS 账户中没有任何活动。尽量在几天的时间里完成本章中的示例，并在每个示例完成后务必清理账户。

假设你正为一家中型公司工作，该公司运营博客以吸引新的软件工程师和运营工程师。博客使用 WordPress 作为内容管理系统，每天大约有 1000 人访问这个博客。你每个月支付 150 美元的内部部署基础设施费用。对你来说这很昂贵，特别是考虑到目前博客每月都有几次中断。

为了给潜在的申请者留下好印象，基础设施应该高可用，即 99.99% 的时间正常运行。因此，你正在为公司评估可靠的新选项来运行 WordPress。AWS 似乎很合适。为了评估这个迁移是否可行，需要执行以下操作。
- 为 WordPress 设置高可用基础设施。
- 估算基础设施的每月费用。
- 做出决定并在之后删除基础设施。

WordPress 用页面超文本预处理器（Page Hypertext Preprocessor，PHP）编写，使用 MySQL

数据库存储数据，由 Apache 作为 Web 服务器来展现页面。根据这些信息，现在把你的需求映射到 AWS 服务之上。

2.1 创建基础设施

可以使用 5 种不同的 AWS 服务把旧的基础设施复制到 AWS。

■ 弹性负载均衡（Elastic Load Balancing，ELB）——AWS 提供负载均衡器作为服务。负载均衡器将流量分配给许多虚拟机，默认情况下高可用。只要健康状况检查成功，就将请求路由到虚拟机。你将使用在第 7 层（HTTP 和 HTTPS）上操作的应用负载均衡器（Application Load Balancer，ALB）。

■ 弹性计算云（Elastic Compute Cloud，EC2）——EC2 服务提供虚拟机。你将使用一台 Linux 服务器来安装 Apache、PHP 和 WordPress。这台服务器安装了一个优化过的 Linux 发行版本，称为 Amazon Linux。并不局限于 Amazon Linux，你也可以选择 Ubuntu、Debian、Red Hat 或者 Windows。虚拟机有可能会宕机，因此你需要部署至少两台虚拟机，负载均衡器将在它们之间分配流量。如果虚拟机出现故障，负载均衡器将停止向故障虚拟机发送流量，余下的一台虚拟机将要处理所有请求，直到更换故障虚拟机。

■ 适用于 MySQL 的关系数据库服务（Relational Database Service，RDS）——WordPress 基于流行的 MySQL 数据库。AWS 的 RDS 提供了对 MySQL 的支持。你在选择了数据库的规格（存储容量、CPU、RAM）以后，RDS 会负责其余的工作（备份、升级）。并且，RDS 也可以通过数据复制实现 MySQL 的高可用。

■ 弹性文件系统（Elastic File System，EFS）——WordPress 本身由 PHP 和其他应用文件组成。用户上传的内容（例如添加到文章中的图片）也存储为文件。通过使用网络文件系统，你的服务器可以访问这些文件。EFS 使用 NFSv4.1 协议提供可扩展、高可用且耐久的网络文件系统。

■ 安全组（security group）——通过防火墙控制进出虚拟机、数据库或负载均衡器的流量。例如，使用安全组，允许只接受对 80 端口进行访问的互联网流量，或者将对端口 3306 上的数据库的网络访问限制为对运行 Web 服务器的虚拟机的访问。

图 2-1 展示了需要部署的全部基础设施。看起来有不少工作要做，让我们开始吧！

如果你以为搭建步骤会有很多页说明，那么你现在可以高兴一下了。因为只需点击几下就可以创建所有基础设施。通过使用 AWS CloudFormation 服务可以做到这一点，第 4 章中会详细介绍这项服务。AWS CloudFormation 将在后台自动执行以下所有操作。

（1）创建一个 ELB。

（2）创建一个应用 MySQL 数据库的 RDS。

（3）创建一个网络文件系统（如 EFS）。

（4）创建并附加防火墙规则（如安全组）。

（5）创建两台运行 Web 服务器的虚拟机：

■ 创建两个 EC2 虚拟机；

■ 安装网络文件系统；

■ 安装 Apache 和 PHP；

■ 下载并解压缩 WordPress 的 4.8 版本；

■ 配置 WordPress 以使用创建的 MySQL 数据库（RDS）；

■ 启动 Apache Web 服务器。

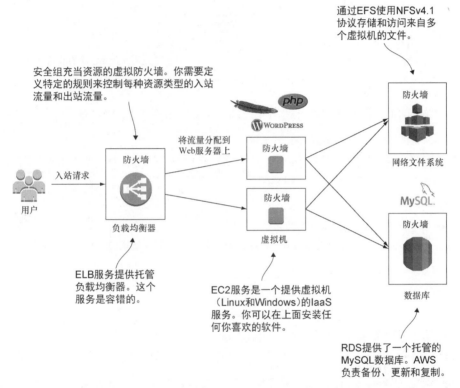

图 2-1　公司的博客站点基础设施包括两台运行 WordPress 的负载均衡的 Web 服务器、
一个网络文件系统和一台 MySQL 数据库服务器

为概念验证创建基础设施，要打开 AWS 管理控制台并登录。点击导航栏中的"Services"，
然后点击"CloudFormation"服务，可以看到图 2-2 所示的界面。

注意　本书中的所有示例均使用弗吉尼亚州北部（N.Virginia，也称为 us-east-1）作为默认区域，如
果没有额外的声明即使用该默认区域。在开始工作之前，要确保所选区域是弗吉尼亚州北部。在
AWS 管理控制台的主导航栏右侧，可以确认或更换当前区域。

点击此处从蓝图创建
一个基础设施。

重新加载页面。

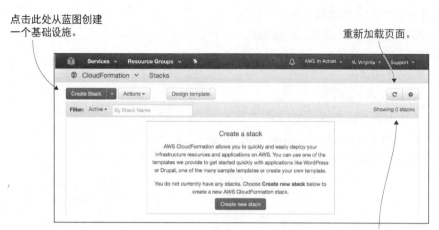

此刻还没有从蓝图创建的基础设施。

图 2-2　CloudFormation 界面

点击"Create Stack"按钮启动开始向导，共有 4 步，第 1 步如图 2-3 所示。

4步中的第1步。

在这里你可以选择基
础设施的蓝图，可以
选择一个样本，上传
或提供URL，可以找
到本书的WordPress
基础设施的URL。

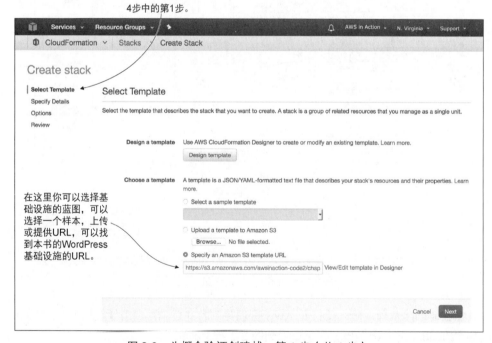

图 2-3　为概念验证创建栈：第 1 步（共 4 步）

在"Choose a template"中选择"Specify an Amazon S3 template URL"，输入"［本书代码库］/
chapter02/template.yaml"以使用本章的模板，然后继续向导的下一步。

将栈名称设置为 wordpress，并在参数中将 KeyName 设置为 mykey，如图 2-4 所示。

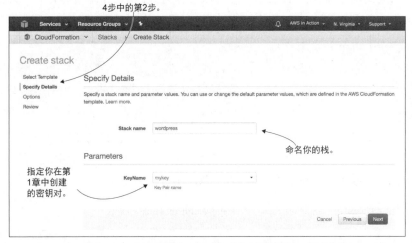

图 2-4　为概念验证创建栈：第 2 步（共 4 步）

点击 "Next" 按钮，为基础设施打上标签（tag），如图 2-5 所示。标签是由一个键值对组成的，并且可以添加到基础设施的所有组件上。通过使用标签，可以区分测试和生产资源，也可以添加部门名称以追踪各部门成本，还可以在一个 AWS 账号下运行多个应用时为应用标记所关联的资源。

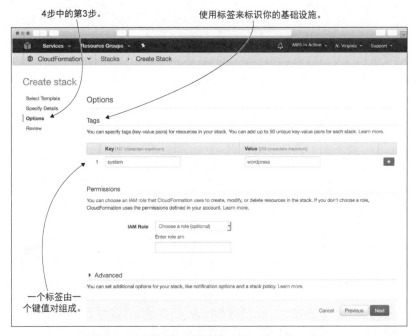

图 2-5　为概念验证创建栈：第 3 步（共 4 步）

图 2-5 展示了如何配置标签。在这个示例中，我们将使用标签来标记 WordPress 的资源，这将有助于你以后轻松地找到自己的基础设施。使用 system 作为键，wordpress 作为值。只要键名少于 128 个字符且键值少于 256 个字符，就可以定义自己的标签。然后，点击"Next"按钮继续下一步。

额外的 CloudFormation 栈选项

可以定义用于管理资源的特定权限，以及设置通知和其他高级选项。99%的使用场景都不需要这些选项，因此本书中没有介绍它们。如果你对其详细信息感兴趣，可以查看 AWS 官方网站的 CloudFormation 用户指南。

图 2-6 展示了确认页面。点击"Estimate cost"链接，在新的浏览器选项卡中进行云基础设施的费用估算。不用担心，免费套餐涵盖了这个例子，2.3 节中会介绍费用估算的所有细节。切换回原先的浏览器选项卡，然后点击"Create"按钮。

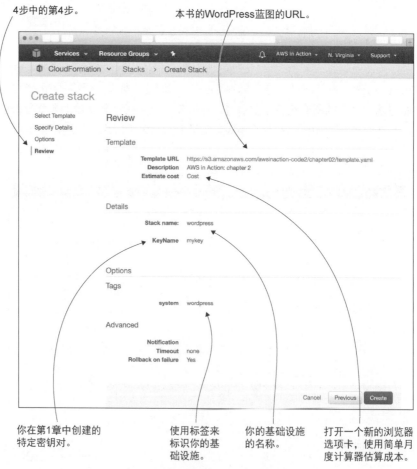

图 2-6　为概念验证创建栈：第 4 步（共 4 步）

基础设施现在将被创建。如图 2-7 所示，名为 wordpress 的栈正处于 CREATE_IN_PROGRESS 状态。现在可以休息 5～15 分钟，回来之后就会有惊喜。

图 2-7 CloudFormation 正在创建 WordPress 所需的资源

创建所有必需的资源后，栈的状态将更改为 CREATE_COMPLETE。如果栈的状态仍显示为 CREATE_IN_PROGRESS，请耐心等待直到栈的状态更改为 CREATE_COMPLETE。

选中 wordpress 栈前面的复选框，切换到"Outputs"选项卡，如图 2-8 所示。找到 WordPress 安装的 URL，点击链接以在浏览器中打开它。

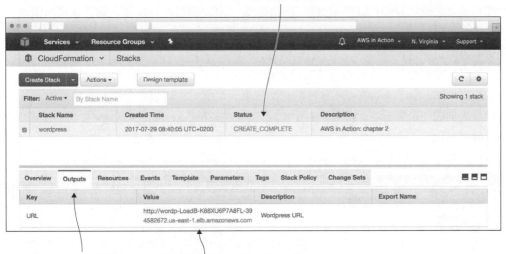

图 2-8 成功创建博客站点的基础设施

看到这里读者可能会问：其工作原理是什么呢？答案就是自动化。

自动化参考

　　AWS 的关键概念之一就是自动化。用户可以自动化几乎一切 AWS 的服务。在后台，这个博客站点的基础设施是按照一个蓝图创建的。第 4 章将介绍更多关于这个蓝图的内容，以及针对基础设施的编程理念。第 5 章将介绍自动安装软件。

　　在 2.2 节中，我们将探索这个博客站点的基础设施，以便更好地了解正在使用的各种服务。

2.2　探索基础设施

　　现在我们已经创建了博客站点的基础设施，就让我们一起来深入了解一下。基础设施包含如下几个部分：

- 运行在虚拟机上的 Web 服务器；
- 负载均衡器；
- MySQL 数据库；
- 网络文件系统。

我们将使用管理控制台的资源组功能来概览所有内容。

2.2.1　资源组

　　资源组（resource group）是一个 AWS 资源的集合。AWS 中的资源是虚拟机、安全组或数据库之类的抽象术语。资源可以使用键值对标记资源，并且资源组指定资源属于该组所需的标签。此外，资源组可以指定资源必须驻留的区域。如果在同一个 AWS 账户中运行多个系统，则可以使用资源组对资源进行分组。

　　还记得，我们之前给博客站点基础设施标记的标签是：system 为键，wordpress 为值。在后面，我们将采用(system:wordpress)这样的记法来表示键值对。这里将使用此标签来为 WordPress 的基础设施创建一个资源组。如图 2-9 所示，点击导航栏的 "Resource Groups"，然后点击 "Create a Resource Group"。

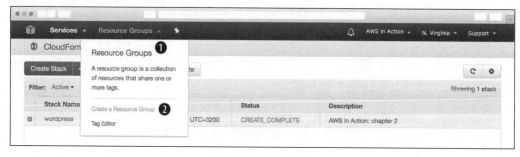

图 2-9　创建资源组

现在按照图 2-10 所示的步骤创建一个新的资源组。

图 2-10　为博客站点创建一个资源组

（1）将资源组的名字设置为 wordpress，或者选择一个你自己喜欢的名字。

（2）添加标签，键为 system，值为 wordpress。

（3）选择你所在的区域，如弗吉尼亚州北部。如果你不知道所在的区域，选择所有区域。

（4）点击"Save"按钮。

2.2.2　虚拟机

现在你将看到图 2-11 所示的界面，在左边栏的 EC2 分类下选择"Instances"就可以看到你的虚拟机。点击"Go"这一列的箭头图标，可以很容易地查看某一个虚拟机的细节。

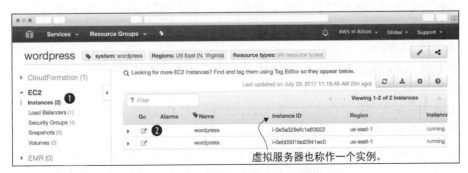

图 2-11　在资源组中的博客站点的虚拟机

现在让我们看一下虚拟机（也称为 EC2 实例）的详细信息。图 2-12 展示了虚拟机的主要内容。下面是一些有趣的细节。

图 2-12　博客站点基础设施中虚拟机的细节信息

- 实例类型——展示 EC2 实例的处理能力。第 3 章中将介绍更多关于实例类型的内容。
- IPv4 公有 IP 地址——在互联网上可以访问的 IP 地址。可以使用 SSH 通过这个 IP 地址登录到虚拟机。
- 安全组——如果点击"View Rules"，将看到正在生效的防火墙规则。例如，允许所有的来源（0.0.0.0/0）访问端口 22。
- AMI ID——记住你正在使用的是 Amazon Linux 操作系统。如果点击 AMI ID，将看到操作系统的版本号等。

切换到"Monitoring"选项卡查看虚拟机的利用率。如果你真想掌握基础设施的实际运行情况，这个选项卡非常重要。AWS 收集了一些系统指标，并把它们展示在监控功能。例如，当 CPU 利用率高于 80% 时，应该再添加一台虚拟机以防止响应时间过长。你将在 3.2 节中了解有关监控虚拟机的更多信息。

2.2.3 负载均衡器

2016 年 8 月，AWS 发布了一种新的负载均衡器，称为应用负载均衡器。遗憾的是，我们的资源组尚未列出应用负载均衡器。因此，点击 EC2 服务子菜单中的负载均衡器，如图 2-13 所示。

图 2-13　获取负载均衡器的详细信息

从列表中选择负载均衡器以显示更多细节。通过自动生成的 DNS 名称，可以从互联网访问面向互联网的负载均衡器。

负载均衡器将传入的请求转发到你的某个虚拟机。目标组用于定义负载均衡器的目标。通过 EC2 服务的子菜单切换到目标组后，你将找到目标组，如图 2-14 所示。

负载均衡器执行健康状况检查以确保仅将请求路由到健康目标。将两台虚拟机列为目标组的目标。如图 2-14 所示，两台虚拟机的状态都很健康。

如前所述，"Monitoring"选项卡里包含一些有趣的指标，我们应该在生产环境里予以关注。如果流量模型突然变化，那么系统可能出现了问题。显示出来的 HTTP 错误数的指标会帮助我们对系统进行监控和排错。

目标组归属的负载均衡器。

❶ 打开目标组。　　　　注册为负载均衡器目标的虚拟机。

图 2-14　属于负载均衡器的目标组的详细信息

2.2.4　MySQL 数据库

MySQL 数据库是基础设施的重要组成部分。回到名为 wordpress 的资源组。在左边栏选择 RDS 分类下的 "DB Instances"，点击 "Go" 这一列中的箭头图标（见图 2-15），将看到数据库的详细信息。

图 2-16 展示了 MySQL 数据库的详细信息。RDS 通过 SQL 数据库提供托管服务，自动实现备份、补丁管理和高可用性。如图 2-16 所示，自动备份被禁用，因为在没有任何关键数据的情况下，它们不需要概念验证。你还可以在 "Details" 中找到 AWS 使用的维护窗口以自动应用补丁程序。

WordPress 需要 MySQL 数据库，你已经使用 MySQL 引擎启动了一个数据库实例，如图 2-16 所示。你的博客收到的流量很少，因此数据库不需要非常强大。具有单个虚拟 CPU 和 1 GB 内存的小型实例类就足够了。你使用的是磁盘，而不是 SSD，磁盘更便宜，足以满足每天约 1000 名访问者的 Web 应用。

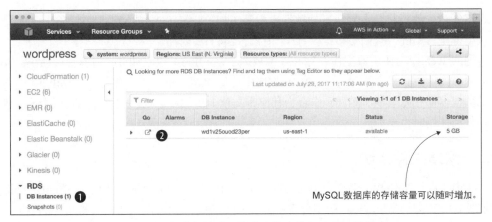

图 2-15 博客站点基础设施资源组中的 MySQL 数据库

图 2-16 为博客站点基础设施存储数据的 MySQL 数据库的详细信息

在第 9 章中我们将会看到，其他数据库引擎（如 PostgreSQL 或 Oracle Database）和更强大的实例类都是可用的，它们最多提供 32 个内核、244 GB 内存。

常见的 Web 应用使用数据库存储和查询数据。WordPress 也是如此。内容管理系统（Content Management System，CMS）在 MySQL 数据库中存储博客文章、评论等，但 WordPress 也将数据库外的数据存储在磁盘上。例如，作者为其博客文章上传图片，则该文件存储在磁盘上。管理员安装插件和主题时也是如此。

2.2.5 网络文件系统

EFS 用于存储文件并从多个虚拟机访问它们。EFS 是一种通过 NFS 协议可访问的存储服务。简单起见，所有属于 WordPress 的文件都存储在 EFS 中，因此可以从所有虚拟机访问它们，这包括 PHP、HTML、CSS 和 PNG 文件。

遗憾的是，EFS 无法从资源组中获取。从服务菜单中选择 EFS 以获取有关 NFS 的更多信息，如图 2-17 所示。在 "Details" 部分中找到文件系统的名称、DNS 名称和安装目标。

图 2-17　用于存储 WordPress 应用和用户上传数据的 NFS

要从虚拟机安装 EFS，需要安装目标。为了容错，应该使用两个安装目标。可以使用虚拟机的 DNS 名称访问网络文件系统。

接下来，应该评估成本了，我们在 2.3 节分析博客站点基础设施的各项成本。

2.3 成本是多少

估价是评估工作的一部分，可以使用 AWS 简单月度计算器来分析博客站点基础设施的成本。在 2.1 节中，点击"Cost"链接就会打开另一个浏览器选项卡。切换到该选项卡，将看到如图 2-18 所示的页面。如果关闭了该选项卡，请转到 AWS 官方网站。点击"Estimate of your Monthly Bill"，展开"Amazon EC2 Service（US-East）"和"Amazon RDS Service（US-East）"。

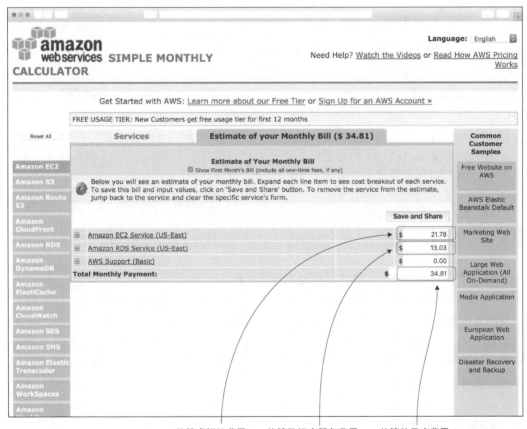

图 2-18　博客站点基础设施成本计算

在此示例中，你的基础设施每月将花费约 35 美元。某些服务的价格因区域而异。这就是为什么如果你选择另一个区域而不是弗吉尼亚州北部（us-east-1），你的月度账单估算可能会有所不同。

遗憾的是,新的应用负载均衡器还没有包含在评估工作中。评估工作还遗漏了一些其他细节。表 2-1 展示了更精确的成本计算。

表 2-1　博客基础架构的更详细的成本计算

AWS 服务	基础设施	价格/美元	月度成本/美元
EC2	虚拟机	2×732.5 h×0.012（t2.micro） 2×2.10（详细监控）	21.78
EC2	存储	2×8 GB×0.10/月	1.60
应用负载均衡器	负载均衡器	732.5 h×0.0225（负载均衡器小时） 732.5 h×0.008（负载均衡器容量单位）	22.34
应用负载均衡器	出站流量	1 GB×0.00（第一个 1GB） 99 GB×0.09（最高 10 TB）	8.91
RDS	MySQL 数据库实例	732.5 h×0.017	12.45
RDS	存储	5 GB×0.115	0.58
EFS	存储	5 GB×0.3	1.50
总计			69.16

注意，这只是估算的成本。每个月底，你将收到根据实际使用情况计算出来的账单。所有资源按需使用，账单是按小时或按流量计算的。那么，哪些因素会影响基础设施的实际使用情况呢？

- 负载均衡器的流量——因为通常人们会在 12 月和夏季去度假，不会去浏览博客，所以这个时间段的预期成本会下降。
- 数据库的存储用量——如果你所在公司的博客文章在不断地增加，数据库的存储用量也会增加，从而导致数据库存储成本增加。
- NFS 上需要的存储空间——用户上传的数据、插件和主题会增加 NFS 所需的存储用量，这也会增加成本。
- 所需的虚拟机数量——虚拟机按使用秒数计费。如果 2 台虚拟机不足以在白天处理所有流量，则可能需要第 3 台虚拟机。在这种情况下，就要消耗更多的虚拟机的运行小时数。

预估基础设施的成本是一项复杂的任务。即使没有在 AWS 上运行也是如此。如果预估的虚拟机数量过多，可以随时停止其中一台同时停止计费。你将在本书中了解有关不同 AWS 服务的定价模式的更多信息。现在你已经完成了对将你的公司迁移到 AWS 的概念验证，接下来应该关闭基础设施并完成迁移评估。

2.4　删除基础设施

从技术角度来看，你的评估已确认可以将公司博客所需的基础设施迁移到 AWS。根据估计，一个负载均衡器、虚拟机、MySQL 数据库，以及一个能够为每天访问博客的约 1000 人提供服务的 NFS 足够满足公司博客的技术需求，这些基础设施每月在 AWS 上花费大约 70 美元。现在你可以决定是否要继续执行迁移了。

因为基础设施不包含任何重要的数据，并且你已经完成了评估，所以你可以删除所有资源并停止为它们付费。转到管理控制台中的 CloudFormation 服务，并执行图 2-19 所示的步骤。

图 2-19　删除博客站点的基础设施

（1）选中包含 wordpress 栈的行的开头的复选框。

（2）点击 "Actions" 打开 "Actions" 菜单。

（3）点击 "Delete Stack"。

如图 2-20 所示，在确认删除之后，AWS 会在几分钟内自动分析资源依赖关系并提示是否删除整个基础设施。

图 2-20　确认删除博客站点的基础设施

这是管理基础设施的一种高效方法。正如自动创建基础设施一样，删除基础设施也是完全自动的。你可以随时按需创建或删除基础设施，仅需在基础设施创建和运行时为之支付费用。

2.5　小结

- 创建博客站点基础设施的工作是可以完全自动化的。
- 基础设施可以随时按需创建，不需要承诺使用时长。
- 用户需要按照使用情况为基础设施付费。例如，你需要为使用虚拟机的时长付费。
- 基础设施由多个组件（如虚拟机、负载均衡器和数据库）构成。
- 基础设施可以一键删除，处理流程是自动化的。

第二部分

搭建由计算机和网络组成的
虚拟基础设施

计算能力和网络连接能力已经成为从小型个体、中型企业到大型集团的基本需求了。过去满足这类需求的方法是，在自有或者外包的数据中心维护其硬件。如今，云计算提供了革命性的方法，你可以通过这种方法获取计算能力。

你可以在需要的时候，在几分钟内开启或停止虚拟机来满足你对计算资源的需求。你同样可以在虚拟机上自由安装软件，这让你可以执行你的计算任务，而不必购买或租用硬件设备。

如果你想了解 AWS，最好能够深入了解其在表面功能之下提供支撑的 API 所能带来的各种可能性。你可以利用向 REST API 发送请求控制每个单独的 AWS 服务。在这些 API 上，你可以搭建各种解决方案来实现基础设施自动化。基础设施自动化是云计算胜过自有内部部署设施的一个重要优势。本部分可以指导你完成基础设施的编排和应用的自动部署。

建立虚拟网络可以帮助你在 AWS 搭建封闭、安全的网络环境，并让它和你家里的网络或者企业内网实现互通。

第 3 章探讨虚拟机。让你了解 EC2 服务的核心概念。

第 4 章讨论自动化基础设施的不同方法。让你了解如何像使用代码一样使用基础设施。

第 5 章展示 3 种向 AWS 部署软件的方法。

第 6 章是关于网络的。让你了解如何利用虚拟专用网和防火墙来保护自己的系统。

第 7 章介绍一种新的计算方法——函数。让你了解如何使用 AWS Lambda 自动化操作任务。

第 3 章　使用虚拟机：EC2

本章主要内容
- 启动一台 Linux 虚拟机
- 使用 SSH 远程控制虚拟机
- 在虚拟机上进行监控和调试
- 减少在虚拟机上的开销

我们口袋中的智能手机和背包里的笔记本电脑具有惊人的计算能力。不过，如果我们需要大规模的计算能力和很高的网络流量，或者需要全天候、不间断地可靠运行，虚拟机则是更合适的选择。有了虚拟机，就可以访问数据中心里一台物理机器的一部分。在 AWS 中，虚拟机由名为 Elastic Compute Cloud（EC2）的服务提供。

不是所有示例都包含在免费套餐中

本章中的示例并不都包含在免费套餐中。当一个示例产生费用时，会显示一个特殊的警告消息。只要不是运行这些示例好几天，就不需要支付任何费用。记住，这仅适用于本书读者为学习本书刚刚创建的全新 AWS 账户，并且在这个 AWS 账户中没有任何活动记录。尽量在几天的时间里完成本章中的示例，并在每个示例完成后务必清理账户。

3.1　探索虚拟机

虚拟机（Virtual Machine，VM）是物理机器的一部分。物理机器通过软件来隔离其上的各个虚拟机。一台虚拟机由 CPU、内存、网络接口和存储设备组成。物理机器也称为宿主机（host machine），其上运行的虚拟机称为客户机（guest）。虚拟机监视器（hypervisor）通过为客户机提供一个虚拟硬件平台，负责隔离各个客户机并调度它们对硬件的请求。图 3-1 展示了虚拟化的各个层次。

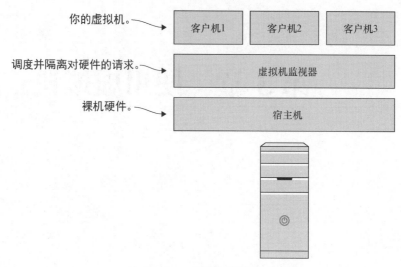

图 3-1 虚拟化的层次

下面是一些典型的虚拟机应用案例。

- 托管 Web 应用，如 WordPress。
- 运行企业应用，如 ERP 应用。
- 转换或分析数据，如编码视频文件。

3.1.1 启动虚拟机

要启动一台虚拟机只需要进行以下几次简单的点击。

（1）打开 AWS 管理控制台。

（2）确保在弗吉尼亚州北部区域（见图 3-2），我们的示例专门为此区域进行了优化。

图 3-2 示例针对弗吉尼亚州北部区域进行了优化

（3）在导航栏中展开"Services"，找到 EC2 服务并打开，会看到图 3-3 所示的页面。

（4）点击"Launch Instance"按钮运行启动虚拟机向导。

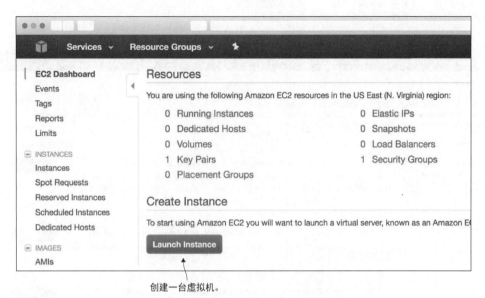

创建一台虚拟机。

图 3-3　EC2 服务仪表板界面给出了所有服务的概览

启动虚拟机向导将指导你完成以下步骤。

（1）选择操作系统。

（2）选择虚拟机的大小。

（3）配置详细信息。

（4）添加存储。

（5）标记虚拟机。

（6）配置防火墙。

（7）核查输入并为 SSH 选择一个密钥对。

1. 选择操作系统

　　第一步是选择操作系统。在 AWS 中，虚拟机的操作系统捆绑了预安装软件，我们称其为 Amazon 系统映像（Amazon Machine Image，AMI）。为虚拟机选择 "Ubuntu Server 16.04 LTS(HVM)"，如图 3-4 所示。为什么选择 Ubuntu？因为 Ubuntu 提供了一个名为 linkchecker 的可立即安装的软件包，它可用来检查网站是否存在损坏的链接。

　　虚拟机是基于 AMI 启动的。AMI 由 AWS、第三方供应商及社区提供。AWS 提供了基于 Red Hat Enterprise Linux 并针对 EC2 优化过的 Amazon Linux AMI。你也可以找到流行的 Linux 版本及 Microsoft Windows Server 的 AMI。另外，AWS Marketplace 提供了很多的预装了第三方软件的 AMI。

常用的AMI，
包括Linux的和   带有预安装软件   所有人都能使用
Windows的。   的第三方AMI。   的免费的AMI。

硬件虚拟机（HVM）指示了最新的虚拟化技术，   为Ubuntu操作系统
为更快地获取资源使用硬件扩展。   选择这个AMI。

图 3-4   为虚拟机选择操作系统

Amazon Linux 2 即将推出

Amazon Linux 2 是下一代 Amazon Linux 操作系统。

Amazon Linux 2 增加了 5 年的长期支持。你可以在本地和内部部署上运行 Amazon Linux 2。除此之外，现在使用了 systemd，一个名为 extras 库的新机制提供了最新版本的软件包，如 Nginx。

选择 AMI 时，首先要考虑将在虚拟机上运行的应用的要求。在决定开始使用哪个 AMI 时，除具有操作系统的知识和经验这些因素外，选择可信的 AMI 的发行商也很重要。我们更喜欢使用 Amazon Linux，因为它由 AWS 维护和优化。

AWS 上的虚拟设备

虚拟设备（virtual appliance）是一个包含操作系统和预配置软件的虚拟机的映像，虚拟机监视器启动新虚拟机时使用虚拟设备。因为一台虚拟设备包含一个固定状态，所以每次基于虚拟设备启动虚拟机时，都会获得完全相同的结果。可以根据需要随时复制虚拟设备，这样就能利用它们来消除安装、配置复杂软件的成本。虚拟设备可以被常见的虚拟化工具使用，以基础设施即服务的方式在云中提供。这些虚拟化工具可能来自 VMware、Microsoft 或 Oracle 等厂商。

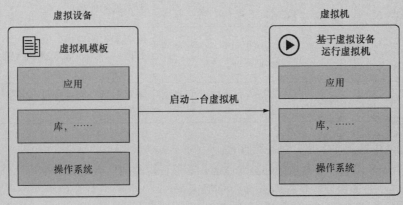

虚拟设备包含虚拟机模板

AMI 是一类特殊的虚拟设备，用于 EC2 服务。从技术上来说，AMI 由一个只读文件系统，包括操作系统、额外的软件和配置构成，它不包含操作系统内核。操作系统内核从 Amazon Kernel Image（AKI）装载。也可以利用 AMI 在 AWS 上部署软件。

AWS 使用 Xen，一个开源的虚拟机监视器。AWS 上这一代虚拟机使用硬件辅助的虚拟化技术。该技术称为硬件虚拟机（Hardware Virtual Machine，HVM）。由基于 HVM 的 AMI 运行的虚拟机使用完全虚拟化的硬件集，并且可以利用对底层硬件提供快速访问的扩展。

为基于 Linux 的虚拟机使用 3.8+ 版本的内核提供很好的性能。为此，你应该至少使用 Amazon Linux 13.09、Ubuntu 14.04 或 RHEL7。要启动新虚拟机，需要确保使用的是 HVM 映像。

2017 年 11 月，AWS 宣布推出名为 Nitro 的新一代虚拟化产品。Nitro 将基于 KVM 的虚拟机监视器与定制硬件（如 ASIC）相结合，旨在提供与裸机无法区分的性能。目前，C5 和 M5 实例类型使用 Nitro，并且以后很可能会有更多使用 Nitro 的实例系列。

2.　选择虚拟机的大小

现在是时候来为虚拟机选择所需的计算能力了。图 3-5 展示了向导的下一步。在 AWS 上，计算能力被归类为实例类型。实例类型主要描述虚拟 CPU 的数量和内存容量。

表 3-1 展示了不同使用场景的实例类型示例。价格是 2017 年 8 月 31 日记录的美国东部（弗吉尼亚州北部）区域 Linux 虚拟机的实际价格。

表 3-1 实例系列和实例类型的示例

实例类型	虚拟 CPU	内存容量 /GB	描述	典型使用场景	小时价格 /美元
t2.nano	1 个	0.5	最小、最便宜的实例类型，具有适中的基线性能，有能力短时间突破 CPU 性能基线	测试和开发环境，以及流量非常低的应用	0.0059
m4.large	2 个	8	具有均衡的 CPU、内存和网络性能比率	所有类型的应用，例如中型数据库、Web 服务器和企业应用	0.1
r4.large	2 个	15.25	使用额外内存为内存密集型应用进行优化	内存中缓存和企业级应用服务器	0.133

针对不同使用场景优化的实例系列如下。

- T 系列——便宜，具有适中的基线性能，能够在短时间内突破更高性能。
- M 系列——通用型，具有均衡的 CPU 和内存。
- C 系列——计算优化型，高 CPU 性能。
- R 系列——内存优化型，与 M 系列相比，注重内存超过注重 CPU 能力。
- D 系列——存储优化型，提供巨大的 HDD 容量。
- I 系列——存储优化型，提供巨大的 SSD 容量。
- X 系列——扩展容量，专注于内存，提供高达 1952 GB 的内存和 128 个虚拟内核。
- F 系列——基于 FPGA（Field Programmable Gate Array，现场可编程门阵列）的加速计算。
- P 系列、G 系列和 CG 系列——基于 GPU（Graphics Processing Unit，图形处理单元）的加速计算。

我们的经验表明，你会高估自己的应用所需的资源，因此推荐你先尝试使用比自己首先估计到的小一些的实例类型来启动自己的应用。你可以在以后需要时更改实例类型和系列。

实例类型和实例系列

不同实例类型用同样的结构化方式命名。实例系列（instance family）将具有类似特性的实例类型进行分组。AWS 不时发布新的实例类型和实例系列；不同的版本被称为世代（generation）。实例大小（instance size）定义了 CPU、内存、存储和网络的数量或容量。

例如，实例类型 t2.micro 包含以下信息。

- 实例系列是 t。它包含小型、廉价的虚拟机，具备最低基线的 CPU 性能，但是有能力在短时间内大大超过其 CPU 性能基线。
- 你正在使用这一实例系列的第二代。
- 大小是 micro，表明 EC2 实例非常小。

计算机硬件变得越来越快，越来越专业，因此 AWS 不断推出新的实例类型和实例系列。它们中有一些是现有实例系列的改进版，另一些则专注于特定工作负载而产生。例如，实例系列 R4 于 2016 年 11 月推出。它为内存密集型工作负载提供实例，并改进了 R3 实例类型。

一个最小、最便宜的虚拟机就足以进行首次实验。在图 3-5 所示的向导界面中，选择实例类型 t2.micro，它符合免费套餐的条件。然后点击"Next: Configure Instance Details"按钮来继续操作。

图 3-5　选择虚拟机的大小

3．配置详细信息、存储、防火墙和标签

启动虚拟机向导后，接下来的 4 个步骤（如图 3-6 至图 3-9 所示）很简单，因为不需更改默

认值。我们稍后会仔细学习这些设置。

图 3-6 展示了可以更改虚拟机详细信息的位置，例如网络配置或要启动的虚拟机数量。保留默认值，然后点击"Next: Add Storage"按钮继续操作。

图 3-6 虚拟机的详细信息

在 AWS 上存储数据有不同的选项，我们将在后文中详细介绍。图 3-7 展示了为虚拟机添加网络附接存储的界面。保留默认值，然后点击"Next: Add Tags"按钮继续操作。

清晰地组织和分类可以营造整洁的环境。在 AWS 平台上，使用标签可以帮助你很好地组织资源。标签是一个键值对。在这个示例中，你至少应该给自己的资源添加一个 Name 标签，以便今后能更方便地找到它。使用 Name 作为键，myserver 作为值，如图 3-8 所示。然后点击"Next:

Configure Security Group"按钮继续操作。

为虚拟机使用网络附接存储。　　　　　　　　　　　　　　当处理敏感数据时启用加密。

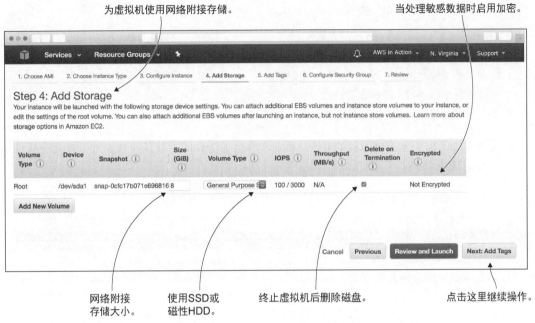

网络附接
存储大小。　　　使用SSD或
　　　　　　　磁性HDD。　　　　终止虚拟机后删除磁盘。　　　　　　点击这里继续操作。

图 3-7　为虚拟机添加网络附接存储

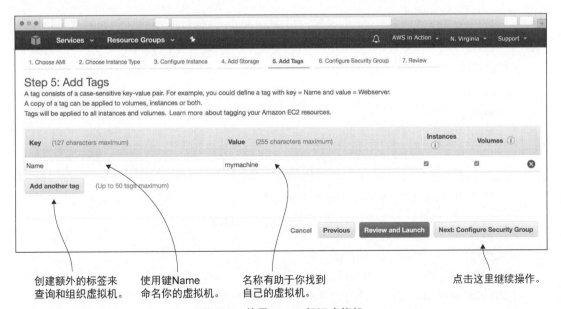

创建额外的标签来　　　使用键Name　　　　名称有助于你找到　　　　　　　点击这里继续操作。
查询和组织虚拟机。　　命名你的虚拟机。　　　自己的虚拟机。

图 3-8　使用 Name 标记虚拟机

使用标签组织 AWS 资源

大多数 AWS 资源可以用标签标记。例如，你可以将标签添加到 EC2 实例。资源标签有以下 3 个主要使用场景。

（1）用标签过滤和搜索资源。

（2）根据资源标签分析你的 AWS 账单。

（3）根据标签限制对资源的访问。

典型的标签包括环境类型（如测试或生产）、负责团队、部门和成本中心。

防火墙有助于保护你的虚拟机的安全。图 3-9 展示了防火墙的默认设置，该设置允许从任何地方通过 SSH 进行访问。

图 3-9　为虚拟机配置防火墙

（1）选择 "Create a new security group"。

（2）在安全组名称和描述中都输入 "ssh-only"。

（3）保留默认规则，允许从任何地方通过 SSH 进行访问。

（4）点击 "Review and Launch" 继续下一步。

4．核查输入并为 SSH 选择一个密钥对

启动虚拟机的步骤几乎完成。该向导应显示对新虚拟机的审核（见图 3-10）。确保选择"Ubuntu Server 16.04 LTS(HVM)"作为操作系统，选择"t2.micro"作为实例类型。如果一切正确，点击"Launch"按钮。如果没有，则返回并根据需要对虚拟机进行更改。

因为你允许从任何地方访问SSH，所以这里产生一个警告，这在本例中是必需的。

虚拟机大小，也称虚拟机的实例类型。　　　使用Ubuntu操作系统的AMI。　　点击这里启动你的虚拟机。

图 3-10　核查虚拟机的启动实例

最后同样重要的是，向导要求你提供新虚拟机的密钥。选择"Choose an existing key pair"选项，选择密钥对 mykey，然后点击"Launch Instances"按钮（见图 3-11）。

选择 "Choose an existing key pair"。

选择密钥对mykey。

点击这里启动你的虚拟机。

图 3-11　为虚拟机选择一个密钥对

丢失密钥？

你需要一个密钥才能登录到自己的虚拟机。你使用一个密钥而不是密码来完成身份认证。密钥比密码更加安全，而且在 AWS 上运行 Linux 的虚拟机强制 SSH 访问时使用密钥方式。如果跳过了 1.8.3 节中创建密钥的步骤，可以根据下面的步骤来创建一个个人密钥。

（1）打开 AWS 管理控制台。在导航栏的 "Services" 的下面找到 EC2 服务，然后点击它。

（2）切换到 "Key Pairs"。

（3）点击 "Create Key Pair"。

（4）输入 "mykey" 作为密钥对名称，然后点击 "Create"，浏览器将自动下载密钥。

（5）打开一个终端，切换到下载文件夹。

（6a）仅适用于 macOS 和 Linux 操作系统：在控制台执行 `chmod 400 mykey.pem` 来修改访问文件 mykey.pem 的权限。

（6b）仅适用于 Windows 操作系统：Windows 操作系统没有自带的 SSH 客户端，所以需要安装 PuTTY。PuTTY 带有一个叫作 PuTTYgen 的工具，它可以将 mykey.pem 文件转换成需要的 mykey.ppk。打开 PuTTYgen，然后在 "Type of key to generate" 中选择 "SSH-2 RSA"。点击 "Load"。因为 PuTTYgen 只显示*.ppk 文件，需要切换 "File name input" 框中的文件扩展名为 "All Files"。现在可以选择 mykey.pem 文件，然后点击 "Open"。在确认对话框中点击 "Ok"。将 "Key Comment" 改为 "mykey"，然后点击 "Save private key"。忽略关于未使用密码保护已保存的密钥的警告。.pem 文件现在被转换成了 PuTTY 所需的.ppk 格式。

读者可以在第 1 章找到关于如何创建密钥的详细说明。

你的虚拟机现在应该已启动。点击"View Instances"来打开概览，然后等待虚拟机到达"running"状态。要完全控制虚拟机，你需要远程登录。

3.1.2 连接到虚拟机

在虚拟机上安装额外的软件和执行命令可以远程完成。要登录到虚拟机，你必须弄清楚它的公有域名。

（1）在导航栏下的"Services"中点击 EC2，然后在左边子菜单中点击"Instances"跳转到虚拟机的概览界面。在列表中选择虚拟机。图 3-12 展示了虚拟机的概览和可进行的操作。

图 3-12　虚拟机概览及操作控制

（2）点击"Connect"按钮，打开连接到虚拟机的说明。图 3-13 展示了连接到虚拟机的对话框。找到虚拟机的公有 DNS，例如，在这个示例中为 ec2-34-204-15-248.compute-1.a*******s.com。

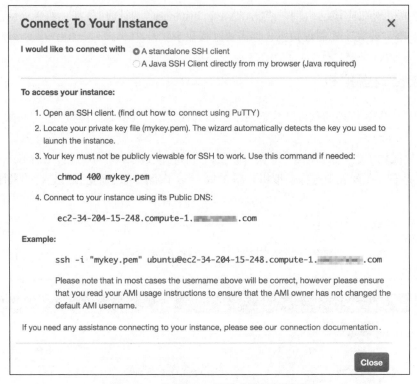

图 3-13　使用 SSH 连接虚拟机的说明

1. Linux 和 macOS

打开终端，输入 ssh -i $PathToKey/mykey.pem ubuntu@$PublicDns，使用在 1.8.3 节中下载的密钥文件的路径替换$PathToKey，使用在 AWS 管理控制台的连接对话框中显示的公有 DNS 替换$PublicDns。对关于新主机的认证的安全警告回答"Yes"。

使用公有 DNS 和密钥，你就可以连接到自己的虚拟机。根据你使用的操作系统，继续进行下面的操作。

2. Windows

对于 Windows 操作系统，按以下步骤操作。

（1）找到在 1.8.3 节中创建的 mykey.ppk 文件，然后双击打开它。

（2）PuTTY Pageant 应该会在任务栏中显示为一个图标。如果没有，可能需要按照 1.8.3 节中的描述安装或重新安装 PuTTY。

（3）启动 PuTTY。填写 AWS 管理控制台的连接对话框中显示的公有 DNS，然后点击"Open"按钮（见图 3-14）。

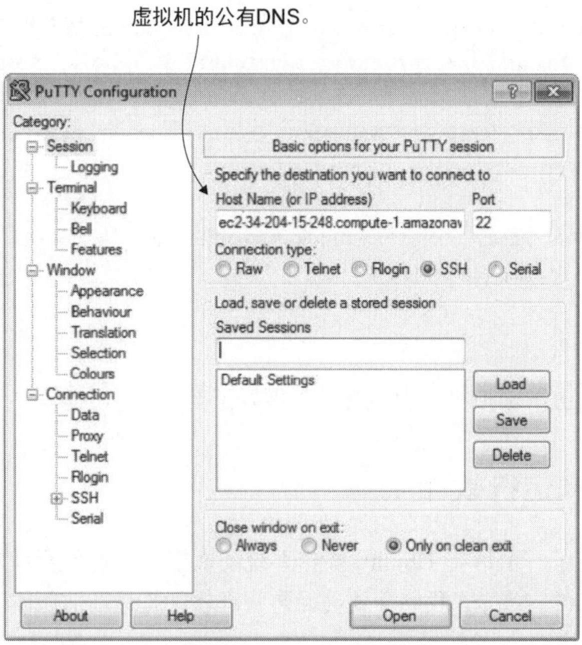

虚拟机的公有DNS。

图 3-14 在 Windows 上使用 PuTTY 连接虚拟机

（4）对关于新主机的认证的安全警告回答"Yes"，然后输入"ubuntu"作为登录名，按"Enter"键。

3. 登录信息

不论使用的是 Linux、macOS 还是 Windows 操作系统，当登录成功后你都应该会看到如下信息：

```
Welcome to Ubuntu 16.04.2 LTS (GNU/Linux 4.4.0-1022-aws x86_64)

 * Documentation:   https://help.******.com
 * Management:      https://landscape.*********.com
 * Support:         https://******.com/advantage

  Get cloud support with Ubuntu Advantage Cloud Guest:
    http://www.******.com/business/services/cloud

0 packages can be updated.
0 updates are security updates.


The programs included with the Ubuntu system are free software;
```

```
the exact distribution terms for each program are described in the
individual files in /usr/share/doc/*/copyright.

Ubuntu comes with ABSOLUTELY NO WARRANTY, to the extent permitted by
applicable law.

To run a command as administrator (user "root"), use "sudo <command>".
See "man sudo_root" for details.

ubuntu@ip-172-31-0-178:~$
```

现在我们已经连接上了虚拟机，为执行命令做好了准备。

3.1.3　手动安装和运行软件

现在我们已经启动了一个带有 Ubuntu 操作系统的虚拟机。在包管理软件 apt 的帮助下，我们很容易安装额外的软件。首先，我们需要确保包管理软件是最新的版本。请执行以下命令更新可用包列表：

```
$ sudo apt-get update
```

首先，我们安装一个叫 linkchecker 的小工具，它能让我们找到网站上损坏的链接：

```
$ sudo apt-get install linkchecker -y
```

现在就可以检查那些指向已经不存在的网站的链接了。先选择一个网站，然后执行下面的命令：

```
$ linkchecker https://...
```

检查链接的结果显示如下：

```
[...]
URL        'http://www.*****-***.com/blogs/fableson'
Name       'Frank Ableson's Blog'
Parent URL http://*******.com/about/blogs.html, line 92, col 27
Real URL   http://www.*****-***.com/blogs/fableson
Check time 1.327 seconds
Modified   2015-07-22 09:49:39.000000Z
Result     Error: 404 Not Found

URL        '/catalog/dotnet'
Name       'Microsoft & .NET'
```

```
Parent URL http://*******.com/wittig/, line 29, col 2
Real URL   http://*******.com/catalog/dotnet/
Check time 0.163 seconds
D/L time   0.146 seconds
Size       37.55KB
Info       Redirected to 'http://*******.com/catalog/dotnet/'.
           235 URLs parsed.
Modified   2015-07-22 01:16:35.000000Z
Warning    [http-moved-permanent] HTTP 301 (moved permanent)
           encountered: you should update this link.
Result     Valid: 200 OK
[...]
```

根据网页数量的不同，网页爬虫需要一些时间来检查所有的网页是否有损坏的链接。最终它会列出所有损坏的链接，给你机会找到并修复它们。

3.2　监控和调试虚拟机

如果你需要找到应用出错或未按照期望表现的原因，使用工具来帮助监控和调试就很重要了。AWS 提供了工具来让你监控和调试自己的虚拟机。其中一种方法是检查虚拟机的日志。

3.2.1　显示虚拟机的日志

假如你需要找出自己的虚拟机在启动时及启动后做了些什么，有一个简单的解决方案。AWS允许你在管理控制台（用于启动和停止虚拟机的 Web 界面）的帮助下查看 EC2 实例的日志。你可以按以下步骤打开虚拟机的日志。

（1）在主导航栏中打开 EC2 服务，然后从子菜单中选择 "Instances"。

（2）在表中点击一行，以选择正在运行的虚拟机。

（3）从 "Actions" 菜单中选择 "Instance Settings" → "Get System Log"。

此时会弹出一个窗口，然后显示从虚拟机得到的系统日志，这些日志通常在启动期间显示在一台物理监视器上（见图 3-15）。

如果你正在内部部署上运行机器，该日志包含将显示在你的机器的监视器上的所有日志消息。注意在启动期间发生错误的任何日志消息。如果错误消息不明显，你应该联系 AMI 的供应商、AWS 技术支持，或者在 AWS 开发者论坛发布问题。

这是一种简单而高效的方法，可以在不需要 SSH 连接的情况下访问系统日志。注意，日志消息出现在日志查看器中需要几分钟。

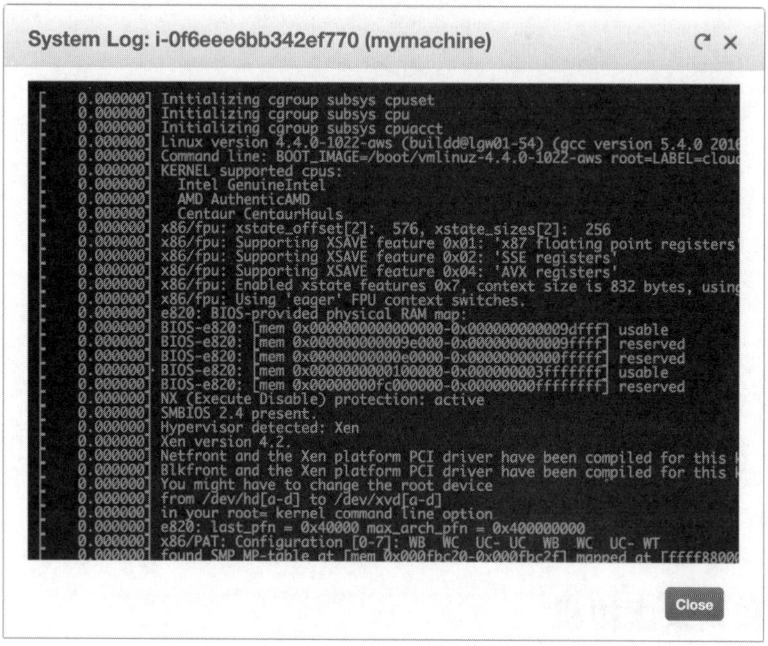

图 3-15　在日志的帮助下调试一台虚拟机

3.2.2　监控虚拟机的负载

AWS 能帮助你回答这样的问题："我的虚拟机利用情况是否接近它的最大容量？" 按照以下步骤打开 EC2 实例的指标。

（1）在主导航栏中打开 EC2 服务，然后从子菜单中选择"Instances"。

（2）点击表中的一行，以选择正在运行的虚拟机。

（3）切换到右下角的"Monitoring"选项卡。

（4）点击"Network In"来查看详细信息。

你将看到一个图表，其中显示虚拟机对流入的网络流量的利用率，类似图 3-16。有一些关于 CPU、网络和硬盘使用量的指标。由于 AWS 从外部查看你的虚拟机，因此没有指示内存使用情况的指标。如果需要，你可以自己发布内存指标。如果你使用基本监控，这些指标每 5 分钟更新一次；如果你对自己的虚拟机启用详细监控，这些指标每分钟更新一次，这需要额外付费。

在调试性能问题时，检查 EC2 实例的指标会很有帮助。第 17 章中还会介绍如何根据这些指标增加或减少基础设施。

指标和日志可帮助你监视和调试虚拟机。这两种工具都可以帮助你确保自己以经济、高效的方式提供高质量的服务。想要查找有关监控虚拟机的更多详细信息，可参阅 AWS 官方文档。

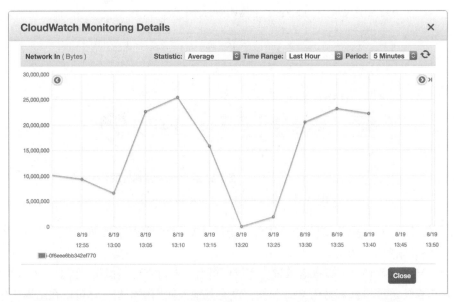

图 3-16 使用 CloudWatch 指标深入分析一台虚拟机的流入网络流量

3.3 关闭虚拟机

为避免产生费用，你应该总是关闭不用的虚拟机。你可以使用以下 4 种操作来控制一台虚拟机的状态。

- 启动——你总是能够启动一台停止的虚拟机。如果你需要创建一台全新的虚拟机，就需要启动一台虚拟机。
- 停止——你总是能够停止一台正在运行的虚拟机。除网络附接存储这样的附加资源外，一台停止了的虚拟机不会产生费用。如果你在使用网络附接存储，你的数据将被保存。
- 重启——如果你需要重启自己的虚拟机，这个操作非常有帮助。你不会在重启时丢失任何永久数据，因为这些数据停留在同一台主机上。
- 终止——终止一台虚拟机意味着删除它。你不能再次启动一台已终止的虚拟机。虚拟机被删除，通常情况下，同时被删除的还有其依赖项（如网络附接存储）和公有 IP 地址与私有 IP 地址。已终止的虚拟机不会再产生费用。

警告 了解停止与终止一台虚拟机的区别很重要。你可以启动一台已经停止的虚拟机，但不能启动一台已终止的虚拟机。如果你终止了一台虚拟机，则意味着把它删除了。

图 3-17 通过流程图说明了停止和终止 EC2 实例的区别。

停止运行的虚拟机和启动停止的虚拟机都是可行的。

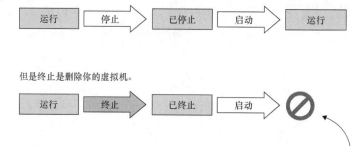

但是终止是删除你的虚拟机。

再次启动已终止的虚拟机是不可能的。

图 3-17　停止与终止一台虚拟机的区别

　　停止或终止未用的虚拟机能节省费用并防止从 AWS 收到意外的账单。你可能希望在以下情况下停止或终止未用虚拟机。

- 你已启动虚拟机以实现概念验证。完成项目后，不再需要虚拟机。因此，可以终止它们。
- 你正在使用虚拟机来测试 Web 应用。没有其他人使用虚拟机，你可以在结束工作之前停止它，并在第二天再次启动它。
- 你的一位客户取消了合同。备份相关数据后，你可以终止用于为这位客户提供服务的虚拟机。

当你终止了一台虚拟机之后，这台虚拟机就不再可用，而且最终会从虚拟机列表中消失。

资源清理

　　终止在本章开始时启动的虚拟机 mymachine。

（1）从主导航栏中打开 EC2 服务，然后从子菜单中选择 "Instances"。

（2）点击表中的一行，以选择正在运行的虚拟机。

（3）从 "Actions" 菜单中选择 "Instance State" → "Terminate"。

3.4　更改虚拟机的大小

　　你总是可以更改一台虚拟机的大小。这是云的优势之一，它给了你垂直扩展的能力。如果你需要更多的计算能力，还可以增加 EC2 实例的大小。

　　在本节中，我们将学习如何更改一台正在运行的虚拟机的大小。首先，按下面的步骤启动一台小型虚拟机。

（1）打开 AWS 管理控制台，选择 EC2 服务。

（2）打开向导，点击 "Launch Instance" 按钮来启动一台新虚拟机。

（3）选择 "Ubuntu Server 16.04 LTS (HVM)" 作为虚拟机的 AMI。

（4）选择实例类型 t2.micro。

（5）点击"Review and Launch"来启动虚拟机。

（6）点击"Edit Security Groups"来配置防火墙。选择"Select an Existing Security Group"，然后选择名为 ssh-only 的安全组。

（7）点击"Review and Launch"来启动虚拟机。

（8）检查新虚拟机的汇总信息，然后点击"Launch"按钮。

（9）选择"Choose an Existing Key Pair"选项，选择密钥对 mykey，然后点击"Launch Instances"按钮。

（10）切换到 EC2 实例概览，然后等待新虚拟机的状态变为"Running"。

你现在已经启动了一台 t2.micro 类型的 EC2 实例。这是 AWS 上可用的最小的虚拟机之一。

使用 SSH 连接到你的虚拟机上，如 3.3 节所述，然后执行 cat /proc/cpuinfo 和 free -m 来获取虚拟机的 CPU 和内存等信息。输出应该如下：

```
$ cat /proc/cpuinfo
processor     : 0
vendor_id     : GenuineIntel
cpu family    : 6
model         : 63
model name    : Intel(R) Xeon(R) CPU E5-2676 v3 @ 2.40GHz
stepping      : 2
microcode     : 0x36
cpu MHz       : 2400.054
cache size    : 30720 KB
[...]

$ free -m
          Total     used      free    shared   buff/cache   available
Mem:        990       42       632         3          315          794
Swap:         0        0         0
```

你的虚拟机提供单 CPU 内核和 990 MB 的内存。如果你的应用存在性能问题，则增加实例大小可以解决该问题。使用 3.2 节中描述的计算机指标来确定 CPU 或网络容量是否已用完。你的应用是否会从额外的内存中受益？如果是这样，增加实例大小也会提高应用的性能。

如果你需要更多的 CPU、更多的内存或者更多的网络容量，有很多可以选择的大小。你甚至可以修改虚拟机的实例系列与世代。要增加自己的虚拟机的大小，首先要停止它。

（1）打开 AWS 管理控制台，然后选择 EC2 服务。

（2）点击子菜单中的"Instances"，跳转到虚拟机的概览界面。

（3）在列表中点击，选择正在运行的虚拟机。

（4）从"Actions"菜单中选择"Stop"。

警告　启动一台实例类型为 m4.large 的虚拟机将会产生费用。如果想知道一台实例类型为 m4.large 的虚拟机当前每小时的价格，可以访问 AWS 官方网站。

等到虚拟机停止后，我们可以更改实例类型。

（1）从"Instance Settings"下的"Actions"菜单中选择
"Change Instance Type"。如图 3-18 所示，将打开一个对话框，
可以在这个对话框中为虚拟机选择新的实例类型。

（2）在"Instance Type"中选择"m4.large"。

（3）点击"Apply"按钮以保存所做的更改。

现在我们已经更改了虚拟机的大小，并准备好再次启动
它了。

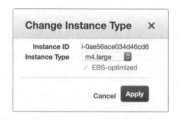

图 3-18　通过选择"m4.large"作
为实例类型来增加虚拟机的大小

要做到这一点，选择虚拟机并且从"Instance Settings"下的"Actions"菜单中选择"Start"。
虚拟机将会有更多的 CPU、更多的内存和更多的网络能力。公有 IP 地址与私有 IP 地址也会发生
变化。获取新的公有 DNS 用于通过 SSH 重新连接，在虚拟机的详细信息视图中可以找到它。

使用 SSH 连接 EC2 实例，然后再次执行 cat /proc/cpuinfo 与 free -m 来获取它的
CPU 与内存信息。输出结果如下：

```
$ cat /proc/cpuinfo
processor     : 0
vendor_id     : GenuineIntel
cpu family    : 6
model         : 79
model name    : Intel(R) Xeon(R) CPU E5-2686 v4 @ 2.30GHz
stepping      : 1
microcode     : 0xb00001d
cpu MHz       : 2300.044
cache size    : 46080 KB
[...]

processor     : 1
vendor_id     : GenuineIntel
cpu family    : 6
model         : 79
model name    : Intel(R) Xeon(R) CPU E5-2686 v4 @ 2.30GHz
stepping      : 1
microcode     : 0xb00001d
cpu MHz       : 2300.044
cache size    : 46080 KB
[...]

$ free -m
           total        used        free      shared  buff/cache   available
Mem:        7982          62        7770           8         149        7701
Swap:          0           0           0
```

我们的虚拟机能够使用两个 CPU 并提供 7982 MB 的内存。与之前单个 CPU 和 990 MB 的内
存容量相比，我们增加了这台虚拟机的大小。

资源清理

终止实例类型为 m4.large 的这台虚拟机，以停止为它付费。

（1）从主导航栏中打开 EC2 服务，然后从子菜单中选择"Instances"。

（2）点击列表中的一行，以选择正在运行的虚拟机。

（3）在"Actions"菜单中选择"Instance State"→"Terminate"。

3.5　在另一个数据中心启动虚拟机

AWS 在全球范围内提供数据中心。在决定为你的云基础设施选择哪个区域时，要考虑以下标准。

■　延迟——选择哪个区域可以使你的用户与你的基础设施之间有最短距离。

■　合规性——你是否可以在该国家/地区存储和处理数据。

■　服务可用性——AWS 不能为所有区域提供所有服务。你要确认根据当地法律法规等，计划在该区域使用的服务是否可用。

■　成本——服务成本因区域而异。哪个区域是使你的基础设施最具成本效益的地区。

假设你的客户不仅在美国，也在澳大利亚。目前，你只在弗吉尼亚州北部运营 EC2 实例。来自澳大利亚的客户抱怨访问你的网站时加载时间过长。为了让你的澳大利亚客户满意，你决定在澳大利亚启用另一台虚拟机。

更改数据中心很简单。管理控制台始终在主导航栏的右侧显示你目前正在其上工作的数据中心。到目前为止，我们使用的都是弗吉尼亚州北部的数据中心，称为 us-east-1。要变更数据中心，点击"N. Virginia"，然后在菜单中选择"Asia Pacific（Sydney）"。图 3-19 展示了如何切换到悉尼的数据中心 ap-southeast-2。

图 3-19　在管理控制台中将数据中心从弗吉尼亚州北部改为悉尼

AWS 将它的数据中心按以下区域进行分组：

- 美国东部（弗吉尼亚州北部）（us-east-1）
- 美国西部（加利福尼亚州北部）(us-west-1)
- 加拿大（中部）（ca-central-1）
- 欧洲（法兰克福）（eu-central-1）
- 欧洲（巴黎）（eu-west-3）
- 亚太区域（首尔）（ap-northeast-2）
- 亚太区域（悉尼）（ap-southeast-2）
- 南美洲（圣保罗）（sa-east-1）

- 美国东部（俄亥俄州）（us-east-2）
- 美国西部（俄勒冈州）（us-west-2）
- 欧洲（爱尔兰）（eu-west-1）
- 欧洲（伦敦）（eu-west-2）
- 亚太区域（东京）（ap-northeast-1）
- 亚太区域（新加坡）（ap-southeast-1）
- 亚太区域（孟买）（ap-south-1）

你可以为大多数 AWS 服务指定区域。各个区域是完全独立的，数据不在区域间传输。通常情况下，一个区域由 3 个或更多位于同一地区的数据中心组成。这些数据中心间有着很好的连接，它们能提供高可用的基础设施，本书之后会介绍。一些 AWS 服务，如 CDN 服务以及域名系统（Domain Name System，DNS）服务，是在这些区域外的数据中心之上进行全局操作的。

当切换到管理控制台的 EC2 服务后，你可能想知道为什么 EC2 概览中没有列出任何密钥对。我们为 SSH 登录，在区域"美国东部（弗吉尼亚州北部）"创建了一对密钥。但是，区域是独立的，所以我们必须为亚太区域（悉尼）创建一对新的密钥对。按以下步骤操作（更多细节见 1.2 节）。

（1）在主导航栏中打开 EC2 服务，然后从子菜单中选择"Key Pairs"。

（2）点击"Create Key Pair"，在密钥对名称处输入"sydney"。

（3）下载并保存密钥对。

（4）仅适用于 Windows 操作系统：打开 PuTTYgen，然后在"Type of Key to Generate"中选择"SSH-2 RSA"。点击"Load"。选择 sydney.pem 文件并点击"Open"。在对话框中选择"Confirm"。点击"Save Private Key"。

（5）仅适用于 Linux 操作系统和 macOS：在终端执行 `chmod 400 sydney.pem` 来改变文件 sydney.pem 的访问权限。

我们已经准备好在悉尼的数据中心启动一台虚拟机了，现在可以按以下步骤操作。

（1）从主导航栏中打开 EC2 服务，然后从子菜单中选择"Instances"。

（2）点击"Launch Instance"，打开一个向导，它会启动一台新的虚拟机。

（3）选择"Amazon Linux AMI (HVM)"系统映像。

（4）选择"t2.micro"作为实例类型，然后点击"Review and Launch"转到下一个界面。

（5）点击"Edit Security Groups"来配置防火墙。将"Security Group Name"改为"webserver"，将"Description"改为"HTTP and SSH"。添加一条类型为 SSH 的规则以及另一条类型为 HTTP 的规则。对这两条规则，定义 0.0.0.0/0 作为源，从而允许从任何地方访问 SSH 和 HTTP。防火墙配置如图 3-20 所示。点击"Review and Launch"按钮。

为虚拟机创建一组
新的防火墙规则。

使用一个有意义的名称和
描述方便今后查找安全组。

允许访问SSH……

……从任何地方。

出现警告是因为从任何地方都可以访问你的虚拟机。

点击这里继续操作。

图 3-20 为在悉尼的 Web 服务器配置防火墙

（6）点击"Launch"，然后选择 sydney 作为已经存在的密钥对，用于启动虚拟机。

（7）点击"View Instances"切换到虚拟机概览，然后等待新虚拟机启动。

完成了！一台虚拟机在悉尼的数据中心运行。让我们继续在其上安装一个 Web 服务器。要这样做，我们必须通过 SSH 连接到虚拟机。从虚拟机的详细信息页抓取虚拟机的当前公有 IP 地址。

打开终端，输入 `ssh -i $PathToKey/sydney.pem ec2-user@$PublicIp`，使用下载的密钥文件 sydney.pem 的路径替换$PathToKey，使用虚拟机详细信息中的公有 IP 地址替换 $PublicIp。对关于新主机的认证的安全警告回答"Yes"。

Windows

找到在下载新密钥对后创建的 sydney.ppk 文件，然后双击打开它。PuTTY Pageant 应该会在任务栏中显示为一个图标。接下来，启动 PuTTY，然后连接到虚拟机详细信息中的公有 IP 地址。对关于新主机的认证的安全警告回答"Yes"，然后输入"ec2-user"作为登录名，按"Enter"键。

要向你的澳大利亚客户提供网站服务，请通过 SSH 连接到 EC2 实例，并通过执行 `sudo yum install httpd -y` 安装 Web 服务器。要启动 Web 服务器，请输入 `sudo service httpd start` 并按 "Enter" 键以执行该命令。如果你打开 http://$PublicIp 并使用自己的虚拟机的公有 IP 地址替换$PublicIp，网络浏览器应该会显示一个占位网站。

注意　在本章中，我们使用了两种不同的操作系统。在本章开始时我们启动了一台基于 Ubuntu 的虚拟机，现在使用一个基于 Red Hat Enterprise Linux 的发行版本 Amazon Linux。这就是要执行不同的命令来安装软件的原因。Ubuntu 使用 apt-get，而 Amazon Linux 使用 yum。

接下来，我们将关联一个固定公有 IP 地址到虚拟机。

3.6　分配一个公有 IP 地址

在本书中我们已经启动了一些虚拟机。每台虚拟机都自动连接到一个公有 IP 地址。但是，每次启动或停止一台虚拟机，公有 IP 地址就改变了。如果想要用一个固定 IP 地址运行一个应用，这样做就不可行。AWS 提供一项服务称为弹性 IP 地址，用于分配固定的公有 IP 地址。你可以按照图 3-21 所示的步骤分配公有 IP 地址并将其与 EC2 实例关联。

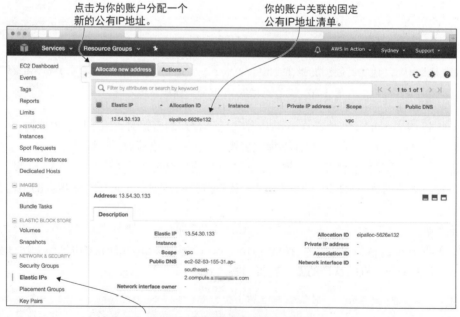

图 3-21　你的账号在当前区域关联的公有 IP 地址概览

（1）打开管理控制台，然后转到 EC2 服务。

（2）从子菜单中选择"Elastic IPs"。你将看见一个公有 IP 地址的概览。

（3）点击"Allocate new address"来分配公有 IP 地址。

（4）点击"Allocate"确认。

（5）显示你的固定公有 IP 地址。点击"Close"返回概览。

现在，你可以将公有 IP 地址与自己选择的虚拟机相关联。

（1）选择你的公有 IP 地址，然后从"Actions"菜单中选择"Associate Address"，将显示图 3-22 所示的界面。

图 3-22　为 EC2 实例关联一个公有 IP 地址

（2）为"Resource Type"选择"Instance"。

（3）在"Instance"下拉列表框中选择 EC2 实例的 ID。目前只有一台虚拟机在运行，所以只有一个选项可用。

（4）虚拟机只能使用"Private IP"中的一个地址，选择它。

（5）点击"Associate"以完成这一过程。

现在我们的虚拟机可以通过在本节开头分配的公有 IP 地址来访问了。通过浏览器访问这一 IP 地址，将看到 3.5 节所做的占位页面。

如果要确保应用的端点不会更改，即使必须在后台更换虚拟机也不更改，那么分配公有 IP 地址很有用。例如，假设虚拟机 A 正在运行并且具有关联的弹性 IP 地址。以下步骤让你可以在不更改公有 IP 地址的情况下使用新虚拟机替换一台原有的，而不需要中断服务。

（1）启动一台新的虚拟机 B 以替换正在运行的虚拟机 A。

（2）在虚拟机 B 上安装并启动应用以及所有的依赖项。

（3）从虚拟机 A 解除弹性 IP 地址关联，并将它关联到虚拟机 B。

现在，使用弹性 IP 地址的请求将路由到虚拟机 B，仅在移动弹性 IP 地址时会出现短暂中断。你还可以使用多个网络接口将多个公有 IP 地址与一台虚拟机连接，正如 3.7 节中所描述的。如果你需要托管在同一端口上运行的不同应用，或者希望为不同的网站使用唯一的固定公有 IP 地址，这将非常有用。

警告 IPv4 地址是稀缺资源。为了防止浪费弹性 IP 地址，AWS 将对没有关联到任何虚拟机的弹性 IP 地址收费。我们将在 3.7 节结束时清除所分配的 IP 地址。

3.7   向虚拟机添加额外的网络接口

除了管理公有 IP 地址，你还能够控制自己的虚拟机的网络接口。你可以向一台虚拟机添加多个网络接口，并且控制关联到这些网络接口的私有 IP 地址和公有 IP 地址。

下面是具有多个网络接口的 EC2 实例的典型使用场景。

■   你的 Web 服务器需要使用多个 TLS/SSL 证书来回答请求，并且由于遗留客户端而无法使用服务器名称指示（Server Name Indication，SNI）扩展。

■   你希望创建一个与应用网络分离的管理网络，因此需要从两个网络访问 EC2 实例。图 3-23 给出了一个示例。

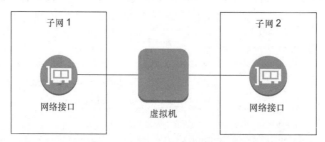

图 3-23   在两个不同子网中具有两个网络接口的虚拟机

■   你的应用需要或建议使用多个网络接口（例如网络和安全设备）。

按照以下步骤，创建另一个网络接口并使用它将第二个公有 IP 地址连接到 EC2 实例。

（1）打开管理控制台并跳转至 EC2 服务。

（2）在子菜单中选择 "Network Interfaces"。

（3）虚拟机的默认网络接口显示在列表中。记下网络接口的子网 ID。

（4）点击 "Create Network Interface"，出现图 3-24 所示的对话框。

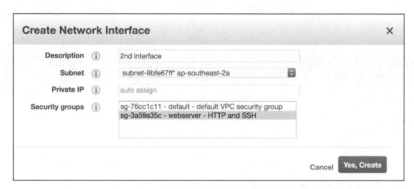

图 3-24　为虚拟机创建额外的网络接口

（5）输入 2nd interface 作为描述。

（6）选择在第 3 步中记下的子网 ID。

（7）保留私有 IP 地址为空。私有 IP 地址将自动分配给网络接口。

（8）在 "Security Groups" 文本框中选择描述中有 webserver 的安全组。

（9）点击 "Yes, Create" 按钮。

新网络接口的状态更改为 Available 后，你就可以将其附加到自己的虚拟机。选择新的网络接口 2nd Interface，然后从菜单中选择 "Attach"。将弹出一个对话框，如图 3-25 所示。选择唯一可用的 "Instance ID"，然后点击 "Attach" 按钮。

图 3-25　将额外的网络接口附加到虚拟机

我们已经附加了一个额外的网络接口至自己的虚拟机。接下来，我们将关联一个额外的公有 IP 地址到这个额外的网络接口。为此，请记下概览中显示的第二个接口的网络接口 ID——在本例中为 eni-b847f4c5，并按以下步骤操作。

（1）打开 AWS 管理控制台，然后转到 EC2 服务。

（2）从子菜单中选择 "Elastic IPs"。

（3）点击"Allocate New Address"来分配新的公有 IP 地址，如 3.6 节中所述。

（4）选择你的公有 IP 地址，然后从"Actions"菜单中选择"Associate Address"，出现类似图 3-26 的对话框。

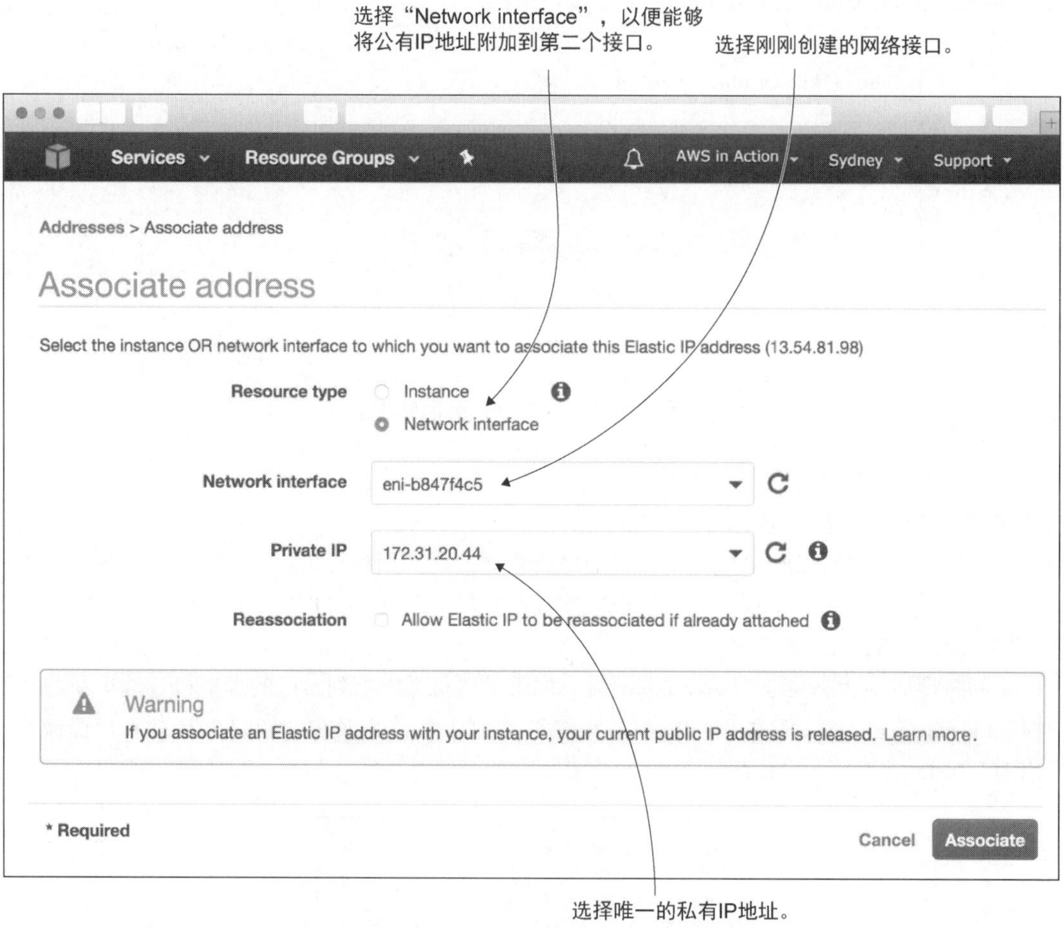

选择"Network interface"，以便能够
将公有IP地址附加到第二个接口。　　　　　选择刚刚创建的网络接口。

选择唯一的私有IP地址。

图 3-26　将公有 IP 地址关联到额外的网络接口上

（5）为"Resource Type"选择"Network interface"。

（6）在"Network interface"下拉列表框中选择第二个接口的 ID。

（7）为网络接口选择唯一可用的私有 IP 地址。

（8）点击"Associate"按钮以完成该过程。

现在你的虚拟机可以通过两个不同的公有 IP 地址来访问了。这样你就可以根据公有 IP 地址提供两个不同的网站服务。你需要配置 Web 服务器来根据公有 IP 地址应答请求。

如果使用 SSH 连接到我们的虚拟机，并且在终端输入 `ifconfig`，就能看见自己的新网络接口附加到了虚拟机上，执行 ifconfig 命令后输出如下：

```
$ ifconfig
eth0      Link encap:Ethernet HWaddr 02:06:EE:59:F7:65
          inet addr:172.31.17.165 Bcast:172.31.31.255 Mask:255.255.240.0
          inet6 addr: fe80::6:eeff:fe59:f765/64 Scope:Link
          UP BROADCAST RUNNING MULTICAST MTU:9001 Metric:1
          RX packets:3973 errors:0 dropped:0 overruns:0 frame:0
          TX packets:2648 errors:0 dropped:0 overruns:0 carrier:0
          collisions:0 txqueuelen:1000
          RX bytes:5104781 (4.8 MiB) TX bytes:167733 (163.8 KiB)

eth1      Link encap:Ethernet HWaddr 02:03:FA:95:9B:BB
          inet addr:172.31.20.44 Bcast:172.31.31.255 Mask:255.255.240.0
          inet6 addr: fe80::3:faff:fe95:9bbb/64 Scope:Link
          UP BROADCAST RUNNING MULTICAST MTU:9001 Metric:1
          RX packets:84 errors:0 dropped:0 overruns:0 frame:0
          TX packets:87 errors:0 dropped:0 overruns:0 carrier:0
          collisions:0 txqueuelen:1000
          RX bytes:9997 (9.7 KiB) TX bytes:11957 (11.6 KiB)
[...]
```

每个网络接口都连接到一个私有 IP 地址和一个公有 IP 地址。我们需要配置 Web 服务器来根据 IP 地址提供不同的网站。虚拟机不知道任何关于它的公有 IP 地址的事，但我们可以根据私有 IP 地址来区分请求。

首先需要两个网站。在悉尼的虚拟机上通过 SSH 执行以下命令来下载两个简单的占位网站：

```
$ sudo -s
$ mkdir /var/www/html/a
$ wget -P /var/www/html/a https://raw.g****************.com/AWSinAction/\
➥code2/master/chapter03/a/index.html
$ mkdir /var/www/html/b
$ wget -P /var/www/html/b https://raw.g****************.com/AWSinAction/\
➥code2/master/chapter03/b/index.html
```

接下来需要配置 Web 服务器来根据调用的 IP 地址提供网站。在/etc/httpd/conf.d 下添加名为 a.conf 的文件，其中包含以下内容。将 IP 地址从 172.31.*x.x* 修改为执行 ifconfig 命令输出的网络接口 eth0 的 IP 地址：

```
<VirtualHost 172.31.x.x:80>
  DocumentRoot /var/www/html/a
</VirtualHost>
```

对/etc/httpd/conf.d 下名为 b.conf 的配置文件重复相同的过程，其中包含以下内容。将 IP 地址从 172.31.*y.y* 更改为执行 ifconfig 命令输出的网络接口 eth1 的 IP 地址：

```
<VirtualHost 172.31.y.y:80>
  DocumentRoot /var/www/html/b
</VirtualHost>
```

要激活新的 Web 服务器配置，可以通过 SSH 执行 `sudo service httpd restart`。管理控制台切换至弹性 IP 地址概览。复制两个公有 IP 地址，然后在网络浏览器中分别打开它们。根据你正在访问的公有 IP 地址，你应该得到回应"Hello A!"或"Hello B!"。这样你能够根据用户正在访问的公有 IP 地址来提供两个不同的网站。恭喜——你成功了！

资源清理

是时候做一些清理工作了。

（1）终止虚拟机。

（2）转到"Networking Interfaces"，然后选择并删除网络接口。

（3）切换至"Elastic IPs"，然后通过点击"Actions"菜单中的"Release Addresses"选择和释放两个公有 IP 地址。

（4）切换至"Key Pairs"，然后删除创建的 sydney 密钥对。

（5）切换至"Security Groups"，然后删除你创建的 webserver 安全组。

就是这样。所有的东西都清理干净了，可以进入下一节了。

注意　我们之前切换到了悉尼的 AWS 区域。现在需要转回美国东部（弗吉尼亚州北部）区域。你可以从管理控制台的主导航栏中的区域选择器中选择"US East (N. Virginia)"。

3.8　优化虚拟机的开销

通常你可以按需在云中启动自己的虚拟机来获取最大的灵活性。AWS 称其为按需实例，因为你可以随时按需启动或停止一台虚拟机，而且会按虚拟机运行的秒数或小时数来结算费用。

有两个选项可以降低 EC2 成本：竞价型实例和预留实例。这两个选项都能够帮助你减少开销，但是这样会降低灵活性。对于竞价型实例，可以对 AWS 数据中心中未用容量出价，价格基于供求关系。如果需要使用一台虚拟机超过一年，可以使用预留实例，同意支付给定时间段的费用并提前获取折扣。表 3-2 展示了这些选项之间的不同点。

表 3-2　按需、预留及竞价型虚拟机的不同点

比较项目	按需	预留	竞价型
价格	高	中	低
灵活性	高	低	中
可靠性	中	高	低
适用的工作负载	动态工作负载（如新闻站点）或概念验证	可预测的静态工作负载（如业务应用）	批处理工作负载（如数据分析、媒体编码等）

计费单位：秒

大多数运行 Linux 的 EC2 实例（如 Amazon Linux 或 Ubuntu）都是按秒计费的。每个实例的最短收费时间是 60 秒。例如，你在 30 秒后终止新启动的实例，那么你必须为这 60 秒付费。但是，如果在 61 秒后终止一个实例，你只需为 61 秒付费。

运行 Microsoft Windows 或按小时计费的 Linux 发行版（如 Red Hat Enterprise Linux 或 SUSE Linux Enterprise Server）的 EC2 实例不是按秒计费，而是按小时计费。最短收费时间为 1 小时。从 AWSMarketplace 启动的按小时计费的 EC2 实例也是如此。

3.8.1 预留虚拟机

预留虚拟机意味着在特定的数据中心中使用特定的虚拟机。无论这台预留虚拟机是否在运行，你都必须为它支付费用。作为回报，你能够得到最高达 60% 的价格优惠。在 AWS 上，如果想预留一台虚拟机，可以选择以下选项中的一个：

- 无预付费用，1 年使用期；
- 部分预付费用，1 年或 3 年使用期；
- 全部预付费用，1 年或 3 年使用期。

警告 购买预留虚拟机会产生 1~3 年的费用。因此我们没有为本节添加示例。

表 3-3 展示了这对具有两个虚拟 CPU 和 8 GB 内存的实例类型为 m4.large 的虚拟机意味着什么。

表 3-3 实例类型为 m4.large 的虚拟机的潜在可节省成本

预留虚拟机购买选项	月成本/美元	预付成本/美元	实际月成本/美元	与按需相比节省了
按需	73.20	0.00	73.20	N/A
无预付费用，1 年使用期	45.38	0.00	45.38	38%
部分预付费用，1 年使用期	21.96	258.00	43.46	40%
全部预付费用，1 年使用期	0.00	507.00	42.25	42%
无预付费用，3 年使用期	31.47	0.00	31.47	57%
部分预付费用，3 年使用期	14.64	526.00	29.25	60%
全部预付费用，3 年使用期	0.00	988.00	27.44	63%

通过在 AWS 上预留虚拟机，你可以将降低成本与灵活性进行权衡。在购买预留实例时，可以选择不同的选项提供不同级别的灵活性：

- 预留实例，要么是有容量预留，要么是无容量预留；
- 标准预留实例或可转换预留实例。

我们将在后文更详细地解释这些内容。可以购买特定时间范围的预留实例，称为计划预留实例（Scheduled Reserved Instance）。例如，你可以购买每个工作日上午 9 点到下午 5 点之间的预留实例。

1．有容量预留的预留实例

　　如果你有一台虚拟机的预留（一个预留实例），那么这台虚拟机的容量在公有云中是为你预留的。为什么这很重要？假设在一个数据中心里，对虚拟机的需求增加了，有可能是因为另一个数据中心出现故障，而许多 AWS 客户不得不启动新的虚拟机来替换他们的故障虚拟机。在这种罕见的情况下，按需虚拟机的订单堆积起来，有可能导致很难启动一台新的虚拟机。如果你计划构建一个跨多个数据中心的高可用的设置，应该考虑预留最小的能保持自己的应用运行的容量。有容量预留的缺点是灵活性低。你需要承诺在特定数据中心内为特定类型的虚拟机支付 1 年或 3 年的费用。

2．无容量预留的预留实例

　　如果你选择不为虚拟机预留容量，则可以从每小时的价格降低和更大的灵活性中获益。不管使用哪个特定的数据中心，对整个区域的虚拟机来说，无容量预留的预留实例都是有效的。该预留也适用于实例系列的所有实例大小。例如，你购买了一台 m4.xlarge 虚拟机的预留，也可以使用预留运行两台实例类型为 m4.large 的虚拟机。

> **修改预留**
>
> 可以在不收取额外费用的情况下修改预留。这样可以让你根据工作负载的变化调整预留。你可以进行以下修改。
>
> - 切换容量预留。
> - 修改预留所属的数据中心。
> - 拆分或合并预留。例如，你可以将两个 t2.small 预留合并到 t2.medium 预留中。

3．用标准预留还是可转换预留

　　购买预留 3 年时，你要在标准预留和可转换预留之间做出选择。标准预留（standard reservation）将预留限制在某一个实例系列（如 m4）。可转换预留（convertible reservation）可以更换为另一种预留，例如，更改为其他实例系列。可转换预留比标准预留更昂贵，但提供更高的灵活性。

　　能够切换到另一个实例系列可能很有价值，因为 AWS 可能会在未来引入具有更低价格和更高资源的新实例系列。而且你的工作负载模式也可能会发生变化，从而需要切换实例系列，例如从通用系列切换到针对计算优化的系列。

　　我们建议从按需机器开始，然后切换到按需和预留混合的实例。根据你的高可用性要求，可以选择是否预留容量。

3.8.2 对未用虚拟机出价

除了预留虚拟机，还有另一种降低成本的方法——竞价型实例（spot instance）。通过竞价型实例，你可以对 AWS 云中的未用容量进行出价。现货市场是指标准化的产品在交易后立即交付的市场。在这个市场上的产品价格依赖于供求关系。在 AWS 现货市场，交易的产品是虚拟机，它们是通过启动一台虚拟机来交付的。

图 3-27 展示了特定实例类型的一台虚拟机的价格。如果在指定数据中心的一台指定虚拟机的当前竞价型实例价格比你的最高出价低，你的竞价型实例请求将被满足，一台虚拟机将启动，以当前竞价型实例价格计费。如果当前竞价型实例价格超出你的出价，你的虚拟机将在 2 分钟后被 AWS 终止（不是停止）。

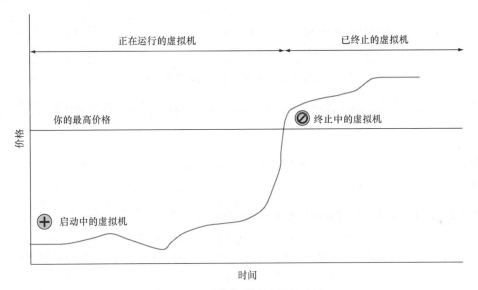

图 3-27 虚拟机现货市场的功能

竞价型实例价格或多或少的灵活性取决于虚拟机的大小以及其所在的数据中心。我们看见过竞价型实例价格只有按需价格的 10%，也看见过竞价型实例价格甚至超过按需价格。一旦竞价型实例价格超过你的出价，EC2 实例将在 2 分钟内终止。你不应该将竞价型实例用在类似网络或邮件服务器上，但是可以用它们来运行异步任务，如数据分析或者对媒体资产进行编码。你甚至可以用竞价型实例来检查自己的网站的损坏链接，如在 3.1 节中所做的，因为这不是一个对时间要求严格的任务。

让我们启动一台使用现货市场降价的新虚拟机。首先你必须将订单提交到现货市场。图 3-28 展示了请求虚拟机的起点。我们可以在主导航栏中选择 EC2 服务，然后从子菜单中选择"Spot Requests"。点击"Pricing History"。出现一个对话框，显示虚拟机的竞价型实例价格；历史价格适用于不同的服务器大小和不同的数据中心。

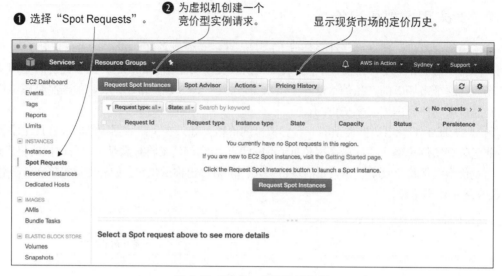

图 3-28　请求一个竞价型实例

点击"Request Spot Instances"按钮以启动向导，该向导将指导你完成请求竞价型实例的过程。

警告　通过竞价型实例请求启动一台实例类型为 m3.medium 的虚拟机会产生费用。以下示例中的最高价格（出价）为 0.093 美元。

图 3-29 是启动现货市场上最小的可用虚拟机的必要步骤。

（1）你可以选择 3 种请求类型："Request"将请求一次性虚拟机；"Request and Maintain"将创建虚拟机队列，并使其以尽可能低的价格运行；"Reserve for Duration"将请求预留保证 1～6 小时的虚拟机时间。选择"Request"以请求单台虚拟机。

（2）请求一个 EC2 实例的目标容量。

（3）选择"Ubuntu 16.04 LTS AMI"。

（4）选择"m3.medium"，即竞价型实例的最小可用实例类型。

（5）保留分配策略和网络的默认值。

（6）设定自己的最高价格。在此示例中，我们使用按需价格 0.093 美元作为最高价格。价格随时可能更改。可以从 Amazon EC2 定价页面获取最新价格。

（7）点击"Next"按钮继续下一步。

下一步，如图 3-30 所示，配置虚拟机的详细信息以及竞价型实例请求。参数设置如下。

（1）保持默认存储设置。一个带有 8 GB 的网络附接卷足够运行链接检查器了。

（2）保持 EC2 实例的默认值，实例标记除外。添加带有键为 name 和值为 spotinstance 的竞价型实例标签，以便稍后可以识别虚拟机。

（3）选择名为 mykey 的密钥对，并保留 IAM 实例配置文件和 IAM 队列角色的默认值。

（4）选择在本章开头创建的 ssh-only 安全组，以允许输入 SSH 流量到你的虚拟机。

（5）保留公有 IP 地址的默认值以及请求有效性。

（6）点击"Review"按钮以继续下一步。

该向导的最后一步显示竞价型实例请求的摘要。点击"Launch"按钮创建请求。

选择映像启动虚拟机。　　　　　选择类型请求以启动虚拟机。　　　　　启动一台虚拟机。

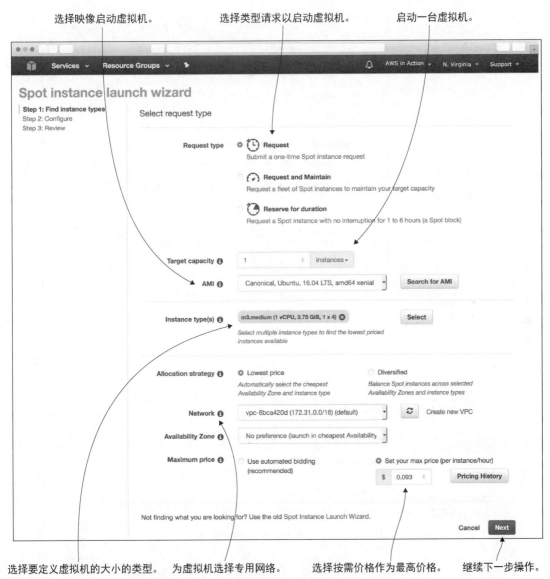

选择要定义虚拟机的大小的类型。　　为虚拟机选择专用网络。　　选择按需价格作为最高价格。　　继续下一步操作。

图 3-29　请求竞价型实例（第 1 步）

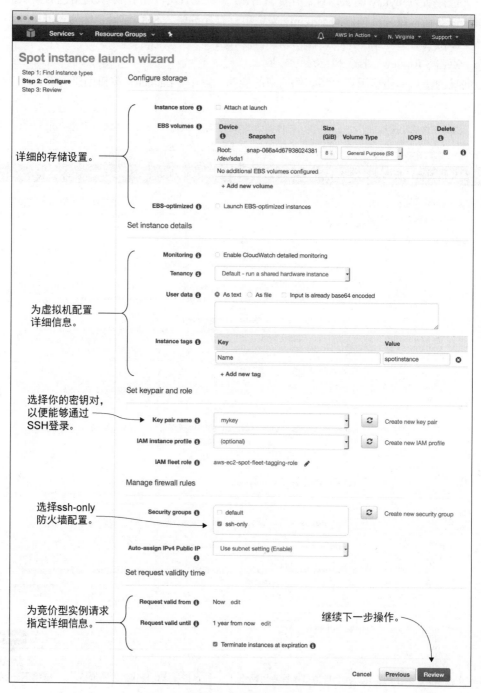

图 3-30 请求竞价型实例（第 2 步）

完成该向导的所有步骤，虚拟机竞价请求就被放到了竞价型实例的现货市场上。你的竞价型实例请求显示在图 3-31 所示的概览中。请求可能需要几分钟时间才会完成。看一下虚拟机请求的状态：因为现货市场不可预测，你的请求可能会失败。如果发生这种情况，请重复此过程以创建另一个请求，然后选择另一个实例类型。

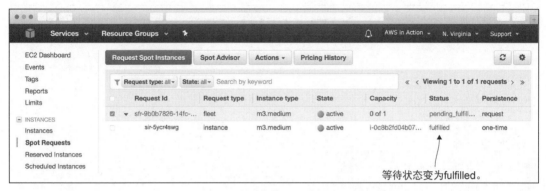

图 3-31 等待竞价型实例请求完成并启动虚拟机

当请求的状态转换为"fulfilled"时，将启动虚拟机。通过子菜单切换到"Instances"后可以查看虚拟机；你可以在虚拟机概览中找到一个正在运行或启动的实例。你已成功启动了一台虚拟机，它被称为竞价型实例！现在可以使用 SSH 连接到虚拟机并运行链接检查器，如 3.1.3 节所述。

资源清理

终止实例类型为 m3.medium 的虚拟机，以停止为它付费。

（1）从主导航栏中打开 EC2 服务，然后从子菜单中选择"Spot Requests"。

（2）点击列表中的第一行，选择你的竞价型实例请求。

（3）从"Actions"菜单中选择"Cancel Spot request"。

（4）确保选中"Terminate Instances"选项，点击"OK"按钮进行确认。

3.9 小结

- 可以在启动一台虚拟机时选择操作系统。
- 使用日志与指标有助于你监控和调试一台虚拟机。
- 改变虚拟机的大小可以灵活改变 CPU 的数量，内存及存储的容量。
- 可以从遍布全球的不同区域启动虚拟机，为你的用户提供低延迟的服务。
- 分配及关联一个公有 IP 地址到虚拟机能够灵活地替换一台虚拟机，而不需要改变公有 IP 地址。
- 可以通过预留虚拟机或在虚拟机现货市场上对未用容量进行出价来节约成本。

第4章 编写基础设施：命令行、SDK 和 CloudFormation

本章主要内容

■ 理解"基础设施即代码"的思想

■ 使用 CLI 来启动虚拟机

■ 使用 Node.js 的 JavaScript SDK 来启动虚拟机

■ 使用 CloudFormation 来启动虚拟机

想象一下，你想要把房间照明作为一项服务来提供。要使用软件关闭房间内的灯光，你需要一个硬件设备，如连接到灯光电路的继电器。此硬件设备必须具备某种接口，允许你通过软件发送命令。通过继电器和接口，就可以将房间照明变成一种服务。

这一思路同样适用于将虚拟机作为一项服务来提供。虚拟机是软件，但是，如果想要远程启动它们，你仍然需要能够处理和满足你的请求的硬件。AWS 提供了一个 API，可以通过 HTTP 控制 AWS 的每个部分。调用 HTTP API 的操作非常基础，需要大量重复性工作，如身份认证、数据（反）序列化等。这就是 AWS 在 HTTP API 之上提供更易于使用的工具的原因。这些工具具体如下。

■ CLI——使用 CLI，你可以从终端调用 AWS API。

■ SDK——大多数编程语言都可以使用 SDK，这使得从你选择的编程语言调用 AWS API 变得很容易。

■ AWS CloudFormation——模板用于描述基础设施的状态。AWS CloudFormation 将这些模板转换为 API 调用。

不是所有示例都包含在免费套餐中

本章中的示例并不都包含在免费套餐中。当一个示例产生费用时，会显示一个特殊的警告消息。只要不是运行这些示例好几天，就不需要支付任何费用。记住，这仅适用于本书读者为学习本书刚刚创建的全新 AWS 账户，并且在这个 AWS 账户中没有任何活动记录。尽量在几天的时间里完成本章中的示例，并在每个示例完成后务必清理账户。

在 AWS 上，一切操作都可以通过 API 进行控制。用户可以通过使用 HTTPS 调用 REST API 来与 AWS 交互，如图 4-1 所示。一切都可以通过 API 提供，用户可以通过单个 API 调用启动一台虚拟机，创建 1TB 的存储，或通过 API 启动 Hadoop 集群。这里说的"一切"真的包含了云上的所有操作。我们需要一些时间来理解这样的概念。当读完本书时，你可能会感到遗憾：为什么现实世界不能像云计算那样简单。

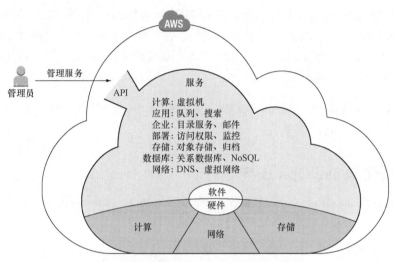

图 4-1　调用 REST API 与 AWS 交互

让我们看一下 API 是如何工作的。假设你向对象存储 S3 上传了一些文件（第 8 章将介绍 S3），现在你想列出 S3 对象存储中的所有文件，以检查上传是否成功。使用原始 HTTP API，你可以使用 HTTP 向 API 端点发送 GET 请求：

```
GET / HTTP/1.1          ◁──── 分别表示 HTTP 方法 GET，HTTP 资源/，使用 HTTP 1.1
Host: BucketName.s3.a*******s.com          ◁─┐
Authorization: [...]    ◁──── 验证信息（详情略）    指定主机名；记住，TCP/IP 只知道
                                                    IP 地址和端口
```

HTTP 响应类似如下：

```
HTTP/1.1 200 OK         ◁──── 使用 HTTP 1.1；状态码 200 表示成功
x-amz-id-2: [...]
x-amz-request-id: [...]
Date: Mon, 09 Feb 2015 10:32:16 GMT     ◁──── HTTP 头显示生成响应的时间
Content-Type: application/xml    ◁──── 响应主体是 XML 文档

<?xml version="1.0" encoding="UTF-8"?>  ◁──── 响应主体从这里开始
<ListBucketResult xmlns="http://s3.a*******s.com/doc/2006-03-01/">
 [...]
</ListBucketResult>
```

使用底层的 HTTPS 请求直接调用 API 不太方便。另一种简单的方法是，使用 CLI 或 SDK 与 AWS 交互，正如将在本章中所学的那样。API 是这些工具的基础。

4.1 基础设施即代码

"基础设施即代码"是使用高级编程语言来控制基础设施的思想。基础设施可以是任何 AWS 资源，比如网络拓扑、负载均衡器、DNS 条目等。在软件开发中，自动化测试、代码库和构建服务器等工具可以提高软件工程的质量。如果你的基础设施是代码，你就可以将这些工具应用到自己的基础设施中，并提高其质量。

警告 不要混淆基础设施即代码与基础设施即服务的概念！基础设施即服务意味着以按次计费的定价模式租用虚拟机、存储和网络。

4.1.1 自动化和 DevOps 迁移

DevOps 迁移旨在将软件开发和运营结合在一起。这通常通过以下两种方式之一完成。

- 使用来自运营和开发的混合团队。开发人员负责执行诸如随叫随到的操作任务。运营人员从软件开发周期之初就参与进来，这有助于使软件更容易操作。
- 引入一个新角色，缩小开发人员和运营人员之间的差距。这个角色应与开发人员和运营人员进行大量的交流，并且关心涉及这两个领域的所有主题。

我们的目标是在不影响质量的情况下快速开发并交付软件给客户。因此开发人员和运营人员之间的沟通和协作是必要的。

自动化的趋势帮助 DevOps 文化蓬勃发展，因为它将开发人员和运营人员之间的合作规范化。只有把整个过程自动化，才有可能在一天内多次部署代码。如果你提交源代码到代码库中，源代码将被自动构建并进行自动化测试。如果构建结果通过了测试，它会自动安装到测试环境。接下来可能触发一些验收测试。这些测试通过后，这个变更会被传送入生产环境。但是这还不是流程的结束，你还需要仔细监控系统并实时分析日志，以确保变更是成功的。

如果你的基础设施是自动化的，你可以为每一个提交到代码库的变更启动一个新系统，并运行验收测试，这些验收测试与同时推送到代码库的其他变更隔离开来。任何时候有代码变更，将创建一个新系统（虚拟机、数据库和网络等）来单独运行这一变更。

4.1.2 开发一种基础设施语言：JIML

为了详细了解基础设施即代码，我们发明一种新语言来描述基础设施：JSON 基础设施标记语言（JIML）。图 4-2 展示了最终将创建的基础设施。

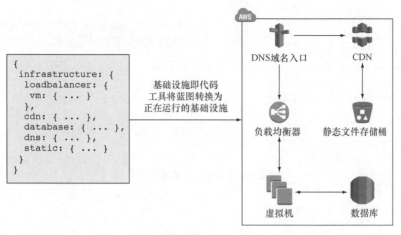

图 4-2　从 JIML 蓝图到基础设施：基础设施自动化

基础设施包括以下内容：

- 负载均衡器；
- 虚拟机；
- 数据库；
- DNS 域名入口；
- 内容分发网络（CDN）；
- 静态文件存储桶。

为了减少语法问题，我们假设 JIML 基于 JSON。代码清单 4-1 中的 JIML 代码创建了图 4-2 所示的基础设施。$表示对 ID 的引用。

代码清单 4-1　JIML 中的基础设施描述

```
{
  "region": "us-east-1",
  "resources": [{
    "type": "loadbalancer",      ◁—— 需要一个负载均衡器
    "id": "LB",
    "config": {
      "virtualmachines": 2,      ◁—— 需要两台虚拟机
      "virtualmachine": {        ◁
        "cpu": 2,                    虚拟机是 Ubuntu Linux 的（4 GB 内存，2 个内核）
        "ram": 4,
        "os": "ubuntu"
      }
    },
    "waitFor": "$DB"             ◁—— 只有当数据库准备就绪时才创建负载均衡器
  }, {
    "type": "cdn",
```

```
          "id": "CDN",                ←──────────┐    CDN 用于将请求缓存到负载均衡器或从存
          "config": {                              储桶中获取静态资源（图片、CSS 文件等）
            "defaultSource": "$LB",
            "sources": [{
              "path": "/static/*",
              "source": "$BUCKET"
            }]
          }
        }, {
          "type": "database",
          "id": "DB",        ←─────── 数据存储在 MySQL 数据库中
          "config": {
            "password": "***",
            "engine": "MySQL"
          }
        }, {
          "type": "dns",    ←─────── DNS 入口指向 CDN
          "config": {
            "from": "www.[我的域名].com",
            "to": "$CDN"
          }
        }, {
          "type": "bucket",  ←─────── 存储桶用于存储静态资源（图片、CSS 文件等）
          "id": "BUCKET"
        }]
      }
```

如何将这个 JSON 转换成 AWS API 调用？

（1）解析 JSON 输入。

（2）JIML 工具通过将资源与其依赖项连接来创建依赖关系图。

（3）JIML 工具遍历从底部（叶子）到顶部（根）的依赖关系图和线性命令流。命令用伪语言表示。

（4）伪语言中的命令被 JIML 运行时转换为 AWS API 调用。

AWS API 调用必须基于蓝图中定义的资源进行。特别是，必须以正确的顺序发送 AWS API 调用。让我们看一下 JIML 工具创建的依赖关系图，如图 4-3 所示。

自底向上、从左到右遍历图 4-3 中的依赖关系图。底部的节点 DB❶、VM❷和存储桶❸没有子节点。没有子节点的节点没有依赖关系。LB❹节点依赖于 DB 节点和两个 VM 节点。CDN❺节点依赖于 LB 节点和存储桶❸节点。最后，DNS❻节点依赖于 CDN 节点。

JIML 工具使用伪语言将依赖关系图转换为线性命令流，见代码清单 4-2。伪语言表示按照正确顺序创建所有资源所需的步骤。底部的节点很容易创建，因为它们没有依赖关系，因此首先创建它们。

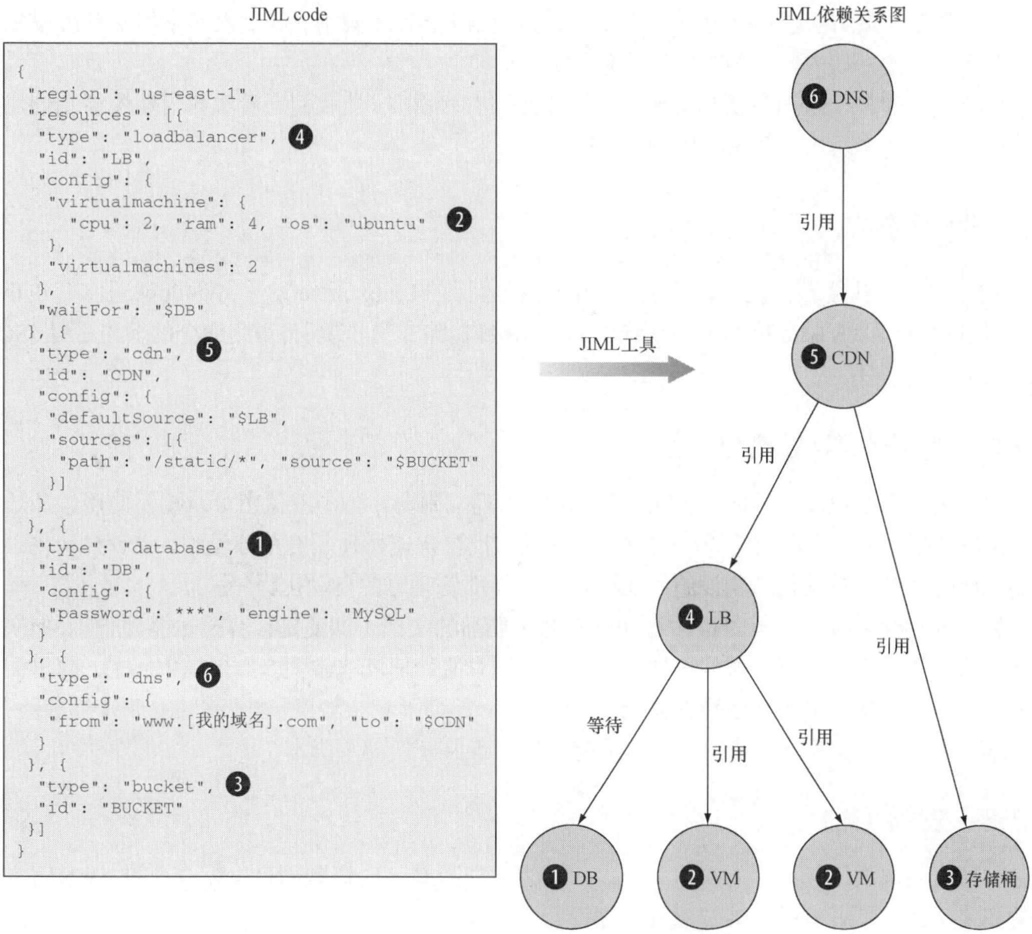
JIML code
{
"region": "us-east-1",
"resources": [{
"type": "loadbalancer", ❹
"id": "LB",
"config": {
"virtualmachine": {
"cpu": 2, "ram": 4, "os": "ubuntu" ❷
},
"virtualmachines": 2
},
"waitFor": "$DB"
}, {
"type": "cdn", ❺
"id": "CDN",
"config": {
"defaultSource": "$LB",
"sources": [{
"path": "/static/*", "source": "$BUCKET"
}]
}
}, {
"type": "database", ❶
"id": "DB",
"config": {
"password": "***", "engine": "MySQL"
}
}, {
"type": "dns", ❻
"config": {
"from": "www.[我的域名].com", "to": "$CDN"
}
}, {
"type": "bucket", ❸
"id": "BUCKET"
}]
}
JIML工具
JIML依赖关系图
❻ DNS
引用
❺ CDN
引用
引用
❹ LB
等待
引用
引用
❶ DB
❷ VM
❷ VM
❸ 存储桶

图 4-3　JIML 工具确定了资源创建的顺序

代码清单 4-2　在伪语言中的线性命令流，源自依赖关系图

```
$DB = database create {"password": "***", "engine": "MySQL"}   <-- 创建数据库
$VM1 = virtualmachine create {"cpu": 2, "ram": 4, "os": "ubuntu"}   <-- 创建虚拟机
$VM2 = virtualmachine create {"cpu": 2, "ram": 4, "os": "ubuntu"}
$BUCKET = bucket create {}   <-- 创建存储桶

await [$DB, $VM1, $VM2]   <-- 等待依赖项
$LB = loadbalancer create {"virtualmachines": [$VM1, $VM2]}   <-- 创建负载均衡器

await [$LB, $BUCKET]
$CDN = cdn create {...}   <-- 创建 CDN

await $CDN
$DNS = dns create {...}   <-- 创建 DNS 入口

await $DNS
```

这里省略了最后一步——把伪语言命令转换成 AWS API 调用。我们已经学习了基础设施即代码需要了解的一切内容，都与依赖关系相关。

现在我们理解了依赖关系对于基础设施即代码有多重要，让我们来看看如何使用终端创建基础设施。CLI 是实现基础设施即代码的一种工具。

4.2　使用 CLI

AWS CLI 是从终端使用 AWS 的便捷方式。它运行在 Linux、macOS 和 Windows 上，用 Python 编写。它为所有 AWS 服务提供了一个统一的访问接口。除非另作说明，否则命令的输出都是 JSON 格式的。

4.2.1　为什么要自动化

为什么要自动化而不是使用图形化的 AWS 管理控制台？脚本或蓝图可以重复使用，从长远来看可以节省时间。你可以使用以前项目中的现成模块快速构建新的基础设施，或者自动化必须定期执行的任务。自动化基础设施创建还可以增强部署管道的自动化程序。

另一个好处是脚本或蓝图是你可以想象的最准确的文档（即使是计算机也能理解）。如果你想在星期一复制你在上周五做的事情，那么一个脚本的价值就非常大。如果你生病了，同事需要接替你的任务，他们会很感激你的蓝图。

下面讲一下安装和配置 CLI，之后你就可以动手并开始编写脚本。

4.2.2　安装 CLI

如何安装取决于你所用的操作系统。如果你在安装 CLI 时遇到困难，可以查阅 AWS 官方网站的相关文档，了解有关安装选项的详细说明。

1. Linux 和 macOS

CLI 需要 Python（Python 2 需要 2.6.5 以上版本，Python 3 需要 3.3 以上版本）和 pip。pip 是安装 Python 包的推荐工具。要检查 Python 版本，在终端执行 `python --version`。如果你没有安装 Python，或者安装的 Python 版本太低，那么在继续下一步之前，需要安装或更新 Python。要确定是否已经安装了 pip，在终端执行 `pip --version`。只要显示了版本，就说明已经安装了 pip；否则，执行下面的命令来安装 pip：

```
$ curl [获取 get-pip.py 文件的链接] -o "get-pip.py"
$ sudo python get-pip.py
```

通过在终端再次执行 `pip --version` 来验证 pip 安装是否成功。现在是时候安装 AWS CLI 了：

```
$ sudo pip install awscli
```

通过在终端中执行 `aws --version` 来验证 AWS CLI 安装。版本号至少应为 1.11.136。

2. Windows

下面的步骤指导你在 Windows 上使用 MSI 安装程序来安装 AWS CLI。

（1）从 AWS 官方网站下载 AWS CLI（32 位或 64 位）MSI 安装程序。

（2）运行下载的安装程序，通过安装向导安装 CLI。

（3）用管理员身份运行 PowerShell：在"开始"菜单中找到"PowerShell"项，然后在快捷菜单中选择"以管理员身份运行"（Run as Administrator）。

（4）在 PowerShell 中输入 `Set-ExecutionPolicy Unrestricted`，然后按"Enter"键执行这一命令。这样就能运行我们示例中的未签名的 PowerShell 脚本。

（5）关闭 PowerShell，你不再需要以管理员身份工作了。

（6）从"开始"菜单运行 PowerShell。

（7）在 PowerShell 中执行 `aws --version` 来验证 CLI 是否正常工作。版本号至少应为 1.11.136。

4.2.3 配置 CLI

要使用 CLI，需要进行身份认证。目前为止，我们使用 AWS 的 root 账户。这个账户能做任何事，不论好坏。强烈建议不要使用 AWS 的 root 账户（第 6 章将介绍更多与安全相关的知识），所以我们要创建一个新用户。

要创建新用户，打开 AWS 管理控制台。在导航栏中点击"Services"，然后点击 IAM 服务，会显示图 4-4 所示的页面，选择左边的"Users"。

图 4-4 IAM 用户（空）

按下面的步骤创建一个新用户。

（1）点击"Add user"，打开图 4-5 所示的页面。

新用户的用户名是mycli。

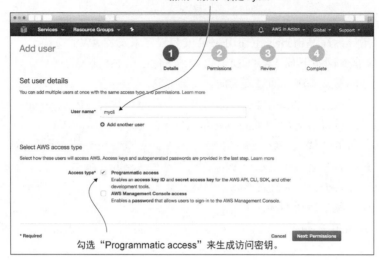

图 4-5　创建一个 IAM 用户

（2）输入"mycli"作为用户名。

（3）在"Access type"下，选择"Programmatic access"。

（4）点击"Next: Permissions"按钮。

接下来，必须为新用户定义权限，如图 4-6 所示。

图 4-6　设置 IAM 用户的权限

（1）点击 "Attach existing policies directly"。

（2）选择 "AdministratorAccess" 策略。

（3）点击 "Next: Review" 按钮。

审核页面汇总了配置的内容。点击 "Create User" 按钮进行保存。最后，将看到图 4-7 所示的页面。点击 "Show" 链接以显示私有访问密钥。现在需要将凭据复制到 CLI 配置中。继续往下读，以了解其工作原理。

图 4-7　显示了 IAM 用户的访问密钥

打开你的计算机上的终端（Windows 上的 PowerShell 或 Linux 和 macOS 上的 shell，而不是 AWS 管理控制台），然后执行 `aws configure`。你会被问及以下 4 项信息。

（1）*AWS 访问密钥 ID*：从访问密钥 ID 文本框（浏览器窗口）中复制这一值。

（2）*AWS 私有访问密钥*：从私有访问密钥文本框（浏览器窗口）中复制这一值。

（3）*默认区域名称*：输入 "us-east-1"。

（4）*默认输出格式*：输入 "json"。

最后，在终端上应该看到类似下面这样的内容：

```
$ aws configure
AWS Access Key ID [None]: AKIAIRUR3YLPOSVD7ZCA
AWS Secret Access Key [None]: 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
Default region name [None]: us-east-1
Default output format [None]: json
```

你的值会有所不同！
从浏览器窗口复制它

CLI 被配置为以用户 mycli 身份进行身份认证。切换回浏览器窗口，然后点击 "Close" 按钮完成用户创建向导。

现在是测试 CLI 是否正常工作的时候了。切换到终端窗口，执行 `aws ec2 describe-regions` 获取所有可用区域的列表：

```
$ aws ec2 describe-regions
{
```

```
"Regions": [
  {
    "Endpoint": "ec2.eu-central-1.a*******s.com",
    "RegionName": "eu-central-1"
  },
  {
    "Endpoint": "ec2.sa-east-1.a*******s.com",
    "RegionName": "sa-east-1"
  },
  [...]
  {
    "Endpoint": "ec2.ap-southeast-2.a*******s.com",
    "RegionName": "ap-southeast-2"
  },
  {
    "Endpoint": "ec2.ap-southeast-1.a*******s.com",
    "RegionName": "ap-southeast-1"
  }
]
}
```

成功了！现在可以开始使用 CLI 了。

4.2.4　使用 CLI

假如你想要获得所有类型为 t2.micro 的正在运行的 EC2 实例列表，以便可以查看自己的 AWS 账户中正在运行的内容。在终端中执行以下命令：

```
$ aws ec2 describe-instances --filters "Name=instance-type,Values=t2.micro"
{
  "Reservations": []   ◁────┐
}                           └── 空列表，因为还没有创建 EC2 实例
```

要使用 AWS CLI，需要指定一个服务与操作。在上一个示例中，服务是 ec2，操作是 describe-instances，可以添加选项--key value：

```
$ aws <service> <action> [--key value ...]
```

CLI 的一个重要特色是 help 关键字，使用这个关键字可以得到 3 种级别的详细帮助信息。
- `aws help`：显示所有可用的服务。
- `aws <service> help`：显示某一服务可用的所有操作。
- `aws <service> <action> help`：显示特定服务操作可用的所有选项。

有时我们需要临时的计算能力，如 Linux 服务器要通过 SSH 做测试。要做到这一点，可以编写一个脚本来创建一台虚拟机。这个脚本将运行在你的本地计算机上，并通过 SSH 连接到虚

拟机。在完成测试之后，脚本应该能够终止虚拟机。使用的脚本如下：

```
$ ./virtualmachine.sh
waiting for i-c033f117 ...  ◄─────┐  等到启动
accepting SSH connections under ec2-54-164-72-62.compute-1.a*******s.com
ssh -i mykey.pem ec2-user@ec2-54-[...]aws.com  ◄───┐
Press [Enter] key to terminate i-c033f117 ...      └── SSH 连接字符串
[...]
terminating i-c033f117 ...  ◄──── 等到终止
done.
```

你的虚拟机将一直运行到按"Enter"键。当你按"Enter"键时，虚拟机将被终止。

这个方案有以下几个局限性。

- 同一时刻只能处理一台虚拟机。
- Windows 的版本与 Linux 和 macOS 的版本不同。
- 它是一个命令行应用，而不是图形化应用。

尽管如此，CLI 解决方案适用于以下使用场景。

- 创建一台虚拟机。
- 获取要通过 SSH 连接的虚拟机的公有名称。
- 如果不再需要，则终止虚拟机。

根据所用操作系统的不同，可以使用 Bash（Linux 和 macOS）或 PowerShell（Windows）来写脚本。

在开始之前需要解释一个 CLI 的重要功能：--query 选项使用 JMESPath（一种 JSON 的查询语言）从结果中提取数据。这是非常有用的，因为通常你只需要结果中的某个特别字段。下面的 CLI 命令用于获取 JSON 格式的所有 AMI 的列表：

```
$ aws ec2 describe-images
{
  "Images": [
    {
      "ImageId": "ami-146e2a7c",
      "State": "available"
    },
    [...]
    {
      "ImageId": "ami-b66ed3de",
      "State": "available"
    }
  ]
}
```

要启动一个 EC2 实例，需要 ImageId 而不需要其他信息。使用 JMESPath，你可以只提取该信息。要提取第一个 ImageId 属性，路径为 Images[0].ImageId，这个查询的结果是 ami-146e2a7c。要提取所有 State 属性，路径为 Images[*].State，这个查询的结果是["available", "available"]。

```
$ aws ec2 describe-images --query "Images[0].ImageId"
"ami-146e2a7c"

$ aws ec2 describe-images --query "Images[0].ImageId" --output text
ami-146e2a7c

$ aws ec2 describe-images --query "Images[*].State"
["available", "available"]
```

通过对 JMESPath 的简单了解，你已经能够提取到所需的数据。

代码在哪里

　　本章所有代码都可以在本书配套代码中找到。

　　Linux 和 macOS 能解释 Bash 脚本，而 Windows 更适合 PowerShell 脚本。因此，我们创建了同一脚本的两个版本。

1. Linux 和 macOS

　　代码清单 4-3 可以在本书配套代码的/chapter04/virtualmachine.sh 中找到，可以将每行复制并粘贴到终端中运行，也可以通过 chmod +x virtualmachine.sh && ./virtualmachine.sh 运行整个脚本。

代码清单 4-3　使用 CLI（Bash）创建与终止一台虚拟机

```
#!/bin/bash -e                                          ◁── 当命令出错时-e 使 Bash 中止
AMIID="$(aws ec2 describe-images  --filters \           ◁── 获取 Amazon Linux AMI 的 ID
➥ "Name=name,Values=amzn-ami-hvm-2017.09.1.*-x86_64-gp2" \
➥ --query "Images[0].ImageId" --output text)"
VPCID="$(aws ec2 describe-vpcs --filter "Name=isDefault, Values=true" \    ◁──
➥ --query "Vpcs[0].VpcId" --output text)"                        获取默认 VPC ID
SUBNETID="$(aws ec2 describe-subnets --filters "Name=vpc-id, Values=$VPCID" \
➥ --query "Subnets[0].SubnetId" --output text)"      ◁── 获取默认子网 ID
SGID="$(aws ec2 create-security-group --group-name mysecuritygroup \   ◁──
➥ --description "My security group" --vpc-id "$VPCID" --output text)"   创建安全组
aws ec2 authorize-security-group-ingress --group-id "$SGID" \ ◁──
➥ --protocol tcp --port 22 --cidr 0.0.0.0/0              允许入站 SSH 连接
INSTANCEID="$(aws ec2 run-instances --image-id "$AMIID" --key-name mykey \ ◁──
➥ --instance-type t2.micro --security-group-ids "$SGID" \     创建并启动虚拟机
➥ --subnet-id "$SUBNETID" --query "Instances[0].InstanceId" --output text)"
echo "waiting for $INSTANCEID ..."
aws ec2 wait instance-running --instance-ids "$INSTANCEID" ◁── 等到虚拟机启动
PUBLICNAME="$(aws ec2 describe-instances --instance-ids "$INSTANCEID" \
➥ --query "Reservations[0].Instances[0].PublicDnsName" -output text)"   获取虚拟
echo "$INSTANCEID is accepting SSH connections under $PUBLICNAME"        机的公有
echo "ssh -i mykey.pem ec2-user@$PUBLICNAME"                            名称
read -r -p "Press [Enter] key to terminate $INSTANCEID ..."
aws ec2 terminate-instances --instance-ids "$INSTANCEID" ◁── 终止虚拟机
```

```
echo "terminating $INSTANCEID ..."
aws ec2 wait instance-terminated --instance-ids "$INSTANCEID"    ←—— 等到虚拟机被终止
aws ec2 delete-security-group --group-id "$SGID"    ←—— 删除安全组
```

资源清理

在继续下一步操作之前一定要确保已经终止了虚拟机!

2. Windows

代码清单 4-4 可以在本书配套代码的/chapter04/virtualmachine.ps1 中找到。右键点击 virtualmachine.ps1 文件，然后选择"Run with PowerShell"来运行这一脚本。

代码清单 4-4　用 CLI（PowerShell）来创建和终止一台虚拟机

```
$ErrorActionPreference = "Stop"    ←—— 如果命令出错则中止
$AMIID=aws ec2 describe-images --filters \    ←—— 获取 Amazon Linux AMI 的 ID
➥ "Name=name,Values=amzn-ami-hvm-2017.09.1.*-x86_64-gp2" \
➥ --query "Images[0].ImageId" --output text
$VPCID=aws ec2 describe-vpcs --filter "Name=isDefault, Values=true" \    ←—— 获取默认 VPC 的 ID
➥ --query "Vpcs[0].VpcId" --output text
$SUBNETID=aws ec2 describe-subnets --filters "Name=vpc-id, Values=$VPCID" \    ←—— 获取默认子网 ID
➥ --query "Subnets[0].SubnetId" --output text
$SGID=aws ec2 create-security-group --group-name mysecuritygroup \    ←—— 创建安全组
➥ --description "My security group" --vpc-id $VPCID \
➥ --output text
aws ec2 authorize-security-group-ingress --group-id $SGID \    ←—— 允许入站 SSH 连接
➥ --protocol tcp --port 22 --cidr 0.0.0.0/0
$INSTANCEID=aws ec2 run-instances --image-id $AMIID --key-name mykey \    ←—— 创建并启动虚拟机
➥ --instance-type t2.micro --security-group-ids $SGID \
➥ --subnet-id $SUBNETID \
➥ --query "Instances[0].InstanceId" --output text
Write-Host "waiting for $INSTANCEID ..."
aws ec2 wait instance-running --instance-ids $INSTANCEID    ←—— 等到虚拟机启动
$PUBLICNAME=aws ec2 describe-instances --instance-ids $INSTANCEID \    ←—— 获取虚拟机的公有名称
➥ --query "Reservations[0].Instances[0].PublicDnsName" --output text
Write-Host "$INSTANCEID is accepting SSH under $PUBLICNAME"
Write-Host "connect to $PUBLICNAME via SSH as user ec2-user"
Write-Host "Press [Enter] key to terminate $INSTANCEID ..."
Read-Host
aws ec2 terminate-instances --instance-ids $INSTANCEID    ←—— 终止虚拟机
Write-Host "terminating $INSTANCEID ..."
aws ec2 wait instance-terminated --instance-ids $INSTANCEID    ←—— 等到虚拟机被终止
aws ec2 delete-security-group --group-id $SGID    ←—— 删除安全组
```

资源清理

在继续下一步操作之前一定要确保已经终止了虚拟机!

4.3   使用 SDK 编程

AWS 为许多编程语言和平台提供 SDK：

- Android
- Java
- PHP
- Go
- 浏览器（JavaScript）
- .NET
- Python
- C++
- iOS
- Node.js（JavaScript）
- Ruby

AWS SDK 是从用户喜欢的编程语言调用 AWS API 的便捷方法。SDK 会处理好类似身份认证、出错时重试、HTTPS 通信和 XML 或 JSON（反）序列化。你可以自由选择自己喜欢的语言的 SDK，但是，本书中大部分示例使用 JavaScript，并且在 Node.js 运行时环境中运行。

> **安装并开始使用 Node.js**
>
> Node.js 是一个在事件驱动环境下运行 JavaScript 脚本的平台，因此你可以轻松地构建网络应用。要安装 Node.js，可以访问 Node.js 官方网站并下载适合你所用操作系统的软件包。本书中的所有示例都使用 Node.js 8 进行开发与测试。
>
> 安装完 Node.js，你就可以在终端上执行 `node --version` 来验证一切是否就绪。你的终端应该有一些类似 v8.* 的响应。现在你已准备好运行 Node Control Center for AWS 这样的 JavaScript 示例。
>
> 随着 Node.js 安装的有一个重要的工具叫作 npm，它是 Node.js 的包管理器。在终端上执行 `npm --version` 来验证安装是否成功。
>
> 要在 Node.js 中运行 JavaScript 脚本，在终端输入 `node script.js`。本书中使用 Node.js 是因为它容易安装，不需要 IDE，并且大多数程序员都熟悉其语法。
>
> 不要混淆术语 JavaScript 和 Node.js。JavaScript 是编程语言，而 Node.js 是运行时环境。但是，别期待任何人能做这样的区分。Node.js 也叫作 node。
>
> 你想开始使用 Node.js 吗？我们推荐 Alex Young 等人编写的 *Node.js in Action, Second Edition* 或 P.J.Evans 开设的视频课程 "Node.js in Motion"。

为了理解 Node.js（JavaScript）的 AWS SDK 的工作原理，我们创建一个 Node.js（JavaScript）应用，通过 AWS SDK 控制 EC2 实例。

4.3.1   使用 SDK 控制虚拟机：nodecc

Node Control Center for AWS（nodecc）是一个用 JavaScript 编写的有文本 UI 的能管理多个临时 EC2 实例的应用。nodecc 具有下列功能：

- 能处理多台虚拟机；
- 用 JavaScript 编写且运行在 Node.js 上，因此它能跨平台使用；

■ 使用文本 UI。

图 4-8 展示了 nodecc 的界面。你可以在本书配套代码的/chapter04/nodecc/中找到 nodecc 应用。切换到该目录，在终端上执行 `npm install` 来安装需要的所有依赖项。要启动 nodecc，先执行 `node index.js`。你可以使用"←"键来返回，按"Esc"键或"Q"键来退出应用。SDK 使用你为 CLI 创建的相同设置，因此当你运行 nodecc 时也使用用户 mycli。

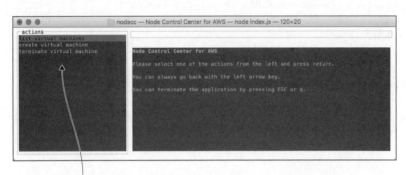

选择一个你想进行的操作，然后点击"Enter"键。按"←"键返回操作菜单。

图 4-8 nodecc：开始界面

4.3.2 nodecc 如何创建一台虚拟机

在能使用 nodecc 做任何事之前，需要至少一台虚拟机。要启动一台虚拟机，需要选择 AMI，如图 4-9 所示。

选择你想为新虚拟机使用的AMI。

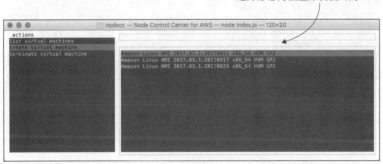

图 4-9 nodecc：创建虚拟机（第 1 步，共 2 步）

获取可用 AMI 列表的代码如代码清单 4-5 所示，代码位于 lib/listAMIs.js。

代码清单 4-5 获取可用的 AMI 列表（/lib/listAMIs.js）

```
const jmespath = require('jmespath');   ◁—— require 用来加载模块
const AWS = require('aws-sdk');
```

```
const ec2 = new AWS.EC2({region: 'us-east-1'}); ←── 配置一个 EC2 端点

module.exports = (cb) => { ←── module.exports 使这个函数能被 listAMIs 模块的用户使用
  ec2.describeImages({ ←── 操作
    Filters: [{
      Name: 'name',
      Values: ['amzn-ami-hvm-2017.09.1.*-x86_64-gp2']
    }]
  }, (err, data) => {
    if (err) { ←── 万一出现故障，设置 err
      cb(err);
    } else { ←── 否则，data 中包含所有 AMI
      const amiIds = jmespath.search(data, 'Images[*].ImageId');
      const descriptions = jmespath.search(data, 'Images[*].Description');
      cb(null, {amiIds: amiIds, descriptions: descriptions});
    }
  });
};
```

代码的结构是这样的：每个操作都在 lib 库文件夹中实现。创建一台虚拟机的下一步是选择应该在哪个子网中启动虚拟机。我们还没有学习子网，因此目前先随机选择一个，如图 4-10 所示。相应的脚本位于 lib/listSubnets.js。

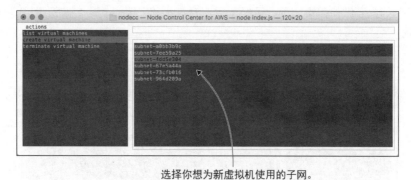

选择你想为新虚拟机使用的子网。

图 4-10 nodecc：创建虚拟机（第 2 步，共 2 步）

在选择了子网之后，虚拟机将由 lib/createVM.js 创建，然后我们会看见一个启动界面。现在是时候找出新创建的虚拟机的公有名称了。使用左箭头键切换到导航部分。

4.3.3 nodecc 如何列出虚拟机并显示虚拟机的详细信息

nodecc 必须支持的一个重要使用场景是显示可以通过 SSH 连接的虚拟机的公有名称。因为

nodecc 可以处理多台虚拟机，所以第一步是选择一台虚拟机，如图 4-11 所示。

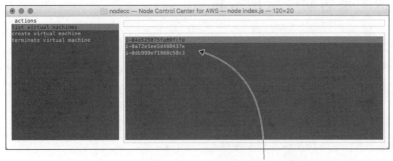

所有运行的虚拟机按其实例ID列出。

图 4-11 nodecc：列出虚拟机

让我们来看一下 lib/listVMs.js 中是如何使用 AWS SDK 获取虚拟机列表的。在选择了虚拟机之后，就可以显示它的详细信息，如图 4-12 所示。你可以通过 SSH 使用 `PublicDnsName` 连接到这个 EC2 实例。使用 "←" 键切换回导航界面。

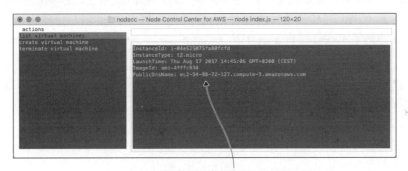

机器的公有名称，可以用于SSH。

图 4-12 nodecc：显示虚拟机的详细信息

4.3.4 nodecc 如何终止一台虚拟机

要进行终止操作，需要先选择虚拟机。再次使用 lib/listVMs.js 列出虚拟机。选择好要终止的虚拟机后，lib/terminateVM.js 会负责终止。

这就是 nodecc——一个用于控制临时的 EC2 实例的文本 UI。你可以花些时间想想看，使用自己最喜欢的编程语言和 AWS SDK 可以搭建什么应用，很可能会想到一个不错的商机。

> **资源清理**
>
> 在继续下一步操作之前一定要确保已经终止了所有启动的虚拟机！

4.4　使用蓝图来启动一台虚拟机

在前文中，我们谈到 JIML 来引入基础设施即代码的概念。幸运的是，AWS 已经提供了一个比 JIML 更好的工具——AWS CloudFormation。CloudFormation 基于模板来创建基础设施，也就是蓝图。

注意　通常我们在讨论基础设施自动化时使用蓝图（blueprint）这样的术语。用于配置管理服务 AWS CloudFormation 的蓝图被称为模板（template）。

模板是用 JSON 或 YAML 编写的对基础设施的描述，可由 CloudFormation 对其进行解析。描述某些内容而不是列出必要操作的想法称为声明式方法（declarative approach）。声明意味着告诉 CloudFormation 你的基础设施应该看起来是什么样的。你不需要告诉 CloudFormation 需要哪些操作来创建那样的基础设施，也不需要定义操作被执行的顺序。

CloudFormation 有以下好处。

- 它是描述 AWS 上的基础设施的一种统一方式。如果你用脚本来创建自己的基础设施，每个人都会用不同的方法解决同样的问题。这对新开发人员与运维人员来说是障碍，他们需要努力去理解代码要做什么。CloudFormation 模板是一种定义基础设施的明确的语言。
- 它能处理依赖关系。你试过把 Web 服务器注册到一个还不可用的负载均衡器吗？乍一看，使用脚本的方法你会错过很多依赖项。相信我们：永远不要尝试使用脚本创建一个复杂的基础设施。组件之间的依赖关系会变得一团糟！
- 它是可复制的。如何让你的测试环境和生产环境保持完全一致？使用 CloudFormation，你就能创建两个完全一样的基础设施并且保持它们同步。
- 它是可定制的。你可以向 CloudFormation 插入自定义的参数来按期望自定义模板。
- 它是可测试的。从模板创建基础设施是可测试的。随时可以按需启动一个新的基础设施，运行测试，完成后再关掉它。
- 它是可更新的。CloudFormation 可以更新你的基础设施。它将找出模板中改变了的部分，然后将这些变化尽可能平滑地应用到现有的基础设施。
- 它能够最小化人为的误操作。CloudFormation 不会感到疲倦，即使是在凌晨 3 点。
- 它把基础设施文档化。CloudFormation 模板是一个 JSON 或 YAML 文档。你可以把它当作代码，然后使用一个版本控制系统（如 Git）来跟踪变更。
- 它是免费的。CloudFormation 服务本身不会产生额外费用。如果你订阅了 AWS 支持计划，还可以获得对 CloudFormation 的支持。

我们认为 CloudFormation 是在 AWS 上管理基础设施的最强的工具之一。

4.4.1 CloudFormation 模板解析

一个基本的 CloudFormation 模板分为 5 个部分。

（1）格式版本：最新的模板格式版本是 2010-09-09 版本，这是目前唯一有效的值，我们需要指定此版本。CloudFormation 默认设置使用最新版本，如果模板不指定格式版本，未来引入新版本，将导致问题。

（2）描述：这个模板是关于什么的。

（3）参数：参数用于使用值对模板进行自定义，例如域名、客户 ID 和数据库密码。

（4）资源：资源是你能描述的最小组件，例如虚拟机、负载均衡器或弹性 IP 地址。

（5）输出：输出和参数有点儿像，但是用途正好相反。输出从模板返回一些信息，如一个 EC2 实例的公有名称。

一个基本模板结构如代码清单 4-6 所示。

代码清单 4-6　CloudFormation 模板结构

```
---  ◁—— 一份文件的开始
AWSTemplateFormatVersion: '2010-09-09' ◁—— 唯一合法版本
Description: 'CloudFormation template structure' ◁—— 这个模板是关于什么的
Parameters:
  # [...] ◁—— 定义参数
Resources
  # [...] ◁—— 定义资源
Outputs:
  # [...] ◁—— 定义输出
```

让我们进一步看一下参数、资源和输出。

1. 格式版本及描述

唯一合法的 AWSTemplateFormatVersion 值目前是 2010-09-09。你需要指定格式版本。如果不指定，CloudFormation 会认为使用最新版本。前面提到，这意味着如果你在将来有了一个新的格式版本，会陷入严重的麻烦之中。

描述不是强制的，但是建议你花些时间来描述模板的用途。一个有意义的描述有助于你将来能记起这个模板是干什么的，也能帮到你的同事。

2. 参数

参数至少具有名称和类型。建议你同时添加描述，如代码清单 4-7 所示。

代码清单 4-7　CloudFormation 参数结构

```
Parameters:
  Demo: ◁—— 可以选择参数的名称
    Type: Number            ◁—— 这个参数表示一个数字
    Description: 'This parameter is for demonstration' ◁—— 参数描述
```

表 4-1 列出了合法的类型。

表 4-1　CloudFormation 参数类型

参数类型	描述
String CommaDelimitedList	一个字符串或由逗号分隔的字符串列表
Number List\<Number>	一个整数或浮点数或整数列表或浮点数列表
AWS::EC2::AvailabilityZone::Name List\<AWS::EC2::AvailabilityZone::Name>	可用区（如 us-west-2a）或可用区列表
AWS::EC2::Image::Id List\<AWS::EC2::Image::Id>	一个 AMI ID 或 AMI 列表
AWS::EC2::Instance::Id List\<AWS::EC2::Instance::Id>	一个 EC2 实例 ID 或一个 EC2 实例 ID 列表
AWS::EC2::KeyPair::KeyName	一个 Amazon EC2 密钥对名
AWS::EC2::SecurityGroup::Id List\<AWS::EC2::SecurityGroup::Id>	一个安全组 ID 或安全组 ID 列表
AWS::EC2::Subnet::Id List\<AWS::EC2::Subnet::Id>	一个子网 ID 或子网 ID 列表
AWS::EC2::Volume::Id List\<AWS::EC2::Volume::Id>	一个 EBS 卷 ID（网络附接存储）或 EBS 卷 ID 列表
AWS::EC2::VPC::Id List\<AWS::EC2::VPC::Id>	一个 VPC ID（虚拟私有云）或 VPC ID 列表
AWS::Route53::HostedZone::Id List\<AWS::Route53::HostedZone::Id>	一个 DNS 区域 ID 或 DNS 区域 ID 列表

除了使用 Type 和 Description 属性，还可以使用表 4-2 中列出的属性来增强一个参数。

表 4-2　CloudFormation 参数属性

参数属性	描述	示例
Default	参数的默认值	`Default: 'm5.large'`
NoEcho	在所有图形化工具中隐藏参数值（对密码有用）	`NoEcho: true`
AllowedValues	指定参数的可能值	`AllowedValues: [1, 2, 3]`
AllowedPattern	比 AllowedValues 更通用，因为它使用正则表达式	`AllowedPattern: '[a-zA-Z0-9]*'` 只允许 a～z、A～Z 和 0～9，长度任意
MinLength、MaxLength	定义参数的长度	`MinLength: 12`
MinValue、MaxValue	与数字类型一起使用，用来定义上下限	`MaxValue: 10`
ConstraintDescription	一个字符串，用于解释违反约束时的约束	`ConstraintDescription:` `'Maximum Value is 10'`

CloudFormation 模板的参数部分如下：

```
Parameters:
  KeyName:
    Description: 'Key Pair name'
    Type: 'AWS::EC2::KeyPair::KeyName'  ◁—— 仅允许密钥对名称
  NumberOfVirtualMachines:
    Description: 'How many virtual machine do you like?'
    Type: Number
    Default: 1  ◁—— 默认值为一台虚拟机
    MinValue: 1
    MaxValue: 5  ◁—— 用上限来防止巨额成本
  WordPressVersion:
    Description: 'Which version of WordPress do you want?'
    Type: String
    AllowedValues: ['4.1.1', '4.0.1']  ◁—— 受限于某些版本
```

现在你应该对参数有了更深入的了解。想了解有关参数的所有信息，可参阅 AWS 官方网站上的文档，或者按照书中的说明进行操作。

3. 资源

一个资源至少有一个名字、一个类型和一些属性，如代码清单 4-8 所示。

代码清单 4-8　CloudFormation 资源结构

```
Resources:
  VM:  ◁—— 可以选择的资源的名称或逻辑 ID
    Type: 'AWS::EC2::Instance'  ◁—— 定义 EC2 实例
    Properties:
      # [...]  ◁—— 资源类型所需的属性
```

定义资源时，你需要知道类型和该类型所需的属性。在本书中，你将了解许多资源类型以及它们各自的属性。代码清单 4-9 展示了单个 EC2 实例的一个示例。如果看见!Ref NameOfSomething，把它当作一个占位符，应替换为名称的引用。你可以引用参数和资源来创建依赖关系。

代码清单 4-9　CloudFormation EC2 实例资源

```
Resources:
  VM:  ◁—— 可以选择的资源的名称或逻辑 ID
    Type: 'AWS::EC2::Instance'  ◁—— 定义 EC2 实例
    Properties:
      ImageId: 'ami-6057e21a'  ◁—— 一些硬编码设置
      InstanceType: 't2.micro'
      KeyName: mykey
      NetworkInterfaces:
      - AssociatePublicIpAddress: true
        DeleteOnTermination: true
        DeviceIndex: 0
        GroupSet:
        - 'sg-123456'
        SubnetId: 'subnet-123456'
```

现在我们描述了虚拟机，该如何输出它的公有名称呢？

4．输出

CloudFormation 模板的输出包括至少一个名称（如参数和资源）和一个值，建议同时添加一个描述。你可以使用输出将数据从自己的模板传递到外面（见代码清单 4-10）。

代码清单 4-10   CloudFormation 输出结构

```
Outputs:
  NameOfOutput: ←—— 可以选择的输出的名称
    Value: '1'                              ←—— 输出的值
    Description: 'This output is always 1'
```

静态输出不是很有用。大多数时候，你会引用资源的名称或资源的一个属性，如它的公有名称，如代码清单 4-11 所示。

代码清单 4-11   CloudFormation 输出示例

```
Outputs:
  ID:
    Value: !Ref Server ←—— 引用 EC2 实例
    Description: 'ID of the EC2 instance'
  PublicName:
    Value: !GetAtt 'Server.PublicDnsName'   ←—— 获取 EC2 实例的 PublicDnsName 属性
    Description: 'Public name of the EC2 instance'
```

本书之后会介绍!GetAtt 的重要的一些属性，AWS 官方网站上有所有的属性的介绍。

现在我们已经简要介绍了 CloudFormation 模板的核心部分，是时候制作一个自己的模板了。

4.4.2   创建第一个模板

如何创建 CloudFormation 模板？有多种不同的方式。

- 使用文本编辑器或 IDE 从头开始编写模板。
- 使用 AWS 提供的图形用户界面 CloudFormation Designer。
- 从一个公共库的模板开始，该模板提供一个默认的实现，并根据用户的需要进行调整。
- 使用基于 AWS 提供的现有基础设施创建模板的工具 CloudFormer。
- 使用供应商提供的模板。

AWS 及其合作伙伴为部署流行的解决方案提供了 CloudFormation 模板。

假设你需要为开发团队提供一台虚拟机。几个月之后，因为使用模式变化，开发团队意识到这台虚拟机需要更强的 CPU 能力。你可以使用 CLI 和 SDK 处理这一要求，但是正如 3.4 节介绍的，在更改实例类型前，你必须先停止实例。具体流程如下。

（1）停止实例。

（2）等待实例停止。

（3）更改实例类型。

（4）启动实例。

（5）等待实例启动。

CloudFormation 使用的声明式方法非常简单：只需改变 `InstanceType` 属性，然后更新模板。`InstanceType` 可以通过参数传给模板。就是这样！现在可以开始创建模板了，如代码清单4-12所示。

代码清单 4-12 使用 CloudFormation 创建 EC2 实例的模板

```yaml
---
AWSTemplateFormatVersion: '2010-09-09'
Description: 'AWS in Action: chapter 4'        ◄── 用户定义将使用
Parameters:                                         哪个密钥
  KeyName:                                 ◄──┘
    Description: 'Key Pair name'
    Type: 'AWS::EC2::KeyPair::KeyName'
    Default: mykey
  VPC:                 ◄──── 6.5 节将介绍这一内容
    # [...]
  Subnet:              ◄──── 6.5 节将介绍这一内容
    # [...]
  InstanceType:        ◄──── 用户定义实例类型
    Description: 'Select one of the possible instance types'
    Type: String
    Default: 't2.micro'
    AllowedValues: ['t2.micro', 't2.small', 't2.medium']
Resources:
  SecurityGroup:       ◄──── 6.4 节将介绍这一内容
    Type: 'AWS::EC2::SecurityGroup'
    Properties:
      # [...]                            ◄──── 定义最小 EC2 实例
  VM:
    Type: 'AWS::EC2::Instance'
    Properties:
      ImageId: 'ami-6057e21a'
      InstanceType: !Ref InstanceType
      KeyName: !Ref KeyName
      NetworkInterfaces:
      - AssociatePublicIpAddress: true
        DeleteOnTermination: true
        DeviceIndex: 0
        GroupSet:
        - !Ref SecurityGroup
        SubnetId: !Ref Subnet
Outputs:                                 ◄──── 返回 EC2 实例的公有名称
  PublicName:
    Value: !GetAtt 'Server.PublicDnsName'
    Description: 'Public name (connect via SSH as user ec2-user)'
```

这个模板的完整代码可以在本书配套代码的/chapter04/virtualmachine.yaml 中找到。目前不用担心 VPC、子网和安全组，这些内容会在第 6 章中详细介绍。

模板在哪里

本节提到的模板文件位于 chapter04/virtualmachine.yaml。

如果从模板创建一个基础设施，则 CloudFormation 称为栈。可以认为模板对应栈，就像类对应对象。模板只存在一次，而许多栈可以从同一个模板中被创建。

打开 AWS 管理控制台。在导航栏中点击"Services"，然后点击"CloudFormation"。图 4-13 展示了初始 CloudFormation 界面，其中包含所有栈的概览。

图 4-13　CloudFormation 栈概览

下面的步骤将指导你创建自己的栈。

（1）点击"Create Stack"按钮启动一个 4 步的向导。

（2）选择"Specify an Amazon S3 template URL"，然后输入"［本书代码库］/chapter04/virtualmachine.yaml"，如图 4-14 所示。

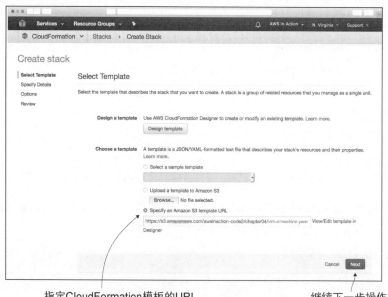

图 4-14　创建 CloudFormation 栈：选择模板（第 1 步，共 4 步）

第 2 步是定义栈名称和参数。为栈命名，如 server，并填写参数值。

（1）InstanceType：选择"t2.micro"实例类型。

（2）KeyName：选择"mykey"。

（3）Subnet：选择下拉列表中的第一个值。之后会介绍子网。

（4）VPC：选择下拉列表中的第一个值。之后会介绍 VPC。

图 4-15 展示了参数设置步骤。在为每个参数选择值之后，点击"Next"按钮。

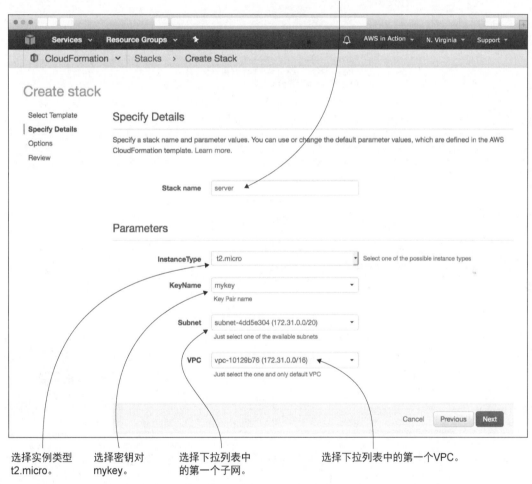

图 4-15　创建 CloudFormation 栈：定义参数（第 2 步，共 4 步）

第 3 步是为栈和高级配置定义可选标签。此处我们可以跳过这一步，因为目前不会使用任何高级功能。默认情况下，栈创建的所有资源都将由 CloudFormation 标记。点击"Next"按钮转到最后一步。

第 4 步是显示栈的详细信息摘要，如图 4-16 所示。

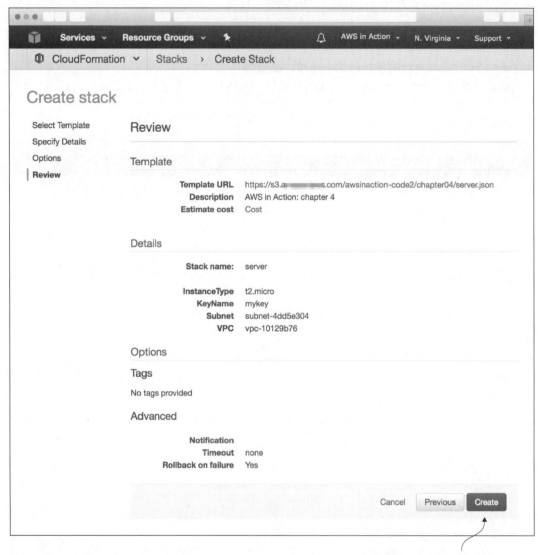

创建CloudFormation栈。

图 4-16   创建 CloudFormation 栈：摘要（第 4 步，共 4 步）

点击 "Create" 按钮。CloudFormation 现在开始创建栈。如果创建过程成功，将会看到图 4-17 所示的界面。只要 "Status" 还是 "CREATE_IN_PROGRESS"，就要耐心等待。当 "Status" 变为 "CREATE_COMPLETE" 时，选择栈并切换到 "Outputs" 选项卡查看 EC2 实例的公有名称。

栈成功创建。

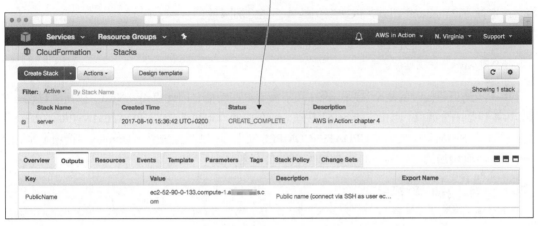

图 4-17 已创建 CloudFormation 栈

是时候测试修改实例类型了。选择栈，然后点击"Update Stack"按钮。启动的向导类似栈创建期间使用的向导。图 4-18 展示了向导的第 1 步。选择"Use current template"，然后继续进行下一步。

使用当前模板。

继续下一步操作。

图 4-18 更新 CloudFormation 栈：摘要（第 1 步，共 4 步）

在第 2 步中，需要更改 InstanceType 参数值：选择"t2.small"以使 EC2 实例的计算能力翻倍，或选择"t2.medium"以使 EC2 实例的计算能力翻两番。

警告　启动实例类型为 t2.small 或 t2.medium 的虚拟机将会产生费用。要了解当前的每小时价格，请参阅 AWS 官方网站的计费说明。

第 3 步是更新栈时的复杂选项。现在还不需要这些功能，因此点击"Next"按钮跳过这一步骤。第 4 步是一个摘要，点击"Update"按钮。现在栈的"Status"为"UPDATE_IN_PROGRESS"。几分钟后，"Status"应变为"UPDATE_COMPLETE"。可以通过查看"Outputs"选项卡来选择栈并获取具有增加的实例类型的新 EC2 实例的公有名称。

CloudFormation 的替代方案

如果你不想写 JSON 或 YAML 脚本来为自己的基础设施创建模板，有几个替代 CloudFormation 的方案。Troposphere（一个用 Python 写的库）这样的工具可以帮你创建 CloudFormation 模板，而不需要写 JSON 或 YAML 脚本。它们在 CloudFormation 上另外加一个抽象层来实现这一点。

还有一些工具能让你使用基础设施即代码，而不需要 CloudFormation，例如 Terraform 允许你将自己的基础设施描述为代码。

修改参数时，CloudFormation 会找出需要做些什么操作才能达到最终结果。这就是声明式方法的力量：提出最终结果是什么样，而不是如何实现最终结果。

资源清理

通过选择栈并点击"Delete Stack"按钮删除栈。

4.5　小结

- 可以使用 CLI、SDK 或 CloudFormation 在 AWS 上自动化自己的基础设施。
- 基础设施即代码描述了编写程序来创建与修改基础设施（包括虚拟机、网络、存储等）的方法。
- 可以使用 CLI 通过脚本（Bash 与 PowerShell）的方式在 AWS 上自动化复杂的流程。
- 可以使用 9 种编程语言的 SDK 将 AWS 嵌入自己的应用并创建 nodecc 这样的应用。
- CloudFormation 在 JSON 或 YAML 中使用声明式方法：你只需要定义自己的基础设施的最终状态，CloudFormation 会指出如何达到这个状态。CloudFormation 模板的主要部分是参数、资源和输出。

第 5 章　自动化部署：CloudFormation、Elastic Beanstalk 和 OpsWorks

本章主要内容

■ 使用 AWS CloudFormation 在启动时创建虚拟机并运行脚本

■ 使用 AWS Elastic Beanstalk 部署常用的 Web 应用

■ 使用 AWS OpsWorks 部署多层应用

■ 比较 AWS 上的不同部署服务

不论想用自主开发的、开源项目的软件，还是商业厂商的软件，都需要安装、更新和配置应用及其依赖的组件。这一过程称为部署。在本章中，我们将学习用于在 AWS 上将应用部署到虚拟机的 3 个工具。

■ 使用 AWS CloudFormation 并在启动过程结束时启动一个脚本来部署一个 VPN 方案。

■ 使用 AWS Elastic Beanstalk 来部署一个协作文本编辑器。文本编辑器 Etherpad 是一个简单的 Web 应用，非常适合使用 AWS Elastic Beanstalk 进行部署，因为这个服务默认支持 Node.js。

■ 使用 AWS OpsWorks 部署 IRC Web 客户机和 IRC 服务器。其中安装包含两部分：IRC Web 客户机和 IRC 服务器本身。示例包含多层结构，非常适合 AWS OpsWorks。

虽然本章中的示例都不需要存储方案，但是这 3 个部署方案都支持有存储方案的应用的发布。你可以在本书的第三部分找到使用存储的示例。

示例都包含在免费套餐中

本章中的示例都包含在免费套餐中。只要不是运行这些示例好几天，就不需要支付任何费用。记住，这仅适用于本书读者为学习本书刚刚创建的全新 AWS 账户，并且在这个 AWS 账户中没有任何活动记录。尽量在几天的时间里完成本章中的示例，并在每个示例完成后务必清理账户。

在虚拟机上部署一个典型的 Web 应用必需的步骤有哪些呢？下面以一个广泛使用的博客平台 WordPress 为例加以说明。

（1）安装 Apache HTTP 服务器、MySQL 数据库、PHP 运行环境、供 PHP 调用的 MySQL 访

问库和一个 SMTP（Simple Mail Transfer Protocol，简单邮件传送协议）邮件服务器。

（2）下载 WordPress 应用，并在服务器上解压缩存档。

（3）配置 Apache Web 服务器使之能运行 PHP 应用。

（4）配置 PHP 运行环境以调整性能并提高安全性。

（5）编辑 wp-config.php 文件以配置 WordPress 应用。

（6）编辑 SMTP 服务器的配置，确保只能从虚拟机发送邮件，以免被垃圾邮件发送者滥用。

（7）启动 MySQL、SMTP 和 HTTP 服务。

第 1 步和第 2 步进行安装和更新可执行文件。这些可执行文件在第 3 步到第 6 步中配置。第 7 步启动这些服务。

使用传统基础设施的系统管理员通常按照操作指南，手动执行这些步骤。在灵活的云环境中，不建议手动部署应用。相反，我们的目标是使用接下来介绍的各种工具来使这些步骤自动化。

5.1 在灵活的云环境中部署应用

如果想要利用云的优势，例如根据当前负载调整机器数量或构建一个高可用的基础设施，需要每天多次启动新的虚拟机。除此之外，还需要更新数量不断增长的虚拟机。部署应用所需的步骤不会更改，但如图 5-1 所示，需要在多个虚拟机上执行它们。随着发展，手动部署软件到不断增长的虚拟机变得不太现实，并且有很高的人为失败的风险。这就是我们推荐自动部署应用的原因。

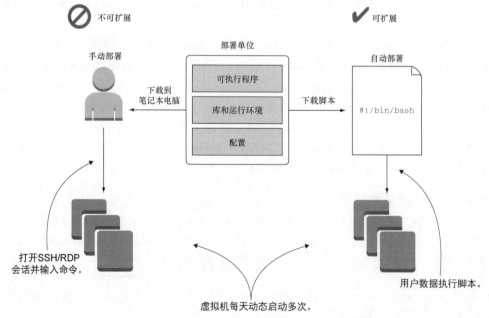

图 5-1 在灵活、可扩展的云环境中必须自动部署

对自动部署过程的投资将来会通过提高效率和减少人为错误得到回报。5.2 节中将介绍自动化的选项，本章的其余部分将详细介绍这些选项。

5.2 比较部署工具

本节将介绍有关部署应用的 3 种方法。

- 使用 AWS CloudFormation 创建虚拟机并在启动时运行部署脚本。
- 使用 AWS Elastic Beanstalk 部署常用的 Web 应用。
- 使用 AWS OpsWorks 部署多层应用。

在本节中，我们将讨论这些解决方案之间的差异。之后，读者可以深入了解每一个方案。

5.2.1 对部署工具进行分类

图 5-2 描述了 3 个 AWS 部署选项。使用 AWS Elastic Beanstalk 部署应用所需的工作量很少。要想从中获益，部署的应用必须符合 AWS Elastic Beanstalk 的惯例。例如，应用必须在其中一个标准化运行环境中运行。如果你正在使用 OpsWorks Stacks，那么可以更自由地根据应用的需求调整服务。例如，你可以部署彼此依赖的不同层，或者可以使用自定义层在 Chef 模板（recipe）的帮助下部署任何应用。这需要完成额外的工作，但给你提供了更强的灵活性。另外，你可以找到 CloudFormation，并通过在启动过程结束时运行的脚本部署应用。你可以在 CloudFormation 的帮助下部署任何应用。缺点是需要手动完成更多的工作，因为这不是标准工具。

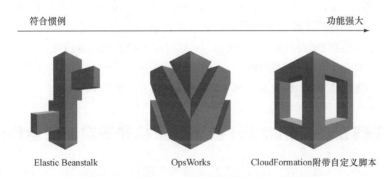

图 5-2 比较在 AWS 上部署应用的不同方法

5.2.2 比较部署服务

5.2.1 节中的分类可以帮你确定适合部署应用的方法。表 5-1 中的比较突出了其他重要的考虑因素。

表 5-1   对 3 种部署方法进行比较：使用带有虚拟机启动脚本的 CloudFormation、
使用 Elastic Beanstalk 和使用 OpsWorks Stacks

比较项	带有虚拟机启动脚本的 CloudFormation	Elastic Beanstalk	OpsWorks Stacks
配置管理工具	所有可用的工具	专属工具	Chef 模板
支持的平台	任何平台	■ PHP ■ Node.js ■ 安装 IIS 的 Windows Server 上的.NET ■ Java（SE 或 Tomcat） ■ Python ■ Ruby ■ Go ■ Docker	■ PHP ■ Node.js ■ Java（Tomcat） ■ Ruby on Rails ■ 定制/任何
支持部署的附件	任意	Amazon S3 上的 zip 存档	Git、SVN、存档文件（如 zip）
常见的场景	中小型企业	小公司	有使用 Chef 经验的公司
无须停机即可更新	不是默认，但可以实现	可以	可以
供应商锁定效应	中等	高	中等

从开源软件到第三方服务，在 AWS 上部署应用还有许多其他选择。我们的建议是使用 AWS 部署服务之一，因为它们已经很好地集成到许多其他 AWS 服务中。我们推荐使用带有用户数据的 AWS CloudFormation 来部署应用，因为它是一种灵活的方法。

自动化部署过程将帮助你更快地迭代和创新。你可以更频繁地部署应用的新版本。为避免服务中断，你需要考虑以自动化方式测试软件和基础设施的更改，并在必要时快速回滚到以前的版本。

在 5.3 节中，我们将使用 Bash 脚本和 CloudFormation 部署应用。

5.3   使用 AWS CloudFormation 创建虚拟机并在启动时运行部署脚本

一种简单但功能强大且灵活的自动化应用部署的方法是启动虚拟机，然后在启动虚拟机时启动脚本。要把仅有操作系统的虚拟机完全安装并且配置好，需要完成以下 3 个步骤。

（1）启动一台仅有操作系统的虚拟机。

（2）在启动过程完成后运行一个脚本。

（3）使用脚本安装并配置应用。

你需要先选择自己的虚拟机所使用的 AMI。AMI 为你的虚拟机捆绑了操作系统以及预先安装好的软件。当你从一个仅包含操作系统、没有安装任何额外软件的 AMI 启动自己的虚拟机时，需要在启动过程结束时对虚拟机进行配置。否则，所有虚拟机看起来都是一样的，并且会运行一个单一的操作系统，这不是很有用。将安装和配置应用所需的步骤转换为脚本，可以使此任务自动化。但是如何在启动虚拟机之后自动运行这个脚本呢？

5.3.1　在服务器启动时用用户数据来运行脚本

除了 AMI 中提供的数据，还可以向每个虚拟机中注入不超过 16 KB 的数据，这些数据称为用户数据，以便对数据进行自定义。在创建新虚拟机期间指定此用户数据，稍后可以从虚拟机本身查询这些数据。大多数 AMI，如 Amazon Linux Image 和 Ubuntu AMI 都包含这一典型的运行用户数据的功能。每当你基于这些 AMI 启动虚拟机时，用户数据将在启动过程结束时作为 shell 脚本运行。该脚本以 root 用户身份运行。

在虚拟机上，用户数据可以通过向一个特定 URL 进行 HTTP GET 请求来获得。这个 URL 是 http://169.254.169.254/latest/user-data，此 URL 后的用户数据只能从虚拟机本身访问。正如在后文的示例中你将看到的，你可以在作为脚本被运行的用户数据的帮助下，部署任何类型的应用。

5.3.2　将 VPN 服务器 OpenSwan 部署到虚拟机

如果你通过 Wi-Fi 工作，例如在咖啡馆内使用笔记本电脑，你可能希望让自己的网络流量通过 VPN 隧道传输，因为攻击者可能会拦截未加密的通信（例如 HTTP 而不是 HTTPS）。接下来介绍如何借助用户数据和 shell 脚本将 VPN 服务器部署到虚拟机。这个名为 OpenSwan 的 VPN 解决方案提供了一个基于 IPSec 的隧道，可以很容易地与 Windows、macOS 和 Linux 一起使用。图 5-3 展示了示例设置。

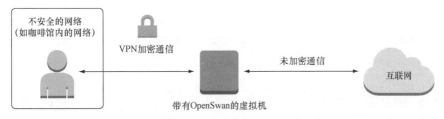

图 5-3　在虚拟机上使用 OpenSwan 来传送个人计算机的数据流量

打开终端，一步一步执行代码清单 5-1 所示的命令，启动虚拟机并在其上部署 VPN 服务器。你已经准备好了一个 CloudFormation 模板来启动虚拟机及其依赖项。

> **Linux 和 macOS 的快捷方式**
>
> 使用下列命令下载 Bash 脚本并直接在本地计算机运行下载的脚本，可以避免手动在命令行中输入这些命令。该 Bash 脚本包含的步骤与代码清单 5-1 所示的相同。

```
$ curl -s https://raw.g**************t.com/AWSinAction/\
➥ code2/master/chapter05/\
➥ vpn-create-cloudformation-stack.sh | bash -ex
```

代码清单 5-1　在虚拟机上部署 VPN 服务器：CloudFormation 与 shell 脚本

获取默认 VPC

```
$ VpcId="$(aws ec2 describe-vpcs --query "Vpcs[0].VpcId" --output text)"
```
获取默认子网
```
$ SubnetId="$(aws ec2 describe-subnets --filters "Name=vpc-id,Values=$VpcId" \
➥ --query "Subnets[0].SubnetId" --output text)"
```
创建一个随机共享密钥（如果 openssl
不工作，创建你自己的随机密钥）
```
$ SharedSecret="$(openssl rand -base64 30)"

$ Password="$(openssl rand -base64 30)"
```
创建一个随机密码
（如果 openssl 不工
作，创建你自己的
随机序列）

创建一个 CloudFormation 栈
```
$ aws cloudformation create-stack --stack-name vpn --template-url \
➥ [本书代码库]/chapter05/\
➥ vpn-cloudformation.yaml \
➥ --parameters ParameterKey=KeyName,ParameterValue=mykey \
➥ "ParameterKey=VPC,ParameterValue=$VpcId" \
➥ "ParameterKey=Subnet,ParameterValue=$SubnetId" \
➥ "ParameterKey=IPSecSharedSecret,ParameterValue=$SharedSecret" \
➥ ParameterKey=VPNUser,ParameterValue=vpn \
➥ "ParameterKey=VPNPassword,ParameterValue=$Password"

aws cloudformation wait stack-create-complete --stack-name vpn
```
等待直到栈状态变为
CREATE_COMPLETE
```
$ aws cloudformation describe-stacks --stack-name vpn \
➥ --query "Stacks[0].Outputs"   ◀──  获得栈输出
```

最后一条命令应该输出 VPN 服务器的公有 IP 地址、共享密钥、VPN 用户名和 VPN 密码。
如果你愿意，可以使用此信息从自己的计算机建立 VPN 连接：

```
[{
  "Description": "The username for the vpn connection",
  "OutputKey": "VPNUser",
  "OutputValue": "vpn"
}, {
  "Description": "The shared key for the VPN connection (IPSec)",
  "OutputKey": "IPSecSharedSecret",
  "OutputValue": "EtAYOHXaLjcJ9nLCLEBfkZ+qV3H4Jy3MMc03Ehfy"
}, {
  "Description": "Public IP address of the virtual machine",
  "OutputKey": "ServerIP",
  "OutputValue": "34.202.233.247"
}, {
  "Description": "The password for the vpn connection",
  "OutputKey": "VPNPassword",
  "OutputValue": "MXBOtTlx3boJV+2r3tlOs6MCQisMhcj8oLVLilO2"
}]
```

让我们深入了解 VPN 服务器的部署过程。我们将检查那些已经使用过的以下任务。

- 使用自定义用户数据启动虚拟机，并使用 AWS CloudFormation 为虚拟机配置防火墙。
- 在启动过程结束时运行 shell 脚本，以便在包管理器的帮助下安装应用及其依赖项，以及编辑配置文件。

1. 使用 CloudFormation 启动带有用户数据的虚拟机

可以使用 CloudFormation 启动虚拟机并配置防火墙。VPN 服务器的模板包括装入用户数据中的 shell 脚本，如代码清单 5-2 所示。

!Sub 和!Base64

CloudFormation 模板包括两个新功能：!Sub 和!Base64。使用!Sub，`${}`中的所有引用都被替换为它们的实际值。真正的实际值是!Ref 返回的值，除非引用包含一个点，在这种情况下，实际值将是!GetAtt 返回的值：

```
!Sub 'Your VPC ID: ${VPC}' # 为'Your VPC ID: vpc-123456'
!Sub '${VPC}' # 同!Ref VPC
!Sub '${VPC.CidrBlock}' # 同!GetAtt 'VPC.CidrBlock'
!Sub '${!VPC}' # 同'${VPC}'
```

函数!Base64 用 Base64 对输入进行编码。你会需要这个函数，因为用户数据必须用 Base64 编码：

```
!Base64 'value' # 为'dmFsdWU='
```

代码清单 5-2　CloudFormation 模板的一部分，使用用户数据来初始化一台虚拟机

```
---
AWSTemplateFormatVersion: '2010-09-09'
Description: 'AWS in Action: chapter 5 (OpenSwan acting as VPN IPSec endpoint)'
Parameters:    ◁──── 参数使模板复用成为可能
  KeyName:
    Description: 'Key pair name for SSH access'
    Type: 'AWS::EC2::KeyPair::KeyName'
  VPC:
    Description: 'Just select the one and only default VPC.'
    Type: 'AWS::EC2::VPC::Id'
  Subnet:
    Description: 'Just select one of the available subnets.'
    Type: 'AWS::EC2::Subnet::Id'
  IPSecSharedSecret:
    Description: 'The shared secret key for IPSec.'
    Type: String
  VPNUser:
    Description: 'The VPN user.'
    Type: String
  VPNPassword:
    Description: 'The VPN password.'
    Type: String
Resources:
  EC2Instance:     ◁──── 描述虚拟机
    Type: 'AWS::EC2::Instance'
    Properties:
      ImageId: 'ami-6057e21a'
```

```
            InstanceType: 't2.micro'
            KeyName: !Ref KeyName
            NetworkInterfaces:
            - AssociatePublicIpAddress: true
              DeleteOnTermination: true
              DeviceIndex: 0
              GroupSet:
              - !Ref InstanceSecurityGroup
              SubnetId: !Ref Subnet
            UserData:                为虚拟机定义一个 shell 脚本作为用户数据
              'Fn::Base64': !Sub |        替换并编码多行字符串值
                #!/bin/bash -x
                export IPSEC_PSK="${IPSecSharedSecret}"
                export VPN_USER="${VPNUser}"
                export VPN_PASSWORD="${VPNPassword}"
                curl -s https://raw.g**************t.com/AWSinAction/code2/\
  master/chapter05/vpn-setup.sh | bash -ex        通过 HTTP 获取 shell 脚本并运行
                /opt/aws/bin/cfn-signal -e $? --stack ${AWS::StackName} \
  --resource EC2Instance --region ${AWS::Region}
          CreationPolicy:
            ResourceSignal:
              Timeout: PT10M
      InstanceSecurityGroup:
        Type: 'AWS::EC2::SecurityGroup'
        Properties:
          GroupDescription: 'Enable access to VPN server'
          VpcId: !Ref VPC
          SecurityGroupIngress:
          - IpProtocol: tcp
            FromPort: 22
            ToPort: 22
            CidrIp: '0.0.0.0/0'
          - IpProtocol: udp
            FromPort: 500
            ToPort: 500
            CidrIp: '0.0.0.0/0'
          - IpProtocol: udp
            FromPort: 1701
            ToPort: 1701
            CidrIp: '0.0.0.0/0'
          - IpProtocol: udp
            FromPort: 4500
            ToPort: 4500
            CidrIp: '0.0.0.0/0'
Outputs:
  # [...]
```

将参数导出到环境变量，以使它们在接下来被调用的外部 shell 脚本中可用

结束脚本回到 CloudFormation 的信号

将等待最多 10 分钟，通过运行在用户数据中的 cfn-signal 工具接收信号

　　用户数据包含一个用于获取和运行真实脚本的小脚本 vpn-setup.sh，其中包含用于安装可执行文件和配置服务的所有命令。这样做可以避免在 CloudFormation 模板中插入复杂的脚本。

2. 使用脚本安装并配置一个 VPN 服务器

　　代码清单 5-3 中展示的 vpn-setup.sh 脚本会在包管理器 yum 的帮助下安装包并编写一些配置

文件。你不必理解 VPN 服务器配置的详细信息，只需要了解这个 shell 脚本在启动过程中将被运行，它会安装并配置一台 VPN 服务器。

代码清单 5-3　在虚拟机启动时安装包并编写配置文件

```
#!/bin/bash -ex

[...]                                                          获取虚拟机的私有 IP 地址

PRIVATE_IP="$(curl -s http://169.254.169.254/latest/meta-data/local-ipv4)"  ◄

PUBLIC_IP="$(curl -s http://169.254.169.254/latest/meta-data/public-ipv4)"  ◄
                                                              获取虚拟机的公有 IP 地址
yum-config-manager --enable epel ◄──── 向包管理器 yum 添加额外包
yum clean all

yum install -y openswan xl2tpd  ◄──── 安装包

cat > /etc/ipsec.conf <<EOF  ◄──── 为 IPSec（OpenSwan）写入配置文件
[...]
EOF

cat > /etc/ipsec.secrets <<EOF  ◄──── 为 IPSec 编写一个包含共享密钥的文件
$PUBLIC_IP %any : PSK "${IPSEC_PSK}"
EOF

cat > /etc/xl2tpd/xl2tpd.conf <<EOF  ◄──── 为 L2TP 隧道编写配置文件
[...]
EOF

cat > /etc/ppp/options.xl2tpd <<EOF  ◄──── 为 PPP 服务写入配置文件
[...]
EOF

service ipsec start  ◄──── 启动 VPN 服务器所需的服务
service xl2tpd start

chkconfig ipsec on  ◄──── 配置 VPN 服务的运行级别
chkconfig xl2tpd on
```

你已经使用 EC2 用户数据与一个 shell 脚本在一台虚拟机上部署了一个 VPN 服务器。如果你想测试 VPN 服务器，就在 VPN 客户机中设置 VPN 类型为 L2TP 而不是 IPSec。在终止虚拟机之后，接下来学习如何部署一个常用 Web 应用，而不需要编写自定义脚本。

警告　你已经完成了部署 VPN 服务器的示例，别忘了终止虚拟机并且清理环境。需要做的是：在你的终端执行 aws cloudformation delete-stack --stack-name vpn。

5.3.3　从零开始而不是更新

在本节中，我们学习了如何使用用户数据来部署一个应用。用户数据中的脚本在启动过程结束时被运行。但怎么用这个方法来更新应用呢？

我们已经在虚拟机启动过程中自动安装和配置了软件，并且无须完成任何额外工作即可启动新虚拟机。因此，如果必须更新应用或其依赖项，则可以更轻松地创建新的虚拟机，可以按以下步骤进行。

（1）确保应用或软件的最新的版本可以通过操作系统的包库或者编辑用户数据脚本获得。

（2）基于 CloudFormation 模板和用户数据脚本启动一个新的虚拟机。

（3）测试部署到新虚拟机上的应用。如果一切正常，就继续下一步。

（4）将工作负载切换到新虚拟机（例如，通过更新 DNS 记录）。

（5）终止旧的虚拟机，并丢弃其未使用的依赖项。

5.4　使用 AWS Elastic Beanstalk 部署简单的 Web 应用

如果必须部署一个常用的 Web 应用，不需要从头开始。AWS 提供了一项名为 AWS Elastic Beanstalk 的服务，可以帮助你部署基于 Go、Java（SE 或 Tomcat）、安装 IIS 的 Windows Server 上的.NET、Node.js、PHP、Python、Ruby 和 Docker 的 Web 应用。使用 AWS Elastic Beanstalk，你不需要担心自己的操作系统或虚拟机。AWS 将为你管理它们（如果你启用自动更新）。使用 Elastic Beanstalk，你只需处理自己的应用。操作系统和运行环境（例如 Apache + Tomcat）由 AWS 管理。

AWS Elastic Beanstalk 可帮助你处理以下重复出现的问题。

- 为 Web 应用（PHP、Java 等）提供运行环境。
- 更新 Web 应用的运行环境。
- 自动安装和更新 Web 应用。
- 配置 Web 应用及其运行环境。
- 扩展 Web 应用以平衡负载。
- 监控和调试 Web 应用。

5.4.1　Elastic Beanstalk 组件

了解 AWS Elastic Beanstalk 的不同组件将有助于你了解其功能。图 5-4 展示了这些组件。

- 应用是一个逻辑容器。它包含版本、环境和配置。如果你在一个区域中开始使用 AWS Elastic Beanstalk，则必须首先创建应用。
- 版本包含应用的特定版本。要创建新版本，你必须将可执行文件（打包到存档中）上传到存储静态文件的 Amazon S3。版本基本上是指向此可执行文件压缩文档的指针。
- 配置模板包含默认配置。你可以使用自定义配置模板管理应用的配置（例如应用监听的端口）和环境的配置（例如虚拟机的大小）。

■ 环境是 AWS Elastic Beanstalk 运行应用的地方。它由版本和配置构成。你可以通过多次使用不同版本和配置为一个应用运行多个环境。

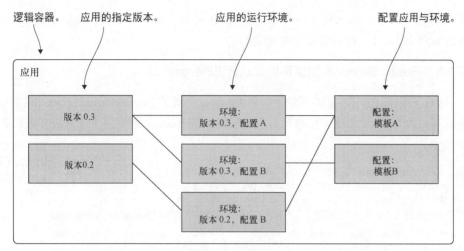

图 5-4　AWS Elastic Beanstalk 应用包含版本、环境和配置

目前理论已经足够了。让我们继续部署一个简单的 Web 应用。

5.4.2　使用 Elastic Beanstalk 部署一个 Node.js 应用 Etherpad

使用错误的工具来协同编辑文档可能很痛苦。Etherpad 是一个开源的在线编辑器，允许多人实时编辑文档。我们将在 AWS Elastic Beanstalk 的帮助下分 3 个步骤部署这个基于 Node.js 的应用。

（1）创建应用：逻辑容器。

（2）创建版本：指向 Etherpad 特定版本的指针。

（3）创建环境：Etherpad 运行的地方。

1. 为 AWS Elastic Beanstalk 创建应用

打开你的终端，然后执行以下命令为 AWS Elastic Beanstalk 服务创建应用：

```
$ aws elasticbeanstalk create-application --application-name etherpad
```

现在你已经在 AWS Elastic Beanstalk 的帮助下为部署 Etherpad 所需的所有其他组件创建了一个容器。

2. 为 AWS Elastic Beanstalk 创建版本

你可以使用以下命令创建 Etherpad 应用的新版本：

```
$ aws elasticbeanstalk create-application-version --application-name etherpad \
➥ --version-label 1 \
➥ --source-bundle "S3Bucket=awsinaction-code2,S3Key=chapter05/etherpad.zip"
```

通过执行这个命令，你创建了一个标记为 1 的版本。对于本示例，我们上传了一个包含 Etherpad 的 zip 归档文件，读者可以方便地使用它。

3．使用 AWS Elastic Beanstal 创建环境以运行 Etherpad

要在 AWS Elastic Beanstalk 的帮助下部署 Etherpad，必须基于 Amazon Linux 和刚刚创建的 Etherpad 版本，为 Node.js 创建一个环境。要获取最新的 Node.js 环境版本（解决方案栈名称），执行以下命令：

```
$ aws elasticbeanstalk list-available-solution-stacks --output text     当AWS发布新的
➥ --query "SolutionStacks[?contains(@, 'running Node.js')] | [0]"      解决方案栈时，
64bit Amazon Linux 2017.03 v4.2.1 running Node.js                       此输出项可能会
                                                                        不同
```

执行下面的命令启动一个环境，用上面的命令的输出替换$SolutionStackName。

```
$ aws elasticbeanstalk create-environment --environment-name etherpad \
➥ --application-name etherpad \
➥ --option-settings Namespace=aws:elasticbeanstalk:environment,\
➥ OptionName=EnvironmentType,Value=SingleInstance \                   启动一个不具有自动扩展和
➥ --solution-stack-name "$SolutionStackName" \                        负载均衡功能的单个虚拟机
➥ --version-label 1
```

4．玩转 Etherpad

现在你已经为 Etherpad 创建了一个环境。在你将浏览器指向自己的 Etherpad 安装前，需要等待几分钟。下面的命令将帮你跟踪 Etherpad 环境的状态：

```
$ aws elasticbeanstalk describe-environments --environment-names etherpad
```

当 "Status" 变为 "Ready" 并且 "Health" 变为 "Green" 时，说明已经准备好了，可以创建你的第一个 Etherpad 文档了。命令 describe 的输出应该与代码清单 5-4 所示的类似。

代码清单 5-4　描述 Elastic Beanstalk 环境的状态

```
{
  "Environments": [{
    "ApplicationName": "etherpad",
    "EnvironmentName": "etherpad",
    "VersionLabel": "1",
    "Status": "Ready",                               等待 "Status" 变为 "Ready"
    "EnvironmentLinks": [],
    "PlatformArn": "arn:aws:elasticbeanstalk:us-east-1::platform/Node.js
➥ running on 64bit Amazon Linux/4.2.1",
    "EndpointURL": "54.157.76.149",
    "SolutionStackName": "64bit Amazon Linux 2017.03 v4.2.1 running Node.js",
    "EnvironmentId": "e-d532q3vkk",
    "CNAME": "etherpad.d2nhjs7myw.us-east-1.elasticbeanstalk.com",
    "AbortableOperationInProgress": false,                      环境的 DNS 记录（例
    "Tier": {                                                   如，要用浏览器打开）
      "Version": " ",
```

```
    "Type": "Standard",
    "Name": "WebServer"
  },
  "Health": "Green",
  "DateUpdated": "2017-08-15T09:18:47.750Z",
  "DateCreated": "2017-08-15T09:14:32.137Z"
  }]
}
```

等待"Health"
变为"Green"

现在你已经通过 3 个简单的步骤将 Node.js Web 应用部署到 AWS。通过浏览器访问 CNAME 中显示的 URL，并输入一个新文档名，点击"OK"按钮来打开一个新文档。如果页面未加载，请尝试使用 EndpointURL，这是一个公有 IP 地址。CNAME 也应该在接下来的几分钟内可用。图 5-5 展示了一个正在运行的 Etherpad 文档。

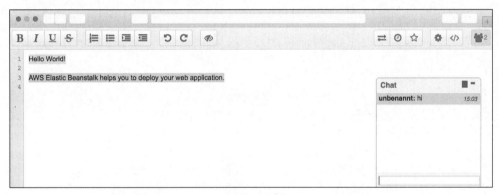

图 5-5 使用中的在线文本编辑器 Etherpad

想要部署任何其他 Node.js 应用，唯一要更改的是你上传到 Elastic Beanstalk 的 zip 文件。想要运行 Node.js 应用以外的其他应用，则必须使用通过 `aws elasticbeanstalk list-available-solution-stacks` 命令获得的正确的解决方案栈名称。

5. 使用管理控制台探索 AWS Elastic Beanstalk

通过创建应用、版本和环境，你已经使用 AWS Elastic Beanstalk 和 AWS CLI 部署了 Etherpad。你也可以使用基于 Web 的管理控制台控制 AWS Elastic Beanstalk。根据我们的经验，管理控制台是管理 AWS Elastic Beanstalk 的最佳方式。

（1）打开 AWS 管理控制台。

（2）点击导航栏中的"Services"，然后点击"Elastic Beanstalk"服务。

（3）点击一个绿色框表示的 Etherpad 环境，将显示 Etherpad 应用的概览，如图 5-6 所示。

如果应用出现问题怎么办？如何调试问题？通常，你需要连接到虚拟机并查看日志消息。你可以使用 AWS Elastic Beanstalk 从应用（和其他组件）中获取日志消息。按以下步骤操作。

运行在环境中的Etherpad的版本。　指向Etherpad应用的URL。

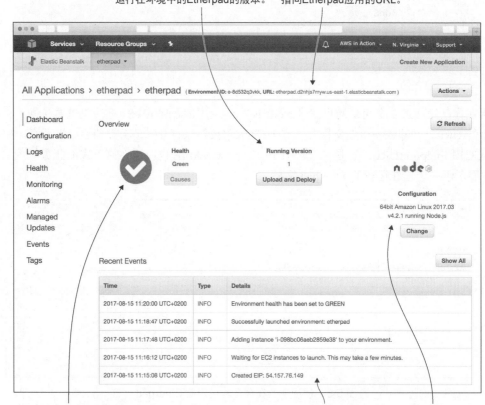

你的Etherpad应用的健康状态。　　Elastic Beanstalk服务触发的事件。　环境配置信息。

图 5-6　运行 Etherpad 应用的 AWS Elastic Beanstalk 概览

（1）从子菜单中选择"Logs"，你会看到图 5-7 所示的界面。

（2）点击"Request Logs"，然后选择最后 100 行。

（3）几秒后，列表中将显示一个新的条目。点击"Download"将日志文件下载到你的计算机上。

清理 AWS Elastic Beanstalk

　　现在你已经使用 AWS Elastic Beanstalk 成功部署了 Etherpad，并了解了该服务的不同组件，现在是时候进行清理了。执行下面的命令终止 Etherpad 环境：

```
$ aws elasticbeanstalk terminate-environment --environment-name etherpad
```

　　执行下面的命令检查环境的状态：

```
$ aws elasticbeanstalk describe-environments --environment-names etherpad \
➥ --output text --query "Environments[].Status"
```

一直等到状态变为 "Terminated"，然后继续执行下面的命令：

```
$ aws elasticbeanstalk delete-application --application-name etherpad
```

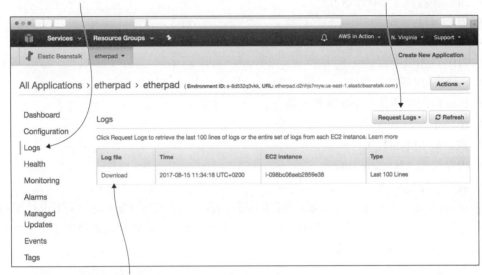

① 从子菜单中选择 "Logs"。　　　　　　　　② 请求日志的最后100行。

③ 下载最新的日志信息。

图 5-7　通过 AWS Elastic Beanstalk 从 Node.js 应用中下载日志

就是这样。你已经终止了为 Etherpad 提供环境的虚拟机，并删除了 AWS Elastic Beanstalk 的所有组件。

5.5　使用 AWS OpsWorks Stacks 部署多层应用

使用 AWS Elastic Beanstalk 部署基本的 Web 应用非常方便。但是，如果你需要部署一个更复杂的包含不同服务的应用（也称多层应用），将会受到 AWS Elastic Beanstalk 的限制。在本节中，你将了解 AWS OpsWorks Stacks，这是 AWS 提供的免费服务，可以帮你部署多层应用。

AWS OpsWorks 形式

AWS OpsWorks 有两种不同的形式。

- AWS OpsWorks Stacks 附带 Chef 版本 11 和 12。在 Chef 11 中，OpsWorks 提供了一组内置层，这是非常适合初学者使用的。如果你有 Chef 知识，它可能会限制你使用。如果你已具备 Chef 知识，我们建议将 OpsWorks Stacks 与 Chef 12 一起使用，因为其没有限制内置层。
- AWS OpsWorks for Chef Automate 提供了一个 Chef Automate 服务器，并负责备份、恢复和软

件升级。如果你有一个想迁移到 AWS 的 Chef 托管的现有基础设施，那么你应该使用 OpsWorks for Chef Automate。

AWS OpsWorks Stacks 可帮你控制 AWS 资源，如虚拟机、负载均衡器、容器集群和数据库，并允许你部署应用。该服务提供了一些具有以下运行时的标准层：

- 负载均衡器（HAProxy）；
- 静态 Web 服务器；
- Rails 应用服务器（Ruby on Rails）；
- PHP 应用服务器；
- Node.js 应用服务器；
- Java 应用服务器（Tomcat 服务器）；
- AWS Flow（Ruby）；
- 数据库（MySQL）；
- 内存缓存（Memcached）；
- 监控（Ganglia）。

你也可以添加一个自定义层来部署所需的任何内容。部署是在 Chef 的帮助下进行控制的，Chef 是一个配置管理工具。Chef 使用在 cookbook 中组织的 recipe 将应用部署到任意系统中。你可以使用标准 recipe 或自行创建。

关于 Chef

　　Chef 是一个类似 Puppet、SaltStack、CFEnginek 和 Ansible 的配置管理工具。Chef 允许你通过将以域特定语言（Domain-Specific Language，DSL）写的模板（recipe）转换成动作来配置和部署应用。recipe 可以包含用于安装的包、可运行的服务或者可写的配置文件。相关的 recipe 可以组合放到 cookbook 中。Chef 可以分析现状并在必要时更改资源，以达到 recipe 中描述的状态。

　　读者可以在 Chef 的帮助下复用他人的 cookbook 和 recipe。社区中发布了各种开源代码许可下的 cookbook 和 recipe。

　　Chef 可以单独运行或使用客户/服务器模式。在客户/服务器模式下，它作为一个集群管理工具，可以帮你管理一个由很多虚拟机构成的分布式系统。在单机模式下，你可以在单个虚拟机上运行 recipe。AWS OpsWorks 使用单机运行模式时，集成了自己的集群管理组件，不需要你在客户/服务器模式中进行烦琐配置与安装。

除了部署你的应用，AWS OpsWorks Stacks 还可以帮你扩展、监控和更新在不同逻辑层下运行的虚拟机。

5.5.1　AWS OpsWorks Stacks 的组件

了解 AWS OpsWorks Stacks 的不同组件将有助于你理解其功能。图 5-8 展示了这些组件。

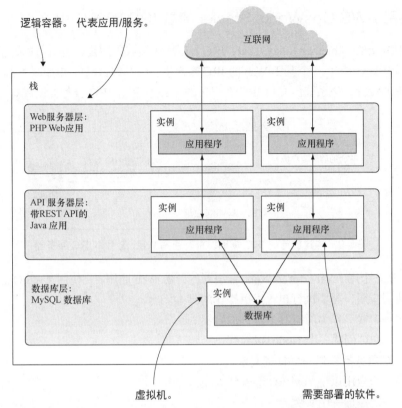

图 5-8 栈、层、实例和应用是 AWS OpsWorks Stacks 的主要组件

- 栈是 AWS OpsWorks Stacks 的所有其他组件的容器。你可以创建一个或多个栈，并为每个栈添加一个或多个层。例如，你可以使用不同的栈将生产环境与测试环境分开，也可以使用不同的栈来分隔不同的应用。

- 层属于栈。层表示应用，也可以称为服务。AWS OpsWorks Stacks 为标准 Web 应用（如 PHP 和 Java）提供预定义层，你可以自由地为能想到的任何应用使用自定义栈。层负责配置软件并将其部署到虚拟机。你可以将一个或多个虚拟机添加到层，在这种情况下，虚拟机被称为实例。

- 实例表示虚拟机。你可以为每个层启动一个或多个实例，使用不同版本的 Amazon Linux 和 Ubuntu 或自定义 AMI 作为实例的基础。你可以根据扩展的负载或时间范围指定启动和终止实例的规则。

- 应用是你要部署的软件。AWS OpsWorks Stacks 会自动将应用部署到合适的层。可以从 Git 或 Subversion 存储库中获取应用，也可以通过 HTTP 获取存档。AWS OpsWorks Stacks 可以帮你将应用安装和更新到一个或多个实例上。

我们来看一下如何在 AWS OpsWorks Stacks 的帮助下部署多层应用。

5.5.2　使用 AWS OpsWorks Stacks 部署 IRC 聊天应用

互联网中继交谈（Internet Relay Chat，IRC）在某些领域仍然是一种流行的通信方式。在本节中，你将部署 kiwiIRC，一个基于 Web 的 IRC 客户机，以及你自己的 IRC 服务器。图 5-9 展示了分布式系统的设置，该系统由交付 IRC 客户机的 Web 应用和 IRC 服务器组成。

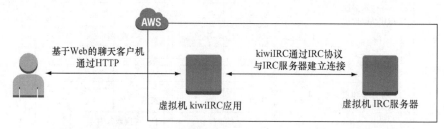

图 5-9　构建自己的 IRC 基础设施，包括 Web 应用和 IRC 服务器

kiwiIRC 是一个用 JavaScript 为 Node.js 编写的开源 Web 应用。要使用 AWS OpsWorks Stacks 将其部署为两层应用，需要执行包含以下操作的脚本。

（1）创建一个栈，作为所有其他组件的容器。

（2）为 kiwiIRC 创建一个 Node.js 层。

（3）为 IRC 服务器创建一个自定义层。

（4）创建一个应用以将 kiwiIRC 部署到 Node.js 层。

（5）为每一层添加一个实例。

你将学习如何使用管理控制台进行这些步骤。还可以使用 CLI 控制 AWS OpsWorks Stacks，就像控制 AWS Elastic Beanstalk 或 AWS CloudFormation 一样。

1．创建一个新的 OpsWorks 栈

打开管理控制台，并点击"Go to OpsWorks Stacks"按钮。然后创建一个新的栈，图 5-10 说明了重要的步骤。

（1）点击"Select Stack"下的"Add stack"或"Add your first stack"。

（2）选择"Chef 11 Stack"。

（3）在"Stack name"（栈名）中输入"irc"。

（4）在"Region"中选择"US East(N. Virginia)"。

（5）默认 VPC 是唯一可用的，选中它。

（6）对于"Default subnet"（默认子网），选择"172.31.16.0120-us-east-1a"。

（7）对于"Default operating system"（默认操作系统），请选择"Ubuntu 14.04 LTS"。

（8）为"Default SSH key"（默认 SSH 密钥）选择"mykey"。

（9）点击"Add stack"按钮创建栈。

你现在已重定向到自己的 IRC AWS OpsWorks Stacks 的概览。一切都准备就绪，可以创建第一层。

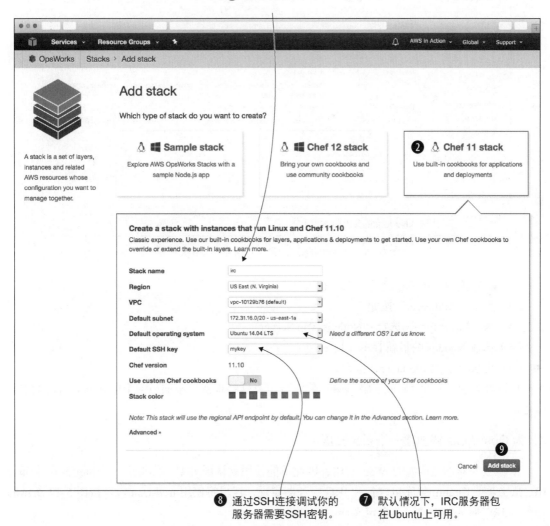

图 5-10　使用 AWS OpsWorks Stacks 创建栈

2．为 OpsWorks 栈创建一个 Node.js 层

kiwiIRC 是一个 Node.js 应用，因此你需要为 IRC 栈创建一个 Node.js 层。按图 5-11 所示的步骤进行操作。

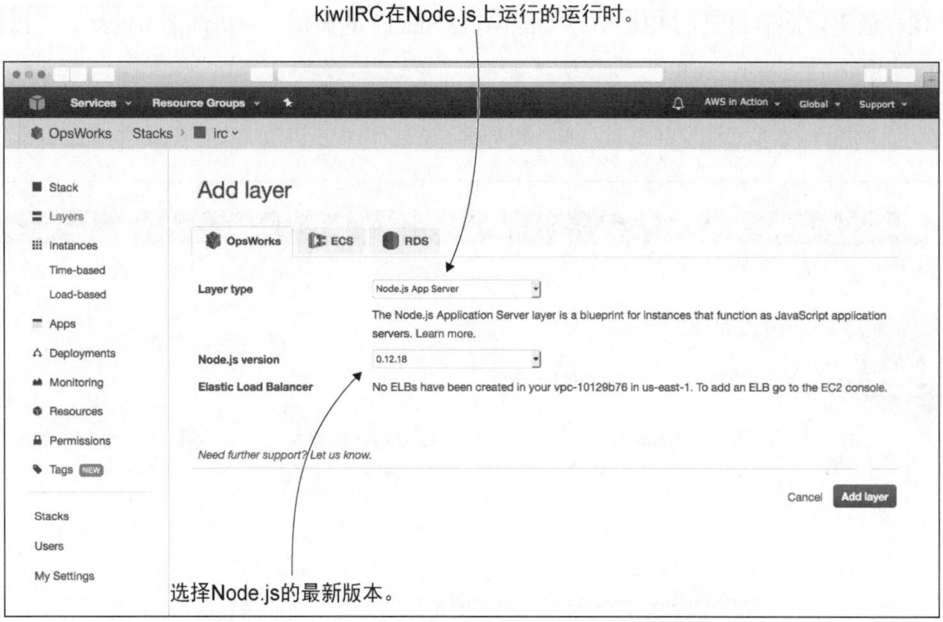

kiwiIRC在Node.js上运行的运行时。

图 5-11 为 kiwiIRC 创建一个包含 Node.js 的层

（1）从左侧的子菜单中选择"Layers"。

（2）点击"Add layer"按钮。

（3）为"Layer type"选择"Node.js App Server"。

（4）选择 Node.js 的最新版本 0.12.x。

（5）再次点击"Add layer"按钮。

你已经创建了一个 Node.js 层。现在，你需要重复这些步骤以添加另一个层并部署自己的 IRC 服务器。

3. 为 OpsWorks 栈创建一个自定义层

IRC 服务器不是典型的 Web 应用，因此不能使用默认层类型。你将用一个自定义层来部署 IRC 服务器。Ubuntu 包库包含各种 IRC 服务器实现，这里将使用 ircd-ircu 包。按图 5-12 所示的步骤为 IRC 服务器创建一个自定义栈。

（1）从左侧的子菜单中选择"Layers"。

（2）点击"Add layer"按钮。

（3）为"Layer type"选择"Custom"。

（4）在"Name"和"Short name"文本框中输入"irc-server"。

（5）点击"Add layer"按钮。

现在，你已经创建了一个自定义层。如果要部署任何其他应用，就先使用其中一个预构建层。

如果不能，就使用自定义层。这样，就可以从 OpsWorks 中受益匪浅。

为 "Layer type" 选择 "Custom"。

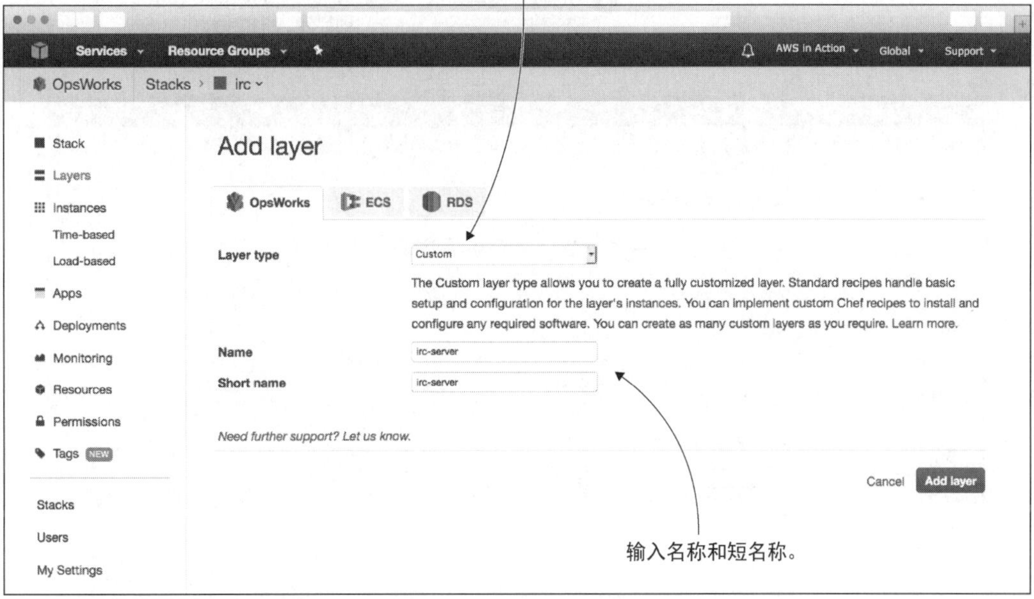

图 5-12　创建一个自定义层来部署 IRC 服务器

需要通过端口 6667 访问 IRC 服务器。要允许访问此端口，你需要定义一个自定义防火墙。执行代码清单 5-5 中所示的命令，为 IRC 服务器创建自定义防火墙。

Linux 和 macOS 的快捷方式

通过使用以下命令下载 Bash 脚本并直接在本地计算机上运行，可以避免手动将这些命令输入终端。该 Bash 脚本包含的步骤与代码清单 5-5 所示的相同。

```
$ curl -s https://raw.g***************t.com/AWSinAction/\
➥ code2/master/chapter05/irc-create-cloudformation-stack.sh \
➥ | bash -ex
```

代码清单 5-5　使用 CloudFormation 创建一个自定义防火墙

```
$ VpcId="$(aws ec2 describe-vpcs --query "Vpcs[0].VpcId" --output text)"  ◁──── 获取默认 VPC
$ aws cloudformation create-stack --stack-name irc \    ◁──── 创建一个 CloudFormation 栈
➥ --template-url [本书代码库]\
➥ chapter05/irc-cloudformation.yaml \
➥ --parameters "ParameterKey=VPC,ParameterValue=$VpcId"

$ aws cloudformation wait stack-create-complete --stack-name irc    ◁──── 等待，直到栈状态变为 "CREATE_COMPLETE"
```

接下来你要将这个自定义防火墙配置关联到自定义 OpsWorks 层。按图 5-13 所示的步骤操作。

图 5-13　向 IRC 服务器层添加一个自定义防火墙配置

（1）从左侧的子菜单中选择"Layers"。

（2）点击打开 irc-server 图层。

（3）切换至"Security"选项卡并点击"Edit"。

（4）在"Custom security groups"中选择开头为 irc 的安全组。

（5）点击"Save"按钮。

你需要为 IRC 服务器层做的最后一件事是用层 recipe 部署 IRC 服务器。按图 5-14 所示的步骤操作。

（1）从左侧的子菜单中选择"Layer"。

（2）点击打开 irc-server 图层。

（3）切换至"Recipes"选项卡并点击"Edit"。

（4）在"OS Packages"中添加包 ircd-ircu。不要忘记点击"+"按钮添加包。

（5）点击"Save"按钮。

你已成功创建并配置了自定义层以部署 IRC 服务器。接下来，把 kiwiIRC Web 应用作为应用添加到 OpsWorks。

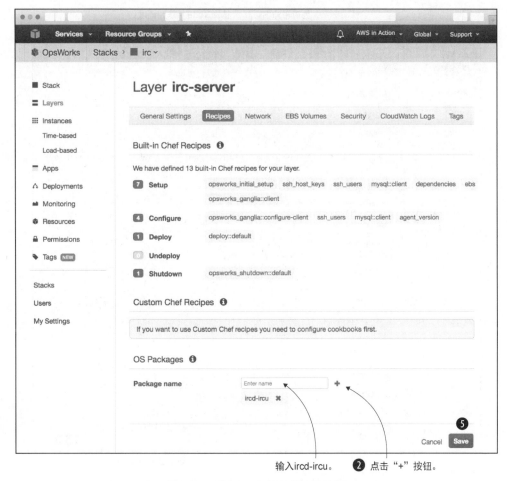

输入 ircd-ircu。　❷ 点击"+"按钮。

图 5-14　将 IRC 包添加到自定义层

4. 向 Node.js 层添加一个应用

你已准备好将应用部署到刚刚创建的 Node.js 层。按图 5-15 所示的步骤操作。

（1）从子菜单中选择"Apps"。

（2）点击"Add App"按钮。

（3）在"Name"文本框中输入"kiwiIRC"。

（4）为"Type"选择"Node.js"。

（5）为"Repository type"选择"Git"，并在"Repository URL"文本框中输入 GitHub 上 KiwiIRC.git 文件的地址。

（6）点击"Add App"按钮。

你的第一个 OpsWorks 栈现在完全配置好了。只差一件事——启动一些实例。

为应用命名。　　　　选择Node.js作为环境。

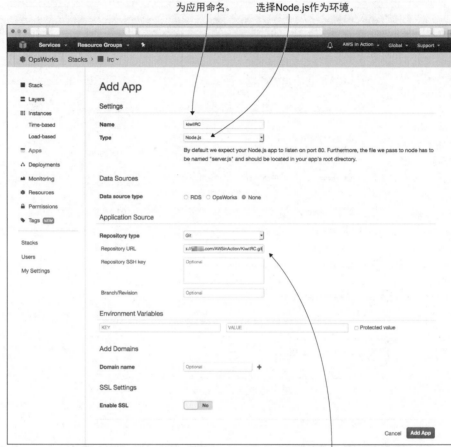

访问公开的GitHub代码库。

图 5-15　向 OpsWorks 添加 kiwiIRC（一个 Node.js 应用）

5. 添加实例来运行 IRC 客户机与服务器

　　添加两个实例来实现 kiwiIRC 客户机与 IRC 服务器。向一个层添加新实例很容易，可按图 5-16 所示步骤操作。

　　（1）从左侧的子菜单中选择 "Instances"。

　　（2）在 "Node.js App Server" 层中点击 "Add an instance"。

　　（3）为 "Size" 选择 "t2.micro"，它是免费套餐覆盖的实例类型。

　　（4）点击 "Add Instance" 按钮。

　　你已经向 Node.js App Server 层添加了一个实例。为 irc-server 层重复这些步骤。

　　实例的概览应该类似图 5-17 所示的界面。要启动这些实例，分别点击 "Start"。虚拟机启动和部署运行需要一些时间。

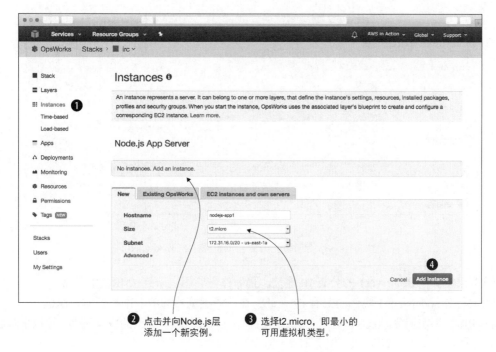

② 点击并向Node.js层　　③ 选择t2.micro，即最小的
添加一个新实例。　　　　可用虚拟机类型。

图 5-16　向 Node.js 层添加新实例

图 5-17　启动 IRC Web 客户机和服务器的实例

6. 玩转 kiwiIRC

启动两台实例后，耐心等待两个实例的状态都变为 "online"，如图 5-18 所示。然后就可以
按下面的步骤在浏览器中打开 kiwiIRC 了。

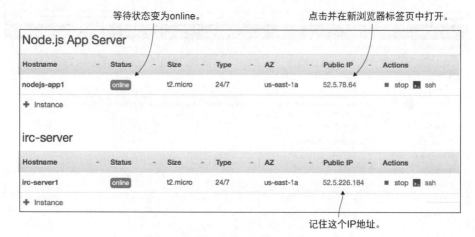

图 5-18　等待部署完成并在浏览器中打开 kiwiIRC

（1）记住实例 irc-server1 的公有 IP 地址。稍后你需要用它来连接 IRC 服务器。

（2）点击 nodejs-app1 实例的公有 IP 地址，在新的浏览器选项卡中打开 kiwiIRC。

kiwiIRC 应用应该会在浏览器中装载，然后你会看见图 5-19 所示的登录界面。按以下步骤使用 kiwiIRC Web 客户机登录 IRC 服务器。

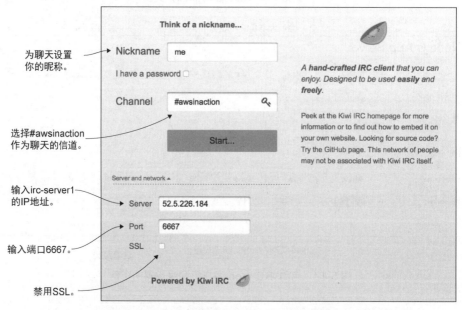

图 5-19　使用 kiwiIRC 登录到 IRC 服务器，使用信道#awsinaction

（1）输入一个昵称。

（2）在"Channel"文本框中输入"#awsinaction"。

（3）展开 "Server and network"，打开连接的详细信息。

（4）在 "Server" 文本框中输入 irc-server1 的 IP 地址。

（5）在 "Port" 文本框中输入 "6667"。

（6）禁用 SSL。

（7）点击 "Start" 按钮，然后等待几秒。

大功告成！你已经在 AWS OpsWorks 的帮助下部署了基于 Web 的 IRC 客户机和 IRC 服务器。

资源清理

是时候做一些清理工作了。按照下面的步骤操作以避免不必要的费用支出。

（1）使用管理控制台打开 AWS OpsWorks Stacks 服务。

（2）点击并选择 irc 栈。

（3）从子菜单中选择 "Instances"。

（4）删除两个实例，并等待它们从概览中消失。

（5）从子菜单中选择 "Apps"。

（6）删除 kiwiIRC 应用。

（7）从子菜单中选择 "Stack"。

（8）点击 "Delete Stack" 按钮，并确认删除。

（9）从终端执行 `aws cloudformation delete-stack --stack-name irc`。

5.6 小结

- 将应用部署到虚拟机这一过程的自动化可以让你充分利用云的优势：可扩展性和高可用性。

- AWS 提供不同的工具帮你将应用部署到虚拟机上。使用这些工具可以避免从头开始部署工作。

- 如果你已经自动化了部署过程，那么可以通过丢弃旧虚拟机并启动新的虚拟机来更新应用。

- 在启动期间将 Bash 或 PowerShell 脚本注入虚拟机允许你单独初始化虚拟机，例如，用于安装软件或配置服务。

- AWS OpsWorks 非常适合在 Chef 的帮助下部署多层应用。

- AWS Elastic Beanstalk 非常适合部署常用的 Web 应用。

- 在部署更复杂的应用时，AWS CloudFormation 可为你提供非常大的控制权。

第 6 章　保护系统安全：IAM、安全组和 VPC

本章主要内容
- 谁该对安全负责
- 保持软件最新
- 用用户与角色控制对 AWS 账户的访问
- 用安全组控制流量
- 用 CloudFormation 创建专用网络

如果安全是一堵墙，你就需要很多砖来建造这堵墙，如图 6-1 所示。本章将重点介绍在 AWS 上保护系统的 4 个重要的"砖块"。

图 6-1　要实现云基础设施和应用的安全性，所有安全构建块必须到位

（1）安装软件更新——每天都可能有新的软件安全漏洞被发现。软件制造商发布"更新"来修补这些漏洞，而你的任务就是在这些更新发布后及时安装它们，否则你的系统就容易成为黑客攻击的受害者。

（2）限制访问 AWS 账户——假如你不是唯一访问自己的 AWS 账户的人（如果你的同事或脚本也会访问它），那这一点就变得非常重要了。一个有 bug 的脚本可以很容易地终止你的所有 EC2 实例而不仅是你想要终止的那个实例。授予最小权限是保护你的 AWS 资源免于意外或故意的致命操作的关键。

（3）控制进出 EC2 实例的网络流量——你只想让那些必需的端口能够被访问到。如果你运行一个 Web 服务器，对外部世界只需要为 HTTP 流量打开 80 端口，为 HTTPS 流量打开 443 端口。请关闭所有其他端口！

（4）在 AWS 内创建专用网络——你可以创建从互联网无法访问的子网。如果这些子网不可达，就没人能访问它们。没有人能访问？好吧，你将学习如何使自己能访问它们却阻止别人这样做。

还有一个重要的"砖块"：保护你的应用。本书中没有介绍应用安全性。购买或开发应用时，你应遵循安全标准。例如，你需要检查使用者输入且仅允许必要的字符，不要以纯文本格式保存密码，并使用 TLS/SSL 加密虚拟机与使用者之间的流量。如果要使用适用于你的操作系统的包管理器安装应用，则可以使用 Amazon Inspector 运行自动安全评估。

> **不是所有示例都包含在免费套餐中**
>
> 本章中的示例并不都包含在免费套餐中。当一个示例产生费用时，会显示一个特殊的警告消息。只要不是运行这些示例好几天，就不需要支付任何费用。记住，这仅适用于本书读者为学习本书刚刚创建的全新 AWS 账户，并且在这个 AWS 账户中没有任何活动记录。尽量在几天的时间里完成本章中的示例，并在每个示例完成后务必清理账户。

> **学习本章的要求**
>
> 要完全理解本章，读者应该熟悉以下概念：
> - 子网；
> - 路由表；
> - 访问控制列表（Access Control List，ACL）；
> - 网关；
> - 防火墙；
> - 端口；
> - 访问管理；
> - 互联网协议（Internet Protocol，IP）基础，包括 IP 地址。

在介绍这 4 个重要的"砖块"之前，我们先看一下用户和 AWS 如何各司其职。

6.1 谁该对安全负责

AWS 是一个责任共担的环境，就是说安全责任是由 AWS 和用户共同承担的。AWS 承担以下责任。

- 通过自动监控系统和强大的互联网访问保护网络，防止分布式拒绝服务（Distributed Denial of Service，DDoS）攻击。
- 对能访问敏感区域的员工进行背景调查。
- 在存储设备使用寿命结束后对其进行物理销毁，从而使其"退役"。
- 确保数据中心的物理和环境安全，包括消防和安保人员。

安全标准由第三方审查，用户可以在 AWS 官方网站找到最新的概述。

用户承担以下责任。

- 使用 AWS IAM 实现访问管理，将对 S3 和 EC2 等 AWS 资源的访问限制在最低程度。
- 加密网络数据传输来防止攻击者读取或操纵数据（如使用 HTTPS）。
- 为虚拟网络配置防火墙，该网络使用安全组和 ACL 控制进出流量。
- 加密静态数据。例如，为数据库或其他存储系统启用数据加密。
- 管理虚拟机上操作系统和其他软件的补丁。

云中的安全关系到 AWS 和用户的交互。如果用户遵守规则，就能在云中达到高的安全标准。

6.2　使软件保持最新

许多软件每周都有修复安全漏洞的重要更新发布。有时候用户的操作系统会受到影响，有时候 OpenSSL 这样的软件库会受到影响，有时候 Java、Apache 和 PHP 这样的环境会受到影响，有时候 WordPress 这样的应用会受到影响。如果一个安全更新发布了，你必须尽快安装它，因为利用这一漏洞的方法可能也更新发布了，或者说每个人都能通过查看源代码来重建漏洞。你应该制定尽快将更新应用到所有正在运行的虚拟机上的工作计划。

6.2.1　检查安全更新

如果你通过 SSH 登录到一台 Amazon Linux EC2 实例，就会看到类似如下的当日的消息：

```
$ ssh ec2-user@ec2-34-230-84-110.compute-1.a*******s.com


       __|  __|_  )
       _|  (     /        Amazon Linux AMI
      ___|\___|___|

[AWS 官网地址]/amazon-linux-ami/2017.03-release-notes/
8 package(s) needed for security, out of 8 available  ⟵—— 有 8 个安全更新可用
Run "sudo yum update" to apply all updates.
```

这个示例显示有 8 个安全更新可用，当你查找更新时，此数字可能会有所不同。AWS 不会在你的 EC2 实例上为应用更新——这是你的责任。你可以使用 yum 包管理器在 Amazon Linux 上处理这些更新。执行 yum --security check-update 命令查看哪些包需要安全更新：

```
$ yum --security check-update
Loaded plugins: priorities, update-motd, upgrade-helper
8 package(s) needed for security, out of 8 available

authconfig.x86_64        6.2.8-30.31.amzn1      amzn-updates
bash.x86_64              4.2.46-28.37.amzn1     amzn-updates
curl.x86_64             7.51.0-9.75.amzn1       amzn-updates
glibc.x86_64            2.17-196.172.amzn1      amzn-updates
glibc-common.x86_64     2.17-196.172.amzn1      amzn-updates
kernel.x86_64           4.9.43-17.38.amzn1      amzn-updates
libcurl.x86_64          7.51.0-9.75.amzn1       amzn-updates
wget.x86_64             1.18-3.27.amzn1         amzn-updates
```

你执行该命令时输出会有所不同

这些包是默认安装的，可以使用更新来修复安全问题

我们鼓励你订阅 Amazon Linux AMI 安全中心的提要，以接收影响 Amazon Linux 的安全公告。每当发布新的安全更新时，你应该检查自己是否受到影响。如果使用的是其他 Linux 发行版或操作系统，则应遵循相关的安全公告。

在处理安全更新时，你可能会遇到下面两种状况之一。

■ 当虚拟机第一次启动时，需要安装很多安全更新来使虚拟机保持最新。

■ 虚拟机运行时会发布新的安全更新，你需要在虚拟机运行时安装这些更新。

让我们来看看如何处理这些状况。

6.2.2 在虚拟机启动时安装安全更新

如果你使用 CloudFormation 模板创建 EC2 实例，则有以下 3 个选项可在启动时安装安全更新。

（1）在启动过程结束时安装所有更新。在你的用户数据脚本中加入 yum -y update。

（2）仅在启动过程结束时安装安全更新。在你的用户数据脚本中加入 yum -y --security update。

（3）明确指定包版本。安装由版本号标识的更新。

前两个选项可以轻松包含在你的 EC2 实例的用户数据中。下面的代码可以在本书配套代码的/chapter06/ec2-yum-update.yaml 中找到。你可以以如下方式安装所有更新：

```
Instance:
    Type: 'AWS::EC2::Instance'
    Properties:
      # [...]
      UserData:
        'Fn::Base64': |
          #!/bin/bash -x
          yum -y update          ⟵—— 安装所有更新
```

要仅安装安全更新，可以执行以下操作：

```
Instance:
    Type: 'AWS::EC2::Instance'
    Properties:
      # [...]
```

```
UserData:
  'Fn::Base64': |
    #!/bin/bash -x
    yum -y --security update  ⟵── 仅安装安全更新
```

安装所有更新所产生的问题是你的系统会变得不可预测。如果你的虚拟机是上周启动的，那么上周可用的所有更新都已应用。但与此同时，新的更新可能已经发布。如果你今天启动一个新的虚拟机并安装所有更新，将得到一台与上周不同的虚拟机。而不同可能意味着由于某种原因它不再工作。这就是我们鼓励你明确定义和测试要安装的更新的原因。要使用明确的版本安装安全更新，可以使用 yum update-to 命令。通过 yum update-to 命令使用明确的版本来更新包，而不是使用最新的版本：

```
yum update-to bash-4.2.46-28.37.amzn1  ⟵── 将 Bash 更新至版本 4.2.46-28.37.amzn1
```

使用 CloudFormation 模板可以描述明确指定更新的一个 EC2 实例：

```
Instance:
    Type: 'AWS::EC2::Instance'
    Properties:
      # [...]
      UserData:
        'Fn::Base64': |
          #!/bin/bash -x
          yum update-to bash-4.2.46-28.37.amzn1
```

同样的方法也适用于与安全无关的包更新。每当发布新的安全更新时，你应该检查自己是否受到影响，并修改用户数据以确保新系统的安全。

6.2.3　在正在运行的虚拟机上安装安全更新

如果必须在数十甚至数百个虚拟机上安装核心组件的安全更新，要怎么做呢？可以使用 SSH 手动登录所有虚拟机并执行 yum -y --security update 或 yum update-to [⋯]，但是，如果有许多虚拟机或虚拟机数量增加，这可能很麻烦。一个办法是使用一个小脚本获取自己的虚拟机列表，然后在所有虚拟机上运行 yum 来使这个任务自动化。代码清单 6-1 展示了在 Bash 中怎样能在所有正在运行的 EC2 实例上安装安全更新。相应的代码可以在本书配套代码的/chapter06/ update.sh 中找到。

代码清单 6-1　在所有正在运行的 EC2 实例上安装安全更新

```
PUBLICIPADDRESSES="$(aws ec2 describe-instances \   ⟵─┐
➥ --filters "Name=instance-state-name,Values=running" \   │ 获取正在运行的 EC2 实例的
➥ --query "Reservations[].Instances[].PublicIpAddress" \   │ 所有公共名称
➥ --output text)"

for PUBLICIPADDRESS in $PUBLICIPADDRESSES; do
  ssh -t "ec2-user@$PUBLICIPADDRESS" \   ⟵── 通过 SSH 连接
➥ "sudo yum -y --security update"  ⟵── 执行 yum update 命令
done
```

现在我们可以快速地将更新应用到所有正在运行的虚拟机上。

> **AWS Systems Manager：自动应用补丁**
>
> 　　使用 SSH 在所有虚拟机上安装安全更新具有挑战性。我们需要具有网络连接以及每个虚拟机的密钥。在应用补丁时处理错误是另一个挑战。
>
> 　　AWS Systems Manager（AWS SSM）服务是管理虚拟机的一个强大工具。首先，在每个虚拟机上安装一个代理。然后，在 AWS SSM 的帮助下控制 EC2 实例，例如，创建一个作业，用 AWS 管理控制台的最新补丁级别对所有 EC2 实例打补丁。

　　一些安全更新需要重新启动虚拟机，例如，需要修补运行在 Linux 操作系统上的虚拟机内核。用户可以自动重新启动虚拟机或切换到更新的 AMI 并启动新的虚拟机。例如，Amazon Linux 的新 AMI（包括最新的包）经常发布。

6.3　保护 AWS 账户安全

　　保护你的 AWS 账户至关重要。如果有人访问你的 AWS 账户，他们可以窃取你的数据，以你支付的费用使用你的资源，或者删除你的所有数据。如图 6-2 所示，AWS 账户是你拥有的所有资源的"篮子"，其中包括 EC2 实例、CloudFormation 栈、IAM 用户等。每个 AWS 账户有一个 root 用户。该用户被授予对所有资源的无限制访问权限。到目前为止，当你登录到管理控制台时就是使用 root 用户；如果使用 CLI，我们将使用 4.2 节中创建的用户 mycli。在本节中，你将创建另一个用户登录管理控制台，以避免使用 root 用户。这样做可以同时管理多个用户，每个用户都受限于其角色所需的资源。

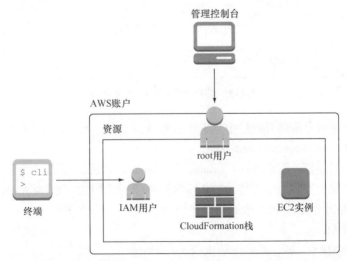

图 6-2　AWS 账户包含所有 AWS 资源，默认情况下带有一个 root 用户

要访问你的 AWS 账户，攻击者必须能够对你的账户进行身份认证。有 3 种方法可以做到这件事：使用 root 用户、使用普通用户或者将身份认证作为 AWS 资源，如 EC2 实例。要验证为 root 用户或普通用户，攻击者需要用户名和密码或访问密钥。要像 EC2 实例那样作为 AWS 资源进行身份认证，攻击者需要从该机器发送 API/CLI 请求。

为了防止攻击者窃取或破解你的密码或访问密钥，我们将在 6.3.1 节中为 root 用户启用多因素身份认证（Multi-Factor Authentication，MFA），以便为身份认证过程添加额外的安全层。

6.3.1　保护 AWS 账户的 root 用户安全

建议你为 AWS 账户的 root 用户启用 MFA。激活 MFA 后，需要密码和临时令牌才能以 root 用户身份登录。

按照以下步骤启用 MFA，如图 6-3 所示。

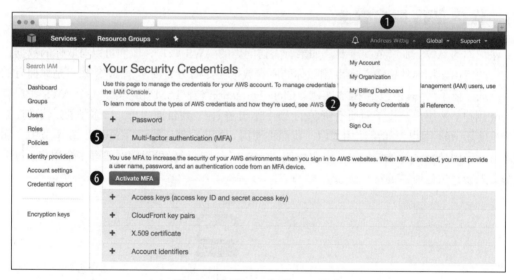

图 6-3　使用 MFA 保护 root 用户

（1）在管理控制台顶部的导航栏中点击你的名字。

（2）点击选择 "My Security Credentials"。

（3）出现一个对话框，需要选择 "Continue to Security Credentials"。

（4）在智能手机上安装一个支持 TOTP 标准的 MFA 应用（如 Google Authenticator）。

（5）展开 "Multi-factor authentication (MFA)"。

（6）点击激活 MFA。

（7）选择虚拟 MFA 设备，然后继续执行下一步操作。

（8）按照向导中的说明进行操作。使用智能手机上的 MFA 应用扫描显示的 QR 码。

如果将智能手机用作虚拟 MFA 设备，最好不要用智能手机登录管理控制台或将 root 用户的密码存储在手机上。将 MFA 令牌与密码分开。

6.3.2 AWS 身份和访问管理

图 6-4 展示了 IAM 服务的所有核心概念的概述。这一服务为 AWS API 提供身份认证和授权。当你向 AWS API 发送请求时，IAM 会验证你的身份并检查你是否被允许执行该操作。IAM 控制谁（身份认证）可以在你的 AWS 账户中执行任何操作（授权）。例如，是否允许用户启动新虚拟机。

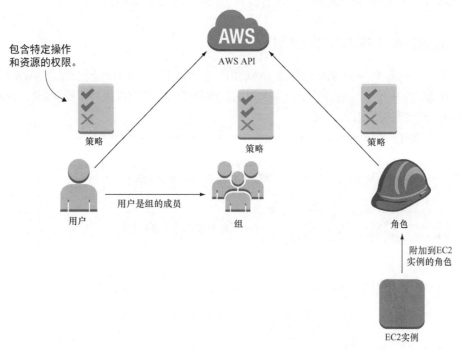

图 6-4 IAM 概念

- IAM 用户用于验证访问你的 AWS 账户的人员。
- IAM 组是 IAM 用户的集合。
- IAM 角色用于验证 AWS 资源，例如 EC2 实例。
- IAM 策略用于定义用户、组或角色的权限。

表 6-1 显示了用户和角色之间的差异。角色对 AWS 实体（如 EC2 实例）进行身份认证。IAM 用户对管理 AWS 资源的人员进行身份认证，例如系统管理员、DevOps 工程师或软件开发人员。

表 6-1　root 用户、IAM 用户和 IAM 角色之间的区别

比较项目	root 用户	IAM 用户	IAM 角色
可以有一个密码（登录 AWS 管理控制台所需）	总是	是	否
可以有一个访问密钥，需要向 AWS API 发送请求（例如，用于 CLI 或 SDK）	是（不推荐）	是	否
可以属于一个组	否	是	否
可以与一个 EC2 实例关联	否	否	是

在默认情况下，用户和角色不能做任何事情。你必须创建一个策略，说明允许它们执行哪些操作。IAM 用户和 IAM 角色使用策略进行授权。让我们先看看策略。

6.3.3　使用 IAM 策略定义权限

通过将一个或多个 IAM 策略附加到 IAM 用户或 IAM 角色，你可以授予管理 AWS 资源的权限。策略在 JSON 中定义，包含一个或多个声明。声明可以允许或拒绝特定资源的特定操作。通配符*可用于创建通用的语句。

下面的策略有一个声明允许对 EC2 服务中所有资源进行任意操作：

```
{
    "Version": "2012-10-17",    ◁—— 指定 "2012-10-17" 来锁定版本
    "Statement": [{
        "Sid": "1",
        "Effect": "Allow",    ◁—— 允许
        "Action": "ec2:*",    ◁—— 所有 EC2 操作（通配符*）
        "Resource": "*"    ◁—— 在任何资源
    }]
}
```

如果有多个语句应用于相同的操作，则 Deny 会覆盖 Allow。除终止 EC2 实例外，以下策略允许所有 EC2 操作：

```
{
    "Version": "2012-10-17",
    "Statement": [{
        "Sid": "1",
        "Effect": "Allow",
        "Action": "ec2:*",
        "Resource": "*"
    }, {
        "Sid": "2",
        "Effect": "Deny",    ◁—— 拒绝
        "Action": "ec2:TerminateInstances",    ◁—— 终止 EC2 实例
        "Resource": "*"
    }]
}
```

下面的策略拒绝所有 EC2 操作。ec2:TerminateInstances 语句并不重要，因为 Deny 会覆盖

Allow。当你拒绝一个操作时，是无法通过另一个声明允许它的：

```
{
  "Version": "2012-10-17",
  "Statement": [{
    "Sid": "1",
    "Effect": "Deny",
    "Action": "ec2:*",        ◁——— 拒绝所有 EC2 操作
    "Resource": "*"
  }, {
    "Sid": "2",
    "Effect": "Allow",
    "Action": "ec2:TerminateInstances",  ◁——— Allow 不是关键性的，Deny 会覆盖 Allow
    "Resource": "*"
  }]
}
```

到目前为止，资源部分对于每个资源都是 ["*"]。AWS 中的资源具有 Amazon 资源名称（ARN）。图 6-5 展示了 EC2 实例的 ARN。

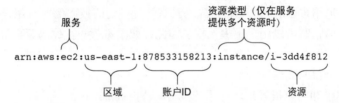

图 6-5　标识 EC2 实例的 Amazon Resource Name（ARN）的组成

要找出账户 ID，你可以使用 CLI：

```
$ aws iam get-user --query "User.Arn" --output text      账户 ID 有 12 个数字，在本
arn:aws:iam::111111111111:user/mycli                     例中是 111111111111
```

如果你知道自己的账户 ID，则可以使用 ARN 来访问一个服务的特定资源：

```
{
  "Version": "2012-10-17",
  "Statement": [{
    "Sid": "2",
    "Effect": "Allow",
    "Action": "ec2:TerminateInstances",
    "Resource":
➥ "arn:aws:ec2:us-east-1:111111111111:instance/i-0b5c991e026104db9"
  }]
}
```

有以下两种类型的策略。

（1）管理策略——如果你要创建可在账户中重复使用的策略，则需要使用管理策略。管理策略有以下两种类型。

■ AWS 管理策略——由 AWS 维护的策略。其中包含授予管理员权限、只读权限等的策略。

■ 客户管理策略——由你维护的策略。例如，它可以是表示组织中的角色的策略。

（2）内联策略——属于某个 IAM 角色、用户或组的策略。没有它所属的 IAM 角色、用户或组，内联策略就不可能存在。

使用 CloudFormation 很容易维护内联策略，这就是我们在本书中大部分时间使用内联策略的原因。一个例外是 mycli 用户：该用户附加了 AWS 管理策略 AdministratorAccess。我们在我们的博客上维护着所有可能的 IAM 权限的开源列表。

6.3.4 用户用于身份认证，组用于组织用户

用户可以使用用户名和密码或访问密钥进行身份认证。当你登录到管理控制台时，你是使用用户名和密码进行身份认证的。通过计算机使用 CLI 时，使用访问密钥作为 mycli 用户进行身份认证。

你目前正在使用 root 用户登录管理控制台。你应该创建一个 IAM 用户，原因有以下两点。

■ 通过创建 IAM 用户，你可以为每个需要访问你的 AWS 账户的人设置唯一用户。

■ 你可以只授予每个用户对需要的资源的访问权，允许你遵循最小特权原则。

为了使将来添加用户更容易，你将首先为具有管理员访问权限的所有用户创建一个组。组不能用于身份认证，但它们可以用于集中授权。因此，如果希望阻止你的管理员用户终止 EC2 实例，只需要更改组的策略，而不需要更改所有管理员用户的策略。用户可以不是任何组的成员，也可以是一个或多个组的成员。

使用 CLI 创建组和用户很容易。使用安全密码替换$Password：

```
$ aws iam create-group --group-name "admin"
$ aws iam attach-group-policy --group-name "admin" \
➥ --policy-arn "arn:aws:iam::aws:policy/AdministratorAccess"
$ aws iam create-user --user-name "myuser"
$ aws iam add-user-to-group --group-name "admin" --user-name "myuser"
$ aws iam create-login-profile --user-name "myuser" --password "$Password"
```

用户 myuser 已经准备好可以使用了。但是，如果不是使用 root 用户，则必须使用一个不同的 URL 来访问管理控制台，即 https://$accountId.signin.aws.******.com/console。用之前使用 aws iam get-user 命令提取的账户 ID 替换$accountId。

为 IAM 用户启用 MFA

我们鼓励你为所有用户启用 MFA。如果可能，不要对 root 用户使用与普通用户相同的 MFA 设备。你可以花 13 美元从 Gemalto 等 AWS 合作伙伴那里购买硬件 MFA 设备。要为你的用户启用 MFA，则完成以下步骤。

■ 在管埋控制台中扌开 IAM 服务。

■ 在左侧选择 "Users"。

■ 选择用户 "myuser"。

■ 切换到 "Security credentials" 选项卡。

> ■ 点击 "Assigned MFA device" 附近的编辑按钮。为 IAM 用户启用 MFA 的向导与你为 root 用
>   户使用的向导相同。

我们建议对所有用户启用 MFA，尤其是对被授予管理员权限能够访问全部或部分服务的用户。

警告 从现在起停止使用 root 用户。总是使用 myuser 及管理控制台的新链接。

警告 你永远不应该把一个用户访问密钥复制到一个 EC2 实例上，要使用 IAM 角色！不要在你
的源代码中存储安全凭证，并且永远不要把它们提交到你的 Git 或 SVN 代码库中。尽可能尝试使
用 IAM 角色。

6.3.5 使用角色认证 AWS 资源

EC2 实例需要访问或管理 AWS 资源的各种用例。例如，EC2 实例可能需要：

■ 将数据备份到对象存储 S3；
■ 工作完成后自行终止；
■ 更改云中专用网络环境的配置。

为了能够访问 AWS API，EC2 实例需要对自身进行身份认证。你可以使用访问密钥创建一
个 IAM 用户，并将访问密钥存储在 EC2 实例上进行身份认证。但这样做很麻烦，特别是如果你
想定期轮询访问密钥。

在需要对 AWS 资源（如 EC2 实例）进行身份认证时，应该使用 IAM 角色，而不是使用 IAM
用户。当使用 IAM 角色时，你的访问密钥会自动注入 EC2 实例中。

如果将 IAM 角色附加到 EC2 实例，则会评估附加到这些角色的所有策略以确定是否允许
该请求。默认情况下，没有角色附加到 EC2 实例，因此不允许 EC2 实例对 AWS API 进行任何
调用。

下面的示例将展示如何为 EC2 实例使用 IAM 角色。还记得第 4 章的临时 EC2 实例吗？要是
我们忘记终止这些虚拟机怎么办？许多钱会因此被浪费。现在我们将创建一个自动停止的 EC2
实例。下面的代码片段是 5 分钟后停止 EC2 实例的一行程序。at 命令将在 5 分钟延迟后停止这
个实例：

```
echo "aws ec2 stop-instances --instance-ids i-0b5c991e026104db9" \
➥ | at now + 5 minutes
```

EC2 实例需要权限才能自行停止。因此，需要将 IAM 角色附加到 EC2 实例。该角色包含一
个内联策略，授予对 ec2:StopInstances 操作的访问权限。下面的代码展示了如何在 CloudFormation
的帮助下定义 IAM 角色：

```
Role:
  Type: 'AWS::IAM::Role'
  Properties:
```

```
    AssumeRolePolicyDocument:  ◁── 允许 EC2 服务承担此角色
        Version: '2012-10-17'
        Statement:
        - Effect: Allow
          Principal:
            Service: 'ec2.a*******s.com'
          Action:
          - 'sts:AssumeRole'
    Policies:              ◁── 策略开始
    - PolicyName: ec2
      PolicyDocument:      ◁── 策略定义
        Version: '2012-10-17'
        Statement:
        - Sid: Stmt1425388787000
          Effect: Allow
          Action: 'ec2:StopInstances'
          Resource: '*'
          Condition:        ◁── 条件可以解决这个问题：只有在使用栈 ID 标记时才允许
            StringEquals:
              'ec2:ResourceTag/aws:cloudformation:stack-id':
➥ !Ref 'AWS::StackId'
```

要将内联角色附加到实例，必须首先创建实例配置文件：

```
InstanceProfile:
  Type: 'AWS::IAM::InstanceProfile'
  Properties:
    Roles:
    - !Ref Role
```

下面的代码显示了如何将 IAM 角色附加到虚拟机：

```
Instance:
  Type: 'AWS::EC2::Instance'
  Properties:
    # [...]
    IamInstanceProfile: !Ref InstanceProfile
    UserData:
      'Fn::Base64': !Sub |
        #!/bin/bash -x
        INSTANCEID="$(curl -s http://169.254.169.254/\
➥ latest/meta-data/instance-id)"
        echo "aws ec2 stop-instances --instance-ids $INSTANCEID \
➥ --region ${AWS::Region}" | at now + ${Lifetime} minutes
```

点击 CloudFormation Quick-Create 链接，使用本书配套代码中的模板创建 CloudFormation

栈。通过参数指定 EC2 实例的生命周期，并选择默认的 VPC 和子网。等到生命周期指定的时长过去之后，再看看 EC2 实例是否在 EC2 管理控制台中停止。生命周期在虚拟机完全启动后开始。

> **资源清理**
>
> 在完成本节之后，不要忘了删除栈 ec2-iamrole，以便清理所有使用的资源。否则，你可能要为使用的资源付费（即使 EC2 实例停止，你也要为网络附接存储付费）。

我们已学习如何使用 IAM 用户对人员和 IAM 角色进行身份认证，以对 EC2 实例或其他 AWS 资源进行身份认证，还了解了如何使用 IAM 策略授予对特定操作和资源的访问权限。

6.4　控制进出虚拟机的网络流量

你只想要让必要的数据流量进出自己的 EC2 实例。使用防火墙，你可以控制入站（也叫作 inbound 或 ingress）和出站（也叫作 outbound 或 egress）的数据流量。如果你运行一个 Web 服务器，需要对外开放的端口是 HTTP 流量的端口 80 和 HTTPS 流量的端口 443。所有其他端口应该关闭，只打开必要的端口，就像只通过 IAM 授予所需的最小权限一样。如果你有一个严格的防火墙，就可以避免许多可能的安全漏洞。你也可以通过不为测试系统打开传出的 SMTP 连接，来避免不小心从测试系统发送给客户的邮件。

在网络流量进入或离开你的 EC2 实例之前，它会通过 AWS 提供的防火墙。防火墙检查网络流量并使用规则来决定是允许还是拒绝流量。

> **IP 和 IP 地址**
>
> 缩写 IP 代表 Internet Protocol（互联网协议），而 IP 地址则类似 84.186.116.47。

图 6-6 展示了防火墙是如何检查源 IP 地址 10.0.0.10 的 SSH 请求并由目标 IP 地址 10.10.0.20 接收的。在这种情况下，防火墙允许该请求，因为存在允许源和目标之间的端口 22 上的 TCP 流量的规则。

> **源和目标**
>
> 入站安全组规则根据其来源过滤流量。源要么是 IP 地址，要么是安全组。因此，只能从特定的源 IP 地址范围允许入站流量。
>
> 出站安全组规则根据目标过滤流量。目标是 IP 地址或安全组。你可以只允许出站流量到达特定的目标 IP 地址范围。

AWS 对防火墙负责，但你对规则负责。默认情况下，安全组不允许任何入站流量。你必须添加自己的规则来允许特定的传入流量。安全组在默认情况下允许所有的出站流量。如果你的使用场景需要高水平的网络安全，则应删除该规则并添加自己的规则来控制传出流量。

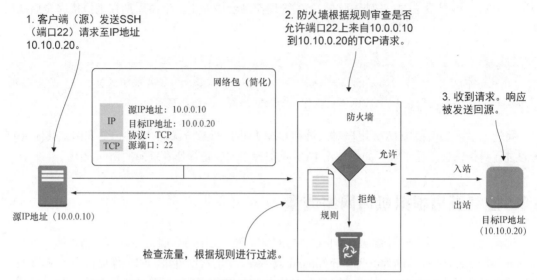

图 6-6　一个 SSH 请求如何从源到目标，并受防火墙控制

调试或监视网络流量

　　想象一下以下情况：你的 EC2 实例不接受你想要的 SSH 流量，而你无法发现防火墙规则中的任何配置错误。在这种情况下，你应启用 VPC Flow Logs 来访问包含拒绝连接的聚合日志消息。访问 AWS 官方网站可以了解更多信息。

6.4.1　使用安全组控制虚拟机的流量

　　将安全组与 AWS 资源（如 EC2 实例）关联起来以控制流量。EC2 实例通常有多个与之关联的安全组，同一个安全组通常与多个 EC2 实例关联。

　　安全组由一组规则组成。每个规则允许基于以下内容的网络流量：

- 方向（入站或出站）；
- 互联网协议（TCP、UDP、ICMP）；
- 端口；
- 基于 IP 地址，IP 地址范围或安全组的源/目标（仅在 AWS 中有效）。

　　理论上，你可以定义允许所有流量进入和离开虚拟机的规则，AWS 不会阻止你这样做。但更合适的做法是定义规则，使其尽可能具有限制性。

　　CloudFormation 中的安全组资源属于 AWS::EC2::SecurityGroup 类型。代码清单 6-2 位于本书配套代码的/chapter06/firewall1.yaml 中，该模板描述了与单个 EC2 实例关联的空安全组。

代码清单 6-2　CloudFormation 模板：安全组

```
---
[..]
Parameters:
  KeyName:
    Description: 'Key Pair name'
    Type: 'AWS::EC2::KeyPair::KeyName'
    Default: mykey
  VPC:                    ◄──── 6.5 节将介绍相关内容
    [..]
  Subnet:                 ◄──── 6.5 节将介绍相关内容
    [..]
Resources:
  SecurityGroup:                        ◄─┐  定义没有任何规则的安全组（默认情况下，拒绝入
    Type: 'AWS::EC2::SecurityGroup'        │  站流量并允许出站流量）以下各节将添加规则
    Properties:
      GroupDescription: 'Learn how to protect your EC2 Instance.'
      VpcId: !Ref VPC
      Tags:
      - Key: Name
        Value: 'AWS in Action: chapter 6 (firewall)'
  Instance:                    ◄──── 定义 EC2 实例
    Type: 'AWS::EC2::Instance'
    Properties:
      ImageId: 'ami-6057e21a'
      InstanceType: 't2.micro'
      KeyName: !Ref KeyName
      NetworkInterfaces:
      - AssociatePublicIpAddress: true
        DeleteOnTermination: true
        DeviceIndex: 0
        GroupSet:
        - !Ref SecurityGroup   ◄──── 将安全组与 EC2 实例关联
        SubnetId: !Ref Subnet
      Tags:
      - Key: Name
        Value: 'AWS in Action: chapter 6 (firewall)'
```

　　要探究安全组，可以在本书配套代码的/chapter06/firewall1.yaml 中的 CloudFormation 模板上尝试。通过点击"CloudFormation Quick-Create"链接，基于该模板创建栈，然后从栈输出中复制 PublicName。

6.4.2　允许 ICMP 流量

　　如果你要从自己的计算机 ping 一个 EC2 实例，就必须允许来自互联网控制报文协议(Internet Control Message Protocol，ICMP)的流量入站。默认情况下，所有的入站流量都被阻止了。尝试 ping $PublicName 以确保 ping 不起作用：

```
$ ping ec2-52-5-109-147.compute-1.a*******s.com
PING ec2-52-5-109-147.compute-1.a*******s.com (52.5.109.147): 56 data bytes
Request timeout for icmp_seq 0
```

```
Request timeout for icmp_seq 1
[...]
```

你需要在安全组中添加一条规则来允许入站流量，其中协议是 ICMP。代码清单 6-3 可以在本书配套代码的/chapter06/firewall2.yaml 中找到。

代码清单 6-3　CloudFormation 模板：允许 ICMP 的安全组

```
SecurityGroup:
  Type: 'AWS::EC2::SecurityGroup'
  Properties:
    GroupDescription: 'Learn how to protect your EC2 Instance.'
    VpcId: !Ref VPC
    Tags:
    - Key: Name
      Value: 'AWS in Action: chapter 6 (firewall)'
    # allowing inbound ICMP traffic
    SecurityGroupIngress:                          ←—— 允许传入流量的规则
    - IpProtocol: icmp     ←—— 指定 ICMP 作为协议
      FromPort: '-1'                               ←—— ICMP 不使用端口。–1 表示每个端口
      ToPort: '-1'
      CidrIp: '0.0.0.0/0'  ←—— 允许来自任何源 IP 地址的流量
```

使用位于本书配套代码的/chapter06/firewall2.yaml 中的模板更新 CloudFormation 栈，然后重试 ping 命令。现在应该可以了：

```
$ ping ec2-52-5-109-147.compute-1.a*******s.com
PING ec2-52-5-109-147.compute-1.a*******s.com (52.5.109.147): 56 data bytes
64 bytes from 52.5.109.147: icmp_seq=0 ttl=49 time=112.222 ms
64 bytes from 52.5.109.147: icmp_seq=1 ttl=49 time=121.893 ms
[...]
round-trip min/avg/max/stddev = 112.222/117.058/121.893/4.835 ms
```

现在每个人的入站 ICMP 流量（每个源 IP 地址）都可以到达这个 EC2 实例。

6.4.3　允许 SSH 流量

一旦可以 ping EC2 实例，就需要通过 SSH 登录到虚拟机。为此，必须创建一个规则来允许端口 22 上的入站 TCP 请求，如代码清单 6-4 所示。

代码清单 6-4　CloudFormation 模板：允许 SSH 的安全组

```
SecurityGroup:
  Type: 'AWS::EC2::SecurityGroup'
  Properties:
    GroupDescription: 'Learn how to protect your EC2 Instance.'
    VpcId: !Ref VPC
    Tags:
    - Key: Name
      Value: 'AWS in Action: chapter 6 (firewall)'
    # allowing inbound ICMP traffic
    SecurityGroupIngress:
```

```
  - IpProtocol: icmp
    FromPort: '-1'
    ToPort: '-1'
    CidrIp: '0.0.0.0/0'
  # allowing inbound SSH traffic  ◁——— 添加规则以允许传入 SSH 连接
  - IpProtocol: tcp  ◁——— SSH 基于 TCP
    FromPort: '22'                   ◁——— 默认 SSH 端口为 22
    ToPort: '22'  ◁——— 允许一个范围的端口或者设置 FromPort = ToPort
    CidrIp: '0.0.0.0/0'       ◁——— 允许来自任何源 IP 地址的流量
```

使用本书配套代码的/chapter06/firewall3.yaml 中的模板更新 CloudFormation 栈。现在可以使用 SSH 登录到 EC2 实例。请记住，我们仍然需要正确的私钥。防火墙只控制网络层，它不会取代基于密钥或基于密码的身份认证。

6.4.4 允许来自源 IP 地址的 SSH 流量

到目前为止，我们允许来自每个源 IP 地址的端口 22（SSH）上的入站流量。为了额外的安全性，我们也可以限制对自己的 IP 地址的访问。

公有 IP 地址和私有 IP 地址有什么区别?

在我的本地网络上，我使用的是以 192.168.0.* 开头的私有 IP 地址。我的笔记本电脑使用 192.168.0.10，我的 iPad 使用 192.168.0.20。但是，如果我访问互联网，我的笔记本电脑和 iPad 都有相同的公有 IP 地址（例如 79.241.98.155）。那是因为只有我的互联网网关（连接到互联网的盒子）有一个公有 IP 地址，所有请求都被互联网网关重定向。你的本地网络不知道此公有 IP 地址。我的笔记本电脑和 iPad 只知道专用网络上的 192.168.0.1 可以访问互联网网关。

要找到你的公有 IP 地址，可以通过 ipify 网站查询实现。对我们大多数人来说，我们的公有 IP 地址经常会发生变化，通常是当你重新连接到互联网时（在我的这种场景中，这种情况每 24 小时发生一次）。

将公有 IP 地址硬编码到模板中并不是一个好的解决方案，因为你的公有 IP 地址会不时变化。但是你已经知道了解决方案：参数。你需要添加一个包含当前公有 IP 地址的参数，并且需要修改安全组。你可以在本书配套代码的/chapter06/firewall4.yaml 中找到代码清单 6-5 所示的代码。

代码清单 6-5　安全组允许来自源 IP 的流量

```
Parameters:
  # [...]
  IpForSSH:  ◁——— 公有 IP 地址参数
    Description: 'Your public IP address to allow SSH access'
    Type: String
Resources:
  SecurityGroup:
    Type: 'AWS::EC2::SecurityGroup'
```

```
    Properties:
      GroupDescription: 'Learn how to protect your EC2 Instance.'
      VpcId: !Ref VPC
      Tags:
      - Key: Name
        Value: 'AWS in Action: chapter 6 (firewall)'
      # allowing inbound ICMP traffic
      SecurityGroupIngress:
      - IpProtocol: icmp
        FromPort: '-1'
        ToPort: '-1'
        CidrIp: '0.0.0.0/0'
      # allowing inbound SSH traffic
      - IpProtocol: tcp
        FromPort: '22'
        ToPort: '22'
        CidrIp: !Sub '${IpForSSH}/32'    ◁——— 使用${IpForSSH}/32 作为值
```

使用位于本书配套代码的/chapter06/firewall4.yaml 中的模板更新 CloudFormation 栈。当询问参数时，输入$IPForSSH 的公有 IP 地址。现在只有你的 IP 地址可以打开与 EC2 实例的 SSH连接。

> **无类别域间路由（Classless Inter-Domain Routing，CIDR）**
>
> 　　想知道代码清单 6-5 中的/32 是什么意思？要理解发生了什么，需要将思维切换至二进制模式。一个 IP 地址的长度是 4 字节（即 32 位）。/32 定义的位数（在这一示例中是 32）应该被用来组成一个地址范围。如果想定义被允许的准确的 IP 地址，必须使用 32 位。
>
> 　　但是，有时候定义一个允许的 IP 地址范围是合理的。例如，我们可以使用 10.0.0.0/8 来创建一个 10.0.0.0 至 10.255.255.255 之间的范围，使用 10.0.0.0/16 来创建一个 10.0.0.0 至 10.0.255.255之间的范围，或者使用 10.0.0.0/24 来创建一个 10.0.0.0 至 10.0.0.255 之间的范围。不是必须使用二进制边界（8、16、24、32），只是它们对大多数人来说更容易理解。我们已经使用了 0.0.0.0/0 来创建一个包含每一个可能的 IP 地址的范围。

现在我们已经能够通过根据协议、端口和源 IP 地址做筛选，来控制从 AWS 外部流入或流出至 AWS 外部的流量了。

6.4.5　允许来自源安全组的 SSH 流量

可以根据源或目标是否属于特定的安全组来控制网络流量。例如，你可以说 MySQL 数据库只有在流量来自 Web 服务器时才能被访问，或者只有代理服务器才能访问 Web 服务器。因为云的弹性性质，你很可能要处理具有动态数量的虚拟机，所以基于源 IP 地址的规则难以维护。如果你的规则是基于源安全组的，这就会变得很容易。

为了探索基于源安全组的规则的强大功能，让我们看一下用于 SSH 访问的堡垒主机（有些人称之为跳转盒）的概念。其中的技巧在于只有一台虚拟机——堡垒主机，能通过 SSH 被互联网访问（应该被限制到一个特定的源 IP 地址）。所有其他虚拟机只能从堡垒主机使用 SSH 访问。这一方法有两个优势。

- 你的系统只有一个入口，且这一入口除了 SSH 不做其他事。堡垒主机被攻破的机会很小。
- 如果你的某台 Web 服务器、邮件服务器、FTP 服务器等被攻破了，攻击者无法从这台服务器跳转到所有其他服务器。

要实现堡垒主机的概念，必须遵守以下两条规则。

- 允许从 0.0.0.0/0 或一个指定的源 IP 地址使用 SSH 访问堡垒主机。
- 只有当流量来源于堡垒主机时才允许使用 SSH 访问所有其他虚拟机。

图 6-7 展示了一台堡垒主机加两台 EC2 实例的架构。这两台服务器只接受来自堡垒主机的入站 SSH 访问。

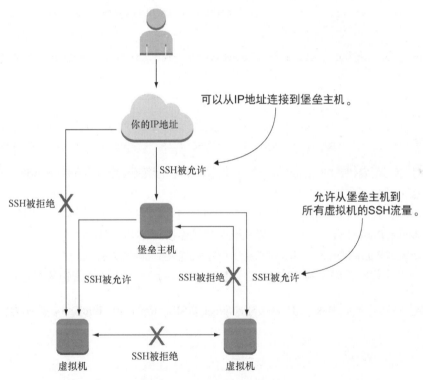

图 6-7　堡垒主机是唯一能用 SSH 访问系统的点，从它可以通过
SSH 访问所有其他服务器（使用安全组实现）

　　让安全组连接到堡垒主机上，通过该安全组，可以允许来自任何地方的传入 SSH 流量。仅当源是堡垒主机的安全组时，所有其他虚拟机都连接到允许 SSH 流量的安全组。代码清单 6-8

展示了 CloudFormation 模板中定义的安全组。

代码清单 6-6　CloudFormation 模板：来自堡垒主机的 SSH

```
SecurityGroupBastionHost:        ◁──── 附加到堡垒主机的安全组
  Type: 'AWS::EC2::SecurityGroup'
  Properties:
    GroupDescription: 'Allowing incoming SSH and ICPM from anywhere.'
    VpcId: !Ref VPC
    SecurityGroupIngress:
    - IpProtocol: icmp
      FromPort: "-1"
      ToPort: "-1"
      CidrIp: '0.0.0.0/0'
    - IpProtocol: tcp
      FromPort: '22'
      ToPort: '22'
      CidrIp: !Sub '${IpForSSH}/32'
SecurityGroupInstance:           ◁──── 附加到另一个虚拟机的安全组
  Type: 'AWS::EC2::SecurityGroup'
  Properties:
    GroupDescription: 'Allowing incoming SSH from the Bastion Host.'
    VpcId: !Ref VPC
    SecurityGroupIngress:
    - IpProtocol: tcp
      FromPort: '22'
      ToPort: '22'                                           仅允许来自堡垒主
      SourceSecurityGroupId: !Ref SecurityGroupBastionHost ◁─┘ 机的传入 SSH 流量
```

使用位于本书配套代码的/chapter06/firewall5.yaml 中的模板更新 CloudFormation 栈。如果更新完成，栈会显示以下 3 个输出。

（1）BastionHostPublicName——使用堡垒主机通过 SSH 从你的计算机进行连接。

（2）Instance1PublicName——你只能从堡垒主机连接到此 EC2 实例。

（3）Instance2PublicName——你只能从堡垒主机连接到此 EC2 实例。

执行以下命令将密钥添加到 SSH 代理。将$PathToKey 替换为 SSH 密钥的路径：

```
ssh-add $PathToKey/mykey.pem
```

现在通过 SSH 连接到 BastionHostPublicName（ 将$BastionHostPublicName 替换为堡垒主机的公共名称 ）：

```
ssh -A ec2-user@$BastionHostPublicName
```

用 PuTTY 进行代理转发

要使用 PuTTY 进行代理转发，我们需要确保已经双击私钥文件将密钥装载到 PuTTY Pageant。同时必须启用 Connection→SSH→Auth→Allow agent forwarding，如下图所示。

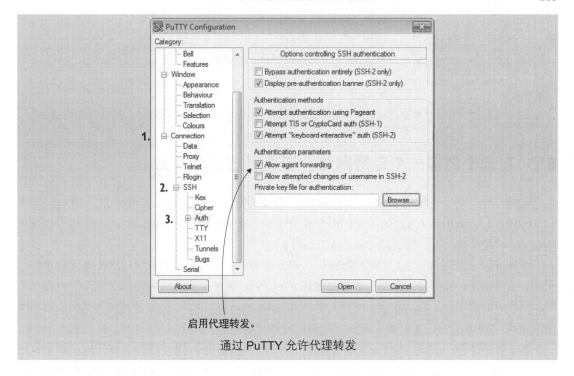

启用代理转发。

通过 PuTTY 允许代理转发

选项-A 对于启用 AgentForwarding 非常重要。代理转发允许你使用用于登录堡垒主机的相同密钥进行身份认证，以便从堡垒主机启动进一步的 SSH 登录。

接下来从堡垒主机登录到$Instance1PublicName 或$Instance2PublicName。

```
[computer]$ ssh -A ec2-user@ec2-52-4-234-102.[...].com  ◄──── 登录堡垒主机
Last login: Sat Apr 11 11:28:31 2015 from [...]
[...]
[bastionh]$ ssh ec2-52-4-125-194.compute-1.a*******s.com )  ◄────┐
Last login: Sat Apr 11 11:28:43 2015 from [...]  从堡垒主机登录到$Instance1
[...]                                            PublicName
```

堡垒主机可用于为系统添加一层安全性。如果你的某个虚拟机受到攻击，则攻击者无法跳转到系统中的其他计算机。这减少了攻击者可能造成的潜在危害。堡垒主机除了 SSH 什么都不做，这很重要，可以减少它成为安全问题的可能。我们经常使用堡垒主机模式来保护客户的基础设施。

使用代理转发具有一种安全风险

在建立从堡垒主机到其他两个实例之一的 SSH 连接时，我们在示例中使用代理转发。代理转发具有一种潜在的安全风险，因为堡垒主机能够从你的计算机读取私钥。因此，在使用代理转发时，你需要完全信任堡垒主机。

更安全的替代方案是使用堡垒主机作为代理。通过以下命令使用堡垒主机作为代理建立与实例 1 的

SSH 连接。

```
ssh -J ec2-user@BastionHostPublicName ec2-user@Instance1PublicName
```

在这种情况下，堡垒主机不需要访问私钥，你可以禁用代理转发。

资源清理

在本节结束时别忘了删除栈来清除所有用过的资源，否则很可能会因为使用这些资源被收取费用。

6.5 在云中创建一个专用网络：亚马逊虚拟私有云

创建 VPC 时，你将在 AWS 上获得自己的专用网络。私有意味着你可以使用地址范围 10.0.0.0/8、172.16.0.0/12 或 192.168.0.0/16 来设计不必连接到公共互联网的网络。你可以创建到 Internet 或 VPN 端点的子网、路由表、ACL 和网关。

子网允许你分离关注点，为你的数据库、Web 服务器、代理服务器或应用服务器创建单独的子网，或在任何时候都可以为两个系统创建独立的子网。另一个经验法则是你应该至少有两个子网：公有子网和私有子网。公有子网有一条连接到 Internet 的"路"；私有子网则不然。负载均衡器或 Web 服务器应该位于公有子网中，数据库应该位于私有子网中。

为了理解 VPC 的工作原理，你将创建一个 VPC 来托管企业 Web 应用。你将通过创建仅包含堡垒主机服务器的公有子网，重新实现上一节中的堡垒主机概念。你还将为 Web 服务器创建一个私有子网，为代理服务器创建一个公有子网。代理服务器通过响应缓存中的最新版本页面来吸收大部分流量，并将流量转发到私有 Web 服务器。你无法直接通过 Internet 访问 Web 服务器，只能通过 Web 缓存。

VPC 使用地址空间 10.0.0.0/16。为了分离关注点，我们将在 VPC 中创建两个公有子网和一个私有子网：

- 10.0.1.0/24 公有 SSH 堡垒主机子网；
- 10.0.2.0/24 公有 Varnish 代理子网；
- 10.0.3.0/24 私有 Apache Web 服务器子网。

10.0.0.0/16 是什么意思？

10.0.0.0/16 表示所有 10.0.0.0 至 10.0.255.255 之间的 IP 地址。它使用了 CIDR 标记法（本章前面介绍过）。

网络 ACL 限制从一个子网到另一个子网的流量，充当防火墙。这是安全组之上的一个额外安全层，可以控制进出虚拟机的流量。6.4 节中的 SSH 堡垒主机可以使用以下 ACL 实现。

- 从 0.0.0.0/0 到 10.0.1.0/24 的 SSH 是被允许的。
- 从 10.0.1.0/24 到 10.0.2.0/24 的 SSH 是被允许的。
- 从 10.0.1.0/24 到 10.0.3.0/24 的 SSH 是被允许的。

要允许网络流量到 Varnish 代理和 Apache Web 服务器，需要额外的 ACL。

■ 从 0.0.0.0/0 到 10.0.2.0/24 的 HTTP 是被允许的。

■ 从 10.0.2.0/24 到 10.0.3.0/24 的 HTTP 是被允许的。

图 6-8 展示了 VPC 的架构。

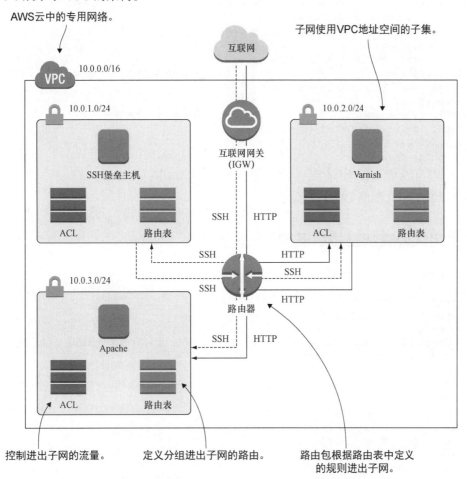

图 6-8　带有 3 个子网的 VPC 来保护 Web 应用

我们将使用 CloudFormation 来描述带有子网的 VPC。模板被分成更小的部分，以便于在书中阅读。像往常一样，你将在本书配套代码中找到对应代码，模板位于/chapter06/vpc.yaml。

6.5.1　创建 VPC 和互联网网关

模板中列出的第一个资源是 VPC 和互联网网关（Internet Gateway，IGW）。IGW 将使用网络地址转换（Network Address Translation，NAT）将虚拟机的公有 IP 地址转换为其私有 IP 地址。

VPC 中使用的所有公有 IP 地址均由此 IGW 控制：

```
VPC:
  Type: 'AWS::EC2::VPC'
  Properties:
    CidrBlock: '10.0.0.0/16' ⟵—— 用于专用网络的 IP 地址空间
    EnableDnsHostnames: 'true'
    Tags:    ⟵—— 将 Name 标签添加到 VPC
    - Key: Name
      Value: 'AWS in Action: chapter 6 (VPC)'
InternetGateway:                ⟵—— 需要 IGW 来启用进出互联网的流量
  Type: 'AWS::EC2::InternetGateway'
  Properties: {}
VPCGatewayAttachment:           ⟵—— 将互联网网关连接到 VPC
  Type: 'AWS::EC2::VPCGatewayAttachment'
  Properties:
    VpcId: !Ref VPC
    InternetGatewayId: !Ref InternetGateway
```

接下来我们将为堡垒主机定义子网。

6.5.2 定义公有堡垒主机子网

堡垒主机子网只有一台机器，以保护 SSH 访问安全：

```
SubnetPublicBastionHost:
  Type: 'AWS::EC2::Subnet'
  Properties:
    AvailabilityZone: 'us-east-1a'        ⟵—— 第 11 章中将会介绍这一点
    CidrBlock: '10.0.1.0/24'   ⟵—— IP 地址空间
    VpcId: !Ref VPC
    Tags:
    - Key: Name
      Value: 'Public Bastion Host'
RouteTablePublicBastionHost: ⟵—— 路由表
  Type: 'AWS::EC2::RouteTable'
  Properties:
    VpcId: !Ref VPC
RouteTableAssociationPublicBastionHost: ⟵—— 将路由表与子网关联
  Type: 'AWS::EC2::SubnetRouteTableAssociation'
  Properties:
    SubnetId: !Ref SubnetPublicBastionHost
    RouteTableId: !Ref RouteTablePublicBastionHost
RoutePublicBastionHostToInternet:
  Type: 'AWS::EC2::Route'
  Properties:
    RouteTableId: !Ref RouteTablePublicBastionHost
    DestinationCidrBlock: '0.0.0.0/0'   ⟵—— 将所有内容（0.0.0.0/0）路由到 IGW
    GatewayId: !Ref InternetGateway
  DependsOn: VPCGatewayAttachment
```

```
NetworkAclPublicBastionHost:  ◄──── 网络 ACL
  Type: 'AWS::EC2::NetworkAcl'
  Properties:
    VpcId: !Ref VPC
SubnetNetworkAclAssociationPublicBastionHost:  ◄──── 将 NACL 与子网关联
  Type: 'AWS::EC2::SubnetNetworkAclAssociation'
  Properties:
    SubnetId: !Ref SubnetPublicBastionHost
    NetworkAclId: !Ref NetworkAclPublicBastionHost
```

ACL 定义如下：

```
NetworkAclEntryInPublicBastionHostSSH:  ◄──── 允许来自任何地方的入站 SSH
  Type: 'AWS::EC2::NetworkAclEntry'
  Properties:
    NetworkAclId: !Ref NetworkAclPublicBastionHost
    RuleNumber: '100' ◄──── 使用规则编号定义规则的顺序
    Protocol: '6'
    PortRange:
      From: '22'
      To: '22'
    RuleAction: 'allow'
    Egress: 'false'  ◄──── 入站
    CidrBlock: '0.0.0.0/0'
NetworkAclEntryInPublicBastionHostEphemeralPorts:◄──── 用于短时间 TCP/IP 连接的临时端口
  Type: 'AWS::EC2::NetworkAclEntry'
  Properties:
    NetworkAclId: !Ref NetworkAclPublicBastionHost
    RuleNumber: '200'
    Protocol: '6'
    PortRange:
      From: '1024'
      To: '65535'
    RuleAction: 'allow'
    Egress: 'false'
    CidrBlock: '10.0.0.0/16'
NetworkAclEntryOutPublicBastionHostSSH:  ◄──── 允许出站 SSH 到 VPC
  Type: 'AWS::EC2::NetworkAclEntry'
  Properties:
    NetworkAclId: !Ref NetworkAclPublicBastionHost
    RuleNumber: '100'
    Protocol: '6'
    PortRange:
      From: '22'
      To: '22'
    RuleAction: 'allow'
    Egress: 'true'            ◄──── 出站
    CidrBlock: '10.0.0.0/16'
NetworkAclEntryOutPublicBastionHostEphemeralPorts:  ◄──── 临时端口
  Type: 'AWS::EC2::NetworkAclEntry'
  Properties:
    NetworkAclId: !Ref NetworkAclPublicBastionHost
```

```
RuleNumber: '200'
Protocol: '6'
PortRange:
  From: '1024'
  To: '65535'
RuleAction: 'allow'
Egress: 'true'
CidrBlock: '0.0.0.0/0'
```

安全组与 ACL 有一个重要的区别：安全组是有状态的，而 ACL 没有。如果允许安全组上的入站端口，那么也允许对该端口上的请求进行相应的响应（如出站）。安全组规则将按预期工作。如果在安全组上打开入站端口 22，则可以通过 SSH 进行连接。

对 ACL 而言，情况并非如此。如果在子网的 ACL 上打开入站端口 22，仍然无法通过 SSH 进行连接。此外，用户还需要允许出站临时端口，因为 sshd（SSH 守护程序）接受端口 22 上的连接，却使用临时端口与客户端进行通信。临时端口从范围 1024～65535 中选择。

如果希望在子网内建立 SSH 连接，还必须打开出站端口 22 和入站临时端口。

安全组规则和 ACL 规则之间还有另一个区别：必须为 ACL 规则定义优先级。较小的规则编号表示较高的优先级。在评估 ACL 时，应使用与包匹配的第一个规则；所有其他规则都被跳过。我们建议首先使用安全组来控制流量。如果希望添加额外的安全层，应该在顶部使用 ACL。

6.5.3 添加私有 Apache Web 服务器子网

Varnish 网络缓存的子网类似堡垒主机子网，它也是一个公有子网。因此，我们跳过它，继续使用 Apache Web 服务器的私有子网：

```
SubnetPrivateApacheWebserver:
  Type: 'AWS::EC2::Subnet'
  Properties:
    AvailabilityZone: 'us-east-1a'
    CidrBlock: '10.0.3.0/24'      ←—— 地址空间
    VpcId: !Ref VPC
    Tags:
    - Key: Name
      Value: 'Private Apache Webserver'
RouteTablePrivateApacheWebserver:      ←—— 没有路由到 IGW
  Type: 'AWS::EC2::RouteTable'
  Properties:
    VpcId: !Ref VPC
RouteTableAssociationPrivateApacheWebserver:
  Type: 'AWS::EC2::SubnetRouteTableAssociation'
  Properties:
    SubnetId: !Ref SubnetPrivateApacheWebserver
    RouteTableId: !Ref RouteTablePrivateApacheWebserver
```

如图 6-9 所示，公有子网和私有子网之间的唯一区别是私有子网没有到 IGW 的路由。

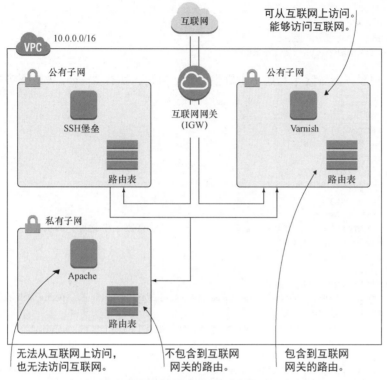

图 6-9　私有子网和公有子网

　　默认情况下，VPC 内的子网之间的流量总是能被路由。不能移除子网间的路由。如果想阻止 VPC 内部子网间的通信，则需要使用附加到子网的 ACL。

6.5.4　在子网中启动虚拟机

　　子网已经准备好了，我们可以继续操作 EC2 实例。首先，我们可以描述堡垒主机：

```
BastionHost:
  Type: AWS::EC2::Instance
  Properties:
    ImageId: 'ami-6057e21a'
    InstanceType: 't2.micro'
    KeyName: mykey
    NetworkInterfaces:
    - AssociatePublicIpAddress: true  ◄──── 分配一个公有 IP 地址
      DeleteOnTermination: true
      DeviceIndex: '0'
      GroupSet:
      - !Ref SecurityGroup  ◄──── 安全组允许所有
      SubnetId: !Ref SubnetPublicBastionHost  ◄──── 在堡垒主机子网中启动
```

```
    Tags:
    - Key: Name
      Value: 'Bastion Host'
DependsOn: VPCGatewayAttachment
```

Varnish 代理服务器看起来与堡垒主机很相似。但是，私有 Apache Web 服务器具有不同的配置：

```
ApacheWebserver:
  Type: 'AWS::EC2::Instance'
  Properties:
    ImageId: 'ami-6057e21a'
    InstanceType: 't2.micro'
    KeyName: mykey
    NetworkInterfaces:
    - AssociatePublicIpAddress: false    ◁──── 没有公有 IP 地址，即私有
      DeleteOnTermination: true
      DeviceIndex: '0'
      GroupSet:
      - !Ref SecurityGroup
      SubnetId: !Ref SubnetPrivateApacheWebserver    ◁──── 在 Apache Web 服务器子网中启动
    UserData:
      'Fn::Base64': !Sub |
        #!/bin/bash -x                              如果以下两个命令中的一个失败，sub-bash
        bash -ex << "TRY"    ◁──                    停在这条命令，返回一个非 0 的退出码
          yum -y install httpd                              ◁──── 从互联网安装 Apache
          service httpd start ◁──── 启动 Apache Web 服务器
        TRY
        /opt/aws/bin/cfn-signal -e $? --stack ${AWS::StackName} \
➥ --resource ApacheWebserver --region ${AWS::Region}
    Tags:
    - Key: Name
      Value: 'Apache Webserver'
CreationPolicy:
  ResourceSignal:
    Timeout: PT10M
DependsOn: RoutePrivateApacheWebserverToInternet
```

现在有一个严重的问题：安装 Apache 无法工作，因为你的私有子网没有到互联网的路由。

6.5.5   通过 NAT 网关从私有子网访问互联网

公有子网能路由到互联网网关，你可以使用类似的机制为私有子网提供互联网访问，而无须直接连接到互联网：在公有子网中使用 NAT 网关，并创建从私有子网到 NAT 网关的路由。这样，你就可以通过私有子网访问互联网，但互联网无法访问你的私有子网。NAT 网关是 AWS 提供的托管服务，用于处理网络地址转换。来自你的私有子网的互联网流量将从 NAT 网关的公有 IP 地址访问互联网。

降低 NAT 网关的成本

你必须为 NAT 网关处理的流量付费（详细信息参见 AWS 官方网站）。如果私有子网中的 EC2 实例必须向互联网传输大量数据，那么有两种方法可以降低成本。

■ 将 EC2 实例从私有子网移动到公有子网，允许它们在不使用 NAT 网关的情况下将数据传输到互联网。使用防火墙严格限制来自互联网的流量。

■ 如果数据通过互联网传输以访问 AWS 服务（例如 Amazon S3 和 Amazon DynamoDB），使用所谓的 VPC 端点。这些端点允许 EC2 实例直接与 S3 和 DynamoDB 通信，而无须使用 NAT 网关。此外，一些服务可以通过 AWS PrivateLink 从私有子网访问（如 Amazon Kinesis、AWS SSM 等）。注意，AWS PrivateLink 尚未在所有区域提供。

为了保持关注点分离，我们将为 NAT 网关创建一个新的子网：

```
SubnetPublicNAT:
  Type: 'AWS::EC2::Subnet'
  Properties:
    AvailabilityZone: 'us-east-1a'
    CidrBlock: '10.0.0.0/24'  ←—— 10.0.0.0/24 是 NAT 子网
    VpcId: !Ref VPC
    Tags:
    - Key: Name
      Value: 'Public NAT'
  RouteTablePublicNAT:
    Type: 'AWS::EC2::RouteTable'
    Properties:
      VpcId: !Ref VPC
# [...]
RoutePublicNATToInternet:          ←——  10.0.0.0/24 NAT 子网是公有的，
  Type: 'AWS::EC2::Route'                具有到互联网的路由
  Properties:
    RouteTableId: !Ref RouteTablePublicNAT
    DestinationCidrBlock: '0.0.0.0/0'
    GatewayId: !Ref InternetGateway
  DependsOn: VPCGatewayAttachment
# [...]
EIPNatGateway:      ←——  NAT 网关使用一个静态的公有 IP 地址
  Type: 'AWS::EC2::EIP'
  Properties:
    Domain: 'vpc'
NatGateway:              ←——  NAT 网关放置在私有子网中并
  Type: 'AWS::EC2::NatGateway'     与静态公有 IP 地址相关联
  Properties:
    AllocationId: !GetAtt 'EIPNatGateway.AllocationId'
    SubnetId: !Ref SubnetPublicNAT
# [...]
RoutePrivateApacheWebserverToInternet:
  Type: 'AWS::EC2::Route'
  Properties:
    RouteTableId: !Ref RouteTablePrivateApacheWebserver
```

```
DestinationCidrBlock: '0.0.0.0/0'
NatGatewayId: !Ref NatGateway    ◁—— 从 Apache 子网到 NAT 网关的路由
```

警告　示例中包含的 NAT 网关不在免费套餐的覆盖范围之内。在美国东部（弗吉尼亚州北部）区域创建栈时，NAT 网关每小时花费 0.045 美元，处理 1GB 数据花费 0.045 美元。访问 AWS 官方网站查看当前价格。

现在可以使用本书配套代码的/chapter06/vpc.yaml 中的模板创建 CloudFormation 栈了。点击 CloudFormation 快速创建链接。完成之后，复制 VarnishProxyPublicName 输出，并在浏览器中打开它。你将看到一个由 Varnish 缓存的 Apache 测试页面。

资源清理

在本节结束时别忘了删除栈来清除所有用过的资源，否则很可能会因为使用这些资源被收取费用。

6.6　小结

- AWS 是一个责任共担的环境，在这个环境中只有用户和 AWS 一起工作才能保证安全。用户负责安全地配置自己的 AWS 资源以及自己在 EC2 实例上运行的软件，与此同时 AWS 保护建筑物和主机系统。
- 使自己的软件保持最新是关键，并且尽量通过自动化方式实现更新。
- IAM 服务提供了使用 AWS API 进行身份认证和授权所需的一切。你对 AWS API 的每一个请求都要经过 IAM 检查是否允许该请求。IAM 控制谁可以在 AWS 账户中做什么。为了保护你的 AWS 账户，只授予用户和角色需要的权限。
- 进出 AWS 资源（如 EC2 实例）的流量可以根据协议、端口和源或目标进行过滤。
- 堡垒主机是具有良好定义的访问用户操作系统的入口。它可以用来保护对虚拟机的 SSH 访问，可以使用安全组或 ACL 来实现。
- VPC 是 AWS 中用户拥有完全控制的专用网络。使用 VPC，能够控制路由、子网、ACL 以及通往互联网的网关或者通过 VPN 的公司网络。
- 应该在网络中分离关注点来减少潜在的损失。例如，把所有不需要被公有互联网访问的系统放在私有子网中，这样即使用户的某一个子网被攻破了，也可以减少可被攻击的面。

第 7 章　用 Lambda 自动化操作任务

本章主要内容

- 创建 Lambda 函数以执行定期健康状况检查
- 用 CloudWatch 事件触发 Lambda 函数
- 用 CloudWatch 搜索 Lambda 函数的日志
- 用 CloudWatch 警报监控 Lambda 函数
- 配置 IAM 角色，以便 Lambda 函数可以访问其他服务
- AWS Lambda 的 Web 应用、数据处理和物联网
- AWS Lambda 的局限性

本章将介绍如何向工具箱添加新工具。我们谈论的工具 AWS Lambda 像瑞士军刀一样灵活。用户不再需要虚拟机来运行自己的代码，因为 AWS Lambda 为 Java、Node.js、C#、Python 和 Go 提供了运行环境，用户所要做的就是实现一个函数，上传代码并配置运行环境。之后，用户的代码将在完全托管的计算环境中运行。AWS Lambda 与 AWS 的所有部分完美集成，使用户能够轻松实现基础设施中的操作任务自动化。我们使用 AWS 定期自动化我们的基础设施，例如，用它根据自定义算法向容器集群添加和删除实例，以及处理和分析日志文件。

AWS Lambda 提供免维护且高度可用的计算环境。用户不再需要为管理员安装安全更新，替换失败的虚拟机或管理远程访问（如 SSH 或 RDP）。重要的是，AWS Lambda 是通过调用来计费的。因此，用户无须为等待工作的空闲资源付费（如对于每天触发一次的任务）。

在第一个示例中，我们将创建一个 Lambda 函数，该函数为网站定期执行健康状况检查。你将学会使用管理控制台，并快速入门 AWS Lambda。在第二个示例中，你将学习编写自己的 Python 代码并使用 CloudFormation 以自动方式部署 Lambda 函数。你的 Lambda 函数将自动向新启动的 EC2 实例添加一个标记。在本章的最后，我们将向你展示 AWS Lambda 的其他使用场景，例如构建 Web 应用、物联网（Internet of Things，IoT）后端或用 AWS Lambda 处理数据。

示例都包含在免费套餐中

本章中的示例都包含在免费套餐中只要不是运行这些示例好几天，就不需要支付任何费用。记住，这仅适用于本书读者为学习本书刚刚创建的全新 AWS 账户，并且这个 AWS 账户中没有任何活动记录。尽量在几天的时间里完成本章中的示例，在每个示例完成后务必清理账户。

但什么是 AWS Lambda？在深入了解第一个实际示例之前，我们从简短的介绍开始。

7.1 用 AWS Lambda 运行代码

AWS 上的不同抽象层可以提供计算能力：虚拟机、容器和函数。第 3 章介绍了 Amazon EC2 服务提供的虚拟机。容器在虚拟机之上提供了另一层抽象。我们不会涉及容器，因为它超出了本书的范围。AWS Lambda 也以细粒度的方式提供计算能力：小函数的运行环境，而不是成熟的操作系统或容器。

7.1.1 什么是无服务器

在阅读有关 AWS Lambda 的内容时，你可能偶然发现了"无服务器"这一术语。以下引用总结了一个朗朗上口、发人深省的短语所造成的混淆：

> "无服务器"这个词有点用词不当。无论你是使用 AWS Lambda 之类的计算服务来运行代码，还是与 API 交互，后台仍然运行着服务器。区别在于这些服务器对你是隐藏的。没有你需要考虑的基础设施，也无法调整底层操作系统。其他人负责基础设施管理的细节，将你的时间用于其他事情。
>
> ——Peter Sbarski, *Serverless Architectures on AWS*

我们将无服务器系统定义为满足以下条件的系统：

- 无须管理和维护虚拟机；
- 完全托管服务，提供可扩展性和高可用性；
- 按要求和资源消耗计费；
- 调用函数在云中运行代码。

AWS 并不是唯一的无服务器平台的提供商。在这个领域，谷歌（Cloud 功能）和微软（Azure 功能）是 AWS 的竞争对手。

7.1.2 在 AWS Lambda 上运行代码

如图 7-1 所示，要用 AWS Lambda 运行代码，按以下步骤操作。

（1）编写代码。

（2）上传代码及其依赖项（如库或模块）。

（3）创建一个确定运行时环境和配置的函数。

（4）调用该函数以便在云中运行代码。

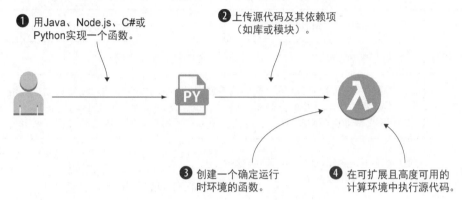

❶ 用Java、Node.js、C#或
Python实现一个函数。

❷ 上传源代码及其依赖项
（如库或模块）。

❸ 创建一个确定运行
时环境的函数。

❹ 在可扩展且高度可用的
计算环境中执行源代码。

图 7-1 用 AWS Lambda 运行代码

你不必启动任何虚拟机，AWS 在完全托管的计算环境中运行你的代码。

目前，AWS Lambda 为以下语言提供运行时环境：

- Java；
- Node.js；
- C#；
- Python；
- Go。

接下来，我们将比较 AWS Lambda 和 EC2 虚拟机。

7.1.3 比较 AWS Lambda 与虚拟机（Amazon EC2）

AWS Lambda 和虚拟机有什么区别？首先是虚拟化的粒度。虚拟机为运行一个或多个应用提供完整的操作系统。相比之下，AWS Lambda 为单个函数（应用的一小部分）提供一个运行环境。

此外，Amazon EC2 将虚拟机作为服务提供，但是用户要负责以安全、可扩展和高可用的方式运行它们。这样做需要用户在维护工作中投入大量的精力。相比之下，AWS Lambda 提供了一个完全托管的运行环境。AWS 为用户管理底层基础设施，并提供可用于生产的基础设施。

除此之外，AWS Lambda 按次计费，而不是虚拟机采用的按秒计费。用户无须为等待请求或任务的未使用的资源付费。例如，在虚拟机上每 5 分钟运行一次脚本来检查一个网站的健康状况，至少要花费 4 美元。用 AWS Lambda 执行相同的健康状况检查是免费的：甚至不会超出 AWS Lambda 的每月免费套餐。

表 7-1 详细比较了 AWS Lambda 和虚拟机（Amazon EC2）。你将在本章末尾找到有关 AWS

Lambda 限制的介绍。

表 7-1   AWS Lambda 与虚拟机（Amazon EC2）的比较

比较项	AWS Lambda	Amazon EC2
虚拟化的粒度	一小段代码（函数）	一个完整的操作系统
可扩展性	自动扩展。节流限制可以防止意外地产生不必要的费用，并可在需要时通过 AWS 支持来提高限制	如第 17 章将要介绍的，使用自动扩展组（Auto Scaling Group）允许用户自动扩展 EC2 实例的数量以适应需求。但是配置和监控扩展由用户负责
高可用性	默认情况下是容错的。计算基础设施跨越多台机器和数据中心	默认情况下，虚拟机不具备高可用性。然而，正如你将在第 14 章中学到的那样，也可以基于 EC2 实例建立高度可用的基础设施
维护工作	几乎为零。你只需要配置你的函数	你负责维护虚拟机操作系统与应用运行时环境之间的所有层
部署工作	由于定义了良好的 API，部署工作几乎为零	将应用推广到虚拟机集群是一个挑战，需要工具和专业知识
定价模式	按请求、运行时间和内存付费	按虚拟机的运行时间付费，按秒计费

你正在寻找 AWS Lambda 的局限性和缺陷？请继续关注，在本章的结尾，你将找到关于 AWS Lambda 局限性的讨论。

这就是你需要知道的所有关于 AWS Lambda 的知识，以便能够完成第一个示例。你准备好了吗？

7.2   用 AWS Lambda 构建网站健康状况检查

你是否对网站或应用的正常运行时间负责？我们会尽力确保我们的博客是全天可访问的。外部健康状况检查就像一张安全网，确保是我们，而不是我们的博客读者，第一个知道我们的博客网站什么时候宕机。AWS Lambda 是构建网站健康状况检查的最佳选择，因为你不需要经常使用计算资源，而只需要每隔几分钟使用几毫秒的时间。本节指导你如何基于 AWS Lambda 设置网站健康状况检查。

除了 AWS Lambda，我们还在本示例中使用 Amazon CloudWatch 服务。在默认情况下，Lambda 函数将指标发布到 CloudWatch。通常使用图表检查指标，并通过定义阈值来创建警报。例如，一个指标可以统计函数运行期间的故障。除此之外，CloudWatch 还提供了可以用来触发 Lambda 函数的事件。我们在这里使用计划表每 5 分钟发布一个事件。

如图 7-2 所示，你的网站健康状况检查将由 3 部分组成。

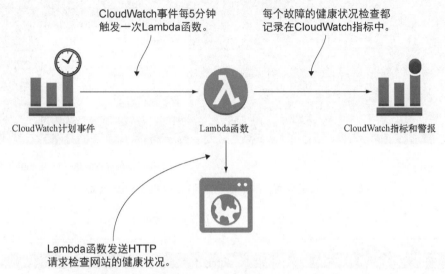

图 7-2　运行网站健康状况检查的 Lambda 函数，由计划事件每 5 分钟运行一次，
错误将被报告给 CloudWatch

- Lambda 函数——运行一个 Python 脚本，该脚本将一个 HTTP 请求发送到你的网站（如 GET https://a*****g.io），并验证响应是否包含特定的文本（如 a*****g）。
- 计划事件——每 5 分钟触发 Lambda 函数一次。这与 Linux 操作系统上的 cron 服务相当。
- 警报——监视失败的健康状况检查的数量，并在你的网站不可用时通过电子邮件通知你。

你将使用管理控制台手动创建和配置所有必要的部件。在我们看来，这是熟悉 AWS Lambda 的一种简单方法。7.3 节中会介绍如何以自动化方式部署 Lambda 函数。

7.2.1　创建 Lambda 函数

下面的步骤指导你如何基于 AWS Lambda 设置网站健康状况检查。在管理控制台中打开 AWS Lambda。点击 "Create a function" 启动 Lambda 函数向导，如图 7-3 所示。

AWS 为各种使用场景提供蓝图，包括代码和 Lambda 函数配置。我们将使用其中一个蓝图来创建网站健康状况检查。选择 "Blueprints" 并搜索 "canary"。接下来，点击蓝图名称 "lambdacanary-python3"。图 7-4 说明了详细信息。

在向导的下一步中，你需要为 Lambda 函数指定一个名称，如图 7-5 所示。函数名称在你的 AWS 账户内且在当前的美国东部（弗吉尼亚州北部）区域中必须是唯一的，并且限制为 64 个字符。例如，要通过 API 调用函数，你需要提供函数名称。输入 "website-health-check" 作为 Lambda 函数的名称。

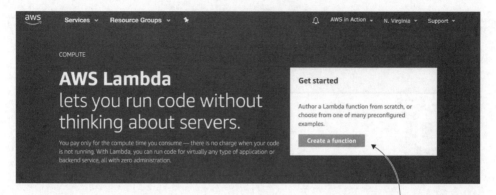

点击此处创建你的第一个Lambda函数。

图 7-3　欢迎界面：准备创建你的第一个 Lambda 函数

选择"Blueprints"。

为蓝图搜索包含　　　　点击AWS提供的蓝图名称
关键字"canary"。　　　 "lambdacanary-python3"。

图 7-4　基于 AWS 提供的蓝图创建 Lambda 函数

　　选择"Create a custom role"，如图 7-5 所示，为 Lambda 函数创建 IAM 角色。在 7.3 节中你将了解 Lambda 函数如何使用 IAM 角色。

　　图 7-6 说明了创建基本 IAM 角色的步骤，该角色授予 Lambda 函数对 CloudWatch 日志的写访问权限。

输入"website-health-check"作为Lambda函数的名称。

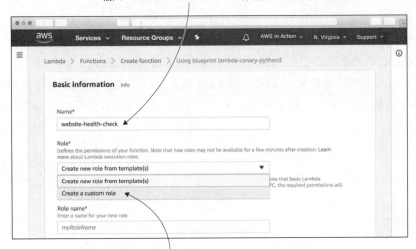

选择"Create a custom role"为Lambda函数定义许可。

图 7-5　创建 Lambda 函数：选择名称并定义 IAM 角色

为使用你的Lambda函数创建一个新的IAM角色。

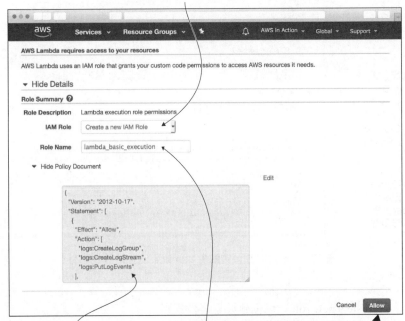

预定义的策略允许Lambda函数对　　　为IAM角色保持　　　创建IAM角色，然后返回
CloudWatch日志的写访问。　　　　默认的名称。　　　　Lambda函数向导。

图 7-6　创建 IAM 角色，允许 Lambda 函数对 CloudWatch 日志进行写访问

（1）选择"Create a new IAM role"。

（2）保留角色名称"lambda_basic_execution"。

（3）点击"Allow"按钮。

（4）从现有角色的下拉列表中选择角色"lambda_basic_execution"。

你现在已为 Lambda 函数指定了名称和 IAM 角色。接下来，你将配置计划事件，该事件将反复触发健康状况检查。在此示例中，我们将使用 5 分钟的间隔。图 7-7 展示了所需的设置。

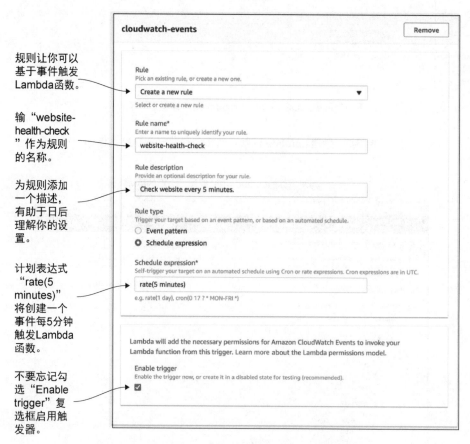

图 7-7　配置每 5 分钟触发 Lambda 函数的计划事件

（1）选择"Create a new rule"以创建计划事件规则。

（2）输入"website-health-check"作为规则的名称。

（3）输入一个描述，这样你日后再回来看的时候，可以理解当前做了什么。

（4）选择"Schedule expression"作为规则类型。你将在本章末尾了解另一个选项"Event pattern"。

（5）用"rate(5 minutes)"作为计划表达式。

（6）不要忘记勾选底部的复选框来启用触发器。

你可以使用 rate($value $unit) 形式的计划表达式来定义定期任务，而无须特定的时间。例如，你可以每 5 分钟、每小时或每天一次触发任务。$value 必须是正整数值。$unit 可以是 minute、minutes、hour、hours、day 或者 days。你可以使用 rate(1 hour)作为计划表达式，来每小时执行一次健康状况检查，而不是每 5 分钟执行一次网站健康状况检查。注意，它不支持小于 1 分钟的频率。

在定义计划表达式时，也可以使用 crontab 格式。

```
cron($minutes $hours $dayOfMonth $month $dayOfWeek $year)

# Invoke a Lambda function at 08:00am (UTC) everyday
cron(0 8 * * ? *)

# Invoke a Lambda function at 04:00pm (UTC) every monday to friday
cron(0 16 ? * MON-FRI *)
```

有关详细信息，可参阅 AWS 官方网站。

你的 Lambda 函数缺少一个不可或缺的部分：代码。当你使用蓝图时，AWS 已为你插入实现网站健康状况检查的 Python 代码，如图 7-8 所示。

Python 代码引用了两个环境变量：site 和 expected。环境变量通常用于动态地将设置传递给函数。

环境变量由键和值组成。为 Lambda 函数指定以下环境变量。

■ site——包含你要监控的网站的 URL。如果你没有监控自己的网站，使用 https:// a*****g.io。

■ expected——包含必须在你的网站上提供的文本代码段。如果该函数未找到此文本，则健康状况检查将失败。如果你使用 https:// a*****g.io 作为站点，就使用 a*****g。

Lambda 函数在运行期间读取环境变量：

```
SITE = os.environment['site']
EXPECTED = os.environment['expected']
```

为 Lambda 函数定义环境变量后，点击界面底部的"Create function"按钮。

祝贺你，你已成功创建了 Lambda 函数。该函数每 5 分钟将自动调用并运行你网站的健康状况检查。接下来，你将学习如何监控 Lambda 函数，并在健康状况检查失败时通过电子邮件收到通知。

蓝图使用Python 3.6运行时环境。   由蓝图提供的Python源代码。

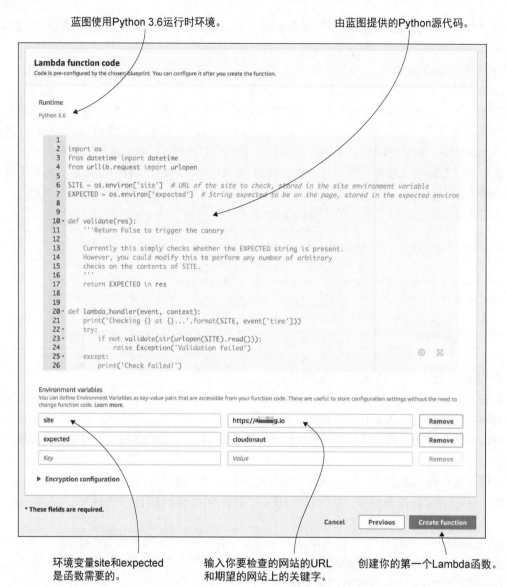

图 7-8   实现网站健康状况检查的预定义代码，以及将设置传递给 Lambda 函数的环境变量

环境变量site和expected   输入你要检查的网站的URL   创建你的第一个Lambda函数。
是函数需要的。   和期望的网站上的关键字。

7.2.2   用 CloudWatch 搜索 Lambda 函数的日志

如何知道你的网站健康状况检查是否正常呢？如何知道你的 Lambda 函数是否已被运行呢？
是时候看看如何监控 Lambda 函数了。你将先学习访问 Lambda 函数的日志消息。之后，你将学
习创建一个警报，来通知你函数是否运行失败。

在 Lambda 函数的详细信息视图中选择"Monitoring"选项卡。你将找到一个图表，它会展示你的函数被调用的次数。如果图表未显示任何调用，请在几分钟后点击"Reload"按钮。要转到 Lambda 函数的日志，请点击 CloudWatch 中的查看日志，如图 7-9 所示。

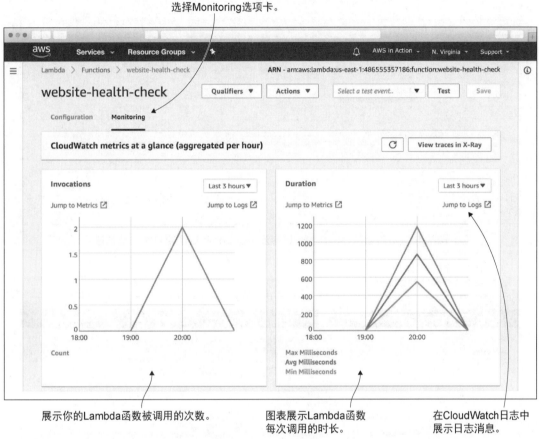

图 7-9 监控概述：深入了解 Lambda 函数的调用

在默认情况下，Lambda 函数会将日志消息发送到 CloudWatch。图 7-10 展示了名为/aws/lambda/website-health-check 的日志组，它是自动创建的，并从函数中收集日志。通常，一个日志组包含多个日志流，允许日志组进行扩展。点击"Search Log Group"按钮，可在一个视图中查看所有流的日志消息。

所有日志消息都显示在日志流的概述中，如图 7-11 所示。例如，你找到一条日志消息检查状态为"Check passed!"，表示网站健康状况检查已执行并成功通过了。

日志消息的显示可能会延迟几分钟。如果缺少任何日志消息，就重新加载表。

在调试 Lambda 函数时，尤其是在编写自己的代码时，能够在集中的位置搜索日志消息是非常方便的。在使用 Python 时，可以使用 print 语句或使用 logging 模块向 CloudWatch 即时发送日志消息。

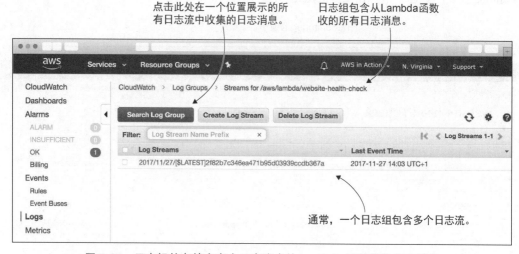

图 7-10　日志组从存储在多个日志流中的 Lambda 函数收集日志消息

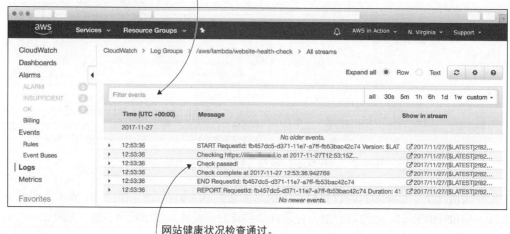

图 7-11　CloudWatch 显示 Lambda 函数的日志消息

7.2.3　用 CloudWatch 指标和警报监视 Lambda 函数

Lambda 函数每 5 分钟检查一次你的网站的健康状况，将包含每个健康状况检查结果的日志消息写入 CloudWatch。但是，如果健康状况检查失败，你如何通过电子邮件收到通知呢？在默认情况下，每个 Lambda 函数都会将表 7-2 中列出的指标发布到 CloudWatch。

表 7-2 每个 Lambda 函数发布的 CloudWatch 指标

名称	描述
Invocations（调用）	计算调用函数的次数，包括成功和失败的调用
Errors（错误）	计算函数因函数内部错误而失败的次数，例如异常或超时
Duration（持续时间）	测量代码运行所需的时间，从代码开始运行到停止运行的时间
Throttles（调节）	正如本章开头所介绍的，Lambda 函数一次运行的副本数量是有限制的。此指标计算因达到并发限额而被阻止的调用的次数。如果需要，请联系 AWS 支持以提高限额

每当网站健康状况检查失败时，Lambda 函数都会返回错误，从而增加 "Errors" 指标的计数。当该指标的计数超过 0 时，你将创建一个警报，通过电子邮件通知你。一般来说，我们建议在以下指标上创建警报以监控 Lambda 函数：Errors 和 Throttles。

下面的步骤指导你创建 CloudWatch 警报来监控网站健康状况检查。管理控制台仍然展示 CloudWatch 服务。从子菜单中选择 "Alarms"。你是否在第 1 章中创建了账单警报？如果是，则会在此处列出警报。接下来，点击 "Create Alarm" 按钮，如图 7-12 所示。

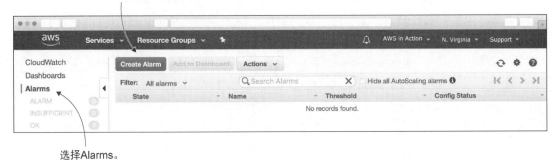

图 7-12 启用向导创建 CloudWatch 警报来监控 Lambda 函数

首先，你需要为 Lambda 函数选择 "Errors" 指标。点击 Lambda 下的 "By Function Name"。图 7-13 展示了创建警报的概览。

下一步是选择并准备警报的指标。图 7-14 展示了必要的步骤。

（1）搜索属于你的 Lambda 函数的 website-heath-check 的指标。

（2）选择 "Errors" 指标。

（3）对于统计信息，使用 "Sum"。它将根据错误的总数设置警报触发。

（4）选择 5 分钟作为警报更新的频率（时间桶）。

（5）选择一个从 5 分钟前到现在的时间段。

（6）点击 "Next" 按钮继续下一步。

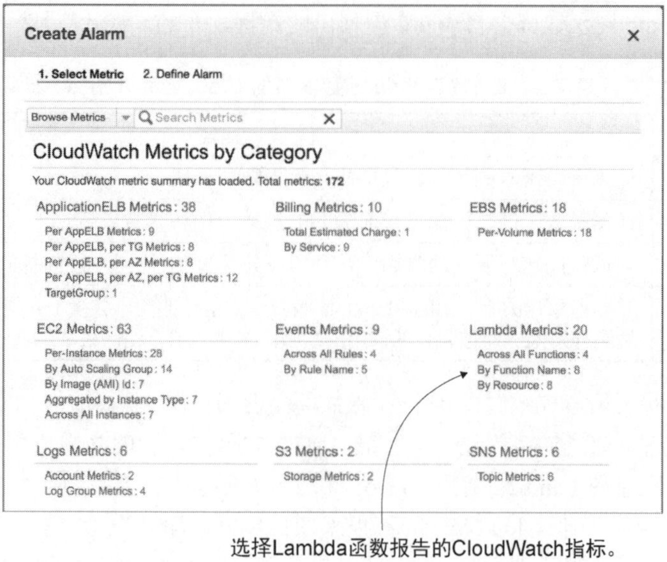

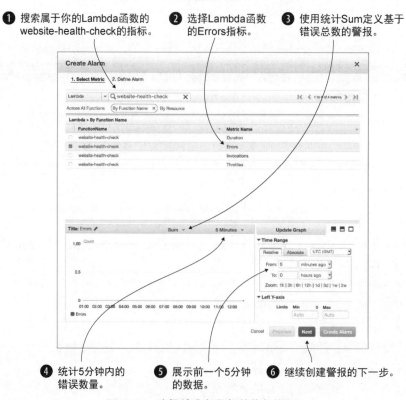

选择Lambda函数报告的CloudWatch指标。

图 7-13　选择 Lambda 指标来创建警报

❶ 搜索属于你的Lambda函数的website-health-check的指标。　❷ 选择Lambda函数的Errors指标。　❸ 使用统计Sum定义基于错误总数的警报。

❹ 统计5分钟内的错误数量。　❺ 展示前一个5分钟的数据。　❻ 继续创建警报的下一步。

图 7-14　选择并准备警报的指标视图

要创建警报，需要定义名称、阈值和要执行的操作。图 7-15 展示了详细信息。

图 7-15　通过定义阈值和定义通过电子邮件发送通知的警报操作来创建警报

（1）输入"website-health-check-error"作为警报的名称。

（2）定义警报的描述。

（3）指定警报的阈值。使用下拉列表框设置警报，例如，每当 1 个数据点中的错误数大于 0 时（Whenever Errors is > 0 for 1 out of 1 datapoints）。

（4）保持操作默认为"State is ALARM"。

（5）点击"New List"并输入"website-health-check"作为列表名称，创建新的通知列表。

（6）在"Email List"文本框中输入你的电子邮件地址。

（7）点击"Create Alarm"按钮。

如图 7-16 所示，你将收到一封包含确认链接的电子邮件。检查你的收件箱并点击链接以确认你对通知列表的订阅。然后，点击"View Alarm"按钮。

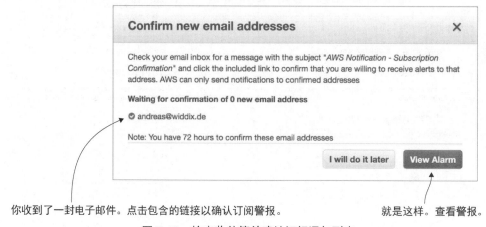

你收到了一封电子邮件。点击包含的链接以确认订阅警报。　　　　　　　就是这样。查看警报。

图 7-16　检查收件箱并确认订阅通知列表

当你的网站健康状况检查失败时，你将通过电子邮件收到警报。你可能不希望仅为了检查警报而关闭网站，此时可以更改函数的环境变量。例如，可以将 expected 值更改为网站不包含的文本片段。更改环境变量几分钟后，你将通过电子邮件收到警报。

> **资源清理**
>
> 打开管理控制台并按照以下步骤删除你在本节中创建的所有资源。
>
> （1）转到 AWS Lambda 服务，删除名为 website- health-check 的函数。
>
> （2）打开 AWS CloudWatch 服务，从子菜单中选择"Logs"，然后删除日志组/aws/lambda/website-health-check。
>
> （3）转到 AWS CloudWatch 服务，从子菜单中选择"Events"，并删除规则 website-health-check。
>
> （4）从子菜单中选择"Alarms"，然后删除警报 website-health-check-error。
>
> （5）跳转到 AWS IAM 服务，从子菜单中选择 Roles，然后删除角色 lambda_basic_execution。

7.2.4　访问 VPC 中的端点

如图 7-17 所示，默认情况下，Lambda 函数在使用 VPC 定义的网络之外运行。但是，Lambda 函数连接到互联网，因此能够访问其他服务。Lambda 函数通过互联网发送 HTTP 请求，这正是你在创建网站健康状况检查时所做的。

那么，当你必须访问在 VPC 的专用网络中运行的资源时，应该怎么做呢？例如，你想运行内部网站的健康状况检查？如果将网络接口添加到 Lambda 函数，该函数可以访问 VPC 中的资源，如图 7-18 所示。

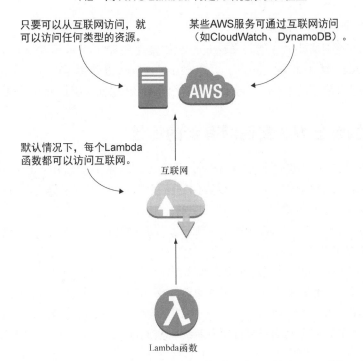

图 7-17 默认情况下，Lambda 函数连接到 Internet 并在 VPC 外部运行

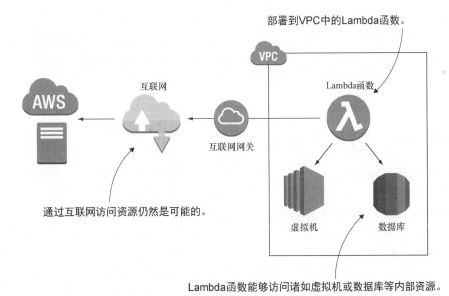

图 7-18 在 VPC 中部署 Lambda 函数允许访问内部资源（如数据库、虚拟机等）

为此，你必须为 Lambda 函数定义 VPC、子网和安全组。我们一直在使用访问 VPC 中的资

源的能力来访问各种项目中的数据库。

AWS 建议仅在绝对必要时才能将 Lambda 函数放置在 VPC 中以获取无法访问的资源。在 VPC 中放置 Lambda 函数会增加复杂性，尤其是在扩展到大量并发运行时。例如，VPC 中可用的私有 IP 地址数量有限，但 Lambda 函数需要多个私有 IP 地址才能扩展并发调用的数量。

7.3 自动添加包含 EC2 实例所有者的标签

在使用 AWS 的预定义蓝图创建 Lambda 函数之后，你将在本节学习从零开始实现一个 Lambda 函数。我们非常注重以自动方式设置你的云基础设施。这就是你将学习在不需要管理控制台的情况下部署 Lambda 函数及其所有依赖项的原因。

你是否与同事一起在同一个 AWS 账户下工作？你有没有想过谁启动了某个 EC2 实例？有时你出于以下原因需要找出 EC2 实例的所有者。

- 仔细检查在不丢失相关数据的情况下终止未使用的实例是否安全。
- 与实例所有者一起查看对实例配置的更改（例如对防火墙配置进行更改）。
- 将成本归于个人、项目或部门。
- 限制对实例的访问（例如只允许所有者终止实例）。

添加一个表明谁拥有实例的标签可以解决所有这些使用场景的问题。标签可以添加到 EC2 实例或几乎任何其他 AWS 资源中，其包含一个键和一个值。标签可用于向资源添加信息、过滤资源、将成本归因于资源以及限制访问。

可以手动添加指定 EC2 实例所有者的标签。但可能会有人忘记添加所有者标签。有一个更好的解决方案！在下面几节中你将实现并部署 Lambda 函数，为该函数添加一个标签，该标签包含自动启动 EC2 实例的用户的名称。但是，如何在每次启动 EC2 实例时运行 Lambda 函数，以便添加标签呢？

7.3.1 事件驱动：订阅 CloudWatch 事件

CloudWatch 由多个部分组成。你已经在本章中了解了指标、警报和日志。CloudWatch 内置的另一个功能称为事件。只要你的基础设施发生变化，就会近乎实时地生成事件。

- CloudTrail 会为每次调用 AWS API 生成一个事件。
- 每当 EC2 实例的状态发生变化时（例如状态从挂起变为运行时），EC2 都会生成事件。
- AWS 会生成一个事件来通知你服务降级或停机时间。

无论何时启动一个新的 EC2 实例，都要向 AWS API 发送一个调用。随后，CloudTrail 会生成 CloudWatch 事件。我们的目标是为每个新的 EC2 实例添加一个标签。因此，我们将为指示新 EC2 实例启动的每个事件运行一个函数。要在发生这样的事件时触发 Lambda 函数，你需要制定一个规则。如图 7-19 所示，规则匹配传入事件并将它们路由到目标，在我们的例子中是 Lambda 函数。

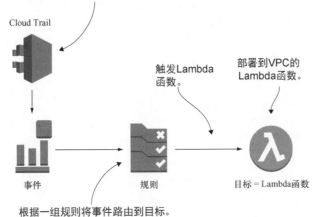

为每个AWS API调用生成一个事件（如启动EC2实例）。

Cloud Trail

触发Lambda
函数。

部署到VPC的
Lambda函数。

事件

规则

目标 = Lambda函数

根据一组规则将事件路由到目标。

图 7-19　CloudTrail 为每个 AWS API 调用生成一个事件，规则将该事件路由到 Lambda 函数

代码清单 7-1 展示了每当有人启动 EC2 实例时由 CloudTrail 生成的一些事件细节。对于我们的实例，我们感兴趣的信息有以下几项。

- detail-type——该事件由 CloudTrail 创建。
- source——EC2 服务是事件的来源。
- eventName——事件名称 RunInstances 指示因 AWS API 调用启动 EC2 实例而生成事件。
- userIdentity——谁调用 AWS API 来启动实例。
- responseElements——启动实例时 AWS API 的响应。这包括已启动的 EC2 实例的 ID，我们稍后需要将其添加到该实例中。

代码清单 7-1　在启动 EC2 实例时由 CloudTrail 生成的 CloudWatch 事件

```
{
  "version": "0",
  "id": "8a50bfef-33fd-2ea3-1056-02ad1eac7210",
  "detail-type": "AWS API Call via CloudTrail",  ⟵── CloudTrail 生成了该事件
  "source": "aws.ec2",  ⟵─┐
  "account": "XXXXXXXXXXX",   有人向影响 EC2 服务的
  "time": "2017-11-30T09:51:25Z",  AWS API 发送了一个调用
  "region": "us-east-1",
  "resources": [],
  "detail": {
    "eventVersion": "1.05",
    "userIdentity": {  ⟵── 有关启动 EC2 实例的用户的信息
    "type": "IAMUser",
    "principalId": "...",
    "arn": "arn:aws:iam::XXXXXXXXXXX:user/myuser",  ⟵── 启动 EC2 实例的用户的 ID
    "accountId": "XXXXXXXXXXX",
    "accessKeyId": "...",
    "userName": "myuser",
```

```
    "sessionContext": {
      "attributes": {
        "mfaAuthenticated": "false",
        "creationDate": "2017-11-30T09:51:05Z"
      }
    },
    "invokedBy": "signin.a*******s.com"
  },
  "eventTime": "2017-11-30T09:51:25Z",
  "eventSource": "ec2.a*******s.com",
  "eventName": "RunInstances",            ←──── 之所以生成事件，是因为 AWS API 处理了
  "awsRegion": "us-east-1",                     Run 实例调用（用于启动 EC2 实例）
  "sourceIPAddress": "XXX.XXX.XXX.XXX",
  "userAgent": "signin.a*******s.com",
  "requestParameters": {
    [...]
  },
  "responseElements": {                    ←──── 启动实例时 AWS API 的响应
    "requestId": "327f5231-c65a-468c-83a8-b00b7c949f78",
    "reservationId": "r-0234df5d03e3ad6a5",
    "ownerId": "XXXXXXXXXXXX",
    "groupSet": {},
    "instancesSet": {
      "items": [
        {
          "instanceId": "i-06133867ab0f704e7",  ←──── 已启动 EC2 实例的 ID
          "imageId": "ami-55ef662f",
          [...]
        }
      ]
    }
  },
  "requestID": "327f5231-c65a-468c-83a8-b00b7c949f78",
  "eventID": "134d35c6-6a76-49b9-9ff8-5a4130474b6f",
  "eventType": "AwsApiCall"
  }
}
```

　　规则包括用于选择事件的事件模式，以及一个或多个目标的定义。代码清单 7-2 中的模式从影响 EC2 服务的 AWS API 调用生成的 CloudTrail 中选择所有事件。该模式匹配代码清单 7-1 中描述的事件的 3 个属性：detail-type、source 和 eventName。

代码清单 7-2　过滤 CloudTrail 事件的规则

```
{
  "detail-type": [
    "AWS API Call via CloudTrail"  ←──── 过滤由 AWS API 调用引起的来自 CloudTrail 的事件
  ],
  "source": [
    "aws.ec2"  ←──── 过滤来自 EC2 服务的事件
  ],
```

```
  "detail": {
    "eventName": [
      "RunInstances"
    ]
  }
}
```

使用事件名称 RunInstances 过滤事件，该事件是用于启动 EC2 实例的 AWS API 调用

如果你计划在将来编写另一个规则，也可以在其他事件属性上定义过滤器。规则格式保持不变。指定事件模式时，通常使用以下字段，这些字段包含在每个事件中。

- source——生成事件的服务的命名空间。
- detail-type——对事件进行详细的分类。

详细信息参见 AWS 官方网站。

现在已经定义了触发 Lambda 函数的事件。接下来实现 Lambda 函数。

7.3.2　在 Python 中实现 Lambda 函数

实现 Lambda 函数以使用所有者的用户名标记 EC2 实例很简单。你需要编写不超过 10 行 Python 代码。Lambda 函数的编程模型取决于你选择的编程语言。虽然我们在示例中使用 Python，但你还能够用 Java、Node.js、C#或 Go 实现 Lambda 函数时学到的知识。如代码清单 7-3 所示，用 Python 编写的函数需要实现一个定义良好的结构。

代码清单 7-3　用 Python 编写的 Lambda 函数

```
def lambda_handler(event, context):
  # Insert your code
  return
```

实现这个函数是你的职责

使用 return 结束函数运行。在这个场景中，传递一个值是没有用的，因为 Lambda 函数是由 CloudWatch 事件异步调用的

Python 函数的名称，由 AWS Lambda 引用为函数处理程序。event 参数用于传递 CloudWatch 事件，context 参数包括运行时信息

代码在哪里

代码可以在本书配套资源中找到。切换到 chapter07 目录，其中包含本示例所需的所有文件。

是时候编写一些 Python 代码了！代码清单 7-4 展示了函数 lambda_function.py，该函数从 CloudTrail 接收一个事件，指示最近启动了一个 EC2，并添加了一个标签，其中包括实例所有者的名称。Python 3.6 的 AWS SDK 名为 boto3，在 Python 3.6 的 Lambda 运行时环境中提供了开箱即用的特性。在本示例中，使用 AWS SDK `ec2.create_tags(...)` 为 EC2 实例创建标签。如果你对 boto3 的详细信息感兴趣，可以阅读 AWS 官方网站上关于 boto3 的文档。

代码清单 7-4 Lambda 函数向 EC2 实例添加标签

```
import boto3
ec2 = boto3.client('ec2')
```
创建 AWS SDK 客户端来管理 EC2 服务

```
def lambda_handler(event, context):
```
用作 Lambda 函数入口点的函数的函数名

```
userName = event['detail']['userIdentity']['arn'].split('/')[1]  ◁──── 从 CloudTrail 事件中提取用户名
instanceId = event['detail']['responseElements']
➠ ['instancesSet']['items'][0]['instanceId']  ◁──── 从 CloudTrail 事件中提取实例的 ID
print("Adding owner tag " + userName + " to instance " + instanceId + ".")
ec2.create_tags(Resources=[instanceId,],
➠ Tags=[{'Key': 'Owner', 'Value': userName},])  ◁──┐
return                                                使用所有者作为键、用户名作
                                                     为值将标签添加到 EC2 实例
```

用 Python 实现函数之后，下一步就是用其所有依赖项部署 Lambda 函数。

7.3.3　用无服务器应用模型设置 Lambda 函数

你可能已经注意到我们非常热衷于使用 CloudFormation 自动化基础设施。在学习 AWS 上的新服务时，使用管理控制台是迈出第一步的完美方式。但是，从手动点击 Web 界面升级到完全自动化基础设施部署应该是你的第二步。

AWS 于 2016 年发布了无服务器应用模型（Serverless Application Model，SAM）。SAM 为无服务器应用提供了框架，扩展了简单的 CloudFormation 模板，使其更易于部署 Lambda 函数。

代码清单 7-5 展示了如何在 CloudFormation 模板中使用 SAM 定义 Lambda 函数。

代码清单 7-5　在 CloudFormation 模板中使用 SAM 定义 Lambda 函数

```
---
AWSTemplateFormatVersion: '2010-09-09'  ◁──── CloudFormation 模板版本
Description: Adding an owner tag to EC2 instances automatically
Transform: AWS::Serverless-2016-10-31  ◁──── 转换用于处理你的模板。我们用的是 SAM 变换
Resources:
  EC2OwnerTagFunction:                        SAM 特殊资源允许我们以一种简化的方式定义
    Type: AWS::Serverless::Function  ◁────    Lambda 函数。在转换阶段，Cloud Formation 将从
    Properties:                               该声明中生成多个资源
      Handler: lambda_function.lambda_handler          处理程序是脚
      Runtime: python3.6  ◁──── 使用 Python 3.6 运行时环境    本的文件名和
      CodeUri: '.'  ◁──── 当前目录应该被绑定、上传和部署。你很快就会学到更多  Python 函数名
      Policies:                                         的组合
      - Version: '2012-10-17'      授权 Lambda 函数调用其他
        Statement:                 AWS 服务。7.3.4 节会详细介绍
        - Effect: Allow
          Action: 'ec2:CreateTags'
          Resource: '*'
      Events:        ◁──── 触发器的定义
        CloudTrail:
          Type: CloudWatchEvent  ◁──── 我们正在订阅 CloudWatch 事件
          Properties:
            Pattern:  ◁──── 使用我们之前讨论过的模式创建一个规则
              detail-type:
              - 'AWS API Call via CloudTrail'
              source:
              - 'aws.ec2'
              detail:
                eventName:
                - 'RunInstances'
```

7.3.4 授权 Lambda 函数用具有 IAM 角色的其他 AWS 服务

Lambda 函数通常与其他 AWS 服务交互。例如，它们可能会将日志消息写入 CloudWatch，允许你监视和调试 Lambda 函数。或者，它们可能会为 EC2 实例创建一个标签，就和当前的示例一样。因此，需要对 AWS API 的调用进行身份验证和授权。图 7-20 展示了一个 Lambda 函数，假设 IAM 角色能够向其他 AWS 服务发送经过身份验证和授权的请求。

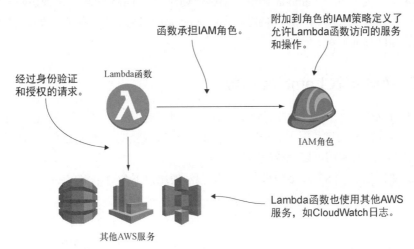

图 7-20 Lambda 函数假设一个 IAM 角色来验证和授权对其他 AWS 服务的请求

临时凭证是基于 IAM 角色生成的，并通过环境变量（例如 AWS_ACCESS_KEY_ID、AWS_SECRET_ACCESS_KEY 和 AWS_ACCESS_KEY_ID）注入每个调用。AWS SDK 使用这些环境变量自动签署请求。

你应遵循最小特权原则：只允许你的函数访问执行函数任务所需的服务和操作。

你应指定详细的 IAM 策略，以授予对特定操作和资源的访问权限。代码清单 7-6 展示了基于 SAM 的 Lambda 函数的 CloudFormation 模板的摘录。在使用 SAM 时，默认情况下为每个 Lambda 函数创建一个 IAM 角色。默认情况下，IAM 角色还附加了一个授予对 CloudWatch 日志写访问权限的托管策略。这样做允许 Lambda 函数写入 CloudWatch 日志。

代码清单 7-6 用于向 EC2 实例添加标签的自定义策略

```
# [...]
EC2OwnerTagFunction:
  Type: AWS::Serverless::Function
  Properties:
    Handler: lambda_function.lambda_handler
    Runtime: python3.6
    CodeUri: '.'
    Policies:
    - Version: '2012-10-17'      ◁── 允许你定义自己的 IAM 策略，该策略
      Statement:                      将附加到 Lambda 函数的 IAM 角色
```

```
    - Effect: Allow          ◀———— 该声明允许……
      Action: 'ec2:CreateTags'              ◀———— ……创建标签
      Resource: '*'  ◀———— ……对所有资源
# [...]
```

到目前为止，Lambda 函数不允许为 EC2 实例创建标签。你需要一个自定义策略授予对 ec2:CreateTags 的访问权限。

如果将来要实现另一个 Lambda 函数，请确保创建一个 IAM 角色，授予访问函数需要访问的所有服务（例如从 S3 读取对象、将数据写入 DynamoDB 数据库，等等）。如果想回顾 IAM 的细节，推荐重新阅读 6.3 节。

7.3.5　用 SAM 部署 Lambda 函数

要部署 Lambda 函数，需要将部署包上传到 S3。部署包是一个 zip 文件，包括你的代码和其他模块。之后，你需要创建和配置 Lambda 函数以及所有依赖项（IAM 角色、事件规则等）。将 SAM 与 AWS CLI 结合使用可以完成这两项任务。

首先，需要创建一个 S3 存储桶来存储部署包。使用以下命令，将$yourname 替换为你的名称，以避免与其他读者 S3 存储桶的名称冲突：

```
$ aws s3 mb s3://ec2-owner-tag-$yourname
```

下一步是创建部署包并将其上传到 S3。在终端中执行以下命令来执行此操作。模板的副本存储为 output.yaml，并引用上传到 S3 的部署包。

```
$ aws cloudformation package --template-file template.yaml \
➥ --s3-bucket ec2-owner-tag-$yourname --output-template-file output.yaml
```

通过在终端中输入以下命令，你将部署 Lambda 函数。这会生成名为 ec2-owner-tag 的 CloudFormation 栈。确保你的工作目录是包含 template.yaml 和 lambda_function.py 文件的代码目录 chapter07。

```
$ aws cloudformation deploy --stack-name ec2-owner-tag \
➥ --template-file output.yaml --capabilities CAPABILITY_IAM
```

你真是个天才！函数已经启动并运行。启动 EC2 实例，几分钟后你将发现一个带有用户名 myuser 的标签。

资源清理

如果已启动 EC2 实例来测试 Lambda 函数，不要忘记之后终止实例。

删除 Lambda 函数及其所有依赖项非常简单。只需在终端中执行以下命令即可（用你的名字替换 $yourname ）：

```
$ aws cloudformation delete-stack --stack-name ec2-owner-tag
$ aws s3 rb s3://ec2-owner-tag-$yourname --force
```

7.4 用 AWS Lambda 还能做什么

在本章的最后，我们将从 Lambda 的限制和对无服务器定价模式的深入了解开始，了解 AWS Lambda 的其他功能。最后，我们将介绍为我们的咨询客户端构建的 3 个无服务器应用案例。

7.4.1 AWS Lambda 有哪些限制

每次对 Lambda 函数的调用都需要在最多 300 秒内完成。这意味着你用函数解决的问题需要足够小，以满足 300 秒的限制。在 Lambda 函数的单个调用中，可能无法从 S3 下载 10 GB 的数据，处理数据，并将部分数据插入数据库。但是，即使你的适用场景符合 300 秒的约束条件，也要确保它在所有情况下都能满足要求。下面是我们第一个无服务器项目中的一个简短轶事：我们构建了一个无服务器应用，可以预处理来自新闻网站的分析数据。Lambda 函数通常在 180 秒内处理数据。但当"双十一"到来时，分析数据的数量以无人能预期的方式爆炸。我们的 Lambda 函数不再能够在 300 秒内完成。这是我们的无服务器项目的一个终止符。

AWS Lambda 提供并管理运行函数所需的资源。每次部署新版本的代码，长时间不进行任何调用或并发调用的数量增加时，都会在后台创建一个新的运行上下文。启动新的运行上下文需要 AWS Lambda 下载代码，初始化运行时环境并加载代码，这个过程称为冷启动。根据部署包的大小、运行时环境和配置，冷启动可能需要几毫秒到几秒的时间。因此，对响应时间有非常严格要求的应用不适合使用 AWS Lambda。相反，在很多适用场景中，冷启动引起的额外延迟是可以接受的。例如，本章中的两个示例完全不受冷启动的影响。为了最大限度地缩短冷启动时间，你应该尽可能减小部署包的大小，配置额外的内存，并使用 Python、Node.js 或 Go 等运行时环境，而不是 C#或 Java。

另一个限制是你可以为 Lambda 函数配置的最大内存量：3008 MB。如果 Lambda 函数使用更多内存，则会终止其运行。

同样重要的是，要知道，CPU 和网络容量也基于配置的内存分配给 Lambda 函数。因此，如果你在 Lambda 函数中运行计算或网络密集型工作，增加配置内存可能会提高性能。

同时，压缩部署包（zip 文件）的最大大小默认是 50 MB。当运行 Lambda 函数时，可以使用高达 500 MB 的非持久磁盘空间安装到/tmp。

7.4.2 无服务器定价模式的影响

启动虚拟机时，你必须按工作时间向 AWS 付费，以秒为单位计费。无论你是否使用虚拟机提供的资源，你都要为虚拟机付费。即使没有人访问你的网站或使用你的应用，你也要为虚拟机付费。

这与 AWS Lambda 完全不同。Lambda 按请求计费。只有当有人访问你的网站或使用你的应用时才会产生费用。这将改变"游戏规则"，特别是对于访问模式不均匀的应用，或者对于很少使用的应用。表 7-3 详细解释了 Lambda 定价模式。

表 7-3　AWS Lambda 定价模式

计费方式	免费套餐	费用
Lambda 函数调用的数量	每月前 100 万个请求	每个请求 0.0000002 美元
根据为 Lambda 函数准备的内存大小，以 100 毫秒为单位计费的持续时间	每月使用相当于 400 000 秒的 Lambda 函数和 1 GB 配置内存	每 GB 每秒 0.00001667 美元

AWS Lambda 免费套餐

　　AWS Lambda 的免费套餐在 12 个月后不会过期。与其他 AWS 服务（如 EC2）的免费套餐相比，这是一个巨大的差异，你仅在创建 AWS 账户后的前 12 个月内有资格获得免费套餐。

　　听起来很复杂？图 7-21 展示了 AWS 账单的摘录。该账单从 2017 年 11 月开始，属于我们用来运行聊天机器人的 AWS 账户。我们的聊天机器人实现是 100% 无服务器的。Lambda 函数在 2017 年 11 月运行了 120 万次，费用为 0.04 美元。我们所有的 Lambda 函数都配置为提供 1536 MB 内存。在 2017 年 11 月，我们所有的 Lambda 函数总共运行了 216 000 秒，大约是 60 小时。每月配置 1 GB 内存仍然是在免费的 400 000 秒套餐中。因此，在 2017 年 11 月，我们总共为使用 AWS Lambda 支付了 0.04 美元，这使我们的聊天机器人可以为大约 400 位客户服务。

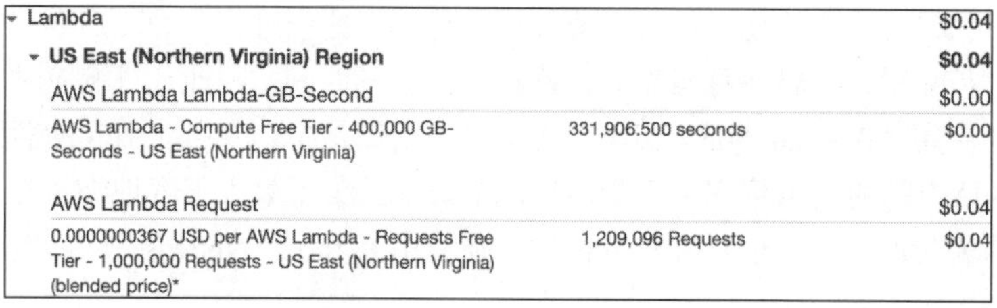

图 7-21　摘自我们某一天的 AWS 账单，其中展示了 AWS Lambda 的成本

　　这只是我们的 AWS 账单的一小部分，因为与 AWS Lambda 一起使用的其他服务（例如用于存储数据）会使我们的账单数额更大。

　　不要忘记比较 AWS Lambda 和 EC2 之间的成本。特别是在每天有超过 1000 万个请求的高负载场景中，与使用 EC2 相比，使用 AWS Lambda 可能会导致更高的成本。但是，比较基础设施成本只是你应该关注的一部分，应考虑总拥有成本（Total Cost of Ownership，TCO），包括管理虚拟机、运行负载和弹性测试以及自动部署的成本。

　　我们的经验表明，与 AWS EC2 相比，在 AWS Lambda 上运行应用时 TCO 通常会更低。

　　接下来介绍 AWS Lambda 的其他使用场景，此外还有如何自动执行操作任务，就像你迄今为止所做的那样。

7.4.3　使用场景：Web 应用

　　AWS Lambda 的一个常见使用场景是为 Web 或移动应用构建后端。如图 7-22 所示，无服务器 Web 应用的架构通常由以下构建块组成。

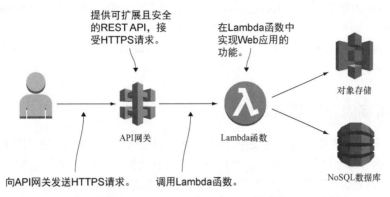

图 7-22　使用 API Gateway 和 Lambda 构建的 Web 应用

- Amazon API Gateway——提供可扩展且安全的 REST API，可接受来自 Web 应用前端或移动应用的 HTTPS 请求。
- AWS Lambda——Lambda 函数由 API 网关触发。Lambda 函数请求接收数据并返回响应的数据。
- 对象存储和 NoSQL 数据库——对于存储和查询数据，Lambda 函数通常使用提供对象存储或 NoSQL 数据库的附加服务。

你想开始构建基于 AWS Lambda 的 Web 应用吗？我们推荐达 Danilo Poccia 写的 *AWS Lambda in Action* 一书。

7.4.4　使用场景：数据处理

AWS Lambda 的另一个常见使用场景是事件驱动的数据处理。只要有新数据，就会生成一个事件。该事件触发提取或转换数据所需的数据处理。图 7-23 展示了一个示例。

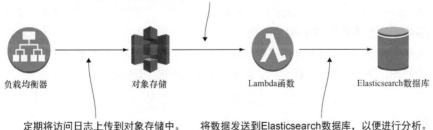

图 7-23　用 AWS Lambda 处理来自负载均衡器的访问日志

（1）负载均衡器会收集访问日志并定期将其上传到对象存储中。

（2）无论何时创建或修改对象，对象存储都会自动触发 Lambda 函数。

（3）Lambda 函数从对象库下载包含访问日志的文件，并将数据发送到 Elasticsearch 数据库以便进行分析。

我们已在各种项目中成功实施了此方案。记住，用 AWS Lambda 实施数据处理作业时的最大运行限制为 300 秒。

7.4.5　使用场景：物联网后端

AWS 物联网服务提供了与各种设备（事物）通信和构建事件驱动应用所需的构建块。图 7-24 展示了一个示例。每个设备都将传感器数据发布到消息代理。规则过滤相关消息并触发 Lambda 函数。Lambda 函数处理事件，并根据你提供的业务逻辑决定需要进行哪些步骤。

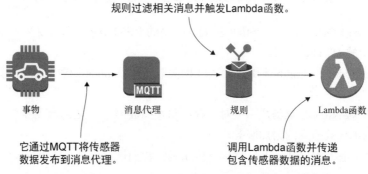

图 7-24　用 AWS Lambda 处理来自物联网设备的消息数据

我们构建了一个概念验证，用于收集传感器数据并将指标发布到使用 AWS IoT 和 AWS Lambda 的仪表板中。

我们已经介绍了 AWS Lambda 的 3 个可能的使用场景，但是这没有涵盖所有的使用场景。AWS Lambda 还集成了许多其他服务。如果你想了解更多关于 AWS Lambda 的信息，我们推荐阅读以下图书。

■ *AWS Lambda in Action* 由 Danilo Poccia 编写，是一个以实例驱动的教程，教我们如何在后端使用基于事件的方法构建应用。

■ *AWS on Serverless architecture* 是 Peter Sbarski 的著作，教我们如何构建、保护和管理无服务器架构，从而为要求最苛刻的 Web 应用和移动应用提供动力。

7.5　小结

■ AWS Lambda 允许你在完全托管的高可用和可扩展环境中运行 Java、Node.js、C#、Python 和 Go 代码。

- AWS 提供的管理控制台和蓝图可帮助你快速入门。
- 使用计划表达式可以周期性地触发 Lambda 函数。这相当于在 cron 作业的帮助下触发脚本。
- SAM 允许你用 AWS CloudFormation 来以自动化的方式部署 Lambda 函数。
- 有许多事件源可以以事件驱动的方式使用 Lambda 函数。例如，你可以为发送到 AWS API 的每个请求订阅由 CloudTrail 触发的事件。
- Lambda 函数最重要的限制之一是每次调用的最大持续时间为 300 秒。

第三部分

在云中存储数据

假设你的办公室里有一个叫辛格尔顿的同事，他对你的文件服务器了如指掌。辛格尔顿不在办公室，就没有其他人可以维护文件服务器。可以想象，如果辛格尔顿休假时文件服务器崩溃，没有人知道备份在哪里，但老板现在就需要文档，否则公司会损失一大笔钱。如果辛格尔顿将他所知道的存储在数据库中，同事们就可以查找与文件服务器相关的信息。但是，文件是如何存储的和辛格尔顿是紧密耦合的，因此信息不可用。

设想有一台虚拟机，其中重要的文件位于硬盘上。只要虚拟机启动并运行，一切都很好。但任何东西在任何时刻都可能发生故障，包括虚拟机。如果用户在你的网站上上传文档，文档存储在何处？文档被持久化地存储到虚拟机硬盘的可能性很大。这时，文档已上传到你的网站，但是作为一个对象保存在一个独立的对象存储中。如果虚拟机出现故障，文档仍然可用。如果你需要两台虚拟机来处理网站的负载，那么它们都可以访问该文档，因为它不是与单台虚拟机紧密耦合的。如果将状态与虚拟机分离，系统就具备了容错和弹性。高度专业化的解决方案（如对象存储和数据库）可以帮助持久化地存储应用状态。

AWS 提供了许多存储数据的方法。下表可以帮你在较高的层次上决定对你的数据使用哪个服务。这种比较只是一个粗略的概述。我们建议选择适合你的应用案例的 2～3 项服务，然后通过阅读对应的内容来深入了解细节再做出决定。

数据存储服务概述

服务	访问	最大存储容量	延迟	存储成本
S3	AWS API（SDK、CLI），第三方工具	无限	高	非常低
Glacier	S3，AWS API（SDK、CLI），第三方工具	无限	极高	极低

服务	访问	最大存储容量	延迟	存储成本
EBS（SSD）	通过网络附接到 EC2 实例	16 TB	低	低
EC2 实例存储（SSD）	直接附接到 EC2 实例	15 TB	非常低	非常低
EFS	NFSv4.1，例如来自 EC2 实例或内部部署	无限	中	中
RDS（MySQL、SSD）	SQL	6 TB	中	低
ElastiCache	Redis/memcached 协议	6.5 TB	低	高
DynamoDB	AWS API（SDK、CLI）	无限	中	中

第 8 章介绍 S3，一个对象存储服务。你将学习如何将对象存储集成到应用中以实现无状态服务器。

第 9 章介绍 AWS 的虚拟机使用的块级存储。你将学习如何在块级存储上运行遗留软件。

第 10 章介绍可在 AWS 提供的多个虚拟机之间共享的高可用块级存储。

第 11 章介绍 RDS，一个提供托管关系数据库系统（如 PostgreSQL、MySQL、Oracle Database 或 Microsoft SQL Server）的服务。如果应用需要关系数据库系统，这是实现无状态服务器架构的简单方法。

第 12 章介绍 ElastiCache，一个提供托管内存数据库系统（如 Redis 或 Memcached）的服务。如果应用需要缓存数据，可以使用内存数据库将临时状态外部化。

第 13 章介绍 DynamoDB，一个提供 NoSQL 数据库的服务。利用它可以将 NoSQL 数据库集成到应用中，以实现无状态服务器。

第 8 章　存储对象：S3 和 Glacier

本章主要内容
- 使用终端将文件传输到 S3
- 使用 SDK 将 S3 集成到你的应用
- 使用 S3 托管静态网站
- 研究 S3 对象存储的内部机制

存储数据伴随着两个挑战：不断增加的数据量和确保持久性。如果使用连接到单个计算机的磁盘，应对这些挑战很难甚至是不可能的。因此，本章将介绍一种革命性的方法：由通过网络连接的大量计算机组成分布式数据存储。这样，你可以通过向分布式数据存储添加其他计算机来存储接近无限的数据。由于你的数据始终存储在多台计算机上，因此可以显著降低丢失数据的风险。

你将在本章中了解如何在 Amazon S3 上存储图片、视频、文档、可执行文件或任何其他类型的数据。Amazon S3 是 AWS 提供的易于使用、完全托管的分布式数据存储。将数据作为对象进行管理，因此存储系统称为对象存储（object store）。我们将展示如何使用 S3 备份数据，如何将 S3 集成到你的应用中以存储用户生成的内容，以及如何在 S3 上托管静态网站。

除此之外，我们还将介绍 Amazon Glacier，一个备份和归档存储。在 Amazon Glacier 上存储数据的成本低于在 Amazon S3 上存储数据的成本。但从 Amazon S3 可以即刻访问数据，而从 Amazon Glacier 检索数据却需要 5 小时。

示例都包含在免费套餐中

本章中的示例都包含在免费套餐中。只要不是运行这些示例好几天，就不需要支付任何费用。记住，这仅适用于本书读者为学习本书刚刚创建的全新 AWS 账户，并且在这个 AWS 账户中没有任何活动记录。尽量在几天的时间里完成本章中的示例，并在每个示例完成后务必清理账户。

8.1 什么是对象存储

在过去，数据是在由文件夹和文件组成的层次结构中管理的。文件是数据的表示。在对象存储中，数据作为对象存储。每个对象由全局唯一标识符、一些元数据和数据本身组成，如图 8-1 所示。对象的全局唯一标识符（Globally Unique Identifier，GUID）也称为键（key），你可以使用 GUID 从分布式系统中的不同设备上寻址对象。

图 8-1 存储在对象存储库中的对象包括 3 个部分：
GUID、描述内容的元数据和内容本身（如图片）

可以使用元数据来丰富具有附加信息的对象。对象元数据的典型示例包括：

■ 最后修改日期；
■ 对象大小；
■ 对象的所有者；
■ 对象的内容类型。

可以只请求对象的元数据而不请求数据本身。如果你想在访问特定对象的数据之前列出对象及其元数据，这是非常有用的。

8.2 Amazon S3

Amazon S3 是分布式数据存储，是 AWS 提供的最早的服务之一。Amazon S3 是 Amazon Simple Storage Service 的缩写。这是一种典型的 Web 服务，允许你存储和检索通过 HTTPS 可访问的 API 组织为对象的数据。

下面是 S3 一些典型的使用场景。

■ 存储和交付静态网站内容。例如，将博客托管在 S3 上。
■ 备份数据。例如，使用 AWS CLI 将照片库从计算机备份到 S3。
■ 存储用于分析的结构化数据，也称为数据湖（data lake）。例如，使用 S3 来存储包含性能基准测试结果的 JSON 文件。

■ 存储和交付用户生成的内容。例如，在 AWS SDK 的帮助下构建了一个 Web 应用，它将用户上传的内容存储在 S3 上。

Amazon S3 提供巨大的存储空间，并以高可用且耐久的方式存储你的数据。只要单个对象的大小不超过 5 TB，你就可以存储任何类型的数据，例如图片、文档和二进制文件。你必须为 S3 中存储的每 GB 数据付费，而且需要为每个请求和所有传输的数据承担成本。如图 8-2 所示，你可以使用 HTTPS 通过互联网访问 S3 来上传和下载对象。要访问 S3，你可以使用管理控制台、CLI、SDK 或第三方工具。

图 8-2　通过 HTTPS 上传和下载对象到 S3

S3 使用存储桶对对象进行分组。存储桶是对象的容器。你可以创建多个存储桶，每个存储桶都具有全局唯一的名称，以分隔不同场景的数据。我指的是真正独一无二的名字——你必须选择任何其他区域中任何其他 AWS 账户都不使用的存储桶名称。图 8-3 展示了这个概念。

接下来介绍如何使用 AWS CLI 上传和下载数据到 S3。

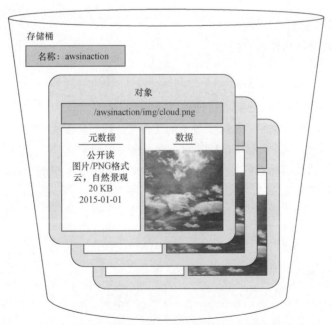

图 8-3　S3 使用具有全局唯一名称的存储桶来对对象进行分组

8.3　使用 AWS CLI 在 S3 上备份数据

关键数据需要备份以避免丢失。即使在发生自然灾害等极端情况下，在异地备份数据也可以降低丢失数据的风险。但是应该将备份存储在哪里呢？S3 允许你以对象的形式存储任何数据。AWS 对象存储非常适合用于备份，允许你为数据选择一个位置，并采用按使用付费的定价模式存储任意数量的数据。

在本节中，你将学习如何使用 AWS CLI 将数据上传到 S3 并从 S3 下载数据。这种方法不仅可用于异地备份，你也可以在许多其他场景中使用它。

- 与同事或伙伴共享文件，特别是你们在不同地点工作时。
- 存储和检索配置虚拟机所需的工件（如应用二进制文件、库、配置文件等）。
- 外包存储能力，以减轻本地存储系统的负担，特别是对于不经常访问的数据。

你需要先在 S3 上为数据创建存储桶。正如前面提到的，存储桶的名称在所有 S3 存储桶中必须是唯一的，即使是其他区域的存储桶和其他 AWS 账户的存储桶也是如此。要查找唯一的存储桶名称，使用包含公司名称或你自己名称的前缀或后缀非常有用。在终端中执行以下命令，将 $yourname 替换为你的名字：

```
$ aws s3 mb s3://awsinaction-$yourname
```

所使用的命令应该和下面的命令看上去差不多：

```
$ aws s3 mb s3://awsinaction-awittig
```

如果你的存储桶名称与现有存储桶冲突，你将收到如下报错：

```
[... ] An error occurred (BucketAlreadyExists) [...]
```

在这种情况下，你需要为$yourname 使用不同的值。

一切就绪就可以上传数据了。选择要备份的文件夹，例如桌面文件夹。尝试选择总大小小于 1 GB 的文件夹，这样既不需要等待很长时间，也不会超出免费套餐的用量。执行以下命令将数据从本地文件夹上传到 S3 存储桶。将 $Path 替换为文件夹的路径，并将$yourname 替换为自己的名字。sync 将你的文件夹与 S3 存储桶中的/backup 文件夹进行比较，并仅上传新文件或已更改的文件：

```
$ aws s3 sync $Path s3://awsinaction-$yourname/backup
```

所使用的命令应该和下面的命令看上去差不多：

```
$ aws s3 sync /Users/andreas/Desktop s3://awsinaction-awittig/backup
```

根据文件夹的大小和连接互联网的速度，上传文件夹可能需要一些时间。

将文件夹上传到 S3 存储桶进行备份后，你可以测试还原过程。在你的终端中执行以下命令，将$Path 替换为你希望用于恢复的文件夹（不要使用你备份的文件夹），并将$yourname 替换为你的名字。你的下载文件夹将是测试恢复过程的好地方：

```
$ aws s3 cp --recursive s3://awsinaction-$yourname/backup $Path
```

所使用的命令应该和下面的命令看上去差不多：

```
$ aws s3 cp --recursive s3://awsinaction-awittig/backup/ \
➥ /Users/andreas/Downloads/restore
```

同样，根据文件夹的大小和连接互联网的速度，下载文件夹可能需要一段时间。

对象的版本

默认情况下，S3 存储桶禁用了版本功能。假设使用下面的步骤上传了两个对象。

（1）添加一个主键 A 和数据 1 的对象。

（2）添加一个主键 A 和数据 2 的对象。

如果进行下载，也就是 get 操作，获取主键为 A 的对象，你将下载到数据 2。旧的数据 1 将不再存在。

你可以通过启用存储桶的版本控制来更改此行为。执行下面的命令为存储桶激活版本控制，将$yourname 替换为自己的名字：

```
$ aws s3api put-bucket-versioning --bucket awsinaction-$yourname \
➥ --versioning-configuration Status=Enabled
```

如果重复之前的步骤，即使在添加了主键 A 和数据 2 的对象之后，也可以访问到对象 A 的第一个版本的数据 1。执行下面的命令检索所有对象和版本：

```
$ aws s3api list-object-versions --bucket awsinaction-$yourname
```

现在可以下载对象的所有版本。

版本控制对于备份和归档场景非常有用。请记住，随着每一个新版本的推出，你必须为其支付费用的存储桶的大小将会增加。

你不再需要担心丢失数据。S3 是为一年以上 99.999999999%的对象持久性而设计的。例如，在 S3 上存储 100 000 000 000 个对象时，平均每年只会丢失一个对象。

从 S3 存储桶成功恢复数据后，就可以进行清理了。执行以下命令以删除包含备份中所有对象的 S3 存储桶。必须将$yourname 替换为自己的名字，以选择正确的存储桶。rb 命令用于移除存储桶，force 选项将在删除存储桶之前，强制删除桶里面的每个对象：

```
$ aws s3 rb --force s3://awsinaction-$yourname
```

所使用的命令应该和下面的命令看上去差不多：

```
$ aws s3 rb --force s3://awsinaction-awittig
```

完成了！在 CLI 的帮助下你已将文件上传到 S3 并从 S3 下载。

删除存储桶导致 BucketNotEmpty 报错

如果为存储桶启用了版本控制，则删除存储桶将导致 BucketNotEmpty 错误。这种情况下请使用管理控制台来删除存储桶。

（1）在浏览器中打开管理控制台。

（2）通过主导航栏转到 S3 服务。

（3）选择存储桶。

（4）点击 "Delete bucket" 按钮，并在打开的对话框中确认操作。

8.4 归档对象以优化成本

在 8.3 节我们使用 S3 来备份数据。如果希望降低备份存储的成本，应该考虑使用另一个 AWS 服务 Amazon Glacier。使用 Glacier 存储数据的成本大约是使用 S3 存储数据的成本的 1/5。有什么问题吗？S3 提供对数据的即时检索。相比之下，在使用 Glacier 时，你必须请求数据，并等待 1 分钟到 12 小时才能获得数据。表 8-1 展示了 S3 和 Glacier 的区别。

表 8-1　使用 S3 和 Glacier 存储数据的区别

比较项	S3	Glacier
美国东部（弗吉尼亚州北部）区域 1 GB 存储每月的成本	0.023 美元	0.004 美元
插入数据的成本	低	高
检索数据的成本	低	高
数据访问速度	立即可以访问	请求后 1 分钟到 12 小时。越快的检索越昂贵
持久性	设计为年度 99.999999999%的数据持久性	设计为年度 99.999999999%的数据持久性

Amazon Glacier 专为归档你上传一次并且很少下载的大型文件而设计。上传和检索大量小文件的成本很高，因此你应该将小文件捆绑到大型归档文件中，再将它们存储在 Amazon Glacier 上。你可以将 Glacier 用作可通过 HTTPS 访问的独立服务，集成到备份解决方案中，或使用 S3 集成，就像下面的示例中展示的那样。

8.4.1　创建 S3 存储桶来配合 Glacier 使用

本节中将介绍如何使用 Glacier 来归档存储在 S3 上的对象，以降低存储成本。一般来说，只有在后续需要访问数据的机会较低时，才将数据移动到 Glacier。

例如，你将来自温度传感器的测量数据存储在 S3 上。原始数据会不断上传到 S3，并且每天处理一次。分析原始数据后，结果将存储在数据库中。S3 上的原始数据不再需要，但应存档，以防将来需要重新运行数据处理。因此，你可以在一天后将原始测量数据移动到 Glacier，以最大限度地降低存储成本。

下面的示例指导你在 S3 上存储对象、将对象移动到 Glacier 以及从 Glacier 还原对象。如图 8-4 所示，你需要创建一个新的 S3 存储桶。

图 8-4　使用管理控制台创建 S3 存储桶

（1）打开管理控制台。

（2）从导航栏中转移到 S3 服务页面。

（3）点击"Create"按钮。

（4）为存储桶输入唯一的名称（例如 awsinaction-glacier-$yourname）。

（5）选择"US East (N. Virginia)"作为存储桶的区域。

（6）点击"Next"按钮。

（7）点击向导最后一页上的"Create"按钮。

8.4.2　添加生命周期规则到存储桶

回到我们的示例，你将原始测量数据存储在 S3 存储桶中，并对原始数据进行分析。接下来，原始数据应归档在 Glacier 上。为此，请将生命周期规则（lifecycle rule）添加到存储桶中。生命周期规则可用于在给定天数后归档或删除对象。添加一条生命周期规则将对象移动到 Glacier，参照下面的具体步骤，如图 8-5 所示。

（1）从存储桶概览中选择名为 awsinaction-glacier-$yourname 的存储桶。

（2）切换到"Management"选项卡。

（3）点击"Add lifecycle Rule"按钮。

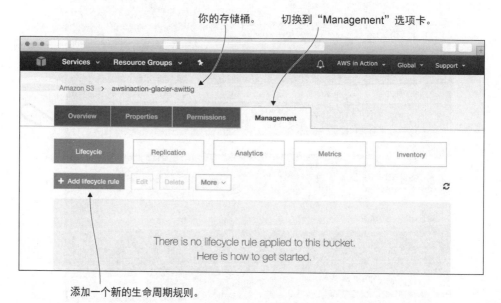

图 8-5　添加生命周期规则以自动将对象移动到 Glacier

一个向导将引导你完成创建一个新的生命周期规则的过程，如图 8-6 所示。该向导的第一步要求你为生命周期规则提供一个名称和范围。输入"glacier"作为规则名称，限制范围的筛选条件文本框保持空白，这意味着将生命规则应用到整个存储桶。

在向导的下一步中，你将配置生命周期规则，以便将对象归档到 Glacier。图 8-7 展示了配置转换的详细信息。

输入glacier来命名生命周期规则。

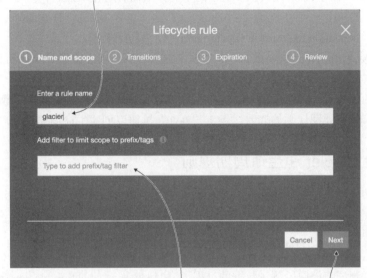

在筛选条件文本框保持空白以将规则应用于存储桶中的所有对象。   继续下一步操作。
你可能希望在其他方案中基于前缀或标签筛选对象。

图 8-6   选择生命周期规则的名称和作用范围

仅为当前版本启用转换。

将对象从S3移动   上传对象后的第0天。   继续下一步操作。
到Glacier。

图 8-7   在 0 天后启用到 Amazon Glacier 的转换

（1）为对象的当前版本启用转换。由于尚未为存储桶启用版本控制，因此以前版本的对象不可用。

（2）选择"Transition to Amazon Glacier after"作为转换类型。

（3）在"Days after object creation"文本框中输入"0"，以尽快将对象移动到 Glacier。

（4）点击"Next"按钮继续。

跳过向导的下一步，该步骤允许你配置生命周期规则以在指定的时间段后删除对象。向导的最后一步显示了生命周期规则的摘要。点击"Save"按钮以创建生命周期规则。

8.4.3　实验 Glacier 和生命周期规则

你已经成功地创建了生命周期规则，它将自动把对象从存储桶移动至 Glacier。

注意　以下示例将比平时花费更多时间。生命周期规则最多需要 24 小时才能将对象移动到 Glacier。从 Glacier 到 S3 的恢复过程需要 3~5 小时。

现在是时候测试归档原始测量数据的过程了。回到名为 awsinaction-glacier-$yourname 的存储桶的概览。点击"Upload"按钮上传一些文件。由于你可能没有包含温度传感器测量数据的文件，因此请随意使用任何类型的数据。你的存储桶看起来应与图 8-8 所示的相似。默认情况下，所有文件都保存为"Standard"存储类别，意味着它们保存在 S3 中。

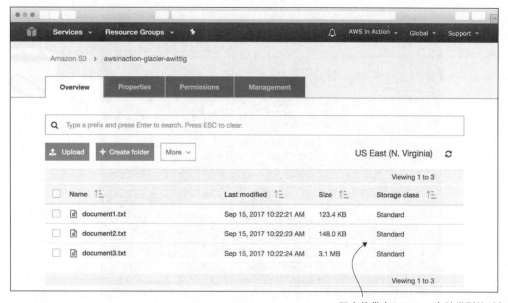

已上传带有Standard存储类别的对象。

图 8-8　上传后立即带有 Standard 存储类别的对象

生命周期规则将创建的对象移动到 Glacier。但是，即使把时间设为 0 天，移动过程仍然会需要 24 小时左右。在对象移动到 Glacier 之后，存储类别会切换为"Glacier"，如图 8-9 所示。

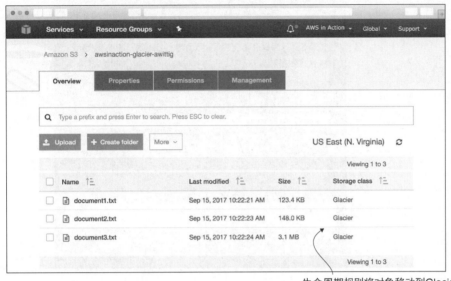

生命周期规则将对象移动到Glacier。

图 8-9　对象在 24 小时后被移动到 Glacier

假设你在处理测量数据时发现了一个错误。从原始数据中提取的数据不正确并存储在数据库中。要重新运行数据分析，你必须从 Glacier 还原原始数据。

你无法直接下载存储在 Glacier 中的文件，但你可以将对象从 Glacier 还原到 S3 中。参考图 8-10 所示的步骤使用管理控制台进行还原。

（1）打开名为 awsinaction-glacier-$yourname 的 S3 存储桶。

（2）选择你想要从 Glacier 还原到 S3 的对象。

（3）选择"Initiate Restore"操作，该操作隐藏在"More"按钮中。

（4）在弹出的对话框中选择对象从 Glacier 还原后要保留在 S3 的天数，以及检索选项。

（5）点击"Restore"按钮发起还原操作。

检索选项

Amazon Glacier 提供 3 种检索选项。

- 加快——1～5 分钟提供数据，这是最昂贵的还原选项。
- 标准——数据在 3～5 小时可用，收取适当费用。
- 批量——数据在 5～12 小时内可用，这是最便宜的还原选项。

使用标准检索选项还原对象通常需要 3～5 小时。还原完成后，你可以下载该对象。你现在可以在原始数据上重新运行数据处理了。

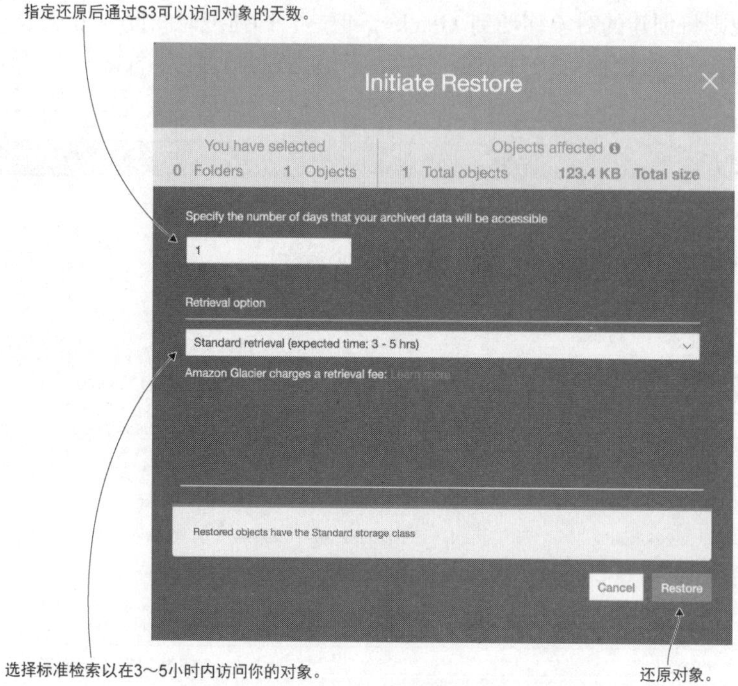

指定还原后通过S3可以访问对象的天数。

选择标准检索以在3～5小时内访问你的对象。

还原对象。

图 8-10　将对象从 Glacier 还原到 S3

资源清理

　　完成 Glacier 示例之后你需要删除自己的存储桶。从管理控制台按以下操作可以完成删除过程。

　　（1）转到 S3 存储桶的概览。

　　（2）选择名为 awsinaction-glacier-$yourname 的存储桶。

　　（3）点击"Delete bucket"按钮，然后在显示的对话框中确认操作。

　　你已经了解了如何使用 CLI 和管理控制台来使用 S3。8.5 节将展示如何在 SDK 的帮助下将 S3 集成到你的应用中。

8.5　以编程的方式存储对象

　　可以通过 HTTPS 使用 API 访问 S3。这使你可以以编程方式向 API 请求将 S3 集成到你的应用中。这样做可以使你的应用受益于可扩展且高可用的数据存储。AWS 为常见的编程语言（如 Go、Java、JavaScript、PHP、Python、Ruby 和.NET）提供免费的 SDK。你可以直接从应用中使用 SDK 执行以下操作。

　　■　列出存储桶和里面的对象。

　　■　创建、移除更新和删除（CRUD）对象和存储桶。

■ 管理对象的访问权限。

以下是如何将 S3 集成到应用中的示例。

■ 允许用户上传个人资料图片。将图片存储在 S3 中，并使其可公开访问。通过 HTTPS 将图片集成到自己的网站中。

■ 生成月度报告（如 PDF 文件），并使用户能够访问这些报告。创建文档并将其上传到 S3。如果用户想下载文档，可以从 S3 获取。

■ 在应用间共享数据。你可以从不同的应用访问文档。例如，应用 A 可以使用有关销售的最新信息编写对象，应用 B 可以下载该文档并分析数据。

将 S3 集成到应用中是实现无状态服务器概念的一种方法。接下来，我们将通过深入研究一个名为 Simple S3 Gallery 的简单 Web 应用，介绍如何将 S3 集成到你的应用中。该 Web 应用构建在 Node.js 之上，并且使用 JavaScript 和 Node.js 的 AWS SDK。因为概念相似，你可以很容易地将从这个示例中学到的东西转移到其他编程语言的 SDK。

安装并开始使用 Node.js

Node.js 是一个在事件驱动环境下运行 JavaScript 脚本的平台，因此你可以轻松地构建网络应用。要安装 Node.js，可以访问 Node.js 官方网站并下载适合你所用操作系统的软件包。本书中的所有示例都使用 Node.js 8 进行开发与测试。

安装完 Node.js，你就可以在终端上执行 `node --version` 来验证一切是否就绪。你的终端应该响应一些类似 v8.* 的输出。现在你已准备好运行 Simple S3 Gallery 这样的 JavaScript 示例。

你想学习使用 Node.js 吗？我们推荐 Alex Young 等人编写的 *Node.js in Action, Second Edition* 或 P.J.Evans 开设的视频课程 "Node.js in Motion"。

Simple S3 Gallery 允许你将图片上传到 S3 并显示你已上传的所有图片。图 8-11 展示了 Simple S3 Gallery 的运行情况。让我们设置 S3 来启动你自己的图库。

图 8-11　Simple S3 Gallery 应用允许用户上传图片到 S3 存储桶，然后从存储桶下载来展示图片

8.5.1 设置 S3 存储桶

首先，你需要创建一个空的存储桶。执行下面的命令，将$yourname 替换为你的名字或者昵称：

```
$ aws s3 mb s3://awsinaction-sdk-$yourname
```

存储桶已经准备好了。下一步安装 Web 应用。

8.5.2 安装使用 S3 的 Web 应用

你可以在本书的代码文件夹中的/chapter7/gallery/找到 Simple S3 Gallery 的代码。切换到该目录，在终端上执行 npm install 以安装所有必需的依赖项。

要运行 Web 应用，需要执行下面的命令。将$yourname 替换为你的名字，将 S3 的存储桶名传递给 Web 应用：

```
$ node server.js awsinaction-sdk-$yourname
```

启动服务器后，使用浏览器访问 http://localhost:8080 打开 Gallery 应用。试着上传一些图片。

8.5.3 检查使用 SDK 访问 S3 的代码

你已经看到 Simple S3 Gallery 如何将图片上传到 S3 和如何查看 S3 上的图片。查看部分代码将有助于了解怎样才能将 S3 集成到应用。如果无法完全理解编程语言（JavaScript）和 Node.js 平台的实现细节，没有关系，只要大概了解如何通过 SDK 使用 S3 即可。

1. 上传一张图片到 S3

你可以调用 S3 服务 SDK 中的 putObject()函数来上传一张图片。应用将连接到 S3 服务并且使用 HTTPS 协议来传输图片。代码清单 8-1 展示了如何完成这些操作。

代码清单 8-1　使用 AWS SDK 上传图片到 S3

```
var AWS = require('aws-sdk');        ◁—— 需要 AWS SDK
var uuid = require('uuid');

var s3 = new AWS.S3({'region': 'us-east-1'});  ◁—— 使用附加配置实例化 S3 客户端

var bucket = [...];

function uploadImage(image, response) {
  var params = {       ◁—— 上传图片的参数
    Body: image,       ◁—— 图片内容
    Bucket: bucket,    ◁—— 存储桶的名称
    Key: uuid.v4(),    ◁—— 为对象生成一个唯一的键
```

```
    ACL: 'public-read',      ←—— 允许所有人从存储桶读取图片
    ContentLength: image.byteCount,         ←—— 图片的大小，以字节为单位
    ContentType: image.headers['content-type']   ←—— 对象的内容类型（图片/PNG 文件）
  };
  s3.putObject(params, function(err, data) {    ←—— 下载图片到 S3
    if (err) {          ←—— 处理错误（如网络问题）
      console.error(err);
      response.status(500);
      response.send('Internal server error.');
    } else {              ←—— 操作成功
      response.redirect('/');
    }
  });
}
```

2. 列出 S3 存储桶中的所有图片

为了列出所有图片，应用需要列出你的存储桶中的所有对象。这可以通过调用 S3 服务的 listObjects()函数完成。代码清单 8-2 展示了 server.js JavaScript 文件中相应函数的实现，作为 Web 服务器。

代码清单 8-2　从 S3 存储桶中检索所有图片位置

```
var bucket = [...];

function listImages(response) {
  var params = {          ←—— 定义 list-objects 操作的参数
    Bucket: bucket
  };
  s3.listObjects(params, function(err, data) {    ←—— 调用 list-objects 操作
    if (err) {
      console.error(err);
      response.status(500);
      response.send('Internal server error. ');
    } else {
      var stream = mu.compileAndRender(
        'index.html',
        {
          Objects: data.Contents,    ←—— 结果数据包含存储桶列表中的对象
          Bucket: bucket
        }
      );
      stream.pipe(response);
    }
  });
}
```

列出对象将返回存储桶中所有图片的名称，但其中不包含图片内容。在上传过程中，图片的访问权限被设置为公共读取。这意味着任何人都可以使用存储桶名称和一个随机键下载图片。代码清单 8-3 展示了 index.html 模板的部分代码，该模板根据请求呈现。Objects 变量包含存储桶中的所有对象。

代码清单 8-3　将数据渲染为 HTML 的模板

```
[...]
<h2>Images</h2>
{{#Objects}}          ⟵──── 遍历所有对象
  <p><img src=              ⟵──── 将从存储桶中取图片的 URL 放在一起
➥ "https://s3.a*******s.com/{{Bucket}}/{{Key}}"
➥ width="400px" ></p>  </p>
{{/Objects}}
[...]
```

现在我们看到了 Simple S3 Gallery 应用中和 S3 集成的 3 个重要的部分：上传一张图片、列出所有的图片和下载一张图片。

资源清理

别忘了清理和删除本例中的 S3 存储桶。执行下面的命令，将$yourname 替换为自己的名字：

```
$ aws s3 rb --force s3://awsinaction-sdk-$yourname
```

我们已经学会了如何用 JavaScript 和 Node. js 的 AWS SDK 使用 S3，使用其他编程语言的 AWS SDK 也是类似的。

8.6　使用 S3 来实现静态网站托管

我们已于 2015 年 5 月开通了博客。广受欢迎的博客帖子如"5 AWS mistakes you should avoid""Integrate SQS and Lambda: serverless architecture for asynchronous workloads""AWS Security Primer"已被阅读超过 16.5 万次。但我们不需要操作任何虚拟机来发布博客文章。相反，我们用 S3 来托管使用静态站点生成器 hexo 构建的静态网站。这种方法为我们的博客提供了经济高效、可扩展且免维护的基础设施。

你可以使用 S3 托管静态网站，并提供静态内容，如 HTML、JavaScript、CSS、图片（如 PNG 和 JPG 格式）、音频和视频。但要记住，你无法运行 PHP 或 JSP 等服务器端脚本。例如，在 S3 上无法托管 WordPress（一个基于 PHP 的内容管理系统）。

通过使用 CDN 来提高速度

使用 CDN 有助于减少静态 Web 内容的加载时间。CDN 将静态内容（如 HTML、CSS 和图片）分发到世界各地的节点。如果用户发出对某些静态内容的请求，则由具有最低延迟的最近的可用节点回答该请求。

> 各个提供商都提供 CDN。Amazon CloudFront 是 AWS 提供的 CDN。使用 CloudFront 时，用户可以连接到 CloudFront 以访问你的内容，该内容从 S3 或其他来源获取。如果要进行此设置，请参阅 AWS 官方网站上 CloudFront 的相关文档，本书不会介绍这部分内容。

此外，S3 还提供以下用于托管静态网站的功能。

- 定义自定义索引文档和错误文档。例如，可以将 index.html 定义为默认索引文档。
- 为所有或特定的请求定义重定向。例如，你可以将/img/old.png 的所有请求转发到/img/new.png。
- 为 S3 存储桶设置自定义域。例如，安德烈亚斯可能想为我的存储桶设置一个域名，如 mybucket.andreaswittig.info。

8.6.1　创建存储桶并上传一个静态网站

需要先创建一个新的 S3 存储桶。打开你的终端并且执行下面的命令来完成这个步骤。将 $BucketName 替换为自己的存储桶名称。（如之前提到的，存储桶的名称需要在全局唯一。如果要将域名重定向到 S3，则必须使用整个域名作为存储桶名称。）

```
$ aws s3 mb s3://$BucketName
```

现在存储桶是空的，接下来将在其中放置一个 HTML 文档。我们准备了一个占位符 HTML 文件（helloworld.html）。你可以从本书配套代码库的/chapter08/helloworld.html 找到该文件。现在可以将文件上传到 S3。执行以下命令，将$PathToPlacerholder 替换为在上一步中下载的 HTML 文件的路径，将$BucketName 替换为你的存储桶名称：

```
$ aws s3 cp $PathToPlaceholder/helloworld.html \
➥s3://$BucketName/helloworld.html
```

现在已经创建了一个存储桶，并上传了一个名为 helloworld.html 的 HTML 文档，接下来需要配置存储桶。

8.6.2　配置存储桶来实现静态网站托管

在默认情况下，只有文件的拥有者可以访问 S3 存储桶的文件。使用 S3 来提供静态网站服务的话，就需要允许所有人可以查看或者下载该存储桶里的文档。存储桶策略（bucket policy）可以用来在全局控制存储桶里对象的访问权限。第 6 章介绍过，策略是在 JSON 中定义的，并且包含一个或多个允许或拒绝对特定资源执行特定操作的语句。存储桶策略与 IAM 策略类似。

可以从本书配套代码的/chapter08/bucketpolicy.json 中找到我们的存储桶策略。接下来需要编辑 bucketpolicy.json 文件，如代码清单 8-4 所示。使用你选择的编辑器打开文件，并将$BucketName 替换为你的存储桶名称。

代码清单 8-4　存储桶策略允许对存储桶里的每个对象进行只读访问

```
{
  "Version":"2012-10-17",
  "Statement":[
    {
      "Sid":"AddPerm",
      "Effect":"Allow",          ◁─── 允许访问
      "Principal": "*",          ◁─── 任何人
      "Action":["s3:GetObject"],          ◁─── 读取对象
      "Resource":["arn:aws:s3:::$BucketName/*"]          ◁─── 你的存储桶
    }
  ]
}
```

使用下面的命令可以将桶策略添加到存储桶。将$BucketName 替换为存储桶名称，并且将
$PathToPolicy 替换为 bucketpolicy.json 文件的路径：

```
$ aws s3api put-bucket-policy --bucket $BucketName \
➥ --policy file://$PathToPolicy/bucketpolicy.json
```

现在，任何人都可以下载存储桶中的每个对象。接下来需要启用并配置 S3 的静态 Web 托管
功能。要做到这一点，需要执行下面的命令，将$BucketName 替换为你的存储桶的名称：

```
$ aws s3 website s3://$BucketName --index-document helloworld.html
```

你的存储桶现在已被配置为交付一个静态网站。HTML 文档 helloworld.html 用作索引页面。
下面来了解如何访问该网站。

8.6.3　访问 S3 上托管的网站

你可以通过浏览器访问静态网站，要先选择正确的端点。S3 静态 Web 托管的端点依赖存储
桶所在的区域：

```
http://$BucketName.s3-website-$Region.a*******s.com
```

将$BucketName 替换为你的存储桶的名称，并将$Region 替换为你的区域。因此，如果
你的存储桶名称为 AwesomeBucket，并且是在默认区域 us-east-1 中创建的，则你的存储桶名
称将是：

```
http://awesomebucket.s3-website-us-east-1.a*******s.com/
```

使用浏览器打开此 URL，你应该受到 Hello World 网站的欢迎。

关联一个自定义的域到 S3 的存储桶

如果不想在诸如 awsinaction.s3-website-us-east-1.a*******s.com 之类的域下托管静态内容，
则可以将自定义域链接到 S3 存储桶，例如 awsinaction.example.com。你只需要为你的域添加一

个 CNAME 记录。

只有符合以下规则，CNAME 记录才有效。

- 存储桶名称必须与 CNAME 记录名称匹配。例如，要为 awsinaction.example.com 创建 CNAME，则存储桶名称也必须为 awsinaction.example.com。
- CNAME 记录不适用于主域名（例如 example.com）。你需要为像 awsinaction 或 www 这样的 CNAME 使用子域。如果想关联主域名到 S3 存储桶，需要使用 AWS 提供的 Route 53 DNS 服务。

将自定义域链接到 S3 存储桶只适用于 HTTP。如果你想使用 HTTPS（而且你可能应该这么做），需要将 AWS CloudFront 与 S3 结合使用。AWS CloudFront 接受来自客户端的 HTTPS，并将请求转发给 S3。

资源清理

别忘了在完成本示例的时候清理所用的存储桶。要做到这一点，执行下面的命令，将$BucketName 替换为你的存储桶的名称：

```
$ aws s3 rb --force s3://$BucketName
```

8.7　使用 S3 的最佳实践

在通过 CLI 使用 S3 或将其集成到应用中时，了解对象存储的工作方式会大有帮助。S3 和许多存储解决方案之间的一个重要区别是 S3 最终是一致的，这意味着你可能会在短时间内更改对象后读取到过时的数据。通常，你会在写入后不到 1 秒的时间内读取对象的最新版本，但在极少数情况下，你可能会花费更长的时间来读取陈旧的数据。如果不考虑这一点，当你在更改后立即尝试读取对象，可能会感到惊讶。另一个挑战是设计在 S3 上能提供最大化的 I/O 性能的对象键。接下来，我们就来详细了解这两点。

8.7.1　确保数据一致性

在 S3 上创建、更新或删除对象的操作是原子操作。这意味着，如果你在创建、更新或删除后读取对象，则永远不会读到损坏的或不完整的数据。但是有可能读取操作会在一段时间里只返回旧的数据。

如果创建、更新或删除对象的请求成功，更改会被安全地存储。但立即访问已更改的对象可能会返回其旧版本，如图 8-12 所示。如果重试访问对象的操作，过一段时间就会有新版本可用。

经过一段时间后，最新版本可用。

如果在使用 PUT 请求创建对象之前未向对象的键发送 GET 或 HEAD 请求，则 S3 会在所有区域中实现写后读一致性。

图 8-12   最终一致性：如果更新对象并尝试读取它，则该对象可能包含旧版本

8.7.2   选择正确的键

命名变量和文件是困难的。对于为要存储在 S3 中的对象选择正确的键尤其如此。在 S3 中，键按字母顺序存储在索引中。键名决定键存储在哪个分区中。如果你的键都以相同的字符串开头，这将限制 S3 存储桶的 I/O 性能。如果工作负载每秒需要 100 多个请求，那么应该为对象选择以不同字符串开头的键。如图 8-13 所示，这将提供最大化的 I/O 性能。

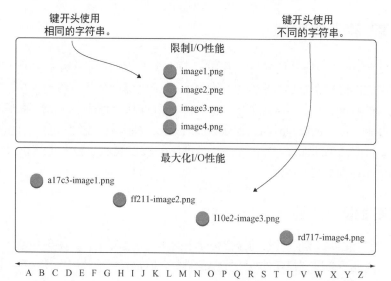

图 8-13   为了改善 S3 的 I/O 性能，不要使用开头相同的字符串作为键

在键中使用一个斜线（/）的效果就像为对象创建目录一样。如果你创建的对象的键为 folder/object.png，在通过管理控制台这样的图形化界面浏览存储桶的时候，你会看到目录 folder。但是从技术的本质上看，对象的键仍然是 folder/object.png。

假设要存储的图片分别由不同的用户上传，我们为对象的键设计了下面的命名方式：

```
upload/images/$ImageId.png
```

$ImageId 是随每个新图片而增加的数字 ID。对象列表可能如下：

```
image1.png
image2.png
image3.png
image4.png
```

对象键按字母顺序排列，S3 的最大吞吐量不是最优的。你可以通过向每个对象添加哈希前缀来解决这个问题。例如，你可以使用原始键名称的 MD5 哈希值并将其添加到键的前面：

```
a17c3-image1.png
ff211-image2.png
l10e2-image3.png
rd717-image4.png
```

这将有助于跨分区分发键并提高 S3 的 I/O 性能。了解 S3 的内部机制有助于优化你的使用方法。

8.8 小结

- 对象由唯一的标识符、用来描述和管理对象的元数据和内容本身组成。图片、文档、可执行文件或者任何其他内容都可以用对象的形式保存在对象存储中。
- Amazon S3 是只能通过 HTTP（S）访问的对象存储。可以使用 CLI、SDK 或管理控制台上传、管理和下载对象。
- 将 S3 集成到应用中将有助于实现无状态服务器的概念，因为不必在服务器上存储对象。
- 可以为对象定义生命周期规则，将其从 Amazon S3 移到 Amazon Glacier，这是一种特殊服务，用于归档不需要经常访问的数据。这样做可以大大降低成本。
- S3 是最终一致的对象存储。如果将它集成到应用和进程中，则必须考虑这一点，以避免发生令人不快的意外。

第 9 章　在硬盘上存储数据：EBS 和实例存储

本章主要内容

- 将持久存储卷附加到 EC2 实例
- 使用附加到主机系统的临时存储
- 备份卷
- 测试和调试卷的性能
- 持久卷（EBS）和临时卷（实例存储）的区别

想象一下，你的任务是将企业应用从托管本地迁移到 AWS。通常，遗留应用从文件系统读取和写入文件。因此，如第 8 章所述，切换到对象存储是不可能的。幸运的是，AWS 提供了良好的旧块存储，允许你迁移遗留应用，而无须进行昂贵的修改。

你就像在个人计算机上做的那样，可以使用磁盘文件系统（FAT32、NTFS、ext3、ext4、XFS 等）和块存储来存储文件。块是字节序列，是最小的可寻址单元之一。操作系统位于需要访问文件的应用和底层的文件系统和块存储的中间。磁盘文件系统负责管理文件放在底层的块存储的具体位置（哪个块的地址）。块存储只能在运行操作系统的 EC2 实例上使用。

操作系统通过打开、写入和读取系统调用来提供对块存储的访问服务。简化的读取请求流程如下。

（1）应用想要读取文件/path/to/file.txt，并进行读取系统调用。

（2）操作系统转发读请求给文件系统。

（3）文件系统将/path/to/file.txt 转换为存储数据的磁盘上的块。

数据库这样的应用通过使用系统调用的方式来读写文件，它们必须能够访问块存储来实现持久性。因为 MySQL 数据库必须使用系统调用访问文件，所以不能把 MySQL 数据库的文件保存在对象存储里。

不是所有示例都包含在免费套餐中

本章中的示例并不都包含在免费套餐中。当一个示例产生费用时，会显示一个特殊的警告消息。只要不是运行这些示例好几天，就不需要支付任何费用。记住，这仅适用于本书读者为学习本书刚刚创建的全新 AWS 账户，并且在这个 AWS 账户中没有任何活动记录。尽量在几天的时间里完成本章中的示例，在每个示例完成后务必清理账户。

AWS 提供如下两种类型的块存储。

- 通过网络连接的持久性块存储卷——这是解决大多数问题的最佳选择之一，因为它独立于虚拟机的生命周期，并自动在多个磁盘之间复制数据，所以可以提高持久性和可用性。
- 物理连接到虚拟机主机系统的临时块存储卷——如果你正在优化性能，这很有趣，因为它直接连接到主机系统，所以在访问数据时能提供低延迟和高吞吐量。

接下来的 3 个部分将通过连接存储和 EC2 实例、进行性能测试以及研究如何备份数据来介绍和比较这两个解决方案。

9.1 弹性块存储：通过网络附加的持久的块级别存储

弹性块存储（EBS）通过内置的数据复制提供持久的块级别存储。EBS 通常用于以下场景。

- 在虚拟机上运行关系数据库系统。
- 运行需要文件系统在 EC2 上存储数据的（遗留）应用。
- 存储和启动虚拟机的操作系统。

EBS 卷与 EC2 实例分开并通过网络连接，如图 9-1 所示。

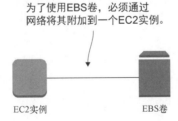

图 9-1 EBS 卷是独立的资源，但是只能在附加到一个 EC2 实例上时使用

EBS 卷说明如下。

- EBS 卷不是你的 EC2 实例的一部分，它们通过网络附加到你的 EC2 实例。如果终止 EC2 实例，EBS 卷仍然存在。
- EBS 卷要么未附加到 EC2 实例，要么一次只附加到一个 EC2 实例。
- EBS 卷可以像典型的硬盘一样使用。
- EBS 卷在多个磁盘上复制数据，以防止由于硬件故障导致的数据丢失。

EBS 卷有一大优势：它们不是 EC2 实例的一部分，而是一个独立的资源。无论你是因为硬件缺陷而停止虚拟机还是虚拟机出现故障，你的 EBS 卷和数据都将保留。

警告 用户无法将相同的 EBS 卷附加到多个虚拟机！如果你正在寻找网络文件系统，参见第 10 章。

9.1.1 创建 EBS 卷并将其附加到 EC2 实例

让我们回到本章开头的示例。你正在将遗留应用迁移到 AWS。应用需要访问文件系统来存储数据。由于数据包含业务关键信息，因此持久性和可用性非常重要。你要为持久性块存储创建 EBS 卷。遗留应用在虚拟机上运行，EBS 卷被附加到虚拟机，以支持访问块存储。

```
EC2Instance: ◄──── 定义 EC2 实例
  Type: 'AWS::EC2::Instance'
  Properties:
    # [...] ◄──── 在这个例子中，我们跳过了 EC2 实例的属性

Volume: ◄──── 定义 EBS 卷
  Type: 'AWS::EC2::Volume'
  Properties:
    AvailabilityZone: !Sub ${EC2Instance.AvailabilityZone}
    Size: 5 ◄──── 创建容量为 5 GB 的卷
    VolumeType: gp2 ◄──── 基于 SSD 的默认卷类型
    Tags:
    - Key: Name

      Value: 'AWS in Action: chapter 9 (EBS)
VolumeAttachment: ◄──── 将 EBS 卷附加到 EC2 实例
  Type: 'AWS::EC2::VolumeAttachment'
  Condition: Attached
  Properties:
    Device: '/dev/xvdf' ◄──── EC2 实例使用的设备的名称
    InstanceId: !Ref EC2Instance ◄──── 引用 EC2 实例
    VolumeId: !Ref Volume ◄──── 引用 EBS 卷
```

EBS 卷是独立资源。这意味着你的 EBS 卷可以在没有 EC2 实例的情况下存在，但你需要 EC2 实例才能访问 EBS 卷。

9.1.2 使用 EBS

为了帮你了解 EBS，我们准备了一个 CloudFormation 模板，可以在本书代码库的/chapter09/ebs.yaml 中找到。通过点击 CloudFormation Quick-Create 链接基于该模板创建一个 CloudFormation 栈。选择默认的 VPC 和一个随机子网，并将 AttachVolume 参数设置为 yes。不要忘记选中标记的框，"我确认 AWS CloudFormation 可能会创建 IAM 资源"。创建栈后，复制 PublicName 的输出并通过 SSH 连接：ssh -i $PathToKey/ mykey.pem ec2-user@$PublicName。

使用 fdisk 可以看到已经附加的 EBS 卷。通常，EBS 卷可以在/dev/xvdf 到/dev/xvdp 下面找到。根卷（/dev/xvda）是一个例外——在启动 EC2 实例的时候，它基于选择的 AMI 创建，并且包含所有用于启动实例的信息（操作系统文件）：

```
$ sudo fdisk -l
Disk /dev/xvda: 8589 MB [...]          ◁—— 根卷，一个大小约为 8 GiB 的 EBS 卷
Units = sectors of 1 * 512 = 512 bytes
Sector size (logical/physical): 512 bytes / 512 bytes
I/O size (minimum/optimal): 512 bytes / 512 bytes
Disk label type: gpt


   #      Start         End     Size   Type            Name
   1       4096    16777182      8G   Linux filesyste  Linux
 128       2048        4095      1M   BIOS boot parti  BIOS Boot Partition

Disk /dev/xvdf: 5368 MB [...]          ◁—— 额外的卷，一个大小约为 5 GiB 的 EBS 卷
Units = sectors of 1 * 512 = 512 bytes
Sector size (logical/physical): 512 bytes / 512 bytes
I/O size (minimum/optimal): 512 bytes / 512 bytes
```

创建一个新的 EBS 卷时，必须在上面创建一个文件系统。你还可以在 EBS 卷上创建不同的分区，但在这种情况下，卷大小仅为 5 GB，因此你可能不希望将其进一步拆分。由于你可以创建任意大小的 EBS 卷并将多个卷附加到虚拟机，因此对单个 EBS 卷进行分区并不常见。应该创建与需求相同容量大小的卷，在需要两个单独的分区情况下，直接创建两个卷更合适。在 Linux 中，可以使用 mkfs 基于卷来创建文件系统。下面的例子创建了 ext4 的文件系统：

```
$ sudo mkfs -t ext4 /dev/xvdf
mke2fs 1.42.12 (29-Aug-2014)
Creating filesystem with 1310720 4k blocks and 327680 inodes
Filesystem UUID: e9c74e8b-6e10-4243-9756-047ceaf22abc
Superblock backups stored on blocks:
  32768, 98304, 163840, 229376, 294912, 819200, 884736

Allocating group tables: done
Writing inode tables: done
Creating journal (32768 blocks): done
Writing superblocks and filesystem accounting information: done
```

文件系统创建完成之后，就可以安装文件系统到一个目录：

```
$ sudo mkdir /mnt/volume/
$ sudo mount /dev/xvdf /mnt/volume/
```

使用 df -h 命令可以查看已经安装的卷：

```
$ df -h
Filesystem      Size Used Avail Use% Mounted on
devtmpfs        489M  60K  488M   1% /dev
tmpfs           497M    0  497M   0% /dev/shm
/dev/xvda1      7.8G 980M  6.7G  13% /          ◁—— 根卷
/dev/xvdf       4.8G  10M  4.6G   1% /mnt/volume ◁—— 额外的卷
```

EBS 卷独立于虚拟机。要查看此操作，请将文件保存到卷、卸载并分离该卷。之后，你将再次附加并安装该卷。数据仍然可用！

```
$ sudo touch /mnt/volume/testfile     ◁—— 在/mnt/volume/中创建测试文件
$ sudo umount /mnt/volume/            ◁—— 卸载该卷
```

更新 CloudFormation 栈，并将 AttachVolume 参数更改为 no。这将从 EC2 实例中分离 EBS
卷。更新完成后，只剩下根设备：

```
$ sudo fdisk -l
Disk /dev/xvda: 8589 MB, 8589934592 bytes, 16777216 sectors
Units = sectors of 1 * 512 = 512 bytes
Sector size (logical/physical): 512 bytes / 512 bytes
I/O size (minimum/optimal): 512 bytes / 512 bytes
Disk label type: gpt


    #         Start          End     Size   Type          Name
    1          4096     16777182      8G    Linux filesyste Linux
  128          2048         4095      1M    BIOS boot parti BIOS Boot Partition
```

/mnt/volume/中的测试文件也消失了：

```
$ ls /mnt/volume/testfile
ls: cannot access /mnt/volume/testfile: No such file or directory
```

现在，将再次附加 EBS 卷。更新 CloudFormation 栈，并将 AttachVolume 参数更改为 yes。
更新完成后，/dev/xvdf 再次可用：

```
$ sudo mount /dev/xvdf /mnt/volume/        ◁────┐ 再次安装附加的卷
$ ls /mnt/volume/testfile  ◁──── 检查测试文件是否仍在/mnt/volume/中
/mnt/volume/testfile
```

太棒了！在/mnt/volume/中创建的测试文件仍然存在。

9.1.3　调整性能

硬盘的性能测试通常分为读测试和写测试。要测试卷的性能，可以使用一个简单的工具
dd。dd 可以在数据源 if=/path/to/source 和目的地 of=/path/to/destination 之间进行数据块级别
的读写：

```
$ sudo dd if=/dev/zero of=/mnt/volume/tempfile bs=1M count=1024 \ ◁────┐
➥ conv=fdatasync,notrunc                     每次写 1 MB，共写 1024 次│
1024+0 records in
1024+0 records out
1073741824 bytes (1.1 GB) copied, 16.9858 s, 63.2 MB/s ◁──── 63.2 MB/s 的写性能

$ echo 3 | sudo tee /proc/sys/vm/drop_caches    ◁──── 刷新缓存
3

$ sudo dd if=/mnt/volume/tempfile of=/dev/null bs=1M count=1024 ◁────┐
1024+0 records in                             每次读 1 MB，共读 1024 次│
1024+0 records out
1073741824 bytes (1.1 GB) copied, 16.3157 s, 65.8 MB/s ◁──── 65.8 MB/s 的读性能
```

注意，由于真实的工作负载不同，存储性能的表现也不一样。本示例假设文件大小为 1 MB。
如果应用是互联网网站，很有可能需要处理的是大量的小文件。

但 EBS 的情况更为复杂，其性能取决于 EC2 实例的类型以及 EBS 卷类型。表 9-1 概述了默

认为经过 EBS 优化的 EC2 实例类型，以及可针对额外的每小时费用进行优化的类型。具有 EBS 优化的 EC2 实例通过为其 EBS 卷提供专用带宽而受益。每秒 I/O 操作（input/output operations per second, IOPS）使用标准的 16 KB 的 I/O 操作大小进行测量。性能在很大程度上取决于工作负载（是读还是写）和 I/O 操作的大小（更大的操作大小等于更高的吞吐量）。这些数据仅供参考，实际生产中的性能情况可能有所差异。

表 9-1 EBS 优化的实例类型的性能表现

使用场景	实例类型	最大带宽/MB $\cdot$ s^{-1}	每秒最大 I/O 次数	默认 EBS 优化
通用型（第三代）	m3.xlarge～c4.large	60～119	4000～8000	否
通用型（第四代）	m4.large～m4.16xlarge	54～1192	3600～65000	是
通用型（第五代）	m5.large～m5.24xlarge	57～1192	3600～65000	是
计算优化型（第三代）	c3.xlarge～c3.4xlarge	60～238	4000～16000	否
计算优化型（第四代）	c4.large～c4.8xlarge	60～477	4000～32000	是
计算优化型（第五代）	c5.large～c5.18xlarge	63～1073	4000～64000	是
内存优化型	r4.large～r4.16xlarge	51～1669	3000～75000	是
存储优化型	i3.large～i3.16xlarge 60	51～1669	3000～65000	是
存储优化型	d2.xlarge～d2.8xlarge	89～477	6000～32000	是

根据工作负载的要求，你需要选择一个能够提供足够带宽的 EC2 实例类型。此外，你的 EBS 卷必须与带宽保持平衡。表 9-2 展示了不同的 EBS 卷类型。

表 9-2 不同的 EBS 类型

EBS 卷类型	大小	MiB/s	IOPS	突发 IOPS 性能	价格
通用型 SSD（gp2）	1 GiB～16 TiB	160	3/GiB（最高 10 000）	3000 IOPS	$$$
预置 IOPS SSD（io1）	4 GiB～16 TiB	500	尽可能高的配置（最多每 GiB 50 IOPS 或 32 000 IOPS）	n/a	$$$$
吞吐量优化型 HHD（st1）	500 GiB～16 TiB	每 TiB 40（最多 500）	500	每 TiB 250 MiB/s（最高 500 MiB/s）	$$
冷 HDD（sc1）	500 GiB～16 TiB	每 TiB 12（最多 250）	250	每 TiB 80 MiB/s（最高 250 MiB/s）	$
EBS 磁介质 HDD（standard）	1 GiB～1 TiB	40～90	40～200（平均 100）	数百	$$

注：“价格”列$符号越多表示价格越高。

下面是对不同卷类型的典型使用场景的介绍。

- 对于大多数具有中型负载和随机访问模式的工作负载，使用通用型 SSD（gp2）作为默认值。例如，将它用作启动卷，或者用于所有具有低到中等 I/O 负载的应用。
- I/O 密集型工作负载随机访问少量数据。预置 IOPS SSD（io1）可提供吞吐量保证，例如，适用于大型和关键业务数据库工作负载。
- 将吞吐量优化型 HDD（st1）用于具有顺序 I/O 和大量数据的工作负载，例如大数据工作负载。不要将此卷类型用于需要小型而随机 I/O 的工作负载。
- 当你为需要不经常按顺序访问的数据寻找低成本存储选项时，冷 HDD（sc1）非常合适。对于需要小型和随机 I/O 的工作负载，不要使用此卷类型。
- EBS 磁介质 HDD（standard）是上一代产品中较旧的一种。当你不经常访问数据时，这可能是一个不错的选择。

GiB 和 TiB

GiB 和 TiB 并不经常使用，你可能更加熟悉 GB 和 TB。但是在某些情况下，AWS 使用 GiB 和 TiB。下面是这两个术语的含义。

- 1 TiB = 2^{40} 字节 = 1 099 511 627 776 字节。
- 1 TiB 约为 1.0995 TB。
- 1 TB = 10^{12} 字节 = 1 000 000 000 000 字节。
- 1 GiB = 2^{30} 字节 = 1 073 741 824 字节。
- 1 GiB 约为 1.074 GB。
- 1 GB = 10^{9} 字节 = 1 000 000 000 字节。

不管实际使用了多少容量，EBS 卷都按卷的容量大小来收费。如果你配置了一个 100 GiB 大小的 EBS 卷，即使没有在上面保存任何数据，你仍然需要为 100 GiB 的 EBS 卷付费。如果你使用的是 EBS 磁介质 HDD（standard）卷，则你需要为自己完成的每次 I/O 操作付费。如果使用预置 IOPS SSD（io1）卷，还需要为预置 IOPS 付费。可以使用 AWS 官方网站上的 AWS 简单月度计算器来计算你的存储设置的成本是多少。

我们建议默认使用通用型 SSD 卷。如果你的工作负载需要更高的 IOPS，推荐选择预置 IOPS SSD。你可以附加多个 EBS 卷到一台 EC2 实例来增加容量或者总体性能。

9.1.4　使用 EBS 快照备份数据

EBS 卷会自动在多个磁盘上复制数据，其年度故障率（AFR）分别为 0.1% 和 0.2%。这意味着，平均而言，你每年应该会损失 500 卷中的 0.5～1 卷。要应对 EBS 卷的可能性非常小（但可能）的故障，或者更可能的人为故障，你应该定期创建卷的备份。幸运的是，EBS 提供了一种优化的、易于使用的方式来备份带有 EBS 快照的 EBS 卷。快照是存储在 S3 中的块级增量备份。如果你的卷大小为 5 GiB 并且你使用 1 GiB 数据，则你的第一个快照大小约为 1 GiB。创建第一个快照后，仅将更改保存到 S3，以减少备份的大小。EBS 快照根据你使用的千兆字节数收费。

现在，你将使用 CLI 创建快照。在执行此操作之前，你需要了解 EBS 卷 ID。你可以将其作为 CloudFormation 栈的 VolumeId 输出，或者执行以下命令：

```
$ aws ec2 describe-volumes --region us-east-1 \
➥ --filters "Name=size,Values=5" --query "Volumes[].VolumeId" \
➥ --output text
vol-0317799d61736fc5f  ←—— 输出显示$VolumeId
```

使用卷 ID，你可以继续创建快照：

```
$ aws ec2 create-snapshot --region us-east-1 --volume-id $VolumeId  ←—
{                                                          用你的$VolumeId 替换
  "Description": "",
  "Encrypted": false,
  "VolumeId": "vol-0317799d61736fc5f",
  "State": "pending",   ←—— 快照的状态
  "VolumeSize": 5,
  "StartTime": "2017-09-28T09:00:14.000Z",
  "Progress": "",
  "OwnerId": "486555357186",
  "SnapshotId": "snap-0070dc0a3ac47e21f"  ←—— 你的$SnapshotId
}
```

创建快照可能需要一些时间，具体取决于卷有多大以及自上次备份以来更改的块数。你可以通过执行以下命令来查看快照的状态：

```
$ aws ec2 describe-snapshots --region us-east-1 --snapshot-ids $SnapshotId  ←—
{                                                            用你的$SnapshotId 替换
  "Snapshots": [
    {
      "Description": "",
      "Encrypted": false,
      "VolumeId": "vol-0317799d61736fc5f",
      "State": "completed",    ←—— 快照已为 completed 状态
      "VolumeSize": 5,
      "StartTime": "2017-09-28T09:00:14.000Z",
      "Progress": "100%",   ←—— 快照的进度
      "OwnerId": "486555357186",
      "SnapshotId": "snap-0070dc0a3ac47e21f"
    }
  ]
}
```

创建附加的已安装卷的快照是有可能的，但可能会导致写未刷新到磁盘的问题。应从实例分离卷或先停止实例。如果必须在卷使用期间创建快照，则可以安全地完成以下操作。

（1）通过在虚拟机上执行 `fsfreeze -f /mnt/volume/` 来冻结所有写操作。

（2）创建快照并等待它进入挂起状态。

（3）通过在虚拟机上执行 `fsfreeze -u /mnt/volume/` 来恢复写操作。

（4）等待快照完成。

一旦快照进入挂起状态，立即解冻卷。不必等到快照完成。

使用 EBS 快照，不必担心由于 EBS 卷失效或人为故障而丢失数据。可以从 EBS 快照还原数据。

要还原快照，必须基于该快照创建新的 EBS 卷。在终端中执行以下命令，将$SnapshotId 替换为快照的 ID。

```
$ aws ec2 create-volume --region us-east-1 \
➥ --snapshot-id $SnapshotId \              ◀──── 用于创建卷的快照的 ID
➥ --availability-zone us-east-1a  ◀──── 添加正则化参数
{
    "AvailabilityZone": "us-east-1a",
    "Encrypted": false,
    "VolumeType": "standard",
    "VolumeId": "vol-0a1afe956678f5f36",  ◀──── 用于创建卷的快照的 ID
    "State": "creating",
    "SnapshotId": "snap-0dcadf095a785e0bc",
    "CreateTime": "2017-12-07T12:46:13.000Z",
    "Size": 5
}
```

从 AMI 启动 EC2 实例时，AWS 会根据快照（AMI 包含 EBS 快照）创建新的 EBS 卷（根卷）。

资源清理

不要忘记删除快照、卷和栈。执行以下命令将删除快照和卷：

```
$ aws ec2 delete-snapshot --region us-east-1 \
➥ --snapshot-id $SnapshotId
$ aws ec2 delete-volume --region us-east-1 \
➥ --volume-id $RestoreVolumeId
```

还可以在完成本节之后删除栈，以清理所有使用的资源。因为你使用 UI 创建栈，所以使用 UI 来删除它。否则，你很可能要为你使用的资源付费。

9.2 实例存储：临时块存储

实例存储提供直接附加到托管虚拟机的计算机的块存储。图 9-2 展示了实例存储是 EC2 实例的一部分，并且只有在实例正常运行的时候才可用。如果停止或者终结实例，上面的数据不会持久化保存，因此不需要为实例存储单独付费，实例存储的费用包含在 EC2 实例的价格里。

与通过网络连接到虚拟机的 EBS 卷相比，实例存储依赖于虚拟机，没有虚拟机就不能存在。因此，当用户停止或终止虚拟机时，将删除实例存储。

不要使用实例存储来存放不能丢失的数据，把它用来存放缓存、临时数据和一些在多个服务器间复制数据的应用（如某些数据库）。如果你想使用你喜欢的 NoSQL 数据库，应用很有可能负责复制数据，你可以使用实例存储。

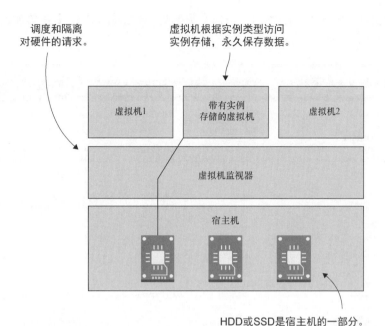

图 9-2 实例存储是 EC2 实例的一部分，使用主机的 HDD 或 SSD

警告 如果用户停止或者终结自己的 EC2 实例，实例存储上的数据会丢失。这意味着用户的数据会被删除并且无法还原！

AWS 提供 SSD 和物理磁盘的实例存储，容量从 4 GB 到 48 TB 不等。表 9-3 展示了所有提供实例存储的 EC2 实例类型。

表 9-3 提供实例存储的实例类型

使用场景	实例类型	实例存储类型	实例存储容量/GB
通用型	m3.medium～m3.2xlarge	SSD	（1×4）～（2×80）
计算优化型	c3.large～c3.8xlarge	SSD	（2×16）～（2×320）
内存优化型	r3.large～r3.8xlarge	SSD	（1×32）～（2×320）
存储优化型	i3.xlarge～i3.16xlarge	SSD	（1×950）～（8×1900）
存储优化型	d2.xlarge～d2.8xlarge	HDD	（3×2000）～（24×2000）

警告 启动 m3.medium 的虚拟机将产生费用。如果想了解其当前的每小时费用，参阅 AWS 官方网站。

要手动启动带有实例存储的 EC2 实例，请打开管理控制台并按照 3.1 节中的说明启动 Launch

Instance（启动实例）向导。选择 AMI，选择实例类型（m3.medium），并配置如图 9-3 所示的实例详细信息。

❶ 添加新卷。　❷ 选择卷类型为 "Instance Store 0"。　❸ 设置设备名为/dev/sdb。

图 9-3　手动添加实例存储卷

（1）点击 "Add New Volume" 按钮。

（2）选择 "Instance Store 0"。

（3）设置设备名为 "/dev/sdb"。

　为实例设置标签，配置安全组，检查并启动实例。现在你的 EC2 实例就可以使用实例存储了。

　代码清单 9-1 演示了如何使用具有 CloudFormation 的实例存储。如果用户启动 EBS 为根卷的 EC2 实例（这是默认情况），用户必须定义 BlockDeviceMappings 来映射 EBS 卷和实例存储到特定的设备名。

代码清单 9-1　使用 CloudFormation 创建连接实例存储的 EC2 实例

```
EC2Instance:
  Type: AWS::EC2::Instance
  Properties:
    # [...]
    InstanceType: 'm3.medium' ←——— 选择提供实例存储的实例类型
    BlockDeviceMappings:
    - DeviceName: '/dev/xvda' ←——— EBS 根卷（存放操作系统）
      Ebs:
        VolumeSize: '8'
        VolumeType: gp2
```

```
 - DeviceName: '/dev/xvdb'        ◄──── 实例存储会显示为/dev/xvdb 设备文件
   VirtualName: ephemeral0  ◄──
                                    实例存储的虚拟名称为 ephemeral0 或者 ephemeral1
```

基于 Windows 操作系统的 EC2 实例

相同的 BlockDeviceMappings 适用于基于 Windows 操作系统的 EC2 实例，因此 DeviceName 与驱动器字母（C:/、D:/等）不同。要将 DeviceName 转换为驱动器字母，必须安装卷。当使用 Windows 操作系统时，代码清单 9-1 仍然可以工作，但是实例存储将作为驱动器字母 Z:/使用。

资源清理

完成本部分之后要删除手动启动的 EC2 实例，以清除用过的资源，否则将会为创建的资源付费。

9.2.1　使用实例存储

为了帮你探索实例存储，我们创建了 CloudFormation 模板，位于本书配套代码的/chapter09/ instancestore.yaml。通过点击"CloudFormation Quick-Create"链接，可以根据该模板创建一个 CloudFormation 栈。

警告　启动实例类型为 m3.medium 的虚拟机将产生费用。想了解其当前的每小时价格，参考 AWS 官方网站。

基于该模板创建栈，并选择默认 VPC 和随机子网。创建栈后，将 PublicName 输出复制到剪贴板并通过 SSH 进行通信。通常，实例存储位于/dev/xvdb 到/dev/xvde 之间，如下：

```
$ sudo fdisk -l
Disk /dev/xvda: 8589 MB [...]   ◄─────── 用作根卷（包含操作系统）的 EBS 设备
Units = Sektoren of 1 * 512 = 512 bytes
Sector size (logical/physical): 512 bytes / 512 bytes
I/O size (minimum/optimal): 512 bytes / 512 bytes
Disk label type: gpt


  #      Start        End    Size  Type            Name
  1       4096   16777182      8G  Linux filesyste Linux
128       2048       4095      1M  BIOS boot parti BIOS Boot Partition

Disk /dev/xvdb: 4289 MB [...]        ◄────── 实例存储设备
Units = Sektoren of 1 * 512 = 512 bytes
Sector size (logical/physical): 512 bytes / 512 bytes
I/O size (minimum/optimal): 512 bytes / 512 bytes
```

要查看已安装的卷，使用下面的命令：

```
$ df -h
Filesystem  Size  Used  Avail Use% Mounted on
```

```
/dev/xvda1   7.8G   1.1G   6.6G   14%  /         ◁—— 根卷包含操作系统
devtmpfs     1.9G    60K   1.9G    1%  /dev
tmpfs        1.9G      0   1.9G    0%  /dev/shm
/dev/xvdb    3.9G   1.1G   2.7G   28%  /media/ephemeral0  ◁—— 实例存储卷被自动安装
```

实例存储卷自动安装到/media/ephemeral0。如果 EC2 实例有多个实例存储卷，则使用 ephemeral1、ephemeral2 等。现在运行一些性能测试来比较实例存储卷和 EBS 卷的性能。

9.2.2　测试性能

让我们使用与 9.1.3 节相同的性能指标，查看实例存储卷和 EBS 卷之间的差异：

```
$ sudo dd if=/dev/zero of=/media/ephemeral0/tempfile bs=1M count=1024 \
➥conv=fdatasync,notrunc
1024+0 records in
1024+0 records out                                    与 9.1.3 节中的 EBS 相比，
1073741824 bytes (1.1 GB) copied, 2.49478 s, 430 MB/s ◁—— 写性能约为其 6 倍

$ echo 3 | sudo tee /proc/sys/vm/drop_caches
3

$ sudo dd if=/media/ephemeral0/tempfile of=/dev/null bs=1M count=1024
1024+0 records in
1024+0 records out                                    与 9.1.3 节中的 EBS 相比，
1073741824 bytes (1.1 GB) copied, 0.273889 s, 3.9 GB/s ◁—— 读性能约为其 60 倍
```

记住，性能可能因实际工作负载而异。此示例假定文件大小为 1 MB。如果你正在托管网站，你很可能会处理大量的小文件。性能特征表明实例存储与虚拟机运行在相同的硬件上。这些卷与 EBS 卷不同，没有通过网络连接到虚拟机。

> **资源清理**
>
> 完成此部分后，不要忘记删除栈，以清理所有使用的资源。否则，你很可能要为你使用的资源付费。

9.2.3　备份数据

实例存储卷没有内置备份机制。你可以根据 8.2 节中介绍的内容，使用计划作业和 S3 的组合来定期备份数据：

```
$ aws s3 sync /path/to/data s3://$YourCompany-backup/instancestore-backup
```

如果你需要备份实例存储的数据，很可能更耐久的块存储（如 EBS 卷）会是合适的选择。实例存储更适合存储对数据持久化要求不高的数据。

在第 10 章中我们将介绍另一种存储数据的方式：网络文件系统。

9.3　小结

- 块存储只能与 EC2 实例结合使用，因为操作系统需要提供对块存储（包括分区，文件系统和读/写系统调用）的访问。
- EBS 卷通过网络连接到单个 EC2 实例。根据你的实例类型，该网络连接可以使用或多或少的带宽。
- 因为 EBS 快照使用块级增量方法，所以 EBS 快照是将 EBS 卷备份到 S3 的一种强大的方式。
- 实例存储是单个 EC2 实例的一部分，它快速且成本低廉。但是，如果 EC2 实例停止或终止，你的所有数据都将丢失。

第 10 章 在机器之间共享数据卷：EFS

本章主要内容

■ 创建高可用的共享文件系统

■ 在多个 EC2 实例上安装共享文件系统

■ 在 EC2 实例之间共享文件

■ 测试共享文件系统的性能

■ 备份共享文件系统

许多旧版应用将状态存储在磁盘上的文件中。因此，默认情况下无法使用第 8 章中描述的对象存储 Amazon S3。使用第 9 章中介绍的块存储可能是一个选项，但其不允许并行从多台计算机访问文件。因此，你需要一种在虚拟机之间共享文件的方法。使用弹性文件系统（Elastic File System，EFS），可以在多个 EC2 实例之间共享数据，并在多个可用区（Availability Zone，AZ）之间复制数据。

EFS 基于 NFSv4.1 协议，因此你可以像安装任何其他文件系统一样安装它。在本章中，你将了解如何设置 EFS、调整性能和备份数据。

EFS 仅适用于 Linux 操作系统，目前，Windows EC2 实例不支持 EFS。

示例都包含在免费套餐中

本章中的示例都包含在免费套餐中。只要不是运行这些示例好几天，就不需要支付任何费用。记住，这仅适用于本书读者为学习本书刚刚创建的全新 AWS 账户，并且在这个 AWS 账户中没有任何活动记录。尽量在几天的时间里完成本章中的示例，并在每个示例完成后务必清理账户。

让我们仔细研究一下与实例存储（在第 9 章介绍过）相比，EFS 是如何工作的。EBS 卷与数据中心（也称可用区）绑定，只能通过网络附加到同一数据中心的单个 EC2 实例。通常，EBS 卷用作包含操作系统的根卷，或用于关系数据库系统来存储状态。实例存储由直接附加到虚拟机上运行的硬件的硬盘驱动器组成。实例存储可视为临时存储，因此可用于缓存或仅具有嵌入式数据复制的 NoSQL 数据库。相反，EFS 可以由来自不同数据中心的多个 EC2 实例并行使用。此外，EFS 上的数据可在多个数据中心之间进行复制，即使整个数据中心遭受中断，仍然可用，EBS 和实例存储则不然。图 10-1 展示了它们的差异。

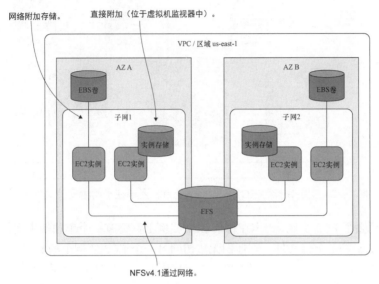

图 10-1　比较 EBS、实例存储和 EFS

现在，让我们仔细看看 EFS。有两个主要组件需要了解。

（1）文件系统（filesystem）：存储数据。

（2）安装目标（mount target）：使数据可访问。

文件系统是在 AWS 区域中存储数据的资源，但你无法直接访问它。为此，必须在子网中创建 EFS 安装目标。安装目标提供网络端点，你可以使用该端点通过 NFSv4.1 在 EC2 实例上安装文件系统。EC2 实例必须与 EFS 安装目标位于同一子网，但可以在多个子网中创建安装目标。图 10-2 演示了如何从在多个子网中运行的 EC2 实例访问文件系统。

具备了关于文件系统和安装目标的 EFS 理论，现在你就可以应用自己的知识来解决实际问题了。

Linux 是一个多用户操作系统。许多用户可以存储数据并运行彼此隔离的程序。每个用户都可以有一个主目录，该目录通常存储在/home/$username 下。如果用户名是 michael，那么主目录将是/home/michael，并且只允许该用户在/home/michael 中读写数据。ls -d -l /home/*命令列出了所有的主目录。图 10-2 演示了如何从在多个子网中运行的 EC2 实例访问文件系统。

```
$ ls -d -l /home/*  ←—— 列出具有绝对路径的所有主目录        只能由用户和组 andreas 访问
drwx------ 2 andreas    andreas    4096 Jul 24 06:25 /home/andreas  ←
drwx------ 3 michael    michael    4096 Jul 24 06:38 /home/michael  ←
                                                     /home/michael 只能由
                                                     用户和组 michael 访问
```

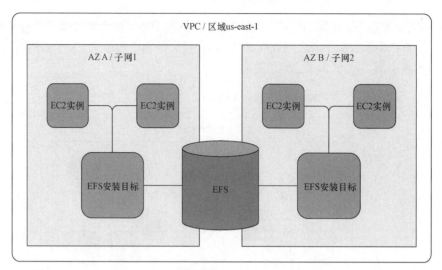

图 10-2   安装目标为 EC2 实例提供端点，用于在子网中安装文件系统

如果你使用多个 EC2 实例，则你在每个 EC2 实例上都将有一个单独的主文件夹。如果 Linux 用户在一个 EC2 实例上上传文件，则他们无法访问另一个 EC2 实例上的文件。要解决此问题，需要创建一个文件系统，并在/home 下的每个 EC2 实例上安装 EFS。然后，主目录将在所有 EC2 实例之间共享，用户无论登录哪个虚拟机，都会感到"宾至如归"。在本章中，你将逐步构建此解决方案。首先，你将创建文件系统。

10.1   创建文件系统

文件系统是存储文件、目录和链接的资源。与 S3 一样，EFS 的存储容量也随着存储需求的增长而增长。你不必预先配置存储。文件系统位于 AWS 区域，并在多个可用区下复制你的数据。现在将使用 CloudFormation 设置文件系统。

10.1.1   用 CloudFormation 描述文件系统

代码清单 10-1 展示了描述文件系统资源的格式。

代码清单 10-1   EFS 资源的 CloudFormation 片段

```
Resources:   ←—— 指定栈资源及其属性
  [...]
  FileSystem:
    Type: 'AWS::EFS::FileSystem'
    Properties: {}  ←—— 不需要配置任何东西
```

可以选择添加标记来跟踪成本，或者使用 FileSystemTags 属性添加其他有用的元数据。

10.1.2　定价

计算 EFS 成本很简单。你只需知道以 GB 为单位的存储用量。EFS 每月按 GB 收费。如果你的 EFS 大小为 5 GB，则在 us-east-1 区域中将向你收取 5 GB×0.30（美元/GB/月）的费用，每月总计 1.50 美元。访问 AWS 官方网站的 "AWS EFS 定价" 可以获取你所在区域的最新价格信息。在你的 AWS 账户（免费套餐）的第一年，每月前 5 GB 是免费的。

文件系统现在是在 CloudFormation 中描述的。要使用它，你需要创建至少一个安装目标。创建安装目标是 10.2 节的主题。

10.2　创建安装目标

EFS 安装目标通过单个可用区中的 NFSv4.1 协议使数据可供 EC2 实例使用。EC2 实例通过 TCP/IP 网络连接与安装目标通信。正如你在 6.4 节中学到的，安全组是你在 AWS 上控制网络流量的方式之一。你可以使用安全组允许到 EC2 实例或 RDS 数据库的入站流量，安装目标也是如此。安全组控制允许哪些流量进入安装目标。NFS 协议使用端口 2049 进行入站通信。图 10-3 展示了如何保护安装目标。

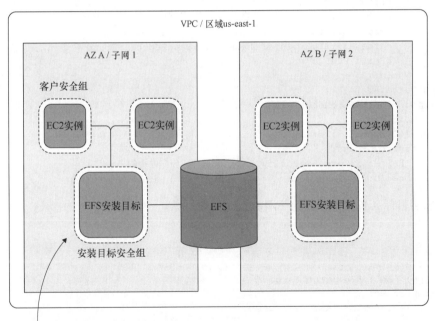

仅允许来自客户端安全组的端口2049上的入站流量。

图 10-3　EFS 安装目标受安全组保护

在这个示例中，为了尽可能严格地控制流量，你不应将 IP 地址列入白名单。相反，你应创建两个安全组。客户端安全组将附加到所有希望安装文件系统的 EC2 实例。安装目标安全组仅允许来自客户端安全组的流量在端口 2049 进入。这样，你就可以拥有允许向安装目标发送流量的动态客户端队列。6.4 节中对 SSH 堡垒主机使用相同的方法。

你可以使用 CloudFormation 来管理 EFS 安装目标。安装目标引用文件系统，需要链接到子网，并且受至少一个安全组的保护。首先描述安全组，然后是安装目标，如代码清单 10-2 所示。

代码清单 10-2　EFS 安装目标和安全组的 CloudFormation 代码段

```
Resources:
  [...]
  EFSClientSecurityGroup:    ◀── 客户端安全组不需要任何规则，它只用来标记流量
    Type: 'AWS::EC2::SecurityGroup'
    Properties:
      GroupDescription: 'EFS Mount target client'
      VpcId: !Ref VPC
  MountTargetSecurityGroup:
    Type: 'AWS::EC2::SecurityGroup'
    Properties:
      GroupDescription: 'EFS Mount target'
      SecurityGroupIngress:
      - FromPort: 2049    ◀── 允许端口 2049 上的流量
        IpProtocol: tcp
        SourceSecurityGroupId: !Ref EFSClientSecurityGroup  ◀──┐ 仅允许来自客户端
        ToPort: 2049                                            │ 安全组的流量
      VpcId: !Ref VPC
  MountTargetA:
    Type: 'AWS::EFS::MountTarget'
    Properties:
      FileSystemId: !Ref FileSystem    ◀── 将安装目标与文件系统连接
      SecurityGroups:
      - !Ref MountTargetSecurityGroup    ◀── 分配安全组
      SubnetId: !Ref SubnetA    ◀── 连接一个子网，它也决定了可用区
```

复制安装目标 A 的资源，并为子网 B 创建安装目标：

```
Resources:
  [...]
  MountTargetB:
    Type: 'AWS::EFS::MountTarget'
    Properties:
      FileSystemId: !Ref FileSystem
      SecurityGroups:
      - !Ref MountTargetSecurityGroup
      SubnetId: !Ref SubnetB    ◀── 使用另一个子网
```

现在可以在 10.3 节中使用安装目标，最后安装/home 目录。

10.3 在 EC2 实例上安装 EFS 共享

EFS 为模式$FileSystemID.efs.$Region.a******s.com 之后的每个文件系统创建 DNS 名称。在 EC2 实例中，这个名称解析为实例的可用区的安装目标。在 EC2 实例内部，此名称解析为实例可用区的安装目标。AWS 建议使用以下安装选项。

- nfsvers=4.1——指定要使用的 NFS 协议版本。
- rsize=1048576——读一次传输的数据块大小（以字节为单位）。
- wsize=1048576——写一次传输的数据块大小（以字节为单位）。
- hard——如果 EFS 共享已关闭，请等待该共享重新联机。
- timeo=600——NFS 客户端在重试 NFS 请求之前等待响应的时间（以十分之一秒为单位）。
- retrans=2——NFS 客户端在尝试进一步恢复操作之前重试请求的次数。

下面的代码段展示了完整的安装命令：

```
$ mount -t nfs4 -o nfsvers=4.1,rsize=1048576,wsize=1048576,hard,timeo=600,\
➥retrans=2 $FileSystemID.efs.$Region.a*******s.com:/ $EFSMountPoint
```

将$FileSystemID 替换为 EFS，如 fs-123456。将$Region 替换为区域（如 us-east-1），并将$EFSMountPoint 替换为安装文件系统的本地路径。你还可以使用/ets/fstab 文件在启动时自动安装：

```
$FileSystemID.efs.$Region.a*******s.com:/ $EFSMountPoint nfs4 nfsvers=4.1,
➥rsize=1048576,wsize=1048576,hard,timeo=600,retrans=2,_netdev 0 0
```

为了确保可以解析 DNS 名称，并且另一端正在监听端口，可以使用下面的 Bash 脚本一直等到安装目标准备就绪：

```
$ while ! nc -z $FileSystemID.efs.$Region.a*******s.com 2049;
➥do sleep 10; done
$ sleep 10
```

要使用文件系统，你必须使用自己创建的安装目标之一并将其安装到 EC2 实例上。现在是时候向 CloudFormation 模板添加两个 EC2 实例了。每个 EC2 实例应放置在不同的子网中，并将文件系统安装到/home。/home 目录将存在于两个 EC2 实例上，并且将包含一些数据（如文件夹 ec2-user）。你必须确保在第一次安装 EFS 之前复制原始数据，默认情况下该文件系统是空的。代码清单 10-3 描述了在安装共享主文件夹之前复制现有/home 文件夹的 EC2 实例。

代码清单 10-3　子网 A 中的 EC2 实例和安全组资源

```
Resources:
  [...]
  EC2SecurityGroup:       ◁── 安全组允许来自 Internet 的 SSH 流量
    Type: 'AWS::EC2::SecurityGroup'
    Properties:
      GroupDescription: 'EC2 instance'
      SecurityGroupIngress:
```

```
          - CidrIp: '0.0.0.0/0'
            FromPort: 22
            IpProtocol: tcp
            ToPort: 22
        VpcId: !Ref VPC
  EC2InstanceA:
    Type: 'AWS::EC2::Instance'
    Properties:
      ImageId: 'ami-6057e21a'
      InstanceType: 't2.micro'
      KeyName: mykey
      NetworkInterfaces:
      - AssociatePublicIpAddress: true  ◄——— 确保 EC2 实例获取 SSH 访问的公有 IP 地址
        DeleteOnTermination: true
        DeviceIndex: 0
        GroupSet:
        - !Ref EC2SecurityGroup  ◄——— 附加安全组以允许 SSH
        - !Ref EFSClientSecurityGroup  ◄——— 附加客户端安装目标安全组
        SubnetId: !Ref SubnetA  ◄——— 将实例放入子网 A 中
      UserData:
        'Fn::Base64': !Sub |
          #!/bin/bash -x
          bash -ex << "TRY"
            while ! nc -z ${FileSystem}.efs.${AWS::Region}.a*******s.com 2049;
  do sleep 10; done  ◄——— 等到文件系统可用
            sleep 10
            mkdir /oldhome  ◄——— 为/home 内容创建临时文件夹
            cp -a /home/. /oldhome  ◄——— 将现有/home 复制到/oldhome 并保留权限（-a）
            echo "${FileSystem}.efs.${AWS::Region}.a*******s.com:/ /home nfs4
  nfsvers=4.1,rsize=1048576,wsize=1048576,hard,timeo=600,
  retrans=2,_netdev 0 0" >> /etc/fstab
            mount -a  ◄——— 安装文件系统
            cp -a /oldhome/. /home  ◄——— 复制/oldhome 到新/home
          TRY
          /opt/aws/bin/cfn-signal -e $? --stack ${AWS::StackName}
  --resource EC2InstanceA --region ${AWS::Region}  ◄——┐
    CreationPolicy:                                    让 CloudFormation 知道 EC2 实例
    ResourceSignal:                                    资源是 efs-with-backup
      Timeout: PT10M
    DependsOn:
    - VPCGatewayAttachment  ◄——— 等待互联网网关
    - MountTargetA  ◄——— 等待安装目标
```

启动 EC2 实例后，你将在 EFS 共享上找到第一个数据。第二个 EC2 实例与其类似，但位于不同的子网中，并且不复制现有/home 内容，因为这已经由前一个 EC2 实例完成。详情如代码清单 10-4 所示。

代码清单 10-4　子网 B 中的 EC2 实例和安全组资源

```
Resources:
  [...]
  EC2InstanceB:
    Type: 'AWS::EC2::Instance'
```

```
    Properties:
      ImageId: 'ami-6057e21a'
      InstanceType: 't2.micro'
      KeyName: mykey
      NetworkInterfaces:
      - AssociatePublicIpAddress: true
        DeleteOnTermination: true
        DeviceIndex: 0
        GroupSet:
        - !Ref EC2SecurityGroup
        - !Ref EFSClientSecurityGroup
        SubnetId: !Ref SubnetB      ◀─── 放入另一个子网
      UserData:
        'Fn::Base64': !Sub |
          #!/bin/bash -x
          bash -ex << "TRY"
            while ! nc -z ${FileSystem}.efs.${AWS::Region}.a*******s.com 2049;
➥ do sleep 10; done
          sleep 10
          echo "${FileSystem}.efs.${AWS::Region}.a*******s.com:/ /home nfs4
➥ nfsvers=4.1,rsize=1048576,wsize=1048576,hard,timeo=600,
➥ retrans=2,_netdev 0 0" >> /etc/fstab
            mount -a    ◀─── 此处不复制旧/home。此操作已在子网 A 中的第一个 EC2 实例上完成
          TRY
          /opt/aws/bin/cfn-signal -e $? --stack ${AWS::StackName}
➥ --resource EC2InstanceB --region ${AWS::Region}
      CreationPolicy:
        ResourceSignal:
          Timeout: PT10M
      DependsOn:
      - VPCGatewayAttachment
      - MountTargetB
```

为了简化操作，你还可以向模板添加输出，以公开 EC2 实例的公有 IP 地址，如下：

```
Outputs:
  EC2InstanceAIPAddress:
    Value: !GetAtt 'EC2InstanceA.PublicIp'
    Description: 'EC2 Instance (AZ A) public IP address (connect via SSH)'
  EC2InstanceBIPAddress:
    Value: !GetAtt 'EC2InstanceB.PublicIp'
    Description: 'EC2 Instance (AZ B) public IP address (connect via SSH)'
```

现在，CloudFormation 模板已经配置完成。它包含：
- 文件系统（即 EFS）；
- 子网 A 和子网 B 中的两个 EFS 安装目标；
- 控制到安装目标的流量的安全组；
- 两个子网中的 EC2 实例，包括用于安装文件系统的 UserData 脚本。

现在是时候基于你的模板创建一个栈，并创建 AWS 账户中的所有资源了。你可以在本书配套代码的/chapter10/template.yaml 中找到该模板的完整代码。你也可以使用 AWS CLI 创建栈：

```
$ aws cloudformation create-stack --stack-name efs \
➥ --template-url https://s3.a*******s.com/awsinaction-code2/\
➥ chapter10/template.yaml
```

模板位于何处

你可以在本书配套代码中找到这个模板。我们正在讨论的文件位于/chapter10/template.yaml。

一旦栈处于 "CREATE_COMPLETE" 状态，就会运行两个 EC2 实例。两个 EC2 实例都会将 EFS 共享到/home。你还要将旧/home 数据复制到 EFS 共享。是时候通过 SSH 连接到实例并进行一些测试（在 10.4 节中），看看用户是否真的可以在其主目录中的 EC2 实例之间共享文件。

10.4　在 EC2 实例之间共享文件

在子网 A 中打开与虚拟机的 SSH 连接。你可以使用 AWS CLI 获取栈输出，从中可以获取公有 IP 地址：

```
$ aws cloudformation describe-stacks --stack-name efs \
➥ --query "Stacks[0].Outputs"
[{
  "Description": "[...]",
  "OutputKey": "EC2InstanceAIPAddress",
  "OutputValue": "54.158.102.196"
}, {
  "Description": "[...]",
  "OutputKey": "EC2InstanceBIPAddress",
  "OutputValue": "34.205.4.174"
}]
```

使用 SSH 密钥 mykey 进行身份验证，并将$PublicIpAddress 替换为栈中 EC2InstanceAIPAddress 输出的 IP 地址：

```
$ ssh -i $PathToKey/mykey.pem ec2-user@$PublicIpAddress
```

在子网 B 中打开与虚拟机的第二个 SSH 连接。使用你刚刚使用的相同命令，但这次，将$PublicIpAddress 替换为栈中 EC2InstanceBIPAddress 输出的 IP 地址。

你现在已打开两个 SSH 连接。在两个 SSH 会话中，你都应该位于/home/ec2 用户文件夹中。检查两台机器上是否都是这样：

```
$ pwd
/home/ec2-user ⟵—— 输出确认当前目录为/home/ec2-user
```

还要检查/home/ec2-user 中是否有任何文件或文件夹：

```
$ ls ⟵—— 如果未返回任何数据，则文件夹/home/ec2-user 为空
```

现在，在其中一台机器上创建一个文件：

```
$ touch i-was-here  ◁──── touch 会创建一个空文件
```

在另一台计算机上，确认你可以看到新文件：

```
$ ls
i-was-here  ◁──── 你可以看到这个文件
```

你现在有权访问两台计算机上的同一主目录。你可以将数百台计算机添加到此示例。所有计算机都将共享同一个主目录，并且你的用户将能够在所有 EC2 实例上访问同一主目录。你可以应用相同的机制在一组 Web 服务器之间共享文件（如/var/www/html 文件夹），或者设计一个高可用的 Jenkins 服务器（如/var/lib/jenkins）。

要成功运行解决方案，你还需要处理备份、性能调整和监视。你将在接下来的章节中了解这一点。

10.5　调整性能

为了将 EFS 与其他存储选项进行比较，我们将使用与 9.1.3 节中介绍的相同的简单性能测试来测试 EBS 卷的性能。工具 dd 可以执行块级读写。

```
$ sudo dd if=/dev/zero of=/home/ec2-user/tempfile bs=1M count=1024 \  ◁──┐
➥ conv=fdatasync,notrunc                           每次写 1 MB，共写 1024 次 │
1024+0 records in
1024+0 records out
1073741824 bytes (1.1 GB) copied, 10.4138 s, 103 MB/s  ◁──── 103 MB/s 写性能

$ echo 3 | sudo tee /proc/sys/vm/drop_caches  ◁──── 刷新缓存
3

$ sudo dd if=/home/ec2-user/tempfile of=/dev/null bs=1M count=1024  ◁──┐
1024+0 records in                                每次读 1 MB，共读 1024 次 │
1024+0 records out
1073741824 bytes (1.1 GB) copied, 10.2916 s, 104 MB/s  ◁──── 104 MB/s 的读性能
```

记住，此性能测试假定文件为 1 MB。根据你的工作负载，文件可能更小或更大，从而导致不同的结果。通常，较小文件的吞吐量较低。将这些数字与 EBS 和实例存储的 dd 结果进行比较，其信息价值有限。

10.5.1　性能模式

到目前为止，你已经使用了通用性能模式，该模式适用于大多数工作负载，特别是对延迟敏感的工作负载，大多数情况下都是小文件服务。/home 目录是这种工作负载的完美示例。用户不会经常打开和保存文件。相反，他们不时列出文件，然后打开一个特定的文件。当用户打开文件时，他们希望低延迟地立即获取文件。

但有时，EFS 用于存储大量数据并加以分析。对于数据分析，延迟并不重要。吞吐量是你要优化的指标。如果要分析 GB 或 TB 级的数据，那么第一个字节的时间是 1 毫秒还是 100 毫秒并不重要。即使吞吐量小幅增加也会减少分析数据所需的时间。例如，分析 1TB 的数据，吞吐量为 100 MB/s，需要约 174 分钟，差不多 3 小时，所以前几毫秒并不重要。使用百分比性能模式可以实现吞吐量优化。你无法更改 EFS 使用的性能模式——可以在创建文件系统时设置它。因此，要更改性能模式，必须创建一个新的文件系统。如果你不确定哪种模式最适合你的工作负载，我们建议你从通用性能模式开始尝试。你将通过查看 10.6 节中的监视数据来了解如何检查你是否做出了正确的决策。

10.5.2　预期吞吐量

EFS 的性能随你使用的存储量而变化。EFS 还允许突发，因为许多工作负载需要在短时间内保持高性能，并且在其余大部分时间内都处于空闲状态。

每 1.1 GB 存储的基准速率约为 51.2 KB/s（即每 1100 GB 约为 52.4 MB/s）。如果在剩余时间内未访问文件系统，则可以突发 50% 的时间。表 10-1 展示了如何计算突发速率。

表 10-1　EFS 突发速率

文件系统大小	突发速率
< 1100 GB	104.9 MB/s
≥1100 GB	每 1100 GB 存储数据 104.9 MB/s

突发速率正是我们在本节开头的简单性能测试中测量的速率！要获得突发时间的确切数字，可以参考官方文档。

吞吐量规则很复杂。幸运的是，你可以使用 CloudWatch 观察数字，并在信用余额不足时发送警报。这是 10.6 节的主题。

10.6　监视文件系统

CloudWatch 是存储各种指标的 AWS 服务。EFS 发送有用的指标，下面是其中几个重要的指标。

- BurstCreditBalance——当前信用余额。你需要信用才能突破 EFS 文件系统的吞吐量。
- PermittedThroughput——你目前的吞吐量。考虑突发的信用和大小。
- Read/Write/Metadata/TotalIOBytes——有关读、写、元数据和总 I/O 使用情况的信息（以字节为单位）。
- PercentIOLimit——达到 I/O 限制的接近程度。如果此指标为 100%，则最大 I/O 性能模式将是一个不错的选择。

现在，让我们更详细地了解一下这些指标。你还将获得一些有关的有用的阈值的提示，用于定义这些指标上的警报。

10.6.1　是否应使用最大 I/O 性能模式

PercentIOLimit 指标展示文件系统达到通用性能模式的 I/O 限制（不用于其他模式）的接近程度。如果此指标在一半以上的时间内达到 100%，则应考虑创建启用了最大 I/O 性能模式的新文件系统。在此衡量标准上创建警报是有意义的，如图 10-4 所示。要在管理控制台中创建 CloudWatch 警报。

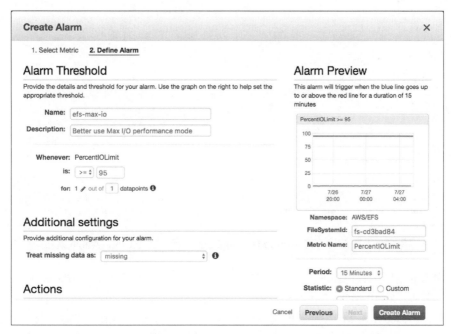

图 10-4　在 EFS 的 PercentIOLimit 指标上创建 CloudWatch 警报

（1）打开 CloudWatch 管理控制台。

（2）点击左侧的"Alarms"链接。

（3）点击"Create Alarm"按钮。

（4）在 EFS 指标下，点击"File System Metrics"。

（5）选择"PercentIOLimit"指标。

（6）点击"Next"按钮。

（7）按图 10-4 所示进行配置。

你可以设置一个警报，在 4 个数据点中的 4 个指标的 15 分钟平均值高于 95% 时触发。报警操作通常会向 SNS 主题发送消息，你可以通过电子邮件订阅该主题。

10.6.2　监控你的允许吞吐量

在 10.5 节中，我们承诺除了进行数学运算，还有一种更简单的方法可以访问文件系统的实际吞吐量。PermittedThroughput 指标提供此重要信息。它会考虑文件系统的大小和你的信用余额来计算文件系统的允许吞吐量。由于你的信用余额会一直变化（你会消耗信用或添加新信用），因此允许的吞吐量可能会不稳定。图 10-5 展示了用完信用时 PermittedThroughput 和 BurstCreditBalance 的折线图。

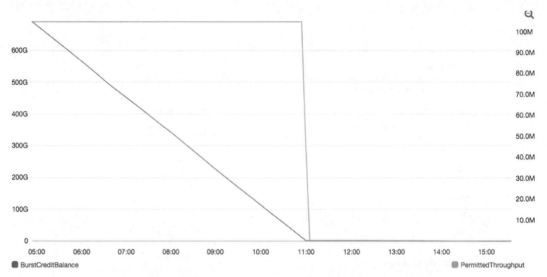

图 10-5　在 EFS 的 PermittedThroughout 指标上创建 CloudWatch 警报

如果你依靠信用来获得预期的性能，你应该创建一个监控 BurstCreditBalance 的警报。你可以设置一个警报，在 BurstCreditBalance 指标的 10 分钟平均值在一个连续周期内低于 192 GB 时触发，这是你可以以 100 MB/s 的速度突发的最后一小时。不要将阈值设置得太低：你需要一些时间来进行应对！（你可以添加虚拟文件以增加 EFS 大小，从而提高吞吐量。）

代码清单 10-5 展示了一个用于监视 BurstCreditBalance 的警报的 CloudFormation 代码段。

代码清单 10-5　BurstCreditBalance 指标上的警报资源

```
Resources:
  [...]
  FileSystemBurstCreditBalanceTooLowAlarm:
    Type: 'AWS::CloudWatch::Alarm'
    Properties:
      AlarmDescription: 'EFS file system is running out of burst credits.'
      Namespace: 'AWS/EFS'
      MetricName: BurstCreditBalance    ◁──── 指标名称
      Statistic: Average
      Period: 600
```

```
EvaluationPeriods: 1
ComparisonOperator: LessThanThreshold
Threshold: 192416666667  ◁───── 192 GB（最后 1 小时，以 100 MB/s 分发）
AlarmActions:
- 'arn:aws:sns:us-east-1:123456789012:SNSTopicName'  ◁
Dimensions:                  发送警告的 SNS 主题 ARN。你还可以在自己的
- Name: FileSystemId          模板中定义 SNS 主题资源，并在此处引用它
  Value: !Ref FileSystem
```

10.6.3　监控你的使用情况

对 EFS 的访问可以是读、写，也可以是元数据（元数据不包括在读或写中）。元数据可以是文件的大小和所有权信息，也可以是锁，以避免对文件的并发访问。CloudWatch 中的堆叠区域图可以很好地概述所有活动，如图 10-6 所示。

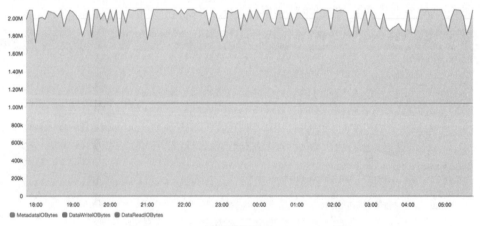

图 10-6　EFS 使用情况的 CloudWatch 图表

如果你非常了解工作负载，则可以对使用数据创建警报。否则，你应该能够使用上述指标中的警报。

10.7　备份数据

EFS 将所有文件存储在多个可用区中的多个磁盘上，因此，因硬件问题而丢失数据的可能性很低。但是，像删除 Linux 操作系统上的所有文件（包括安装文件夹中的文件）的 rm -rf / 这样的人为错误或者损坏数据的应用 bug 怎么办呢？遗憾的是，在编写本文时，EFS 并不提供备份文件系统的原生方法。但是，你有以下多种方法可以创建自己的备份解决方案。

- 不时将文件同步到 S3。
- 不时将文件同步到 EBS 卷，并在每次同步后创建卷的快照。
- 将文件同步到另一个 EFS。

■ 使用第三方备份解决方案，EFS 只是操作系统上的另一个卷。

如果你需要以经济、高效的方式备份 EFS 更改历史记录，建议使用 EBS 卷和快照。正如在 9.1 节中讲的那样，EBS 快照是块级增量备份。这意味着，在运行多个快照时，仅存储对块的更改。这一解决方案的一个缺点是数据必须足够小，以适应单个 EBS 卷。否则，应考虑为备份使用第二个 EFS。

要实施 EBS 备份策略，你需要添加 EBS 卷，并将其附加到其中一个 EC2 实例。最后，你必须实现逻辑来将安装的文件系统与 EBS 同步并触发快照。让我们从添加 EBS 卷开始。

10.7.1　使用 CloudFormation 描述 EBS 卷

需要在 CloudFormation 模板中定义 EBS 卷。你还需要配置卷应附加到子网 A 中的 EC2 实例。代码清单 10-6 展示了 CloudFormation 代码段。

代码清单 10-6　附加到 EC2 实例的 EBS 卷资源

```
Resources:
  [...]
  EBSBackupVolumeA:
    Type: 'AWS::EC2::Volume'            ┌─ EBS 卷需要与 EC2 实例
    Properties:                         │  位于同一可用区中
      AvailabilityZone: !Select [0, !GetAZs ''] ◄┘
      Size: 5     ◄── 5 GB 大小（可以增加）
      VolumeType: gp2    ◄── 使用 SSD 支持的通用存储类型
  EBSBackupVolumeAttachmentA:
    Type: 'AWS::EC2::VolumeAttachment'
    Properties:
      Device: '/dev/xvdf'
      InstanceId: !Ref EC2InstanceA ◄── 将 EC2 实例作为卷附件的一侧
      VolumeId: !Ref EBSBackupVolumeA    ◄── 将 EBS 卷作为卷附件的另一侧
```

现在，卷已连接到 CloudFormation 模板中的 EC2 实例。

10.7.2　使用 EBS 卷

操作系统可能需要一段时间才能将 EBS 卷视为新磁盘。一个普通的新 EBS 卷尚未格式化，所以在第一次使用时必须使用文件系统格式化磁盘。之后，你就可以安装磁盘。你将使用每 15 分钟运行一次的 cron 作业来实现以下过程。

（1）使用 rsync 将文件从/home（EFS）复制到/mnt/backup（EBS）。

（2）冻结备份安装，以防止使用 fsfreeze 命令进行任何额外的写操作。

（3）使用 AWS CLI 启动快照创建。

（4）使用 fsfreeze -u 命令解冻备份安装。

代码清单 10-7 扩展了 EC2 实例在启动时运行的用户数据脚本。

代码清单 10-7　安装 EBS 卷并定期备份 EFS 中的数据

```
[...]
/opt/aws/bin/cfn-signal -e $? --stack ${AWS::StackName}
➥ --resource EC2InstanceA --region ${AWS::Region}

while ! [ "`fdisk -l | grep '/dev/xvdf' | wc -l`" -ge "1" ]; do      ◁──┐
  sleep 10                                                等待 EBS 卷被附加 │
done

if [[ "`file -s /dev/xvdf`" != *"ext4"* ]]; then   ◁──── 如果需要，格式化 EBS 卷
  mkfs -t ext4 /dev/xvdf
fi

mkdir /mnt/backup
echo "/dev/xvdf /mnt/backup ext4 defaults,nofail 0 2" >> /etc/fstab
mount -a   ◁──── 安装 EBS 卷

cat > /etc/cron.d/backup << EOF
SHELL=/bin/bash
PATH=/sbin:/bin:/usr/sbin:/usr/bin:/opt/aws/bin
MAILTO=root
HOME=/
*/15 * * * *
➥ root rsync -av --delete /home/ /mnt/backup/ ;
➥ fsfreeze -f /mnt/backup/ ;
➥ aws --region ${AWS::Region} ec2 create-snapshot
➥ --volume-id ${EBSBackupVolumeA} --description "EFS backup" ;
➥ fsfreeze -u /mnt/backup/
EOF              ◁──── 安装备份 cron 作业
```

要允许 EC2 实例创建其自己的 EBS 卷的快照，必须附加具有 IAM 角色的实例配置文件，该实例角色允许 ec2:CreateSnapshot 操作。代码清单 10-8 展示了 CloudFormation 代码段。

代码清单 10-8　EC2 实例配置文件资源的 CloudFormation 片段

```
Resources:
  [...]
  InstanceProfile:
    Type: 'AWS::IAM::InstanceProfile'
    Properties:
      Roles:
      - !Ref Role
  Role:
    Type: 'AWS::IAM::Role'
    Properties:
      AssumeRolePolicyDocument:
        Version: '2012-10-17'
        Statement:
        - Effect: Allow
          Principal:
            Service: 'ec2.a*******s.com'
          Action: 'sts:AssumeRole'
      Policies:
      - PolicyName: ec2
        PolicyDocument:
          Version: '2012-10-17'
          Statement:
```

```
      - Effect: Allow
        Action: 'ec2:CreateSnapshot'
        Resource: '*'
```

最后但并非最不重要的一点，你必须通过修改现有的 EC2InstanceA 资源将实例概要文件附加到 EC2 实例。

```
Resources:
  [...]
  EC2InstanceA:
    Type: 'AWS::EC2::Instance'
    Properties:
      IamInstanceProfile: !Ref InstanceProfile
      [...]
```

现在是测试新栈的时候了。不要忘了先删除旧栈，然后基于扩展模板创建新栈。该模板的完整代码可以在本书配套代码的/chapter10/template-with-backup.yaml 中找到。

```
$ aws cloudformation delete-stack --stack-name efs
$ aws cloudformation create-stack --stack-name efs-with-backup \
➥ --template-url [本书代码库]\
➥ chapter10/template-with-backup.yaml \
➥ --capabilities CAPABILITY_IAM
```

模板位于何处

这个模板可以在本书配套资源中找到。我们正在讨论的文件位于/chapter10/template-with- backup.yaml。

当栈处于 CREATE_COMPLETE 状态时，会运行两个 EC2 实例。每 15 分钟就会创建一个新的 EBS 快照。你需要耐心地验证快照是否正常工作。

资源清理

是时候删除正在运行的 CloudFormation 栈：

```
$ aws cloudformation delete-stack --stack-name efs-with-backup
```

也可以使用管理控制台删除作为定期备份创建的所有 EBS 快照。

现在，你已经实现了自己的备份解决方案。记住，EBS 卷的大小不会随 EFS 自动增长。你必须手动调整 EBS 卷的大小。

10.8   小结

- EFS 提供符合 NFSv4.1 的文件系统，可以在不同可用区中的 Linux EC2 实例之间共享。
- EFS 安装目标绑定到可用区，并受安全组保护。
- 在不同可用区中，至少需要两个安装目标，以确保高可用性。
- EFS 不提供时间点恢复的快照。
- 存储在 EFS 中的数据可跨多个可用区进行复制。

第 11 章　使用关系数据库服务：RDS

本章主要内容

■ 用 RDS 启动和初始化关系数据库

■ 创建和还原数据库快照

■ 设置高可用数据库

■ 调整数据库的性能

■ 监控数据库

　　关系数据库是业界存储和查询结构化数据的事实上的标准，许多应用构建在 MySQL 这样的关系数据库上。通常，关系数据库专注于提供数据一致性和保证 ACID（原子性、一致性、隔离性和持久性）数据库事务。关系数据库的典型任务是存储和查询结构化数据，如会计应用中的账户和交易。

　　如果想在 AWS 上使用一个关系数据库，有以下两个选择。

■ 使用由 AWS 提供的托管的关系数据库服务 Amazon RDS。

■ 在虚拟机上自己操作关系数据库。

　　亚马逊关系数据库服务（Amazon Relational Database Service，Amazon RDS）提供了随时可用的关系数据库，如 PostgreSQL、MySQL、MariaDB、Oracle Database 和 Microsoft SQL Server。如果你的应用支持这些关系数据库系统，那么迁移到 Amazon RDS 会很容易。

　　除此之外，AWS 还提供自己的数据库引擎 Amazon Aurora，Amazon Aurora 兼容 MySQL 和 PostgreSQL。如果应用支持 MySQL 或 PostgreSQL，则迁移到 Amazon Aurora 很容易。

　　RDS 是一个托管服务。托管服务提供商（在本章中为 AWS）负责提供一系列定义好的服务（在本章中是运维关系数据库）。表 11-1 比较了使用 RDS 数据库和在虚拟机上托管数据库的区别。

表 11-1　托管服务 RDS 和虚拟机上自建数据库的比较

项目	RDS	在虚拟机上托管数据库
AWS 服务的成本	较高，因为 RDS 的成本高于虚拟机（EC2）	较低，因为虚拟机（EC2）比 RDS 便宜
总体拥有成本	较低，因为运维成本由许多客户分摊	高很多，因为你需要人力来管理自己的数据库
质量	AWS 专业人员负责托管服务	你需要建立专业团队并自己实施质量控制
灵活性	高，因为你可以选择关系数据库系统和大多数配置参数	较高，因为你可以控制你安装在虚拟机上的关系数据库系统的每个部分

　　在虚拟机上搭建关系数据库需要具有专业知识并花费大量的时间，因此我们建议尽可能使用 Amazon RDS 搭建需要的关系数据库，以降低运维成本和提高服务的质量。这就是我们不会在本书中介绍如何在 EC2 上托管你自己的关系数据库的原因。相反，我们将详细介绍 Amazon RDS。

　　在本章中，你将借助 Amazon RDS 启动 MySQL 数据库。第 2 章介绍过图 11-1 所示的 WordPress 设置，本章将再次使用这个示例，但是这次专注于数据库部分。在 MySQL 数据库启动并运行后，你将学习如何导入数据、备份数据和还原数据。搭建高可用数据库和改善数据库性能这样的更高级的主题的介绍紧随其后。

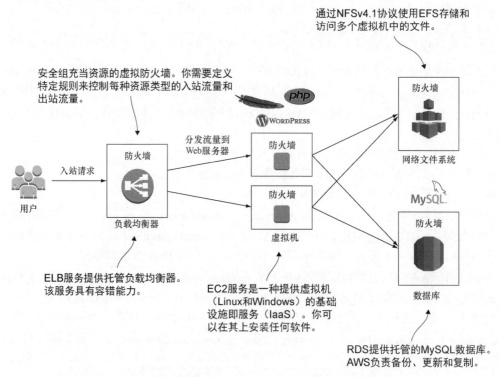

图 11-1　公司博客的基础设施由运行 WordPress 的两台负载均衡的
Web 服务器和一台 MySQL 数据库服务器组成

> **示例都包含在免费套餐中**
>
> 本章中的示例都包含在免费套餐中。只要不是运行这些示例好几天，就不需要支付任何费用。记住，这仅适用于本书读者为学习本书刚刚创建的全新 AWS 账户，并且在这个 AWS 账户中没有任何活动记录。尽量在几天的时间里完成本章中的示例，并在每个示例完成后务必清理账户。

本章中的示例使用一个用于 WordPress 应用的 MySQL 数据库。用户可以轻松地把学到的知识应用在其他数据库引擎，如 Aurora、PostgreSQL、MariaDB、Oracle Database 和 Microsoft SQL Server，以及 WordPress 以外的其他应用。

11.1 开始使用 MySQL 数据库

流行的博客平台 WordPress 是搭建在 MySQL 关系数据库上的。如果你想在自己的虚拟机上搭建 WordPress 博客，则需要运行 PHP 应用（例如借助 Apache Web 服务器），并且需要操作一个 WordPress 存放文章、评论和作者的 MySQL 数据库。Amazon RDS 以托管服务的方式提供 MySQL 数据库，因此你不需要自己安装、配置和操作 MySQL 数据库。

11.1.1 用 RDS 数据库启动 WordPress 平台

启动一个数据库包含以下两个步骤。

（1）启动一个数据库实例。

（2）将应用连接到数据库端点。

要使用 MySQL 数据库设置 WordPress 博客平台，就要使用第 2 章中介绍的 CloudFormation 模板，在第 2 章你还使用了 Amazon RDS 服务。你可以在本书配套代码中找到该模板，我们介绍的模板位于 chapter11/template.yaml。同样的文件也保存在 S3 上。

执行下面的命令来创建 CloudFormation 栈，其中包含一个带有 MySQL 引擎的 RDS 数据库实例和为 WordPress 应用提供服务的 Web 服务器：

```
$ aws cloudformation create-stack --stack-name wordpress --template-url \
➥[本书代码库]/chapter11/template.yaml \
➥ --parameters ParameterKey=KeyName,ParameterValue=mykey \
➥ParameterKey=AdminPassword,ParameterValue=test1234 \
➥ParameterKey=AdminEMail,ParameterValue=your@mail.com
```

在后台创建 CloudFormation 栈大概需要几分钟的时间，所以你有足够的时间了解 RDS 数据库实例的细节。代码清单 11-1 展示了用于创建 wordpress 栈的 CloudFormation 模板的一些组成部分。

代码清单 11-1　提取创建 RDS 数据库的 CloudFormation 模板

```
Resources:
  # [...]
  DatabaseSecurityGroup:          数据库实例的安全组，允许 Web 服务器的
                                  MySQL 默认端口上的入站流量
    Type: 'AWS::EC2::SecurityGroup'
    Properties:
      GroupDescription: 'awsinaction-db-sg'
      VpcId: !Ref VPC
      SecurityGroupIngress:
      - IpProtocol: tcp
        FromPort: 3306           默认的 MySQL 端口是 3306
        ToPort: 3306                                        引用运行 Web 服务器的
        SourceSecurityGroupId: !Ref WebServerSecurityGroup  EC2 实例的安全组
  Database:
    Type: 'AWS::RDS::DBInstance'     使用 Amazon RDS 创建数据库实例
    DeletionPolicy: Delete           禁用备份（将其转换为生产环境中的快照！）
    Properties:
      AllocatedStorage: 5        该数据库提供 5 GB 的存储空间
      BackupRetentionPeriod: 0   禁用备份（在生产环境中启用此功能！）
      DBInstanceClass: 'db.t2.micro'   数据库实例的大小是 t2.micro，是可用的最小大小
      DBName: wordpress          创建名为 wordpress 的默认数据库
      Engine: MySQL              使用 MySQL 作为数据库引擎
      MasterUsername: wordpress      MySQL 数据库主用户的用户名
      MasterUserPassword: wordpress  MySQL 数据库主用户的密码
      VPCSecurityGroups:
      - !Sub ${DatabaseSecurityGroup.GroupId}    引用数据库实例的安全组
      DBSubnetGroupName: !Ref DBSubnetGroup   定义 RDS 数据库实例将启动的子网
    DependsOn: VPCGatewayAttachment
  DBSubnetGroup:
    Type: 'AWS::RDS::DBSubnetGroup'    创建子网组以定义数据库实例的子网
    Properties:
      Description: DB subnet group
      SubnetIds:
      - Ref: SubnetA     使用子网 A 或子网 B 启动 RDS 数据库实例
      - Ref: SubnetB
```

表 11-2 展示了使用 CloudFormation 或管理控制台启动 RDS 数据库时所需的一些属性。

表 11-2　连接到 RDS 数据库所需的属性

属性	描述
AllocatedStorage	数据库的存储空间大小（以 GB 为单位）
DBInstanceClass	底层虚拟机的大小（也称为实例类型）
Engine	数据库引擎（Aurora、PostgreSQL、MySQL、MariaDB、Oracle Database 或 Microsoft SQL Server）
DBName	数据库标识
MasterUsername	主用户名称
MasterUserPassword	主用户密码

你可以将 RDS 实例标记为允许公开访问。但我们不建议你启用从互联网访问你的数据库的功能，以防止不想要的访问。相反，如这个示例所示，RDS 实例只能在 VPC 内部访问。

你需要在同一 VPC 中运行 EC2 实例，才能连接到 RDS 实例。先连接到 EC2 实例，然后从那里连接到 RDS 实例。

执行下面的命令查看名为 wordpress 的 CloudFormation 栈是否进入 "CREATE_COMPLETE" 状态：

```
$ aws cloudformation describe-stacks --stack-name wordpress
```

在输出中查找 "StackStatus"，并检查状态是否已经为 "CREATE_COMPLETE"。如果不是，再等几分钟（创建栈可能需要多达 15 分钟），然后再执行这个命令。如果状态已经为 "CREATE_COMPLETE"，就会在输出部分看到 OutputKey。对应的 OutputValue 包含了 WordPress 博客平台的 URL。代码清单 11-2 给出了详细的输出。在浏览器中打开该 URL，你会找到一个正在运行的 WordPress 安装程序。

代码清单 11-2　检查 CloudFormation 栈的状态

```
$ aws cloudformation describe-stacks --stack-name wordpress
{
  "Stacks": [{
    "StackId": "[...]",
    "Description": "AWS in Action: chapter 11",
    "Parameters": [...],
    "Tags": [],
    "Outputs": [
        {
            "Description": "Wordpress URL",          在浏览器中打开此 URL
            "OutputKey": "URL",                      以打开 WordPress 应用
            "OutputValue": "http://[...].us-east-1.elb.a*******s.com"  ◁
        }
    ],
    "CreationTime": "2017-10-19T07:12:28.694Z",
    "StackName": "wordpress",                       等待 CloudFormation 栈的状态变
    "NotificationARNs": [],                          为 CREATE_COMPLETE
    "StackStatus": "CREATE_COMPLETE",     ◁
    "DisableRollback": false
  }]
}
```

启动和运行像 MySQL 这样的关系数据库就是这么简单。当然，除了使用 CloudFormation 的模板外，你也可以使用管理控制台来启动一个 RDS 数据库实例模板。RDS 是一个托管服务，AWS 以安全可靠的方式处理运行数据库所需的大部分任务。你只需要完成下面两项任务。

- 监控数据库的可用存储空间，确保根据需要增加存储空间。
- 监控数据库的性能，确保根据需要提高 I/O 性能和计算性能。

这两项任务都可以借助 CloudWatch 监控来完成，稍后你将了解相关内容。

11.1.2　探索带有 MySQL 引擎的 RDS 数据库实例

CloudFormation 栈创建了一个带有 MySQL 引擎的 RDS 数据库实例。每个实例提供一个端点来接收 SQL 请求。应用可以将其 SQL 请求发送到这个端点来查询、插入、删除或更新数据。例如，要从表中检索所有行，应用将发送 SQL 请求 SELECT * FROM table。使用 describe 命令可以请求 RDS 数据库实例的端点和详细信息：

```
$ aws rds describe-db-instances --query "DBInstances[0].Endpoint"
{
  "HostedZoneId": "Z2R2ITUGPM61AM",
  "Port": 3306,  ←——— 数据库端点的端口号
  "Address": "wdwcoq2o8digyr.cqrxioeaavmf.us-east-1.rds.a*******s.com" ←┐
}
```
（右侧标注：数据库端点的主机名）

RDS 数据库现在已经运行了，但是它的成本是多少呢？

11.1.3　Amazon RDS 的定价

Amazon RDS 上数据库按底层虚拟机的大小以及已分配的存储的数量和类型来定价。与运行在普通 EC2 虚拟机上的数据库相比，RDS 实例每小时的价格更高。在我们看来，Amazon RDS 服务值得我们付出额外的成本，因为你不再需要完成典型的 DBA 任务，如安装、打补丁、升级、迁移、备份和恢复。

表 11-3 展示了一个中等规模的 RDS 数据库实例的价格，该价格不包括高可用的故障切换功能。所有价格以 2017 年 11 月 8 日美国东部（弗吉尼亚州北部）区域的定价为准，以美元结算，当前定价可以通过 AWS 官方网站获取。

表 11-3　中等规模的 RDS 实例的月度（30.5 天）成本

描述	月度价格
数据库实例类型 db.m3.medium	65.88 美元
50 GB 的通用型（SSD）	5.75 美元
额外的数据库快照存储（100 GB）	9.50 美元
总计	81.13 美元

你已经启动了一个 RDS 数据库实例，目的是与 WordPress Web 应用一起使用。11.2 节将介绍如何将数据导入 RDS 数据库。

11.2　将数据导入数据库

没有数据的数据库毫无用处。在许多情况下，你需要给新的数据库导入数据，例如进行旧数

据库的转储。如果将本地的托管系统迁移到 AWS，也需要迁移数据库。本节将指导你完成使用 MySQL 引擎将 MySQL 数据库转储导入 RDS 数据库的过程。所有其他数据库引擎（Aurora、PostgreSQL、MySQL、MariaDB、Oracle Database 和 Microsoft SQL Server）的过程都是类似的。

要将数据库从本地环境导入 Amazon RDS，需要完成以下步骤。

（1）导出本地数据库。

（2）在与 RDS 数据库相同的 AWS 区域和 VPC 中启动一台虚拟机。

（3）把数据库转储上传到该虚拟机。

（4）在虚拟机上将数据库转储导入 RDS 数据库。

我们将略过导出一个 MySQL 数据库的第 1 步，因为在这个示例中创建的 RDS 实例是空的，你可能无法访问一个现有的 WordPress 数据库。如果你想导出一个 MySQL 数据库，可以参考下面的内容。

导出一个 MySQL 数据库

MySQL（以及其他所有的数据库系统）提供了一种导出和导入数据库的方法。我们推荐使用 MySQL 提供的命令行工具来导出和导入数据库。你可能需要安装 MySQL 客户端，其中附带 mysqldump 工具。

下面的命令表示从本地服务器导出所有数据库，并且把它们转储到名为 dump.sql 的文件。出现提示符的时候，将$UserName 替换为 MySQL 的管理员或者主用户：

```
$ mysqldump -u $UserName -p --all-databases > dump.sql
```

你还可以仅为导出指定一些数据库。如果有这样的需求，则将$DatabaseName 替换为你想要导出的数据库的名称：

```
$ mysqldump -u $UserName -p $DatabaseName > dump.sql
```

当然，你还可以通过网络连接导出数据库。要连接到一台服务器来导出数据库，将$Host 替换为数据库的主机名或者 IP 地址：

```
$ mysqldump -u $UserName -p $DatabaseName --host $Host > dump.sql
```

如果需要了解 mysqldump 工具的更多信息，可查看 MySQL 文档。

理论上讲，你可以从本地或者本地网络中的任何机器导入数据库到 RDS。但是，通过互联网或者 VPN 连接的较高延迟会显著拖慢导入过程。因此，我们建议添加第 2 步：把数据库转储上传到运行在与 RDS 数据库位于同一 AWS 区域和 VPC 中的虚拟机上，然后从那里开始将数据库导入 RDS。

AWS 数据库迁移服务

在以最小的停机时间将大型数据库迁移到 AWS 时，数据库迁移服务（Database Migration Service，DMS）可以提供帮助。本书不介绍 DMS，但你可以在 AWS 官方网站上了解更多信息。

要完成这些操作，需要遵照下面的步骤进行操作。

（1）获得你想要上传数据的虚拟机的公有 IP 地址。我们将使用你之前创建的运行 WordPress 应用的虚拟机。

（2）通过 SSH 连接到该虚拟机。

（3）从 S3 下载数据库转储到虚拟机（或者如果你有正在迁移的现有的数据库转储，将其上传到虚拟机）。

（4）从虚拟机将数据库转储导入 RDS 数据库。

幸运的是，你已经启动了可以连接到 RDS 上的 MySQL 数据库的两台虚拟机，因为它们正在运行 WordPress 应用。找出这两台虚拟机之一的公有 IP 地址，并在你的本地机器上执行下面的命令：

```
$ aws ec2 describe-instances --filters "Name=tag-key,\
➡Values=aws:cloudformation:stack-name Name=tag-value,\
➡Values=wordpress" --output text \
➡ --query "Reservations[0].Instances[0].PublicIpAddress"
```

使用通过执行上述命令获得的公有 IP 地址打开与虚拟机的 SSH 连接。使用 SSH 的密钥 mykey 进行身份认证，并将 $PublicIpAddress 替换为运行 WordPress 应用的虚拟机的 IP 地址：

```
$ ssh -i $PathToKey/mykey.pem ec2-user@$PublicIpAddress
```

作为示例，我们准备了一个 WordPress 博客的 MySQL 数据库转储，其中包含一篇博客文章和一些评论。在虚拟机上使用下面的命令从 S3 上下载该数据库转储：

```
$ wget [本书代码库]/chapter11/wordpress-import.sql
```

现在你已经准备好把 MySQL 数据库转储导入 RDS 数据库实例。要完整导入，你需要 RDS 上的 MySQL 数据库的端口和主机名（也叫作端点）。不知道端点的信息？执行下面的命令可以列出端点。在本地虚拟机上执行下面的命令：

```
$ aws rds describe-db-instances --query "DBInstances[0].Endpoint"
```

在虚拟机上执行下面的命令把 wordpress-import.sql 文件的数据导入 RDS 数据库实例。将 $DBHostName 替换为你使用上一条命令列出的 RDS 端点。当被提示要求输入密码的时候输入密码 wordpress：

```
$ mysql --host $DBHostName --user wordpress -p < wordpress-import.sql
```

在浏览器中再次访问 WordPress 博客，你将看到很多新的博客文章和评论。如果你不记得博客的 URL，在本地机器上执行下面的命令来重新获取：

```
$ aws cloudformation describe-stacks --stack-name wordpress \
➡ --query "Stacks[0].Outputs[0].OutputValue" --output text
```

11.3 备份和还原数据库

Amazon RDS 是一个托管服务，但是你仍然需要数据库的备份，这样在某些情况下或者被某些人损坏了数据的时候，仍然可以还原数据，你也可以在同一个区域或者其他区域中复制一个数据库。RDS 提供了用于恢复 RDS 数据库实例的手动快照和自动快照。

在本节中，你将了解如何使用 RDS 快照：

- 为自动快照配置保留期和时间范围；
- 手动创建快照；
- 通过基于一个快照启动新数据库实例来还原快照；
- 将快照复制到另一个区域，用于进行灾难恢复或者重定向。

11.3.1 配置自动快照

在 11.1 节中启动的 RDS 数据库，如果 BackupRetentionPeriod 设置为 1～35 的值，则可以自动创建快照。BackupRetentionPeriod 属性值表示快照将保留的天数（默认为 1）。在每天特定的时间范围内，RDS 会为数据库创建一次自动快照。如果没有指定时间范围，RDS 会在夜间随机选择一个 30 分钟的时间范围。（每晚将选择一个新的随机时间范围。）

创建快照需要暂时暂停所有磁盘活动。由于超时，对数据库的请求可能会延迟甚至失败，因此我们建议你为快照选择对应用和用户影响最小的时间范围（例如深夜）。自动快照是你的数据库备份，用于防止你的数据库出现意外，这可能是意外删除所有数据的查询，也可能是导致数据丢失的硬件故障。

下面的命令用于把自动备份时间范围改为 UTC 时间 05:00～06:00，保留期改为 3 天。在本地虚拟机的终端上执行下面的命令：

```
$ aws cloudformation update-stack --stack-name wordpress --template-url \
➡[本书代码库]/chapter11/ \
➡template-snapshot.yaml
➡ --parameters ParameterKey=KeyName,UsePreviousValue=true \
➡ParameterKey=AdminPassword,UsePreviousValue=true \
➡ParameterKey=AdminEMail,UsePreviousValue=true
```

RDS 数据库将根据稍加修改后的 CloudFormation 模板进行修改，如代码清单 11-3 所示。

代码清单 11-3　修改 RDS 数据库的快照时间范围和保留期

```
Database:
  Type: 'AWS::RDS::DBInstance'
  DeletionPolicy: Delete
  Properties:
    AllocatedStorage: 5
    BackupRetentionPeriod: 3          ◀—— 快照保留 3 天
    PreferredBackupWindow: '05:00-06:00'   ◀—— 在 05:00～06:00（UTC 时间）自动创建快照
```

```
  DBInstanceClass: 'db.t2.micro'
  DBName: wordpress
  Engine: MySQL
  MasterUsername: wordpress
  MasterUserPassword: wordpress
  VPCSecurityGroups:
  - !Sub ${DatabaseSecurityGroup.GroupId}
  DBSubnetGroupName: !Ref DBSubnetGroup
DependsOn: VPCGatewayAttachment
```

如果想要禁用自动快照，可以将保留期设置为 0。通常可以使用 CloudFormation 模板、管理控制台或者 SDK 来配置自动备份。记住，删除 RDS 数据库实例时，自动快照会被同时删除，而手动快照仍会保留。下面来学习手动创建快照。

11.3.2　手动创建快照

你可以在任何需要的时候，例如发布新版本软件、迁移数据库模式或执行可能损坏数据库的其他活动之前，创建手动快照。要创建快照，你必须知道 RDS 数据库实例标识符。执行下面的命令从第一个 RDS 数据库实例中提取实例标识符：

```
$ aws rds describe-db-instances  --output text \
➥ --query "DBInstances[0].DBInstanceIdentifier"
```

执行下面的命令创建一个名为 wordpress-manual-snapshot 的手动快照。将 $DBInstanceIdentifier 替换为上一条命令的输出：

```
$ aws rds create-db-snapshot --db-snapshot-identifier \
➥wordpress-manual-snapshot \
➥ --db-instance-identifier $DBInstanceIdentifier
```

创建快照大概需要几分钟的时间。你可以使用下面的命令检查快照的当前状态：

```
$ aws rds describe-db-snapshots \
➥ --db-snapshot-identifier wordpress-manual-snapshot
```

RDS 不会自动删除手动快照，如果你不再需要它们，需要手动删除。本节的最后将介绍如何操作。

将自动快照复制为手动快照

　　自动快照和手动快照之间存在差异。保留期结束后自动快照被自动删除，但是手动快照不会被自动删除。如果你想要在保留期结束后仍然保留自动快照，则必须把自动快照复制到新的手动快照。

　　在本地终端中执行下面的命令，可以从在 11.1 节中启动的 RDS 数据库中获取自动快照的快照标识符。将 $DBInstanceIdentifier 替换为 describe-db-instances 命令的输出：

```
$ aws rds describe-db-snapshots --snapshot-type automated \
➥ --db-instance-identifier $DBInstanceIdentifier \
➥ --query "DBSnapshots[0].DBSnapshotIdentifier" \
➥ --output text
```

下面的命令把自动快照复制到名为 `wordpress-copy-snapshot` 的手动快照。将`$SnapshotId`替换为上一条命令的输出：

```
$ aws rds copy-db-snapshot \
➥ --source-db-snapshot-identifier $SnapshotId \
➥ --target-db-snapshot-identifier wordpress-copy-snapshot
```

自动快照的副本被命名为 `wordpress-copy-snapshot`，它不会被自动删除。

11.3.3 还原数据库

如果你要用自动快照或者手动快照还原数据库，将会基于快照创建一个新数据库。如图 11-2 所示，你不能把快照还原到一个现有的数据库。

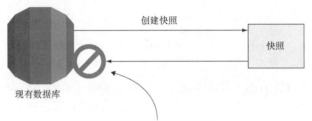

图 11-2 不能把快照还原到现有的数据库

当你要还原一个数据库快照时，创建一个新数据库，如图 11-3 所示。

图 11-3 为了还原快照，创建一个新数据库

想要在与 11.1 节中启动的 WordPress 平台所在的同一个 VPC 中创建一个新数据库，需要找到现有的数据库的子网组。获取该信息需要执行下面的命令：

```
$ aws cloudformation describe-stack-resource \
➥ --stack-name wordpress --logical-resource-id DBSubnetGroup \
➥ --query "StackResourceDetail.PhysicalResourceId" --output text
```

现在你可以基于之前创建的手动快照来创建一个新数据库。将`$SubnetGroup`替换为上一条命令的输出，执行下面的命令：

```
$ aws rds restore-db-instance-from-db-snapshot \
➥--db-instance-identifier awsinaction-db-restore \
➥--db-snapshot-identifier wordpress-manual-snapshot \
➥--db-subnet-group-name $SubnetGroup
```

名为 awsinaction-db-restore 的新数据库基于手动快照创建。在数据库被创建后，你可以将 WordPress 应用切换到新端点。

如果你正在使用自动创建的快照，你也可以把数据库还原到一个特定的时间点，因为 RDS 保存了数据库的变更日志。这样就可以把数据库还原到从备份保留期开始到最近的 5 分钟的任意一个时间点。

将下面的命令中的$DBInstanceIndentifier 替换为之前的 describe-db-instance 命令的输出，将 $SubnetGroup 替换为上一条 describe-stack-resource 命令的输出，并且将$Time 替换为 5 分钟前的 UTC 时间戳（如 2017-10-19T10:55:00Z），然后执行下面的命令：

```
$ aws rds restore-db-instance-to-point-in-time \
➥--target-db-instance-identifier awsinaction-db-restore-time \
➥--source-db-instance-identifier $DBInstanceIndentifier \
➥--restore-time $Time --db-subnet-group-name $SubnetGroup
```

这样就可以基于 5 分钟前的源数据库创建一个名为 awsinaction-db-restore-time 的新数据库。在数据库被创建后，你就可以将 WordPress 应用切换到新端点。

11.3.4　复制数据库到另一个区域

借助快照可以方便地把数据库复制到另一个区域。你可能这么做的主要原因如下。
- 灾难恢复——可以从不太可能发生的区域性中断中恢复。
- 搬迁——把基础设施迁移到另一个区域，以便以更低的延迟为你的客户服务。

你可以轻松地把快照复制到另一个区域。下面的命令把名为 wordpress-manual-snapshot 的快照从 us-east-1 区域复制到 eu-west-1 区域。在执行下面的命令之前你需要将$AccountId 替换为自己的账户 ID：

```
$ aws rds copy-db-snapshot --source-db-snapshot-identifier \
➥arn:aws:rds:us-east-1:$AccountId:snapshot:\
➥wordpress-manual-snapshot --target-db-snapshot-identifier \
➥wordpress-manual-snapshot --region eu-west-1
```

遵守法规　将数据从给一个区域移到另一个区域可能违反隐私法或者其他法规规定，特别是数据跨越国界的时候。在跨越区域传输真实的数据前确保你可以这么做。

如果你忘了自己的账户 ID，可以在 CLI 的帮助下查看：

```
$ aws iam get-user --query "User.Arn" --output text
arn:aws:iam::878533158213:user/mycli  ◁——— 账户 ID 为 12 位的数字（878533158213）
```

快照被复制到 eu-west-1 区域后，就可以按照 11.3.3 节的描述还原数据库。

11.3.5 计算快照费用

快照按其使用的存储容量计费。你可以免费存储与自己数据库实例大小相同容量的快照。在 WordPress 这个示例中，你可以免费存储最多 5 GB 的快照。超过的部分按照每 GB 每月使用的存储容量付费。在编写本书的时候，每 GB 每月成本为 0.095 美元（在 us-east-1 区域）。

资源清理

现在需要清理快照并删除还原的数据库实例。按顺序执行下面的命令，或直接跳到命令列表之后为 Linux 操作系统和 macOS 准备的快捷方式：

```
$ aws rds delete-db-instance --db-instance-identifier \
➥awsinaction-db-restore --skip-final-snapshot          ◀──── 删除从快照中还原的数据库
$ aws rds delete-db-instance --db-instance-identifier \
➥awsinaction-db-restore-time --skip-final-snapshot     ◀──── 删除基于时间点数
                                                             据还原的数据库
$ aws rds delete-db-snapshot --db-snapshot-identifier \
➥wordpress-manual-snapshot      ◀──── 删除手动快照
$ aws rds delete-db-snapshot --db-snapshot-identifier \
➥wordpress-copy-snapshot        ◀──── 删除复制的快照
$ aws --region eu-west-1 rds delete-db-snapshot --db-snapshot-identifier \
➥wordpress-manual-snapshot      ◀──── 删除复制到另一个区域的快照
```

你可以使用下面的命令下载一个 Bash 脚本并直接在本地机器上运行，从而避免在终端上手动输入这些命令。Bash 脚本包含的步骤与上面一代码片段中显示的步骤相同：

```
$ curl -s https://raw.g***************t.com/AWSinAction/\
➥code2/master/chapter11/cleanup.sh | bash -ex
```

请保留其余设置，因为在后面的章节中你会用到它。

11.4 控制对数据库的访问

责任共担模型适用于 RDS 服务，也适用于其他 AWS 服务。在本节中 AWS 负责云的安全，如底层操作系统的安全。作为客户，你需要指定控制对数据和 RDS 数据库的访问的规则。

图 11-4 展示了控制对 RDS 数据库的访问的 3 个层面。

- 控制对 RDS 数据库配置的访问。
- 控制对 RDS 数据库的网络访问。
- 利用数据库自身的用户和访问管理功能控制对数据的访问。

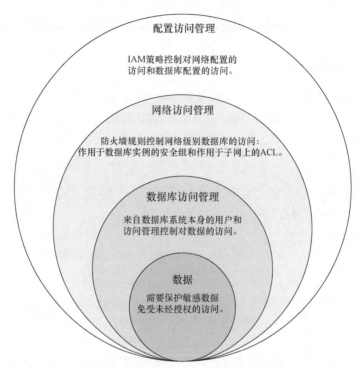

图 11-4　通过数据库自身、安全组和 IAM 保护数据

11.4.1　控制对 RDS 数据库配置的访问

使用 IAM 服务控制对 RDS 服务的访问。IAM 负责控制对创建、更新和删除 RDS 数据库实例等操作的访问。IAM 不管理数据库内部的访问，因为这是数据库引擎的工作。IAM 策略定义了允许身份在 RDS 上执行哪些配置和管理操作。你可以把这些 IAM 策略附加到 IAM 用户、组或者角色，以控制它们可以对数据库执行哪些操作。

代码清单 11-4 展示了一个 IAM 策略，该策略允许访问所有 RDS 配置和管理操作。你可以通过仅把策略附加到信任的 IAM 用户和组以限制访问。

代码清单 11-4　允许访问 RDS 所有的配置和管理操作

```
{
  "Version": "2012-10-17",
  "Statement": [{
    "Sid": "Stmt1433661637000",
    "Effect": "Allow",       ◁——— 允许对指定资源的指定操作
    "Action": "rds:*",       ◁——— 指定允许对 RDS 服务的所有可能操作（例如，修改数据库的配置）
    "Resource": "*"          ◁——— 指定了所有的 RDS 数据库
  }]
}
```

应该仅授权给真正需要更改 RDS 数据库的人或者机器。代码清单 11-5 展示了一个 IAM 策

略，该策略拒绝所有破坏性操作，以防止由于人为故障而导致数据丢失。

代码清单 11-5　IAM 策略拒绝破坏性操作

```
{
  "Version": "2012-10-17",
  "Statement": [{
    "Sid": "Stmt1433661637000",
    "Effect": "Deny",        ◁——— 拒绝对指定资源的指定操作
    "Action": ["rds:Delete*", "rds:Remove*"],
    "Resource": "*"    ◁——— 指定了所有的 RDS 数据库
  }]
}
```

指定对 RDS 服务的所有破坏性
操作（例如删除数据库实例）

如果你对 IAM 服务的细节感兴趣，可以查看第 6 章的内容。

11.4.2　控制对 RDS 数据库的网络访问

RDS 数据库连接到安全组。每个安全组由控制入站和出站数据库流量的防火墙规则组成。你已经知道如何将安全组与虚拟机结合使用。

代码清单 11-6 展示了在 WordPress 示例中附加到 RDS 数据库的安全组的配置。只允许名为 WebServerSecurityGroup 的安全组从虚拟机连接到端口 3306（MySQL 的默认端口）的入站连接。

代码清单 11-6　CloudFormation 模板片段：RDS 数据库的防火墙规则

```
DatabaseSecurityGroup: {
  Type: 'AWS::EC2::SecurityGroup'
  Properties:
    GroupDescription: 'awsinaction-db-sg'
    VpcId: !Ref VPC
    SecurityGroupIngress:
    - IpProtocol: tcp
      FromPort: 3306       ◁——— MySQL 默认端口为 3306
      ToPort: 3306
      SourceSecurityGroupId: !"Ref WebServerSecurityGroup
```

数据库实例的安全组，允许 Web 服务器的
MySQL 默认端口的入站流量

引用 Web 服务器的安全组

在网络层面上应该只允许真正需要连接到 RDS 数据库的机器，如运行 Web 服务器或应用服务器的 EC2 实例。如果你对安全组（防火墙规则）的更多详细信息感兴趣，参考第 6 章。

11.4.3　控制对数据的访问

数据库引擎本身也能够实现访问控制。数据库引擎的用户管理与 IAM 用户和访问权限无关，它只负责控制对数据库的访问。例如，你通常为每个应用定义一个用户，并根据需要授予访问和操作表的权限。在 WordPress 示例中，创建了一个名为 Wordpress 的数据库用户。WordPress 应用使用此数据库用户和密码对数据库引擎（本例中为 MySQL）进行身份认证。

> **IAM 数据库身份认证**
>
> AWS 已开始为 MySQL 和 Aurora 这两个数据库引擎集成 IAM 和本机数据库身份认证机制。使用 IAM
> 数据库身份认证，你不再需要在数据库引擎中创建具有用户名和密码的用户。相反，你需要创建一个数
> 据库用户，该用户使用名为 AWSAuthenticationPlugin 的插件进行身份认证。然后使用用户名和使用你
> 的 IAM 标识生成的令牌登录数据库。令牌有效期为 15 分钟，因此你必须周期性地更新。你可以在 AWS
> 文档中了解有关 IAM 数据库身份认证的更多信息。

典型的使用场景如下：

- 限制少数数据库用户（例如仅针对应用的用户）进行写访问；
- 限制少数用户（例如某个组织的一个部门）访问指定的表；
- 限制隔离的不同的应用（例如托管在同一数据库中不同客户的多个应用）访问表。

不同的数据库系统使用的用户和访问管理不尽相同。本书中不会介绍这部分内容，你可以参考数据库的文档来了解相关信息。

11.5 依赖高可用数据库

数据库是一个系统中最重要的部分之一。如果应用无法访问数据库，就无法正常工作，并且存储在数据库中的数据是任务关键型，因此数据库必须高可用并且持久化地存储数据。

Amazon RDS 允许你启动高可用数据库。与由一个实例组成的默认数据库相比，高可用 RDS 数据库由两个数据库实例组成：一个主数据库和一个备用数据库。你需要为这两个数据库实例付费。所有的客户端都向主数据库发送请求。数据在主数据库和备用数据库之间同步复制，如图 11-5 所示。

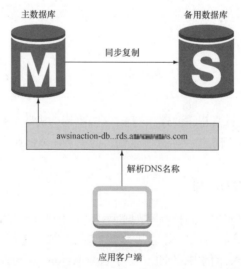

图 11-5 在高可用模式下运行时，主数据库被复制到备用数据库

我们强烈建议对处理生产工作负载的所有数据库进行高可用部署。如果你想省钱，可以关闭测试系统的高可用功能。

如果主数据库因为硬件故障或者网络故障变为不可用，则 RDS 会启动故障转移流程。然后备用数据库提升为主数据库。如图 11-6 所示，DNS 名称已被更新，客户端开始使用以前的备用数据库进行请求。

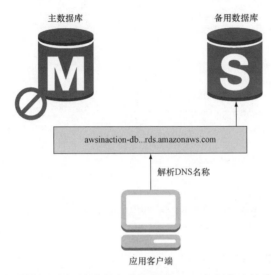

图 11-6　只要主数据库发生故障客户端就使用 DNS 解析故障转移到备用数据库

RDS 会自动检测是否需要故障转移，不需要人工干预即可执行。

> **Aurora 数据库的不同**
>
> 　Aurora 数据库是个例外。它不会将你的数据存储在单个 EBS 卷上，而是将数据存储在集群卷（cluster volume）上。集群卷由多个磁盘组成，每个磁盘都具有集群数据的副本。这意味着 Aurora 数据库的存储层并不存在单点故障。但是，只有主 Aurora 数据库实例接受写请求。如果主实例发生故障，则会自动重新创建，通常需要不到 10 分钟。如果你的 Aurora 集群中有副本实例，则副本将提升为新的主实例，通常需要大约 1 分钟，比重新创建主实例快得多。

为 RDS 数据库启用高可用部署

在你的本地终端执行下面的命令为 11.1 节启动的 RDS 数据库启用高可用部署：

```
$ aws cloudformation update-stack --stack-name wordpress --template-url \
➥[本书代码库]/chapter11/template-multiaz.yaml \
➥--parameters ParameterKey=KeyName,UsePreviousValue=true \
➥ParameterKey=AdminPassword,UsePreviousValue=true \
➥ParameterKey=AdminEMail,UsePreviousValue=true
```

警告　启动高可用性部署的 RDS 数据库会产生费用。可以访问 AWS 官方网站了解当前的定价信息。

我们使用稍稍修改过的 CloudFormation 模板来更新 RDS 数据库，如代码清单 11-7 所示。

代码清单 11-7　修改 RDS 数据库以启用高可用性

```
Database:
  Type: 'AWS::RDS::DBInstance'
  DeletionPolicy: Delete
  Properties:
    AllocatedStorage: 5
    BackupRetentionPeriod: 3
    PreferredBackupWindow: '05:00-06:00'
    DBInstanceClass: 'db.t2.micro'
    DBName: wordpress
    Engine: MySQL
    MasterUsername: wordpress
    MasterUserPassword: wordpress
    VPCSecurityGroups:
    - !Sub ${DatabaseSecurityGroup.GroupId}
    DBSubnetGroupName: !Ref DBSubnetGroup
    MultiAZ: true              ◀──── 为 RDS 数据库启用高可用部署
  DependsOn: VPCGatewayAttachment
```

将数据库以高可用模式部署大概需要几分钟的时间。但是你不需要进行其他额外的操作——数据库已经是高可用的。

什么是多可用区

　　每个 AWS 区域都包含多个独立的数据中心，也称为可用区。我们在第 9 章和第 10 章中介绍了可用区的概念，但略过了仅用于 RDS 高可用部署的一个方面：把主数据库和备用数据库启动在两个不同的可用区。出于这个原因，AWS 把高可用部署称为 RDS 多可用区（Multi-AZ）部署。

　　启用 RDS 高可用部署除了提高数据库可靠性之外，还有另一个重要的好处。重新配置或者维护单节点模式数据库一般将导致短暂的停机时间。RDS 数据库的高可用部署解决了这个问题，因为你可以在维护的时候切换到备用数据库。

11.6　调整数据库的性能

　　扩展 RDS 数据库或通用 SQL 数据库的简单方法是垂直扩展。垂直扩展数据库意味着增加数据库实例的资源：

- 更快的 CPU；
- 更多的内存；

■ 更快的存储速度。

记住，你无法无限制地垂直扩展（意味着增加资源）。最大的 RDS 数据库实例类型之一拥有
32 个内核和 244 GiB 内存。相比之下，像 S3 这样的对象存储或像 DynamoDB 这样的 NoSQL 数
据库可以无限制地水平扩展，因为如果需要额外的资源，可以向集群添加更多的机器。

11.6.1　增加数据库资源

在启动 RDS 数据库的时候，需要选择实例类型。实例类型定义了虚拟机的计算能力和内存
（就像启动一台 EC2 实例一样）。选择更大的实例类型可增加 RDS 数据库的计算能力和内存。

你启动了一个实例类型为 db.t2.micro 的 RDS 数据库，这是最小的实例类型。你可以使
用 CloudFormation 模板、CLI、管理控制台或 AWS SDK 来修改实例类型。如果性能不够好，
你可能希望增大实例类型。你将在 11.7 节中学习如何测量性能。代码清单 11-8 展示了如何更
改 CloudFormation 模板，把实例类型从拥有 1 个虚拟内核和 615 MB 内存的 db.t2.micro 更改
为拥有 2 个更快的虚拟内核和 7.5 GB 内存的 db.m3.large。这里只是在理论上介绍如何操作。
不要对正在运行的数据库这么做，因为这种新实例类型并不包含在免费套餐中，会产生额外
的费用。

代码清单 11-8　修改实例类型来提升 RDS 数据库的性能

```
Database:
  Type: 'AWS::RDS::DBInstance'
  DeletionPolicy: Delete
  Properties:
    AllocatedStorage: 5
    BackupRetentionPeriod: 3
    PreferredBackupWindow: '05:00-06:00'
    DBInstanceClass: 'db.m3.large'  ◁    把数据库实例底层的虚拟机的大小
    DBName: wordpress                    从 db.t2.micro 更改为 db.m3.large
    Engine: MySQL
    MasterUsername: wordpress
    MasterUserPassword: wordpress
    VPCSecurityGroups:
    - !Sub ${DatabaseSecurityGroup.GroupId}
    DBSubnetGroupName: !Ref DBSubnetGroup
    MultiAZ: true
  DependsOn: VPCGatewayAttachment
```

因为数据库必须从磁盘读数据和向磁盘写数据，所以 I/O 性能对数据库的总体性能来说非
常重要。正如你从阅读块存储服务 EBS 的内容是已经了解到的那样，RDS 提供 3 种不同类型
的存储：

■ 通用型（SSD）；

■ 预置 IOPS（SSD）；

■ 磁介质。

你应该为生产工作负载选择通用型（SSD）或者选择预置 IOPS（SSD）存储。这些选项与你为虚拟机使用 EBS 时完全一样。如果你需要保证高水平的读写吞吐量，应该使用预置 IOPS（SSD）。通用型（SSD）选项提供具有突发能力的中等基线性能。通用型（SSD）的吞吐量取决于初始化存储大小的数量。如果你需要以很低的成本存储数据或者不需要以可预测的方式访问数据，则磁介质存储是一种选择。代码清单 11-9 展示了如何使用 CloudFormation 模板来启用通用型（SSD）存储。

代码清单 11-9   修改 RDS 数据库的存储类型来提升性能

```
Database:
  Type: 'AWS::RDS::DBInstance'
  DeletionPolicy: Delete
  Properties:
    AllocatedStorage: 5
    BackupRetentionPeriod: 3
    PreferredBackupWindow: '05:00-06:00'
    DBInstanceClass: 'db.m3.large'
    DBName: wordpress
    Engine: MySQL
    MasterUsername: wordpress
    MasterUserPassword: wordpress
    VPCSecurityGroups:
    - !Sub ${DatabaseSecurityGroup.GroupId}
    DBSubnetGroupName: !Ref DBSubnetGroup
    MultiAZ: true
    StorageType: 'gp2'              ←——  使用通用（SSD）存储来提升 I/O 性能
  DependsOn: VPCGatewayAttachment
```

11.6.2   使用读复制来提高读性能

具有过多读请求的数据库可以通过添加用于读复制的额外的数据库实例来水平扩展。如图 11-7 所示，对数据库的修改异步复制到额外的只读数据库实例。读请求可以在主数据库和读复制数据库之间分发，以提高读吞吐量。

仅当应用产生很多读请求和很少写请求时，调整读性能才有意义。幸运的是，大多数应用读操作远远多于写操作。

1. 创建一个读复制数据库

Amazon RDS 支持 MySQL、MariaDB 和 PostgreSQL 数据库的读复制。要使用读复制，需要为数据库启用自动备份，如在 11.3 节中展示的操作。

警告   启动一个 RDS 读副本将产生费用。访问 AWS 官方网站可以了解当前的定价信息。

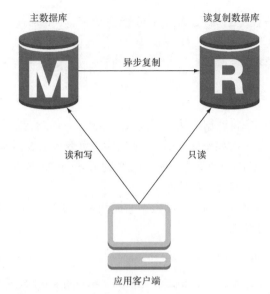

图 11-7　读请求在主数据库和读复制数据库之间分发，以提高读性能

从本地终端执行下面的命令，为在 11.1 节中启动的 WordPress 数据库创建一个读复制数据库。将$DBInstanceIdentifier 替换为 aws rds describe-db-instances --query "DBInstances [0].DBIn stanceIdentifier" --output text 命令的返回值。

```
$ aws rds create-db-instance-read-replica \
➥ --db-instance-identifier awsinaction-db-read \
➥ --source-db-instance-identifier $DBInstanceIdentifier
```

RDS 在后台自动完成下列步骤。

（1）从源数据库（也称为主数据库）创建快照。

（2）基于该快照启动新数据库。

（3）激活主数据库和读复制数据库之间的复制。

（4）为对读复制数据库的 SQL 读请求创建端点。

读复制数据库成功创建之后，它就可以响应 SQL 读请求。使用 SQL 数据库的应用必须支持使用读复制数据库。例如，WordPress 默认情况下不支持读副本，但是你可以使用名为 HyperDB 的插件来支持，它的配置很棘手，因此这里跳过这部分内容，你可以在 WordPress 的官方网站上获得更多的信息。创建或者删除一个读副本不会影响主数据库的可用性。

使用读复制传输数据到另一个区域

　　Amazon RDS 支持 Aurora、MySQL、MariaDB 和 PostgreSQL 数据库的区域之间的读复制。例如，可以把位于弗吉尼亚州北部的数据中心的数据复制到爱尔兰的数据中心。这个功能有 3 个主要的使用场景。

　　（1）将数据备份到另一个区域，以防范极少出现的整个区域中断的事件。

（2）将数据传输到另一个区域，以便能够以较低的延迟应答只读请求。

（3）将数据库迁移到另一个区域。

在两个区域之间创建读复制会产生额外的成本，因此你必须为传输的数据付费。

2．提升读副本为独立的数据库

如果创建读复制数据库来将数据库从一个区域迁移到另一个区域，或者如果必须在数据库上执行繁重且负载密集的任务（例如添加索引），则把这些负载从主数据库切换到读复制数据库会很有帮助。读副本必须成为新的主数据库。使用 RDS 的 Aurora、MySQL、MariaDB 和 PostgreSQL 数据库可以将读复制数据库提升为主数据库。

下面的命令用于把本节中创建的读复制数据库提升为独立的主数据库。注意，读复制数据库会完成重新启动并且在几分钟内不可用：

```
$ aws rds promote-read-replica --db-instance-identifier awsinaction-db-read
```

这个提升过程成功后，名为 `awsinaction-db-read` 的 RDS 数据库实例就会接受写请求。

资源清理

现在清理资源以避免不必要的费用。执行下面的命令：

```
$ aws rds delete-db-instance --db-instance-identifier \
➥awsinaction-db-read --skip-final-snapshot
```

在本章中，你已经积累了关于 AWS 关系数据库服务的经验。本章最后我们来仔细研究 RDS 的监控能力。

11.7　监控数据库

RDS 是一个托管服务。不过，你仍然需要自己监控一些指标，以确保你的数据库可以响应来自应用的所有请求。RDS 免费向 AWS CloudWatch 发布若干指标，AWS CloudWatch 是 AWS 云的监控服务。你可以通过管理控制台查看这些指标，如图 11-8 所示，并且你可以为指标达到阈值定义警报。

表 11-4 展示了一些重要的指标，推荐通过创建警报的方式持续监控这些指标。

表 11-4　从 CloudWatch 监控 RDS 数据库的重要指标

名称	描述
FreeStorageSpace	可用存储空间，以字节为单位。确保没有耗尽存储空间。我们建议将警报阈值设置为小于 2 147 483 648（2 GB）
CPUUtilization	CPU 利用率，以百分比显示。高利用率可以是由于 CPU 性能不足引起的瓶颈的标志。我们建议将警报阈值设置为大于 80%

续表

名称	描述
FreeableMemory	可用内存，以字节为单位。内存耗尽会导致性能问题。我们建议将警报阈值设置为小于 67 108 864（64 MB）
DiskQueueDepth	对磁盘的未完成请求的数量。一个长队列标志着数据库已达到存储的最大 I/O 性能。我们建议将警报阈值设置为大于 64
SwapUsage	如果数据库内存不足，则操作系统开始将磁盘用作内存（这称为交换）。将磁盘用作内存很慢并且会导致性能问题。我们建议将警报阈值设置为大于 268 435 456（256 MB）

我们建议你特别监控这些指标，以确保你的数据库不是导致应用性能问题的原因。

资源清理

现在清理资源以避免不必要的费用。执行下面的命令删除与基于 RDS 数据库的 WordPress 博客平台相关的所有资源：

```
$ aws cloudformation delete-stack --stack-name wordpress
```

图 11-8　从管理控制台监控 RDS 数据库的指标

在本章中，你学习了如何使用 RDS 服务来管理应用的关系数据库。第 13 章将聚焦于 NoSQL 数据库。

11.8　小结

- RDS 是一个提供关系数据库的托管服务。
- 你可以在 PostgreSQL、MySQL、MariaDB、Oracle Database 和 Microsoft SQL Server 等数据库中进行选择。Aurora 是 Amazon 构建的数据库引擎。
- 把数据导入 RDS 数据库最快的方法之一是把数据复制到同一个区域中的一台虚拟机，并将其从该虚拟机转储到 RDS 数据库。
- 你可以在数据库级别利用 IAM 策略和防火墙规则的组合来控制对数据的访问。
- 你可以把 RDS 数据库还原到保留期（最长 35 天）内的任何时间点。
- RDS 数据库可以是高可用的。针对生产工作负载，你应该以多可用区模式启动 RDS 数据库。
- 读复制数据库可以提高 SQL 数据库上读密集工作负载的性能。

第 12 章 使用内存缓存数据：Amazon ElastiCache

本章主要内容

- 应用和数据存储之间的缓存层的益处
- 缓存集群、节点、分片、复制组和节点组等术语
- 使用和操作基于内存的键值存储
- 性能调整和监控 ElastiCache 集群

想象一下，如果在流行的移动游戏中使用关系数据库，其中玩家的分数和等级被频繁更新和读取，那对数据库的读写压力非常大，尤其是在对数百万玩家进行排名时。当然，通过扩展数据库来减轻压力，可能有助于加载，但对于延迟或成本则不一定有改善。此外，关系数据库的价格往往比缓存数据存储的更昂贵。

利用内存数据存储（如 Redis）来缓存，对玩家和游戏元数据进行排序是许多游戏公司已使用并经过验证的解决方案。游戏排行榜不是直接从关系数据库中读取和排序的，而是在 Redis 内存中存储的，游戏公司通常使用 Redis 排序集，根据分数参数自动对数据进行排序。得分值可以包括游戏中的实际玩家等级或玩家得分。

因为数据驻留在内存中并且不需要大量计算来进行排序，所以检索信息的速度非常快，几乎无须从关系数据库进行查询。此外，任何其他需要大量读取的游戏和玩家元数据（如玩家资料、游戏等级信息等）也可以缓存在此内存层中，从而使数据库免于繁重的读操作。

在此解决方案中，关系数据库和内存层都将存储更新到排行榜：一个将作为主数据库，另一个将作为工作和快速处理层。对于缓存数据，游戏公司可能会采用各种缓存技术来保持缓存的数据是最新的，我们稍后会对其进行回顾。图 12-1 展示了缓存位于应用和数据存储之间的位置。

缓存带来以下好处。

- 读流量可以从缓存层获得，从而释放数据存储上的资源，例如用于写请求的资源。
- 它可以加速你的应用，因为缓存层的响应速度比数据存储的更快。

■　你可以缩小数据存储的大小，这可能比缓存层更昂贵。

大多数缓存层都驻留在内存中，这就是它们速度快的原因。其缺点是可能因硬件缺陷或重启而丢失缓存的数据。因此，我们始终应该将数据副本在具有磁盘持久性的主数据存储（如移动游戏示例中的关系数据库）中保存一份。此外，Redis 还具有可选的故障转移功能。如果节点发生故障，将选举已经拥有该数据的副本节点作为新主节点。

根据你的缓存策略，你可以实时或按需加载缓存。在移动游戏示例中，按需意味着如果排行榜不在缓存中，则应用会查询关系数据库并将结果放入缓存。对缓存的任何后续请求都将导致缓存命中，这意味着找到了数据。而且在缓存的 TTL（生存时间）值的持续时间到期之前，该条件成立。此策略称为从主数据存储中延迟加载（lazy-loading）数据。此外，我们可以在后台运行一个 cron 作业，每分钟从关系数据库查询排行榜，并将结果放入缓存以提前加载缓存。

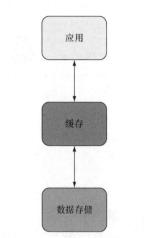

图 12-1　缓存位于应用和数据存储之间

延迟加载策略（按需获取数据）的实现如下。

（1）应用将数据写入数据存储。

（2）如果应用想要读取数据，那么稍后它会向缓存层发送请求。

（3）如果缓存层不包含数据，那么该应用从数据存储读取，将读取值放入缓存，并返回给客户。

（4）稍后，如果应用想要再次读取数据，那么它会向缓存层发出请求并找到值。

这个策略其实也存在问题。如果数据在缓存中更改怎么办？缓存仍将包含旧值。这就是设置适当的 TTL 值对于确保缓存有效性至关重要的原因。假设你对缓存数据应用了 5 分钟的 TTL：这意味着你接收数据可能与主数据库不同步最多 5 分钟。了解基础数据的变化频率和不同步数据对用户体验的影响，是确定要使用的合适 TTL 值的第一步。一些开发人员常犯的错误是假设缓存 TTL 几秒是不值得的。记住，在这几秒内，可以从后端消除数百万个请求，从而加速应用并减小后端数据库压力。使用或不使用缓存以及各种缓存方法对应用进行性能测试将有助于微调你的实现。总之，TTL 越短，底层数据存储的负载就越大。TTL 越长，取到过期的数据就越多。

写直达（write through）策略（预先缓存数据）以不同的思路实现，可以解决同步问题。

（1）应用将数据写入数据存储和缓存（缓存是被异步填充的，例如在 cron 作业、AWS Lambda 函数或应用中填充）。

（2）如果应用想要稍后读取数据，它会向包含数据的缓存层发出请求。

（3）将值返回给客户端。

该策略也带来了一个问题。如果缓存不足以包含所有数据怎么办？缓存位于内存中，你的数据存储的磁盘容量通常大于缓存的内存容量。当缓存达到可用内存时，它将使数据失效（evict）或停止接受新数据。在这两种情况下，应用都会停止工作。在游戏应用中，全局排行榜一直存在于缓存中。想象一下，排行榜的大小为 4 KB，缓存的容量为 1 GB（1 048 576 KB）。但是团队排行榜呢？你只能存储 262 144（1 048 576 / 4）个排行榜，所以如果你有更多的团队，你将遇到容量问题。

　　图 12-2 比较了两种缓存策略。在数据失效时，缓存需要决定应删除哪些数据。一种常用的策略是使最近最少使用（Least Recently Used，LRU）的数据失效。这意味着缓存数据必须包含有关上次访问时间的元信息。在 LRU 失效策略下，选择具有最旧时间戳的数据用于失效。

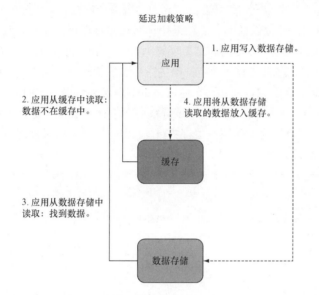

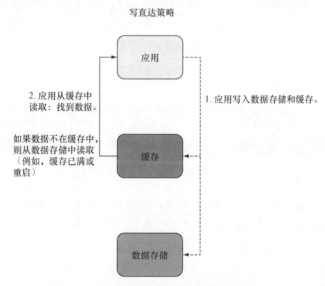

图 12-2　延迟加载策略与写直达策略比较

缓存通常使用键值存储来实现。键值存储不支持类似 SQL 等复杂的查询语言。它们支持基于键（通常是字符串）检索数据，或使用特殊命令有效地提取或排序数据。

想象一下，在你的关系数据库中，有一个适用于你的移动游戏的玩家表。其中一个常见的查询是使用 SELECT id, nickname FROM player ORDER BY score DESC LIMIT 10 来检索前十名玩家。幸运的是，这款游戏很受欢迎。但这带来了技术挑战。如果许多玩家查询排行榜，则数据库将非常繁忙，这会导致高延迟甚至超时。现在希望减小数据库的负载，正如你已经了解到的，缓存机制可以对此提供帮助。应该采用什么技术进行缓存呢？有以下几个选择。

一种方法是使用 Redis 将 SQL 查询的结果存储为 String 值，将 SQL 语句存储为键名。你可以使用哈希函数（如 MD5 或 SHA256）对字符串进行哈希以优化存储和带宽 B❶，而不是使用整个 SQL 查询语言作为键，如图 12-3 所示。在应用将查询发送到数据库之前，它将 SQL 查询作为向缓存层请求数据的键❷。如果缓存中不包含该键❸，则将 SQL 查询发送到关系数据库❹，然后使用 SQL 查询将查询结果❺作为键存储在缓存中❻。下次应用想要执行查询时，它会询问缓存层❼，缓存层现在包含缓存的表❽。

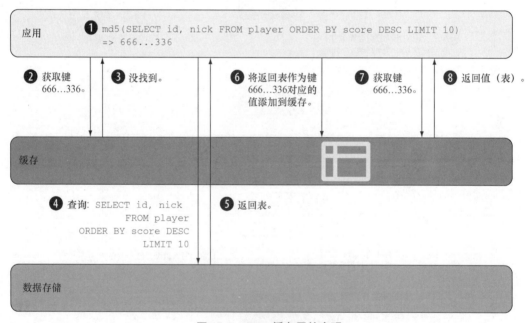

图 12-3　SQL 缓存层的实现

使用 Redis，你还可以将数据存储在 Redis SortedSet 的数据结构中。如果数据存储在 Redis SortedSet 中，则可以非常有效地检索排名数据。你可以简单地存储玩家和他们的分数，并根据分数进行排序。等效的 SQL 命令是：

```
ZREVRANGE "player-scores" 0 9
```

这将返回名为 "player-scores" 的 SortedSet，包含 10 个玩家且分数是由最高到最低进行排序。

示例都包含在免费套餐中

本章中的示例都包含在免费套餐只要不是运行这些示例好几天，就不需要支付任何费用。记住，这仅适用于本书读者为学习本书刚刚创建的全新 AWS 账户，并且在这个 AWS 账户中没有任何活动记录。尽量在几天的时间里完成本章中的示例，在每个示例完成后务必清理账户。

要实现缓存，你只需要知道缓存项的键。这可以是 SQL 查询、文件名、URL 或用户 ID。你获取键并向缓存请求结果。如果没有找到，则需再次调用数据存储。

内存键值存储的两个流行的产品是 Memcached 和 Redis。Amazon ElastiCache 提供两种选择。表 12-1 展示了它们的功能比较。

表 12-1　Memcached 和 Redis 功能比较

功能	Memcached	Redis
数据类型	简单	复杂
数据操作命令数量	12	125
服务器端脚本语言	无	有（Lua）
事务	无	有
多线程	有	无

Amazon ElastiCache 提供完全托管的 Memcached 和 Redis 集群服务。因此，AWS 服务主要涵盖以下方面。

- 安装——AWS 为你安装软件并增强了底层引擎。
- 管理——AWS 替你管理 Memcached/Redis，并提供通过参数组配置集群的方法。AWS 还会检测并自动进行故障转移（仅限 Redis）。
- 监控——AWS 为你发布 CloudWatch 指标。
- 补丁——AWS 在可自定义的时间窗口中执行安全性升级。
- 备份——AWS 可选择在可自定义的时间窗口中备份你的数据（仅限 Redis）。
- 复制——AWS 可选择设置复制（仅限 Redis）。

接下来，你将学习如何使用 Amazon ElastiCache 创建内存中集群并稍后用作应用的内存缓存。

12.1　创建缓存集群

在本章中，我们将重点放在 Redis 引擎上，因为它非常灵活。你可以根据我们在前面比较的特性选择要使用的引擎。我们将重点介绍 Redis 和 Memcached 存在的差异。

12.1.1 最小 CloudFormation 模板

ElastiCache 集群可以使用管理控制台、CLI 或 CloudFormation 创建。在本章中你将使用 CloudFormation 来管理集群。ElastiCache 集群的资源类型是 AWS::ElastiCache::CacheCluster。所需的属性有以下几下。

- Engine——可选择 redis 或 memcached。
- CacheNodeType——与 EC2 实例类型类似，例如 cache.t2.micro。
- NumCacheNodes——1 表示单节点集群。
- CacheSubnetGroupName——使用称为子网组的专用资源来引用 VPC 的子网。
- VpcSecurityGroupIds——要附加到集群的安全组。

最小 CloudFormation 模板如代码清单 12-1 所示。

代码清单 12-1 ElastiCache Redis 单节点集群最小 CloudFormation 模板

```
---
AWSTemplateFormatVersion: '2010-09-09'
Description: 'AWS in Action: chapter 12 (minimal)'
Parameters:    ◄──── 将 VPC 和子网定义为参数
  VPC:
    Type: 'AWS::EC2::VPC::Id'
  SubnetA:
    Type: 'AWS::EC2::Subnet::Id'
  SubnetB:
    Type: 'AWS::EC2::Subnet::Id'
  KeyName:
    Type: 'AWS::EC2::KeyPair::KeyName'
    Default: mykey
Resources:
  CacheSecurityGroup:    ◄──── 安全组用于管理允许哪些流量进入/离开集群
    Type: 'AWS::EC2::SecurityGroup'
    Properties:
      GroupDescription: cache
      VpcId: !Ref VPC
      SecurityGroupIngress:
      - IpProtocol: tcp  ◄────    Redis 监听 6379 端口，并允许从所有 IP 地址进行
        FromPort: 6379             访问，但由于集群只有私有 IP 地址，因此只能从
        ToPort: 6379              VPC 内部进行访问。在 12.3 节中将对此进行改进
        CidrIp: '0.0.0.0/0'
  CacheSubnetGroup:    ◄──── 子网在子网组中定义（RDS 中使用相同的方法）
    Type: 'AWS::ElastiCache::SubnetGroup'
    Properties:
      Description: cache
      SubnetIds:
      - Ref: SubnetA  ◄──── 集群使用的子网列表
      - Ref: SubnetB
  Cache:             ◄──── 用于定义 Redis 集群的资源
```

```
Type: 'AWS::ElastiCache::CacheCluster'
Properties:
  CacheNodeType: 'cache.t2.micro' ◁── cache.t2.micro 带有 0.555 GiB 内存，是免费套餐的一部分
  CacheSubnetGroupName: !Ref CacheSubnetGroup
  Engine: redis ◁── redis 或 memcached
  NumCacheNodes: 1  ◁── 1 表示单节点集群
  VpcSecurityGroupIds:
  - !Ref CacheSecurityGroup
```

如前所述，集群中的 ElastiCache 节点仅具有私有 IP 地址。因此，你无法直接通过互联网连接到该节点。对 EC2 实例或 RDS 实例等其他资源也是如此。要测试 Redis 集群，你可以在与集群相同的 VPC 中创建 EC2 实例。然后，你可以从 EC2 实例连接到集群的私有 IP 地址。

12.1.2　测试 Redis 集群

为了测试 Redis 集群，需要把下面的代码添加到最小 CloudFormation 模板中：

```
Resources:
  # [...]
  VMSecurityGroup: ◁── 安全组允许 SSH 访问
    Type: 'AWS::EC2::SecurityGroup'
    Properties:
      GroupDescription: 'instance'
      SecurityGroupIngress:
      - IpProtocol: tcp
        FromPort: 22
        ToPort: 22
        CidrIp: '0.0.0.0/0'
      VpcId: !Ref VPC
  VMInstance:            ◁── 用于连接 Redis 集群的虚拟机
    Type: 'AWS::EC2::Instance'
    Properties:
      ImageId: 'ami-6057e21a'
      InstanceType: 't2.micro'
      KeyName: !Ref KeyName
      NetworkInterfaces:
      - AssociatePublicIpAddress: true
        DeleteOnTermination: true
        DeviceIndex: 0
        GroupSet:
        - !Ref VMSecurityGroup
        SubnetId: !Ref SubnetA
Outputs:
  VMInstanceIPAddress:    ◁── 虚拟机的公有 IP 地址
    Value: !GetAtt 'VMInstance.PublicIp'
    Description: 'EC2 Instance public IP address
➥ (connect via SSH as user ec2-user)'
  CacheAddress:            ◁── Redis 集群节点的 DNS 名称（解析为私有 IP 地址）
    Value: !GetAtt 'Cache.RedisEndpoint.Address'
    Description: 'Redis DNS name (resolves to a private IP address)'
```

最小 CloudFormation 模板现已完成。使用管理控制台创建基于模板的栈以创建所有资源。创建栈时必须填写以下 4 个参数。

- KeyName——如果你已经按照本书的顺序完成前面的示例，你应该已经创建了一个名为 mykey 的键，默认情况下会被选中。
- SubnetA——你应该至少有两个选项，选择第一个。
- SubnetB——你应该至少有两个选项，选择第二个。
- VPC——你应该只有一个可能的 VPC，即你的默认 VPC，选择它。

你可以在本书配套代码的/chapter12/minimal.yaml 中找到该模板的完整代码。

在 CloudWatch 管理控制台中，栈状态更改为 "CREATE_COMPLETE" 后，选择栈并切换到 "Outputs" 选项卡。你现在可以开始测试 Redis 集群了。打开到 EC2 实例的 SSH 连接，然后可以使用 Redis CLI 与 Redis 集群节点进行交互。

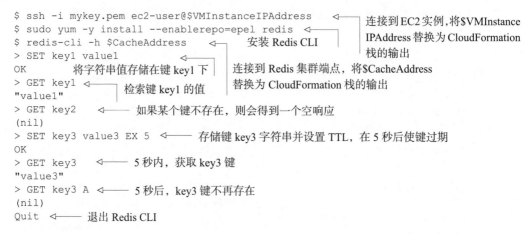

```
$ ssh -i mykey.pem ec2-user@$VMInstanceIPAddress    ◁────  连接到EC2实例,将$VMInstance
$ sudo yum -y install --enablerepo=epel redis              IPAddress 替换为 CloudFormation
$ redis-cli -h $CacheAddress   ◁──  安装 Redis CLI        栈的输出
> SET key1 value1
OK        将字符串值存储在键 key1 下       连接到 Redis 集群端点, 将$CacheAddress
> GET key1  ◁───                                          替换为 CloudFormation 栈的输出
"value1"          检索键 key1 的值
> GET key2   ◁────  如果某个键不存在, 则会得到一个空响应
(nil)
> SET key3 value3 EX 5   ◁──── 存储键 key3 字符串并设置 TTL, 在 5 秒后使键过期
OK
> GET key3   ◁──── 5 秒内, 获取 key3 键
"value3"
> GET key3 A  ◁──── 5 秒后, key3 键不再存在
(nil)
Quit  ◁──── 退出 Redis CLI
```

你已成功连接到 Redis 集群节点，存储并检索了一些键，并使用了 Redis 的 TTL 功能。有了这些知识，你就可以开始在自己的应用中实现缓存层。但一如既往，还有更多选择有待发现。删除你创建的 CloudFormation 栈以避免不必要的成本。然后，继续下一部分，了解有关具有多个节点的高级部署选项的更多信息，以实现高可用性或分片（sharding）。

12.2　缓存部署选项

你应该选择哪种部署选项受以下 4 个因素影响。

（1）缓存引擎：是选择 Memcached 还是选择 Redis？

（2）备份/还原：是否可以从缓存中备份或还原数据？

（3）复制：如果单个节点发生故障，数据是否仍然可用？

（4）分片：如果单个节点不足以容纳所有数据，是否可以添加节点来增加容量？

表 12-2 比较了两种可用引擎的部署选项。

表 12-2 ElastiCache 部署选项比较

部署选项	Memcached	Redis 单节点	Redis 禁用集群模式	Redis 启用集群模式
备份/还原	否	是	是	是
复制	否	否	是	是
分片	是	否	否	是

让我们更详细地了解一下部署选项。

12.2.1 Memcached 集群

ElastiCache Memcached 的集群包含 1～20 个节点。分片由 Memcached 客户端实现，通常使用一致性哈希算法，该算法将键存储到分布在节点环中某节点的分区中。客户端实质上决定哪些键属于哪些节点，并将请求分发到这些分区。每个节点在内存中存储键空间的一部分。如果节点发生故障，则节点将被替换，但数据会丢失。另外你无法备份 Memcached 中的数据。图 12-4 展示了 Memcached 集群。

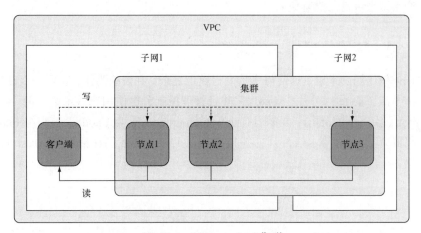

图 12-4 Memcached 集群

如果你的应用需要简单的内存存储并且可以容忍节点及数据丢失，则可以使用 Memcached 集群。本章开头的 SQL 缓存示例可以用 Memcached 实现。由于数据在关系数据库中始终可用，因此你可以容忍节点丢失，并且只需要执行简单的命令（GET 和 SET）来实现缓存查询。

12.2.2 Redis 单节点集群

ElastiCache Redis 单节点集群始终由一个节点组成。单个节点无法实现分片和高可用性。但 Redis 支持创建备份功能，还允许你还原这些备份。图 12-5 展示了 Redis 单节点集群。记住，VPC

是一种在 AWS 上定义专用网络的方法。子网用于 VPC 内部隔离。单节点集群始终运行在单个子网中。客户端与 Redis 集群节点通信，以获取数据并将数据写入缓存。

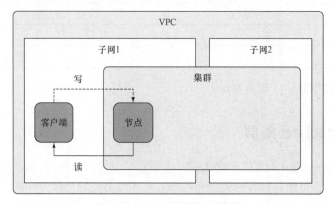

图 12-5   Redis 单节点集群

单节点集群会导致你的系统存在单点故障（Single Point Of Failure，SPOF）的风险。这对业务关键型生产系统来讲是需要避免的。

12.2.3   Redis 禁用集群模式的集群

ElastiCache 使用两套术语，这使得事情变得更加复杂。到目前为止，我们一直在使用术语集群（cluster）/节点（node）/分片（shard），并且管理控制台也使用这些术语。但 API、CLI 和 CloudFormation 使用不同的术语：复制组（replication group）/节点（node）/节点组（node group）。我们更喜欢集群/节点/分片等术语，但在图 12-6 和图 12-7 中，我们在括号中添加了复制组/节点/节点组等术语。

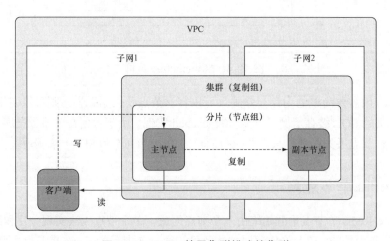

图 12-6   Redis 禁用集群模式的集群

禁用集群模式的 Redis 集群支持备份和数据复制，但不支持分片。这意味着，只有 1 个分片由 1 个主节点和最多 5 个副本节点组成。

当你需要数据复制功能并且单个节点的内存可以容纳所有的缓存数据时，可以使用禁用集群模式的 Redis 集群。想象一下，你的缓存数据集大小为 4 GB，如果缓存具有至少 4 GB 内存，则数据适合缓存，你不需要分片。

12.2.4 Redis 启用集群模式的集群

启用集群模式的 Redis 集群支持备份、数据复制和分片。每个集群最多可以有 15 个分片。每个分片包含一个主节点和最多 5 个副本节点。因此，最大的集群大小是 90 个节点（15 个主节点 + 15×5 个副本节点）。

当你需要数据复制功能并且由数据太大导致单个节点的内存无法容纳所有的数据时，可以使用启用集群模式的 Redis 集群。想象一下，你的缓存数据大小为 22 GB，每个缓存节点的容量为 4 GB 内存。因此，你需要 6 个分片才能获得 24 GB 内存的总容量。ElastiCache 为每个节点提供高达 437 GB 的内存，总计最大集群容量约为 6.5 TB（15×437 GB）。

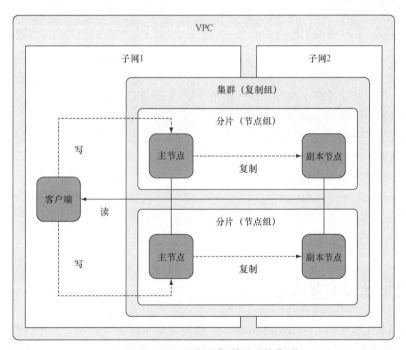

图 12-7 Redis 启用集群模式的集群

启用集群模式的优点

启用集群模式后，因为不涉及 DNS，所以集群故障转移的速度会快得多。集群模式的 Redis 为客户端提供单个配置端点，以发现对集群拓扑的更改，包括新选择的初选。在禁用集群模式的情况下，AWS 提供单个主端点，并且在发生故障而产生迁移时，AWS 会在该端点上对其中一个可用副本执行 DNS 切换。应用在发生故障后可能需要约 1～1.5 分钟才能重新连接到集群，而启用集群模式后，时间会缩短至不到 30 秒。更多分片可实现更高的读/写性能。如果从一个分片开始添加第二个分片，则每个分片现在只需要处理 50% 的请求（假设均匀分布）。

添加节点时，故障影响范围会减小。如果你有 5 个分片并且遇到故障转移，则只有 20% 的数据会受到影响。这意味着在故障转移过程完成之前（15～30 秒），你无法写入键空间的这一部分，但是由于有可用的副本，因此仍然可以从集群中读取。如果禁用集群模式，因为单个节点包含整个键空间，所以 100% 的数据会受到影响。虽然仍可以从集群中读取，但在 DNS 切换完成之前无法进行写操作。

你现在可以为自己的使用场景选择正确的引擎和部署选项了。在 12.3 节中，我们将仔细研究 ElastiCache 的安全性，以控制对缓存集群的访问。

12.3　控制缓存访问

缓存访问控制与 RDS 的工作方式非常相似（见 11.4 节）。唯一的区别是，缓存引擎具有非常有限的功能来控制对数据本身的访问。下面总结一下访问控制的重要方面。

ElastiCache 受 4 层保护。

- IAM——控制允许哪个 IAM 用户/组/角色管理 ElastiCache 集群。
- 安全组——限制 ElastiCache 节点的入站流量和出站流量。
- 缓存引擎——Redis 具有 AUTH 命令，Memcached 无法提供身份认证功能。同时这两种引擎都不支持授权功能。
- 加密——存储加密和传输加密。

安全警告　重要的是要明白，你不必使用 IAM 控制对缓存节点的访问。当节点被创建后，安全组会控制对缓存的访问。

12.3.1　控制访问配置选项

可以使用 IAM 来控制访问 ElastiCache。IAM 服务负责控制对创建、更新和删除缓存集群等操作的访问。IAM 不管理缓存内部访问，内部访问由缓存引擎来负责。IAM 策略定义允许用户、组或角色在 ElastiCache 服务上执行配置和管理操作。将 IAM 策略附加到 IAM 用户、组或角色以控制哪个实体可以使用该策略配置 ElastiCache 集群。

你可以在 AWS 的官方文档中获取支持的 IAM 操作和资源级别权限的完整列表。

12.3.2 控制网络访问

网络访问由安全组来控制。回忆 12.1 节中最小 CloudFormation 模板中的安全组，其允许所有 IP 地址访问端口 6379（Redis）。但由于集群节点只有私有 IP 地址，因此限制了对 VPC 访问：

```
Resources:
  # [...]
  CacheSecurityGroup:
    Type: 'AWS::EC2::SecurityGroup'
    Properties:
      GroupDescription: cache
      VpcId: !Ref VPC
      SecurityGroupIngress:
      - IpProtocol: tcp
        FromPort: 6379
        ToPort: 6379
        CidrIp: '0.0.0.0/0'
```

你应该使用两个安全组来改进此控制，并要求尽可能严格地控制流量。创建两个安全组，而不使用白名单 IP 地址。客户端安全组将附加到与缓存集群（你的 Web 服务器）通信的所有 EC2 实例。另外，缓存集群安全组仅允许来自客户端安全组的流量通过端口 6379 入站。这样，你就可以拥有一组允许将流量发送到缓存集群的动态客户端。你在 6.4 节中对 SSH 堡垒主机使用了相同的方法。

```
Resources:
  # [...]
  ClientSecurityGroup:
    Type: 'AWS::EC2::SecurityGroup'
    Properties:
      GroupDescription: 'cache-client'
      VpcId: !Ref VPC
  CacheSecurityGroup:
    Type: 'AWS::EC2::SecurityGroup'
    Properties:
      GroupDescription: cache
      VpcId: !Ref VPC
      SecurityGroupIngress:
      - IpProtocol: tcp
        FromPort: 6379
        ToPort: 6379                          仅允许从 ClientSecurityGroup 访问
        SourceSecurityGroupId: !Ref ClientSecurityGroup  ◄
```

将 ClientSecurityGroup 附加到需要访问缓存集群的所有 EC2 实例。这样，你只允许访问真正需要访问的 EC2 实例。

记住，ElastiCache 节点始终具有私有 IP 地址。这意味着你不会意外地将 Redis 或 Memcached 集群暴露给互联网。你仍然希望使用安全组来实现最小权限原则。

12.3.3 控制集群和数据访问

Redis 和 Memcached 都支持基本的身份认证功能。除了 Amazon ElastiCache 提供的安全功能，

Amazon ElastiCache 还为希望启用基于令牌的身份认证的客户提供 Redis AUTH 支持功能。Redis AUTH 是 Redis 使用的开源的安全机制。由于客户端和集群之间的通信未加密，因此这种身份认证不会提高使用开源引擎的安全性。但是，Amazon ElastiCache 用 Redis 3.2.6 提供传输加密功能。

这两种引擎都没有实现数据访问管理。当连接到键值存储时，其实可以访问所有数据。此限制依赖于底层键值存储，而不是 Amazon ElastiCache 本身。在 12.4 节中，你将学习如何在名为 Discourse 的实际应用中使用 ElastiCache for Redis。

12.4 使用 CloudFormation 安装示例 Discourse 应用

小型社区，如足球俱乐部、读书俱乐部或宠物狗学校，成员可以从相互交流中受益。Discourse 是开源软件，为你的社区提供论坛功能。你可以将其用作邮件列表、论坛、聊天室等。它是使用 Ruby 语言并基于 Rails 框架编写的。图 12-8 展示了 Discourse 的界面。这不是你在社区交流的理想场所吗？在本节中，你将学习如何使用 CloudFormation 设置 Discourse。Discourse 也非常适合学习 ElastiCache，因为它需要 Redis 缓存。Discourse 要求 PostgreSQL 作为数据库存储，并使用 Redis 缓存数据及处理临时数据。

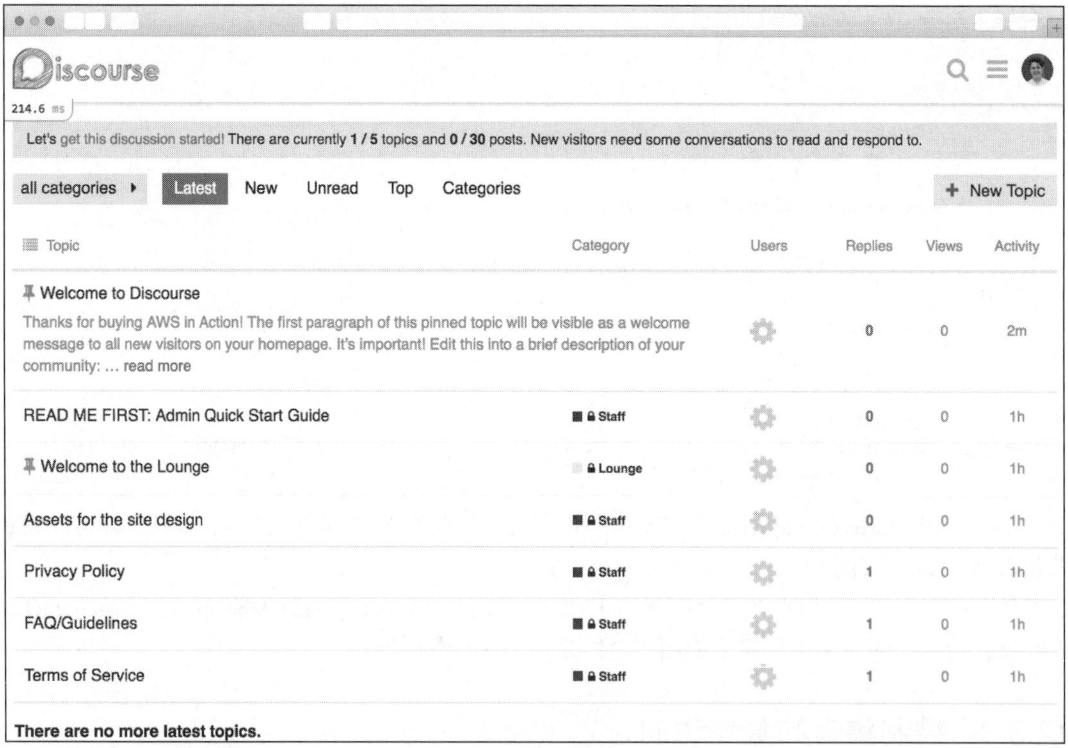

图 12-8 Discourse：社区讨论平台

在本节中，你将创建一个 CloudFormation 模板，其中包含运行 Discourse 所需的所有组件。最后，你将基于模板创建 CloudFormation 栈以测试你的工作。其中必要的组件是：

- VPC——网络配置；
- 缓存——安全组、子网组、缓存集群；
- 数据库——安全组、子网组、数据库实例；
- 虚拟机——安全组、EC2 实例。

让我们从第一个组件开始，并在本节的其余部分中扩展这一模板。

12.4.1 VPC——网络配置

在 6.5 节中，你了解了 AWS 上的所有私有网络。如果你没能成功地运行代码清单 12-2 中的代码，可以回到 6.5 节或继续下一步操作（理解网络不是让 Discourse 运行的关键）。

代码清单 12-2 Discourse 的 CloudFormation 模板：VPC

```
---
AWSTemplateFormatVersion: '2010-09-09'
Description: 'AWS in Action: chapter 12'
Parameters:                      ⟵──── SSH 访问的密钥对名称以及 Discourse 管理员的
  KeyName:                              电子邮件地址（必须是有效的）是可变的
    Description: 'Key Pair name'
    Type: 'AWS::EC2::KeyPair::KeyName'
    Default: mykey
  AdminEmailAddress:
    Description: 'Email address of admin user'
    Type: 'String'
Resources:
  VPC:                      ⟵──── 创建 VPC，地址范围是 172.31.0.0/16
    Type: 'AWS::EC2::VPC'
    Properties:
      CidrBlock: '172.31.0.0/16'
      EnableDnsHostnames: true
  InternetGateway:  ⟵──── 我们想从互联网访问 Discourse，所以我们需要一个互联网网关
    Type: 'AWS::EC2::InternetGateway'
    Properties: {}
  VPCGatewayAttachment:  ⟵──── 将互联网网关连接到 VPC
    Type: 'AWS::EC2::VPCGatewayAttachment'
    Properties:
      VpcId: !Ref VPC
      InternetGatewayId: !Ref InternetGateway
  SubnetA:          ⟵──── 在第一个可用区（索引为 0）的创建子网，地址范围为 172.31.38.0/24
    Type: 'AWS::EC2::Subnet'
    Properties:
      AvailabilityZone: !Select [0, !GetAZs '']
      CidrBlock: '172.31.38.0/24'
      VpcId: !Ref VPC
  SubnetB: # [...]⟵──── 在第二个可用区中创建第二个子网，地址范围为 172.31.37.0/24（属性省略）
  RouteTable:  ⟵──── 创建包含默认路由的路由表，该路由表负责 VPC 中的所有子网的路由
    Type: 'AWS::EC2::RouteTable'
```

```
  Properties:
    VpcId: !Ref VPC
SubnetRouteTableAssociationA:   ←—— 将第一个子网与路由表关联
  Type: 'AWS::EC2::SubnetRouteTableAssociation'
  Properties:
    SubnetId: !Ref SubnetA
    RouteTableId: !Ref RouteTable
RouteToInternet:          ←—— 通过互联网网关添加路由到互联网
  Type: 'AWS::EC2::Route'
  Properties:
    RouteTableId: !Ref RouteTable
    DestinationCidrBlock: '0.0.0.0/0'
    GatewayId: !Ref InternetGateway
  DependsOn: VPCGatewayAttachment
SubnetRouteTableAssociationB: # [...]
NetworkAcl:          ←—— 创建空网络 ACL
  Type: AWS::EC2::NetworkAcl
  Properties:
    VpcId: !Ref VPC
SubnetNetworkAclAssociationA:  ←—— 将第一个子网与网络 ACL 关联
  Type: 'AWS::EC2::SubnetNetworkAclAssociation'
  Properties:
    SubnetId: !Ref SubnetA
    NetworkAclId: !Ref NetworkAcl
SubnetNetworkAclAssociationB: # [...]
NetworkAclEntryIngress:
  Type: 'AWS::EC2::NetworkAclEntry'        允许网络 ACL 上的所有入站流量
  Properties:                              （稍后你将使用安全组作为防火墙）
    NetworkAclId: !Ref NetworkAcl
    RuleNumber: 100
    Protocol: -1
    RuleAction: allow
    Egress: false
    CidrBlock: '0.0.0.0/0'
NetworkAclEntryEgress:          ←—— 允许网络 ACL 上的所有出站流量
  Type: 'AWS::EC2::NetworkAclEntry'
  Properties:
    NetworkAclId: !Ref NetworkAcl
    RuleNumber: 100
    Protocol: -1
    RuleAction: allow
    Egress: true
    CidrBlock: '0.0.0.0/0'
```

具有两个公共子网的网络配置已经好了。我们接下来配置缓存。

12.4.2　缓存——安全组、子网组、缓存集群

你现在将添加 ElastiCache for Redis 集群。在本章前面你学习了如何使用 CloudFormation 描述最小缓存集群，这次将添加一些额外的属性来增强设置。代码清单 12-3 包含与缓存相关的 CloudFormation 资源。

代码列表 12-3　Discourse 的 CloudFormation 模板：缓存

```
Resources:
  # [...]
  CacheSecurityGroup:        ◁——  安全控制进出缓存的入站和出站流量
    Type: 'AWS::EC2::SecurityGroup'
    Properties:
      GroupDescription: cache
      VpcId: !Ref VPC
  CacheSecurityGroupIngress:   ◁——┐
    Type: 'AWS::EC2::SecurityGroupIngress'      为避免循环依赖，入站规则将拆分为
    Properties:                                 单独的 CloudFormation 资源
      GroupId: !Ref CacheSecurityGroup
      IpProtocol: tcp
      FromPort: 6379  ◁——  Redis 在端口 6379 上运行
      ToPort: 6379
      SourceSecurityGroupId: !Ref VMSecurityGroup  ◁——┐
  CacheSubnetGroup:  ◁——  缓存子网组引用 VPC 子网        尚未指定 VMSecurityGroup 资源；
    Type: 'AWS::ElastiCache::SubnetGroup'              稍后在定义运行 Web 服务器的
    Properties:                                        EC2 实例时进行添加
      Description: cache
      SubnetIds:
      - Ref: SubnetA
      - Ref: SubnetB
  Cache:                        ◁——  创建单节点 Redis 集群
    Type: 'AWS::ElastiCache::CacheCluster'
    Properties:
      CacheNodeType: 'cache.t2.micro'
      CacheSubnetGroupName: !Ref CacheSubnetGroup
      Engine: redis
      EngineVersion: '3.2.4'  ◁——┐ 你可以指定要运行的 Redis 的确切版本，否则将使用
      NumCacheNodes: 1            最新版本，这可能会导致将来出现不兼容问题。建议
      VpcSecurityGroupIds:        你始终指定版本
      - !Ref CacheSecurityGroup
```

现在单节点 Redis 缓存集群定义完成。Discourse 还需要一个 PostgreSQL 数据库，下面定义它。

12.4.3　数据库——安全组、子网组、数据库实例

PostgreSQL 是一个功能强大的开源关系数据库。如果你不熟悉 PostgreSQL，那根本不是问题。幸运的是，RDS 服务（见第 11 章）将为你提供一个托管的 PostgreSQL 数据库。代码清单 12-4 展示了定义 RDS 实例的模板。

代码清单 12-4　Discourse 的 CloudFormation 模板：数据库

```
Resources:
  # [...]
  DatabaseSecurityGroup:   ◁——  进出 RDS 实例的流量受安全组保护
    Type: 'AWS::EC2::SecurityGroup'
    Properties:
      GroupDescription: database
```

```
      VpcId: !Ref VPC
  DatabaseSecurityGroupIngress:
    Type: 'AWS::EC2::SecurityGroupIngress'
    Properties:
      GroupId: !Ref DatabaseSecurityGroup
      IpProtocol: tcp
      FromPort: 5432      ◁——  PostgreSQL 默认在端口 5432 上运行
      ToPort: 5432
      SourceSecurityGroupId: !Ref VMSecurityGroup   ◁
  DatabaseSubnetGroup:                                          尚未指定 VM SecurityGroup
    Type: 'AWS::RDS::DBSubnetGroup'    RDS 还使用子网组    资源；稍后在定义运行 Web
    Properties:                       来引用 VPC 子网      服务器的 EC2 实例时，添加
      DBSubnetGroupDescription: database                      此项
      SubnetIds:
      - Ref: SubnetA
      - Ref: SubnetB
  Database:   ◁——  数据库资源
    Type: 'AWS::RDS::DBInstance'
    Properties:
      AllocatedStorage: 5
      BackupRetentionPeriod: 0    ◁——  禁用备份；可以在生产环境中打开（值 > 0）
      DBInstanceClass: 'db.t2.micro'
      DBName: discourse     ◁——  创建了一个 RDS PostgreSQL 数据库
      Engine: postgres      ◁——  Discourse 需要 PostgreSQL       我们建议始终指定引
      EngineVersion: '9.5.6'◁———————————————————————————擎的版本以避免将来
      MasterUsername: discourse   ◁——  PostgreSQL 管理员用户名      出现不兼容问题
      MasterUserPassword: discourse  ◁
      VPCSecurityGroups:              PostgreSQL 管理员密码；
      - !Sub ${DatabaseSecurityGroup.GroupId}  建议在生产环境中修改
      DBSubnetGroupName: !Ref DatabaseSubnetGroup
  DependsOn: VPCGatewayAttachment
```

你有没有注意到 RDS 和 ElastiCache 之间的相似之处？它们的概念很类似，这能够使你更容易使用这两种服务。但现在还缺少一个组件：运行 Web 服务器的 EC2 实例。

12.4.4   虚拟机——安全组、EC2 实例

Discourse 是一个基于 Ruby on Rails 的应用系统，所以你需要一台 EC2 实例来运行该应用。代码清单 12-5 定义了虚拟机和启动脚本来安装和配置 Discourse。

代码清单 12-5   Discourse 的 CloudFormation 模板：虚拟机

```
Resources:
  # [...]
  VMSecurityGroup:
    Type: 'AWS::EC2::SecurityGroup'
    Properties:
      GroupDescription: 'vm'
      SecurityGroupIngress:
      - CidrIp: '0.0.0.0/0'   ◁——  允许来自公共互联网的 SSH 流量
        FromPort: 22
        IpProtocol: tcp
```

```
          ToPort: 22
        - CidrIp: '0.0.0.0/0'    ◁── 允许来自公共互联网的 HTTP 流量
          FromPort: 80
          IpProtocol: tcp
          ToPort: 80
        VpcId: !Ref VPC
    VMInstance:                  ◁── 运行 Discourse 的虚拟机
      Type: 'AWS::EC2::Instance'
      Properties:
        ImageId: 'ami-6057e21a'
        InstanceType: 't2.micro'
        KeyName: !Ref KeyName
        NetworkInterfaces:
        - AssociatePublicIpAddress: true
          DeleteOnTermination: true
          DeviceIndex: 0
          GroupSet:
          - !Ref VMSecurityGroup
          SubnetId: !Ref SubnetA
        UserData:           ◁──┐  仅包含安装 Discourse 所需的完整脚本。你可以在本书的
          'Fn::Base64': !Sub |    代码文件夹中的/chapter12/template.yaml 找到完整代码
            #!/bin/bash -x
            bash -ex << "TRY"
              # [...]

              # download Discourse
              useradd discourse
              mkdir /opt/discourse
              git clone [GitHub 上 discourse.git 文件地址] \
➥ /opt/discourse       ◁── 下载 Discourse

              # configure Discourse
              echo "db_host = \"${Database.Endpoint.Address}\"" >> \
➥ /opt/discourse/config/discourse.conf  ◁── 配置 PostgreSQL 数据库端点
              echo "redis_host = \"${Cache.RedisEndpoint.Address}\"" >> \
➥ /opt/discourse/config/discourse.conf  ◁── 配置 Redis 集群节点端点
              # [...]
          TRY
          /opt/aws/bin/cfn-signal -e $? --stack ${AWS::StackName} \
➥ --resource VMInstance --region ${AWS::Region}  ◁──┐ 安装脚本运行结束后发回
      CreationPolicy:                                    结束信号给 CloudFormation
        ResourceSignal:
          Timeout: PT15M  ◁──┐  等待最多 15 分钟，以获取
      DependsOn:              UserData 中安装脚本
      - VPCGatewayAttachment
Outputs:
  VMInstanceIPAddress:    ◁── 输出虚拟机的公有 IP 地址
    Value: !GetAtt 'VMInstance.PublicIp'
    Description: 'EC2 Instance public IP address
➥ (connect via SSH as user ec2-user)'
```

你已完成了模板的设计。到现在所有组件都已经定义完成了，是时候根据你的模板创建
CloudFormation 栈，看它是否有效。

12.4.5 测试 Discourse 的 CloudFormation 模板

让我们根据你的模板创建一个栈，以创建你的 AWS 账户中的所有资源。要查看模板的完整代码，可查看本书配套代码的/chapter12/template.yaml。使用 AWS CLI 创建栈：

```
$ aws cloudformation create-stack --stack-name discourse \
➥ --template-url [本书代码库]\
➥chapter12/template.yaml \
➥ --parameters ParameterKey=KeyName,ParameterValue=mykey \
➥ "ParameterKey=AdminEmailAddress,ParameterValue=your@mail.com"
```

模板位于何处

本章文件位于/chapter12/minimal.yaml。

栈的创建最多可能需要 15 分钟。要检查栈创建的状态，可以使用以下命令：

```
$ aws cloudformation describe-stacks --stack-name discourse \
➥ --query "Stacks[0].StackStatus"
```

如果栈状态为 "CREATE_COMPLETE"，则下一步是获取公有 IP 地址，使用以下命令从栈的输出中获取 EC2 实例的地址：

```
$ aws cloudformation describe-stacks—stack-name discourse \
➥ —query "Stacks[0].Outputs[0].OutputValue"
```

打开 Web 浏览器并在地址栏中输入公有 IP 地址以打开 Discourse 网站。图 12-9 展示了该网站的页面。点击 "Register" 按钮以创建管理员账户。

图 12-9 Discourse：全新安装后的第一个界面

你将收到一封电子邮件以激活你的账户。此电子邮件可能会在你的垃圾邮件文件夹中! 激活后，你必须启动并完成 13 步的设置向导。完成向导并成功安装 Discourse 后，将出现图 12-10 所示的界面。

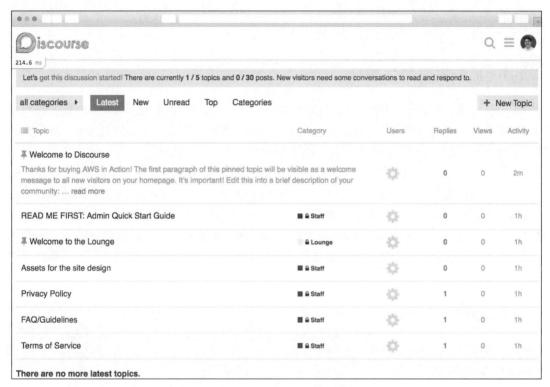

图 12-10　Discourse：社区讨论的平台

不要删除 CloudFormation 栈，因为你在 12.5 节中还会使用该设置。

你已经学习了在使用 ElastiCache 运行 Redis 时 Discourse 是如何使用 Redis 缓存数据的。如果在生产环境中使用 ElastiCache，你还必须设置监视以确保缓存按预期工作，并且必须知道如何提高性能。这些是接下来两节的主题。

12.5　监控缓存

CloudWatch 是用于存储各种指标的 AWS 服务。ElastiCache 节点发送有用的指标。需要注意的重要指标有以下几个。

- CPUUtilization——CPU 利用率的百分比。
- SwapUsage——主机上使用的交换的空间大小，以字节为单位。交换指系统物理内存耗尽时使用磁盘空间作为交换。

- Evictions——因内存限制，导致键未过期而被移出的数量。
- ReplicationLag——该指标仅适用于作为只读副本运行的 Redis 节点。它代表副本在应用主节点的改动方面滞后的时间（以秒为单位）。这个数值通常非常小。

在本节中，我们将非常细致地监控这些指标，并为你提供一些有关阈值的提示，以便为这些指标定义警报，为缓存设置生产环境监控。

12.5.1　监控主机相关指标

虚拟机能够报告 CPU 利用率和交换使用情况。当 CPU 利用率为 80%～90% 时通常会出现问题，因为等待时间会增长。但更为棘手的是，Redis 是单线程的。如果你有许多内核，从整体上来看 CPU 利用率可能比较低，但一个内核可以达到 100% 的使用率。交换使用是另一个不同的主题。你运行的是内存缓存，因此如果虚拟机开始交换（将内存移动到磁盘），性能将受到影响。在默认情况下，ElastiCache for Memcached 和 ElastiCache for Redis 配置为将内存消耗限制为小于物理可用的值（你可以调整此值），为其他资源腾出空间（例如，内核需要为每个打开的套接字分配内存）。但是其他进程（如内核进程）也在运行，并且它们可能开始消耗比可用内存更多的内存。你可以通过增加缓存的内存来解决此问题，方法是增加节点类型或添加更多分片。

排队论：为什么 80%～90%

想象一下，你是一家超市的经理。收银员每日工作的指标应该是什么？高指标当然很诱人，也许你期望达到 90%。但事实证明，当你的收银员在一天的 90% 时间内工作时，你的客户的等待时间非常长，因为客户不会在同一时间到达队列。这背后的理论称为排队论，结果是等待时间对资源的利用具有指导意义。这不仅适用于收银员，也适用于网卡、CPU、硬盘等。记住，此处简化了理论并假设一个 M/D/1 排队系统：马尔可夫到达（指数分布的到达时间）、确定性服务时间（固定）、一个服务中心。如果你想了解更多关于应用于计算机系统的排队论，我们建议从 Brendan Gregg 编写的 *Systems Perform ance: Enterprise and the Cloud*（Prentice Hall, 2013）开始学习。

当利用率从 0% 变为 60% 时，等待时间翻倍；当利用率达到 80% 时，等待时间增加了两倍；当利用率达到 90% 时，等待时间是原来的 6 倍；以此类推。

因此，如果在 0% 利用率期间你的等待时间为 100 毫秒，则在 80% 利用率期间你已经有 300 毫秒的等待时间，这对电子商务网站来说已经很慢了。

你可以设置警报，当 1 个数据点的 1 个值的 CPUUtilization 指标的 10 分钟平均值高于 80%，并且 SwapUsage 指标的 10 分钟平均值高于 67 108 864（64 MB）时，触发警报。这些数字只是一个经验值。你应该对系统进行负载测试，以验证阈值是否足够高或低，以便在应用性能受影响之前设置触发警报。

12.5.2 内存是否足够？

Memcached 和 Redis 能够报告 Evictions（移出）指标。如果缓存已满并且你将新的键值对放入缓存，则需要先删除旧的键值对，这称为移出。Redis 仅默认使用 TTL 移出（volatile-lru）。这些额外的移出策略是可用的：allkeys-lru（缓存移出最近最少使用的键，忽略 TTL 设置）、volatile-random（缓存随机移出具有 TTL 设置的键）、allkeys-random（缓存随机移出键，忽略 TTL 设置）、volatile-ttl（缓存移出具有最短 TTL 设置的键）和 no-eviction（缓存不移出任何键）。通常，高移出率表示你要么在一段时间后没有使用 TTL 使键过期，要么缓存太小。你可以通过增加缓存的内存来解决此问题，方法是增加节点类型或添加更多分片。

你可以设置警报，当移出指标为 1 个数据点中的 1 个值的 10 分钟平均值高于 1000 时，则触发的警报。

12.5.3 Redis 只读副本是否保持最新

ReplicationLag（复制延迟）指标仅适用于作为只读副本运行的节点。它表示副本落后于主节点更改时的时间差（以秒为单位）。该值越高，副本的过期数据就越多。这可能是一个问题，因为你的应用的某些用户将看到旧的数据。在游戏应用中，假设你有一个主节点和一个副本节点。所有读取都由主节点或副本节点执行。如果 ReplicationLag 是 600，这意味着副本节点看起来像 10 分钟前看到的主节点。根据用户在访问应用时所访问的节点，他们看到的是 10 分钟以前的旧数据。

什么是导致 ReplicationLag 指标高的原因呢？集群的大小可能存在问题。例如，你的缓存集群可能已经满了。通常，这将是通过添加分片或副本来增加容量的标志。

你可以设置警报，当 ReplicationLag 指标在 10 分钟内平均值连续 1 个周期高于 30 时，则触发警报。

资源清理

是时候删除正在运行的 CloudFormation 栈了：

```
$ aws cloudformation delete-stack --stack-name discourse
```

12.6 优化缓存性能

如果缓存无法以低延迟处理请求，则可能会成为瓶颈。在 12.5 节中，你学习了如何监控缓存。在本节中，你将了解，如果监控指标表明缓存正在成为瓶颈（例如你看到高 CPU 或网络使用率），那么可以执行相关的操作进行优化。图 12-11 包含一个决策树，你可以使用该决策流程来解决 ElastiCache 的性能问题。本节剩余部分将详细介绍这些策略。

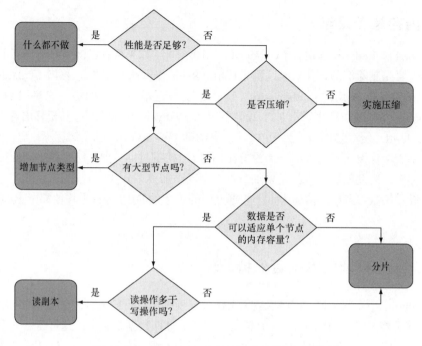

图 12-11　ElastiCache 解决性能问题的决策树

有 3 种策略可以调整 ElastiCache 集群的性能。

■ 选择正确的缓存节点类型——更大的实例类型带有更多资源（CPU、内存、网络），因此你可以垂直扩展。

■ 选择正确的部署选项——可以使用分片或只读副本来水平缩放。

■ 压缩数据——减少数据的传输和存储，也可以调整性能。

12.6.1　选择合适的节点类型

到目前为止，你使用的缓存节点类型都是 cache.t2.micro，它带有一个 vCPU、约 0.6 GB 内存和低到中等的网络性能。你使用此节点类型，因为它是免费套餐的一部分。但你也可以在 AWS 上使用更强大的缓存节点类型。最高配置的类型之一是 cache.r4.16xlarge，它带有 64 个 vCPU、约 488 GB 内存和 25 Gbit 网络。记住，Redis 是单线程的，所以并不会使用 CPU 的所有内核。

经验法则：对于生产环境流量，应选择一种至少有两个 vCPU 的缓存节点类型，以实现真正的并发性，有足够的内存来容纳有一定增长空间的数据集（例如，增长 20%，这还可以避免内存碎片），以及至少网络性能很高。对于一个小的节点规模，r4.large 是一个很好的选择：2 个 vCPU、约 16 GB 内存，以及高达 10 Gbit 的网络。在考虑集群拓扑中可能需要多少分片时，这一节点类型可能只是一个很好的起点，如果需要更多内存，可以向上调整节点类型。你可以在 AWS 官方网站找到可用的节点类型。

12.6.2 选择正确的部署选项

通过复制数据，你可以将读流量分发到同一复制组中的多个节点。通过对数据进行分片，可以将数据拆分为多个存储桶。每个存储桶包含数据的一部分。因为集群中有更多节点，所以可以处理更多请求。

你还可以将复制和分片结合起来，增加集群中的节点数。

Memcached 和 Redis 都支持分片的概念。通过分片，单个缓存集群节点不再负责所有键。相反，键空间被分到多个节点上。Redis 和 Memcached 客户端都实现了一种哈希算法，为给定的键选择正确的节点。通过分片，可以增加缓存集群的容量。

Redis 支持复制，其中节点组中的一个节点是接受读流量和写流量的主节点，而副本节点只接受读流量。这允许你缩放读容量。Redis 客户端必须知道集群拓扑，才能为给定命令选择正确的节点。记住，副本是通过异步的方式同步的。这意味着副本节点最终达到主节点的状态。

经验法则：当单个节点无法再处理数据量或请求时，如果你使用的是以读流量为主的 Redis，那么你应该使用复制。复制同时提高了可用性（无须额外成本）。

12.6.3 压缩数据

这一解决方案需要在应用中实现。你可以在将数据存储到缓存之前压缩数据，而不是将大值（以及键）发送到缓存。从缓存中检索数据时，你必须先在应用上解压缩数据，然后才能使用数据。压缩数据是否会产生显著的效果取决于你的数据。我们看到内存使用减少到原来大小的 25%，网络传输也节省了相同规模。

经验法则：使用最适合你的数据压缩算法压缩你的数据，最有可能是 zlib 库。你必须对数据子集进行实验，以选择你使用的编程语言也支持的最佳压缩算法。

12.7 小结

- 缓存层可以显著提高应用的速度，还可以降低主数据存储的成本。
- 为了保持缓存与数据存储同步，缓存项通常会在一段时间后过期，或者可选择使用写直达策略。
- 当缓存已满时，不常用的缓存项通常会被移出。
- Amazon ElastiCache 可以运行 Memcached 或 Redis 集群。根据引擎的不同，可以使用不同的功能。Memcached 和 Redis 是开源的，但 AWS 增加了引擎级别的增强功能。

第13章 面向 NoSQL 数据库服务的编程：DynamoDB

本章主要内容

■ NoSQL 服务 DynamoDB 的优缺点

■ 创建表和存储数据

■ 添加辅助索引来优化数据检索

■ 设计针对键值数据库优化的数据模型

■ 性能调优

大多数应用依赖于存储数据的数据库。想象一个跟踪仓库库存的应用。如果仓库中的库存越多，则应用服务的请求越多，数据库处理的查询越多。数据库迟早会变得太忙、延迟增加到限制仓库生产效率的程度。此时，你必须扩展数据库以助力业务。这可以通过以下两种方式实现。

■ 垂直扩展——你可以向数据库机器添加更多的硬件。例如，你可以添加内存或更换计算能力更强的 CPU。

■ 水平扩展——你可以添加第二台数据库机器，然后使两台机器组成一个数据库集群。

垂直扩展数据库是相对容易的选项，但成本会增加。因为高端硬件比普通硬件更昂贵。除此之外，到某些时间点，你无法再添加处理速度更快的硬件，因为这已经是最快的而无更快的硬件可用。

对传统的关系数据库进行水平扩展通常比较困难，因为事务保证（原子性、一致性、隔离性和持久性，也称为 ACID）需要在两阶段提交期间在数据库的所有节点之间进行通信。简化的具有两节点数据库的两阶段提交流程如下。

（1）查询被发送到想要更改（插入、更新、删除）数据的数据库集群。

（2）数据库事务协调器向两个节点发送提交请求。

（3）节点 1 检查查询是否可被执行。结果将被发回给协调器。如果节点决定查询是可被执行的，那么必须履行承诺，并且不能更改。

（4）节点 2 检查查询是否可以被执行。该结果将被发回给协调器。

（5）协调器接收所有节点提交的决定。如果所有节点都决定查询可以被执行，那么协调器将指导各个节点进行最终提交。

（6）节点 1 和 2 最终更改数据。此时所有的节点必须满足该请求。这一步绝不能失败。

问题是添加的节点越多，数据库会变得越慢，因为必须有更多的节点协调彼此之间的事务。解决这个问题的方法是使用无须遵守 ACID 的数据库，这种数据库被称为 NoSQL 数据库。

有 4 种类型的 NoSQL 数据库，即文档数据库、图数据库、列式数据库和键值存储数据库，每种数据库都有自己适用的场景和应用。亚马逊提供一个叫作 DynamoDB 的 NoSQL 数据库服务。与有效地提供 MySQL、MariaDB、Oracle Database、Microsoft SQL Server 和 PostgreSQL 等几种常见 RDBMS 引擎的 RDS 不同，DynamoDB 是完全托管的、专有的、封闭源代码的具有文档支持的键值存储服务。完全托管意味着你只需使用该服务，而底层的基础设施由 AWS 为你操作。DynamoDB 是高可用和高耐久的。你可以把 DynamoDB 的容量从存储一条记录扩展到存储数十亿条记录，也可以把它的性能从每秒一个请求扩展到每秒数万个请求。

如果你的数据需要使用不同类型的 NoSQL 数据库（如 Neo4j 这样的图数据库），你需要启动 EC2 实例并且直接在上面安装数据库。按照第 3 章和第 4 章中的指导进行操作即可。

本章将详细介绍如何使用 DynamoDB：如何像管理其他服务一样管理它，以及如何对你的应用进行编程来使用 DynamoDB。管理 DynamoDB 非常简单。你可以为 DynamoDB 创建表和辅助索引，可以调整的选项只有一个——读写容量，这会直接影响它的成本和性能。

我们将介绍 DynamoDB 的基础知识，并通过一个简单的待办事项应用 nodetodo（现代应用的"Hello World"）来展示如何使用它。图 13-1 展示了 nodetodo 的功能。

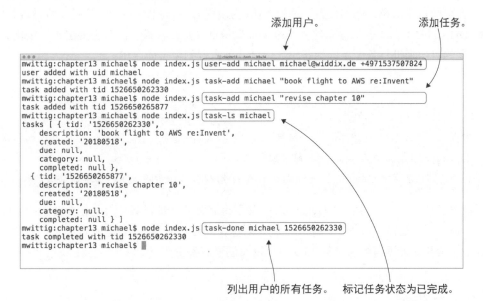

图 13-1　你可以使用命令行形式的待办事项应用 nodetodo 管理你的任务

示例都包含在免费套餐中

本章中的示例都包含在免费套餐中。只要不是运行这些示例好几天，就不需要支付任何费用。记住，这仅适用于本书读者为学习本书刚刚创建的全新 AWS 账户，并且在这个 AWS 账户中没有任何活动记录。尽量在几天的时间里完成本章中的示例，并在每个示例完成后务必清理账户。

在开始使用 nodetodo 之前，你需要先了解 DynamoDB 的基础知识。

13.1 操作 DynamoDB

DynamoDB 不需要任何传统关系数据库的管理，因为它是一个托管的服务，AWS 负责相关管理。但是，你有其他要关注的任务。DynamoDB 的价格取决于你的存储使用和性能要求。本节将 DynamoDB 与 RDS 进行对比，最后将 DynamoDB 与其他 NoSQL 数据库进行对比。

13.1.1 管理

有了 DynamoDB，你不需要担心安装、更新、机器、存储或者备份，原因有以下几个。

- DynamoDB 不是一个可以下载的软件产品。相反，它是一个 NoSQL 的数据库服务。所以，你不能像安装 MySQL 或者 MongoDB 一样安装 DynamoDB。这也意味着你不能更新数据库，DynamoDB 的软件是由 AWS 来维护的。
- DynamoDB 运行在 AWS 运营的一批机器上。AWS 负责操作系统和安全相关的问题。从安全的角度来说，你的任务是通过 IAM 为使用 DynamoDB 表的用户授予合适的权限。
- DynamoDB 在多台机器之间以及跨多个数据中心复制数据。没有必要出于持久化保存数据的目的来进行备份，因为备份功能已经被内置到数据库之中。

备份

DynamoDB 提供非常高的持久性。但是，如果数据库管理员意外删除了所有数据，或新版本的应用破坏了数据，该怎么办？在这些情况下，你需要备份才能从过去还原工作表状态。2017 年 12 月，AWS 宣布了 DynamoDB 的新功能：按需备份和还原。

我们强烈建议使用按需备份来创建 DynamoDB 表的快照，以便以后能够在需要时还原数据。

现在你了解了一些只要使用 DynamoDB 就不再需要的管理任务。但是，要在生产环境中使用 DynamoDB，你还需要考虑一些事情，例如创建表（见 13.4 节）、创建辅助索引（见 13.6 节）、监控容量使用和配置读写容量（见 13.9 节）以及创建表备份。

13.1.2 定价

如果你使用 DynamoDB，则每月需要支付以下费用。

- 每 GB 存储空间 0.25 美元（辅助索引也消耗存储空间）。
- 每配置的写容量单元 0.47 美元（13.9 节将解释吞吐量）。
- 每配置的读容量单元 0.09 美元。

在编写本书时，这些价格信息适用于的弗吉尼亚州北部（us-east-1）区域。如果你使用 AWS 资源（EC2 实例）访问同一区域中的 DynamoDB，则不会产生额外的流量费用。

13.1.3　网络

DynamoDB 无法在你的 VPC 中运行。它只能通过 AWS API 访问，你需要互联网访问才能与 AWS API 通信。这意味着你无法从专用子网访问 DynamoDB，因为专用子网没有通过互联网网关到互联网的路由。当然你可以使用 NAT 网关（有关更多详细信息，参见 6.5 节）。记住，使用 DynamoDB 的应用可能会产生大量流量，而 NAT 网关的带宽限制为 10 Gbit/s。所以更好的方法是为 DynamoDB 设置一个 VPC 端点，从而能够从专用子网访问 DynamoDB，而不需要使用 NAT 网关。你可以在 AWS 文档中获得有关 VPC 端点的更多信息。

13.1.4　与 RDS 对比

表 13-1 比较了 DynamoDB 和 RDS。注意，这就和拿苹果和橘子进行比较一样，并不是对等的比较。DynamoDB 和 RDS 唯一的共同点就是它们都叫数据库。如果你的应用需要复杂的 SQL 查询，就使用 RDS（或者更准确地说，使用 RDS 提供的关系数据库引擎）；否则，你可以考虑将应用迁移到 DynamoDB。

表 13-1　DynamoDB 和 RDS 的区别

任务	DynamoDB	RDS
创建一张表	管理控制台、SDK 或者 CLI `aws dynamodb create-table`	SQL CREATE TABLE 语句
插入、更新或者删除数据	SDK	SQL INSERT、UPDATE 或 DELETE 语句
查询数据	如果查询主键：SDK。无法查询非主键属性，但是可以添加辅助索引或者扫描整张表	SQL SELECT 语句
增加存储	无须任何操作：DynamoDB 随着数据量的增加自动扩容	配置更多存储
提高性能	通过增加容量水平扩展。DynamoDB 会在底层增加更多的机器	通过增加实例大小和磁盘吞吐量进行垂直扩展，或者通过添加读副本实现水平扩展，但这有上限
在你的机器上安装数据库	DynamoDB 无法下载。你只能将其当作服务来使用	下载 MySQL、MariaDB、Oracle 数据库、Microsoft SQL Server 或 PostgreSQL 并安装在你的机器上。Aurora 是一个例外
雇用专家	需具有特定的 DynamoDB 技能	需具有通用 SQL 技能或特殊技能，具体取决于数据库引擎

13.1.5　与其他 NoSQL 数据库对比

表 13-2 对 DynamoDB 和其他 NoSQL 数据库进行了比较。记住，所有数据库都有优势和劣势，表 13-2 只展示了如何在 AWS 上使用它们而进行粗略的比较。

表 13-2　DynamoDB 和一些 NoSQL 数据库的区别

任务	DynamoDB 键值存储	MongoDB 文档存储	Neo4j 图形存储	Cassandra 列式存储	Riak KV 键值存储
在 AWS 上运行生产数据库	一键部署，它是一种托管服务	自维护的 EC2 实例集群，或作为来自第三方的服务	自维护的EC2实例集群，或作为第三方的服务	自维护的EC2实例集群，或作为第三方的服务	自维护的EC2实例集群，或作为第三方的服务
在运行时增加可用存储空间	不需要，数据库自动扩容	增加更多的 EC2 实例	运行时增加 EBS 卷容量	增加更多的 EC2 实例	增加更多的 EC2 实例

13.2　开发人员需要了解的 DynamoDB

DynamoDB 是一个键值存储数据库，将数据组织到表中。例如，你可以有一张表来存储用户，另一张表来存储任务。表中包含的项目（item）由主键标识。项目可以是用户或任务，你可将项目视为关系数据库中的行。除了主键，表还可以维护用于数据查找的辅助索引，这也与关系数据库类似。在本节中，你将看到 DynamoDB 的基本组成部分。

13.2.1　表、项目和属性

每个 DynamoDB 表都有一个名称，并且都组织一组项目。项目（item）是一个属性（attribute）的集合，而属性是一个名值对（name-value pair）。属性的值可以是标量（数值、字符串、二进制数、布尔型）、集值（数字集、字符串集、二进制集）或者 JSON 文档（对象、数组）。表中的项目不需要有相同的属性，没有强制的模式。图 13-2 展示了这些术语。

你可以使用管理控制台、CloudFormation、SDK 或者 CLI 创建表。下面的示例展示了如何使用 CLI 创建表（现在先不要尝试执行此命令，本章稍后将介绍创建一个 DynamoDB 表）。该表名为 app-entity，使用 id 属性作为主键：

```
$ aws dynamodb create-table --table-name app-entity \
➥ --attribute-definitions AttributeName=id,AttributeType=S \
➥ --key-schema AttributeName=id,KeyType=HASH \
➥ --provisioned-throughput ReadCapacityUnits=5,WriteCapacityUnits=5
```

为表选择一个名字，
如 app-entity

名为 id 的属性是
字符串类型的

主键是一个使用 id 属性的分区键。
您将在 13.9 节中了解这一点

表

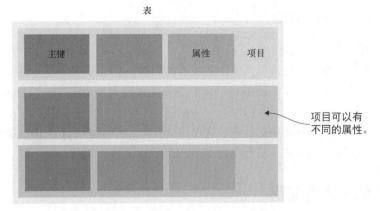

项目可以有
不同的属性。

图 13-2　DynamoDB 表存储由主键标识的属性组成的项目

如果计划运行多个使用 DynamoDB 的应用，最好使用应用的名称作为表名的前缀。还可以通过管理控制台添加表。记住，之后不能修改表的名称或其键模式（key schema）。但你可以随时添加属性的定义和更改吞吐量。

13.2.2　主键

主键在表里唯一，并唯一地标识一个项目（item）。你可以使用单个属性作为主键。DynamoDB 将其称为分区键（patition key）。你需要一个项目的分区键来查找该项目。你还可以使用两个属性作为主键。在这种情况下，其中一个属性是分区键，另一个属性称为排序键（sort key）。

1. 分区键

分区键使用项目的单个属性来创建基于哈希的索引。如果想根据基于分区键查找一个项目，就需要知道确切的分区键。例如，用户表可以使用用户的电子邮件作为分区键。如果你知道用户的分区键（例如电子邮件地址），就可以检索到用户。

2. 分区键和排序键

当你同时使用分区键和排序键时，你正在使用项目的两个属性来创建一个更加强大的索引。要查找一个项目，你需要知道项目的确切的分区键，但是不需要知道它的排序键。你甚至可以有多个具有相同分区键的项目：它们将根据其排序键进行排序。

分区键只能使用完全匹配（=）运算符查询。排序键可以使用=、>、<、> =、<=和 BETWEEN x AND y 运算符查询。例如，你可以从某个起点查询分区键的排序键。但你不能仅查询排序键，必须始终指定分区键。消息表可以使用分区键和排序键作为其主键，分区键可以是用户的电子邮件地址，排序键可以是时间戳。你可以查找在特定时间之前或之后的所有用户消息，结果中的项目可以按时间戳排序。

13.2.3　本地 DynamoDB

假设有一组开发人员在使用 DynamoDB 开发一个新的应用。在开发过程中，每个开发人员都需要一个独立的数据库，以免破坏其他团队成员的数据。他们还想编写单元测试，以确保他们的应用正常工作。你可以使用 CloudFormation 栈为每个开发人员创建唯一的 DynamoDB 表，你也可以使用本地 DynamoDB 进行离线开发。AWS 提供了一个 DynamoDB 的实现，可以在 AWS 官方网站下载。不要在生产环境中运行它！它仅用于开发，并且提供与 DynamoDB 相同的功能，但它的底层使用不同的实现方式，只是 API 是相同的。

13.3　编写待办事项应用

为了最大限度地减少编程的工作量，你可以使用 Node.js/JavaScript 来创建一个小型待办事项应用，你可以在本地机器的终端使用该应用。我们把这个应用称为 nodetodo。nodetodo 使用 DynamoDB 作为数据库。使用 nodetodo，你可以实现下面的功能：

- 创建和删除用户；
- 创建和删除任务；
- 将任务标记为已完成；
- 使用各种过滤器获取所有任务的清单。

nodetodo 支持多个用户，并且可以跟踪有或者没有到期日期的任务。为了帮助用户处理多个任务，任务可以被分配一个类别。nodetodo 通过终端访问。下面展示了如何通过终端使用 nodetodo 来添加一个用户。重要提示：现在不要尝试执行以下命令——它们尚未实现。我们将在下一节中实现它们：

CLI 命令行的简要描述：参数包含在<>中

```
# node index.js user-add <uid> <email> <phone>        ← 在终端执行 nodetodo
$ node index.js user-add michael michael@widdix.de 0123456789  ←
user added with uid michael        ← nodetodo 的输出写入 STDOUT
```

要添加一个新任务，你需要进行如下操作：

```
# node index.js task-add <uid> <description> \
➥[<category>] [--dueat=<yyyymmdd>]        ← 可选参数包含在[]中
$ node index.js task-add michael "plan lunch" --dueat=20150522  ←  命名的参数用--name=value 指定参数的值
task added with tid 1432187491647        ← tid 是任务 ID
```

你可以像下面这样将任务标记为已完成：

```
# node index.js task-done <uid> <tid>
$ node index.js task-done michael 1432187491647
task completed with tid 1432187491647
```

你还应该能够列出任务。下面是使用 nodetodo 完成此操作的方法：

```
# node index.js task-ls <uid> [<category>] [--overdue|--due|...]
$ node index.js task-ls michael
tasks [...]
```

为实现一个直观的 CLI，nodetodo 使用一种命令行界面描述语言 docopt 来描述这个 CLI，其支持以下命令。

- user-add——向 nodetodo 中添加新用户。
- user-rm——删除用户。
- user-ls——列出用户清单。
- user——展示一个用户的详细信息。
- task-add——向 nodetodo 添加新任务。
- task-rm——删除任务。
- task-ls——利用各种过滤器列出用户任务。
- task-la——利用各种过滤器按类别列出任务。
- task-done——将任务标记为已完成

在本章后面的几节，我们将实现这些命令以获得 DynamoDB 动手实践经验。代码清单 13-1 展示了所有的 CLI 的命令描述，包括参数。

代码清单 13-1　CLI 描述语言 docopt：使用 nodetodo（cli.txt）

```
nodetodo

Usage:
  nodetodo user-add <uid> <email> <phone>
  nodetodo user-rm <uid>
  nodetodo user-ls [--limit=<limit>] [--next=<id>]      ←—— 命名参数 limit 和 next 是可选的
  nodetodo user <uid>
  nodetodo task-add <uid> <description> \
➥ [<category>] [--dueat=<yyyymmdd>]      ←—— 参数 category 是可选的
  nodetodo task-rm <uid> <tid>
  nodetodo task-ls <uid> [<category>] \
➥ [--overdue|--due|--withoutdue|--futuredue]      ←—— 管道符代表"或者"
  nodetodo task-la <category> \
➥ [--overdue|--due|--withoutdue|--futuredue]
  nodetodo task-done <uid> <tid>
  nodetodo -h | --help      ←—— help 列出如何使用 nodetodo 的帮助信息
  nodetodo -version      ←—— 版本信息

Options:
  -h --help        Show this screen.
  --version        Show version.
```

DynamoDB 和传统关系数据库完全不同，传统关系数据库中使用 SQL 创建、读取、更新和删除数据。你将使用 SDK 调用 HTTPS REST API 来访问 DynamoDB。你必须把 DynamoDB 集成到你的应用中，你无法让现有的使用 SQL 数据库的应用直接运行在 DynamoDB 上。要想使用 DynamoDB，你需要编写代码！

13.4 创建表

DynamoDB 中的表用来组织你的数据。你不需要定义表中项目具有的所有属性。DynamoDB 不需要像关系数据库那样的静态模式，但你必须定义用作表的主键的属性。换句话说，你必须定义表的主键模式。为此，你要使用 AWS CLI。`aws dynamodb create-table` 命令有以下 4 个强制选项。

- table-name——表的名称（不能修改）。
- attribute-definitions——用作主键的属性名称和类型。多个定义可以使用语法 Attribute-Name=attr1, AttributeType=S 来给出，并以空格分隔。有效的类型包括 S（字符串）、N（数值）和 B（二进制）。
- key-schema——用作主键的一部分的属性的名称（不能修改）。其包含一个使用语法 AttributeName=attr1, KeyType=HASH 定义的分区键条目，或者用空格分隔的两个条目来定义的分区键和排序键，有效的类型为 HASH 和 RANGE。
- provisioned-throughput——该表的性能设置，使用 ReadCapacityUnits=5, WriteCapacity-Units=5 来定义（见 13.9 节对这部分内容的介绍）。

现在你要为 nodetodo 应用的用户创建一张表，并创建一张包含所有任务的表。

13.4.1 通过分区键标识用户

在为 nodetodo 用户创建表之前，你必须认真考虑表的名称和主键。我们建议你使用应用的名称作为表的名称的前缀。在本例中，表的名称为 todo-user。在选择主键的时候，你必须考虑将来要进行的查询以及数据项是否唯一。用户会有一个唯一的 ID，称为 uid，所以使用 uid 作为分区键是有意义的。你还必须能够根据 uid 查找用户以实现 user 命令。通过将这个属性标记为表的分区键，可以用单个属性作为主键。下面的示例展示了一个用户表，其中 uid 属性被作为主键的分区键使用：

```
"michael" => {    ◁—— uid（"michael"）是分区键，{}中包含的所有内容组成一个项目
  "uid": "michael",
  "email": "michael@widdix.de",
  "phone": "0123456789"
}
"andreas" => {    ◁—— 分区键没有顺序
  "uid": "andreas",
  "email": "andreas@widdix.de",
  "phone": "0123456789"
}
```

因为只能根据已知的 uid 查找用户，所以通过分区键标识用户是可行的。接下来，你可以在 AWS CLI 的帮助下创建用户表，其结构与之前的示例类似：

项目必须至少包含一个字符串
类型的属性 uid

表名使用应用名作为前缀，
防止将来名称冲突

```
$ aws dynamodb create-table --table-name todo-user \
  --attribute-definitions AttributeName=uid,AttributeType=S \
  --key-schema AttributeName=uid,KeyType=HASH \        分区键（HASH 类型）使用 uid 属性
  --provisioned-throughput ReadCapacityUnits=5,WriteCapacityUnits=5
```

13.9 节中将讲解相关内容

创建表需要一定的时间。等到表状态变为 ACTIVE。你可以使用下面的命令检查表的状态：

```
$ aws dynamodb describe-table --table-name todo-user    使用 CLI 命令检查表状态
{
  "Table": {
    "AttributeDefinitions": [    表的属性定义
      {
        "AttributeName": "uid",
        "AttributeType": "S"
      }
    ],
    "ProvisionedThroughput": {
      "NumberOfDecreasesToday": 0,
      "WriteCapacityUnits": 5,
      "ReadCapacityUnits": 5
    },
    "TableSizeBytes": 0,
    "TableName": "todo-user",
    "TableStatus": "ACTIVE",    表的状态
    "KeySchema": [    用作主键的属性
      {
        "KeyType": "HASH",
        "AttributeName": "uid"
      }
    ],
    "ItemCount": 0,
    "CreationDateTime": 1432146267.678
  }
}
```

13.4.2 通过分区键和排序键标识任务

任务始终属于用户，与任务相关的所有命令都包括用户 ID。要实现 task-ls 命令，你需要一种根据用户 ID 查询任务的方法。除了分区键，你还可以使用排序键。这样，你可以将多个项目添加到同一分区键。因为与任务的所有交互都需要用户 ID，所以你可以选择 uid 作为分区键，并选择任务 ID（tid），即创建的时间戳，作为排序键。现在你可以进行包含用户 ID 的查询，如果需要，还可以进行包含任务 ID 的查询。

注意 这个方案有一个限制：用户在每个时间戳只能添加一个任务。因为任务由 uid 和 tid

（主键）唯一标识，所以在同一时间同一个用户不能有两个任务。我们的时间戳以毫秒为单位，所以应该没有问题。

分区键和排序键使用的是表的两个属性。分区键维护一个没有排序的哈希索引，而排序键保存在每个分区键的已排序的索引中。如果分区键和排序键的组合用作主键，它们的组合就唯一地标识一个项目。下面的数据集展示了没有排序的分区键和已排序的排序键的组合：

```
["michael", 1] => {        ◁────  uid（"michael"）是分区键, tid（1）是主键的排序键
  "uid": "michael",
  "tid": 1,
  "description": "prepare lunch"
}
["michael", 2] => {        ◁────  排序键已排序在分区键内
  "uid": "michael",
  "tid": 2,
  "description": "buy nice flowers for mum"
}
["michael", 3] => {
  "uid": "michael",
  "tid": 3,
  "description": "prepare talk for conference"
}
["andreas", 1] => {        ◁────  分区键中没有顺序
  "uid": "andreas",
  "tid": 1,
  "description": "prepare customer presentation"
}
["andreas", 2] => {
  "uid": "andreas",
  "tid": 2,
  "description": "plan holidays"
}
```

nodetodo 提供获取一个用户的所有任务的能力。如果任务只有一个分区键作为主键，这将非常困难，因为你需要知道分区键才能从 DynamoDB 中提取这些数据。幸运的是，用分区键和排序键作为主键让事情变得容易，因为你只需要知道分区键就可以提取数据。对于任务，你将使用 uid 作为已知的分区键。排序键是 tid。任务 ID 定义为创建任务时的时间戳。你现在将创建任务表，使用两个属性创建分区键和排序键作为主键：

```
$ aws dynamodb create-table --table-name todo-task \
➥ --attribute-definitions AttributeName=uid,AttributeType=S \   ◁──  分区键和排序键至少需要两个属性
➥ AttributeName=tid,AttributeType=N \
➥ --key-schema AttributeName=uid,KeyType=HASH \
➥ AttributeName=tid,KeyType=RANGE \              ◁────  tid 属性是排序键
➥ --provisioned-throughput ReadCapacityUnits=5,WriteCapacityUnits=5
```

等到执行 aws dynamodb describe-table -table-name todo-task 时表的状态更改为 ACTIVE。现在两张表都已经就绪，你需要添加一些数据。

13.5　添加数据

现在你有两张表分别存储用户及其任务。要使用它们，需要添加一些数据。你可以通过 Node.js SDK 访问 DynamoDB，因此在实施添加用户和任务之前，需要先设置 SDK 和一些样板代码。

安装并开始使用 Node.js

Node.js 是一个在事件驱动环境下运行 JavaScript 脚本的平台，因此你可以轻松地构建网络应用。要安装 Node.js，可以访问 Node.js 官方网站并下载适合你所用操作系统的软件包。本书中的所有示例都使用 Node.js 8 进行开发与测试。

安装完 Node.js，你就可以在终端上执行 node--version 来验证一切是否就绪。你的终端应该响应一些类似 v8.* 的输出。现在你已准备好运行适用于 AWS 的 nodetodo 这样的 JavaScript 示例。

你想开始学习使用 Node.js 吗？我们推荐 Alex Young 等人编写的 *Node.js in Action, Second Edition* 或 P.J.Evans 开设的视频课程 "Node.js in Motion"。

在开始使用 Node.js 和 docopt 前，你需要一些 "神奇" 的代码来加载所有的依赖项，并做一些配置工作。代码清单 13-2 展示了如何操作。

代码清单 13-2　nodetodo:在 Node.js（index.js）中使用 docopt

加载 fs 模块来访问文件系统

```
const fs = require('fs');        ◁
const docopt = require('docopt');       ◁──── 加载 docopt 模块来读取输入参数
const moment = require('moment');       ◁──── 加载 moment 模块来简化 JavaScript 中的时间类型
const AWS = require('aws-sdk');◁
const db = new AWS.DynamoDB({            加载 AWS SDK 模块
  region: 'us-east-1'
});
                                      从 cli.txt 中读取 CLI 的描述
const cli = fs.readFileSync('./cli.txt', {encoding: 'utf8'});
const input = docopt.docopt(cli, {    ◁──── 解析参数并保存到输入变量
  version: '1.0',
  argv: process.argv.splice(2)
});
```

代码在哪里

你可以在本书配套资源中找到这些代码。nodetodo 位于/chapter13/。切换到该目录，并在你的终端上执行 npm install 安装所有需要的依赖项。

---

docopt 负责读取传递给进程的所有参数。它返回一个 JavaScript 对象，对象中的参数映射到 CLI 描述中的参数。

接下来就实现 nodetodo 的功能。向 DynamoDB 添加数据的 putItem SDK 操作使用方法如下：

```
const params = {
  Item: {          ◄──── 所有项目的属性为名值对        │  字符串类型以 S 标记
    attr1: {S: 'val1'},
    attr2: {N: '2'}  ◄──── 数值（浮点型和整型）以 N 标记
  },
  TableName: 'app-entity'  ◄──── 将项目添加到 app-entity 表
};
db.putItem(params, (err) => {       ◄──── 在 DynamoDB 上调用 putItem 操作
  if (err) {             ◄──── 处理错误
    console.error('error', err);
  } else {
    console.log('success');
  }
});
```

第一步是添加数据到 nodetodo。

13.5.1　添加用户

你可以通过调用 nodetodo user-add <uid> <email> <phone>将用户添加到 nodetodo。在 Node.js 中，你可以用代码清单 13-3 中的代码实现这一点。

代码清单 13-3　nodetodo：添加一个用户（index.js）

项目包含所有属性。键也是属性，这就是必须在添加数据时告诉 DynamoDB 哪些属性是键的原因

```
if (input['user-add'] === true) {
  const params = {                              uid 属性是字符串类型，        email 属性是字符串
    Item: {                                     包含 uid 参数值              类型，包含 email 参
      uid: {S: input['<uid>']},                                            数值
      email: {S: input['<email>']},
      phone: {S: input['<phone>']},  ◄──── phone 属性是字符串类型，包含 phone 参数值
    },
    TableName: 'todo-user',          ◄──── 指定用户表
    ConditionExpression: 'attribute_not_exists(uid)'
  };
  db.putItem(params, (err) => {  ◄──── 在 DynamoDB 上调用 putItem 操作
    if (err) {
      console.error('error', err);        如果对同一个键调用两次 putItem，数据会被替换。
    } else {                              仅当键不存在时，ConditionExpression 才允许 putItem
      console.log('user added');
    }
  });
}
```

调用 AWS API 时，需要完成下面的操作。

（1）创建一个填充了所需参数（变量 params）的 JavaScript 对象（映射）。

（2）在 AWS SDK 上调用该函数。

（3）检查响应中是否包含错误，如果不包含，则处理返回的数据。

因此，如果要添加任务而不是添加用户，则只需改变 params 的内容。

13.5.2 添加任务

你可以通过调用 nodetodo task-add <uid> <description> [<category>] [--due date= <yyyymmdd>]将任务添加到 nodetodo。例如，要创建一个记得买牛奶的任务，你可以添加代码 nodetodo task-add Michael "buy milk"。在 Node.js 中，你可以用代码清单 13-4 中的代码完成这一任务。

代码清单 13-4　nodetodo：添加一个任务（index.js）

```
if (input['task-add'] === true) {
  const tid = Date.now();          ←—— 基于当前时间戳创建任务 ID（tid）
  const params = {
    Item: {
      uid: {S: input['<uid>']},
      tid: {N: tid.toString()},    ←—— tid 属性是数值类型，包含 tid 值
      description: {S: input['<description>']},
      created: {N: moment().format('YYYYMMDD')}
    },                                        创建的属性是数值类型
    TableName: 'todo-task',   ←—— 指定任务表    （格式如 20150525）
    ConditionExpression: 'attribute_not_exists(uid)
➡and attribute_not_exists(tid)'  ←—— 确保现有的项目不被覆盖
  };
  if (input['--dueat'] !== null) {   ←
    params.Item.due = {N: input['--dueat']};    如果设置了可选的 dueat 参数，
  }                                             将该值添加到项目中
  if (input['<category>'] !== null) {  ←
    params.Item.category = {S: input['<category>']};    如果设置了可选的 category
  }                                                     参数，将该值添加到项目中
  db.putItem(params, (err) => {  ←
    if (err) {                          调用 DynamoDB
      console.error('error', err);      的 putItem 操作
    } else {
      console.log('task added with tid ' + tid);
    }
  });
}
```

现在你就可以添加用户和任务到 nodetodo。如果你还能检索所有这些数据是不是更好呢？

13.6　检索数据

DynamoDB 采用键值存储。键通常是从这类存储中检索数据的唯一方法。在为 DynamoDB 设计数据模型的时候，你必须在创建表的时候注意这个局限性（13.4 节中介绍过如何创建表）。如果你只能使用一个键来查找数据，你迟早会遇到麻烦。幸运的是，DynamoDB 提供了另外两种

方法来查找项目：辅助索引键查找和扫描操作。你可以从简单的主键检索开始，然后继续了解更复杂的数据检索方法。

> **DynamoDB 流**
>
> DynamoDB 允许你在更改数据之后立即检索到对表的更改。DynamoDB 流提供对表项目的所有写（创建、更新和删除）操作。检索到变化数据的顺序与分区键一致。
>
> ■ 如果你的应用需要以轮询数据库的方式获取更改，DynamoDB 流可以以更优雅的方法解决这一问题。
>
> ■ 如果你想要用对表所做的更改填充缓存，DynamoDB 流可以提供帮助。
>
> ■ 如果你想要将 DynamoDB 表复制到另一个区域，DynamoDB 流可以做到。

13.6.1 通过键来获取项目

最简单的数据检索形式之一是通过其主键查找单个项目，例如通过用户 ID 查找一个用户。从 DynamoDB 获取单个项目的 getItem SDK 操作使用方法如下：

```
const params = {
  Key: {
    attr1: {S: 'val1'}          ◀—— 指定主键的属性
  },
  TableName: 'app-entity'
};
db.getItem(params, (err, data) => {    ◀—— 在 DynamoDB 上调用 getItem 操作
  if (err) {
    console.error('error', err);
  } else {
    if (data.Item) {                   ◀—— 检查是否找到项目
      console.log('item', data.Item);
    } else {
      console.error('no item found');
    }
  }
});
```

nodetodo user <uid> 命令必须通过用户 ID（uid）检索用户。转换成 Node.js AWS SDK 的代码如代码清单 13-5 所示。

代码清单 13-5 nodetodo：检索一个用户（index.js）

```
const mapUserItem = (item) => {    ◀——┐
  return {                            │ 辅助函数对 DynamoDB
    uid: item.uid.S,                  │ 结果进行转化
    email: item.email.S,
    phone: item.phone.S
  };
};
```

```
if (input['user'] === true) {
  const params = {
    Key: {
      uid: {S: input['<uid>']}    ◁──── 按主键 uid 查找用户
    },
    TableName: 'todo-user'   ◁──── 指定用户表
  };
  db.getItem(params, (err, data) => {   ◁──── 在 DynamoDB 上调用 getItem 操作
    if (err) {
      console.error('error', err);
    } else {
      if (data.Item) {   ◁──── 检查是否找到满足主键参数值的数据
        console.log('user', mapUserItem(data.Item));
      } else {
        console.error('user not found');
      }
    }
  });
}
```

你还可以使用 getItem 操作通过分区键和排序键检索数据，例如查找特定任务。唯一的变化是，Key 有两个条目而不是之前的一个，getItem 返回一个项目或者没有项目返回。如果你想要获取多个项目，就需要查询 DynamoDB。

13.6.2　通过键和过滤器查询项目

如果想要检索一组项目而不是单个项目，例如一个用户的所有任务，就必须查询 DynamoDB。仅当你的表具有分区键和排序键时，才能通过主键检索多个项目。否则，分区键仅标识单个项目。要从 DynamoDB 获取一组项目的 query SDK 操作可以使用如下方法：

```
                          键必须满足的条件。如果要查询分区键和排序键，就必须使用 AND。分区键允许的
                          操作符只有=。排序键允许使用的操作符有=、>、<、>=、<=、BETWEEN x AND y
const params = {          和 begins_with。排序键操作符的执行速度非常快，因为数据已经是排好序的
  KeyConditionExpression: 'attr1 = :attr1val AND attr2 = :attr2val',
  ExpressionAttributeValues: {
    ':attr1val': {S: 'val1'},   ◁──── 在表达式中引用动态值
    ':attr2val': {N: '2'}   ◁──── 始终指定正确的类型（S、N 和 B）
  },
  TableName: 'app-entity'
};
db.query(params, (err, data) => {   ◁──── 在 DynamoDB 上调用 query 操作
  if (err) {
    console.error('error', err);
  } else {
    console.log('items', data.Items);
  }
});
```

query 操作还允许指定一个可选的 FilterExpression，以便仅包括与过滤器和键条件匹配的项目。这有助于缩小返回结果集，例如仅显示特定类别的任务。FilterExpression 的语法与 KeyCondition-

Expression 类似，但没有索引用于过滤。过滤器应用于所有 KeyConditionExpression 返回的匹配项目上。

要列出一个特定用户的所有任务，就必须查询 DynamoDB。一个任务的主键是 uid 和 tid 的组合。要获得一个用户的所有任务，KeyConditionExpression 仅需要分区键。nodetodo task-ls <uid> [<category>] [--overdue|--due|--withoutdue|--futuredue]的代码实现如代码清单 13-6 所示。

代码清单 13-6　nodetodo：检索任务（index.js）

```
const getValue(attribute, type) => {      ◄─── 辅助函数访问可选的属性
  if (attribute === undefined) {
    return null;
  }
  return attribute[type];
};

const mapTaskItem = (item) => {      ◄─── 辅助函数对 DynamoDB 结果进行转化
  return {
    tid: item.tid.N,
    description: item.description.S,
    created: item.created.N,
    due: getValue(item.due, 'N'),
    category: getValue(item.category, 'S'),
    completed: getValue(item.completed, 'N')
  };
};

if (input['task-ls'] === true) {
  const params = {
    KeyConditionExpression: 'uid = :uid',      ◄─── 主键查询。任务表使用分区键和排序键。查询中只定义了分区键，因此将返回属于一个用户的所有任务
    ExpressionAttributeValues: {
      ':uid': {S: input['<uid>']}      ◄─── 查询属性必须以这种方式传递
    },
    TableName: 'todo-task',
    Limit: input['--limit']
  };
  if (input['--next'] !== null) {
    params.KeyConditionExpression +=      ◄─── 过滤不使用索引，它被应用于从主键查询返回的所有元素
      ' AND tid > :next';
    params.ExpressionAttributeValues[':next'] = {N: input['--next']};
  }
  if (input['--overdue'] === true) {
    params.FilterExpression = 'due < :yyyymmdd';
    params.ExpressionAttributeValues[':yyyymmdd'] = {N: yyyymmdd};      ◄─── 过滤属性必须以这种方式传递
  } else if (input['--due'] === true) {
    params.FilterExpression = 'due = :yyyymmdd';
    params.ExpressionAttributeValues[':yyyymmdd'] = {N: yyyymmdd};
  } else if (input['--withoutdue'] === true) {
    params.FilterExpression = "'attribute_not_exists(due)';
  } else if (input['--futuredue'] === true) {      ◄─── 在缺少相应的属性时（与 attribute_exists 相反）attribute_not_exists(due) 为真
    params.FilterExpression = 'due > :yyyymmdd';
```

```
      params.ExpressionAttributeValues[':yyyymmdd'] = {N: yyyymmdd};
    } else if (input['--dueafter'] !== null) {
      params.FilterExpression = 'due > :yyyymmdd';
      params.ExpressionAttributeValues[':yyyymmdd'] =
      {N: input['--dueafter']};
    } else if (input['--duebefore'] !== null) {
      params.FilterExpression = 'due < :yyyymmdd';
      params.ExpressionAttributeValues[':yyyymmdd'] =
        {N: input['--duebefore']};
    }
  if (input['<category>'] !== null) {
    if (params.FilterExpression === undefined) {
      params.FilterExpression = '';
    } else {
      params.FilterExpression += ' AND ';    ⟵—— 逻辑操作符可与多个过滤器组合使用
    }
    params.FilterExpression += 'category = :category';
    params.ExpressionAttributeValues[':category'] =
      S: input['<category>']};
  }
  db.query(params, (err, data) => {    ⟵—— 在 DynamoDB 上调用 query 操作
    if (err) {
      console.error('error', err);
    } else {
      console.log('tasks', data.Items.map(mapTaskItem));
      if (data.LastEvaluatedKey !== undefined) {
        console.log('more tasks available with --next=' +
          data.LastEvaluatedKey.tid.N);
      }
    }
  });
}
```

这种查询方法会导致以下两个问题。

（1）如果主键查询返回的结果集很大，过滤可能很慢。过滤器是在没有索引的情况下工作的：每个项目都必须被检查。想象一下，如果 DynamoDB 中保存的是股票价格，使用分区键和排序键，分区键是 AAPL 之类的股票代码，排序键是时间戳，你可以进行查询，检索苹果公司（股票代码为 AAPL）在两个时间戳（20100101 到 20150101）之间的所有股价信息。但是，如果你只想返回每周一的价格，就需要过滤所有价格，仅返回结果集的 20%（每周 5 个交易日中的 1 个）。这浪费了很多资源！

（2）只能查询主键。只返回所有用户的属于某个特定类别的所有任务的列表是不可能的，因为你不能查询 category 属性。

可以使用辅助索引解决这些问题。下面我们就来介绍辅助索引是如何工作的。

13.6.3　使用全局辅助索引进行更灵活的查询

全局辅助索引（global secondary index）是 DynamoDB 自动维护的原始表的投影。索引中的

项没有主键，只有一个键。该键在索引中不一定是唯一的。想象一下用户表，每个用户都有 country
属性。然后你可以创建一个全局辅助索引，其中国家/地区是新的分区键。如你所见，许多用户
可以居住在同一个国家/地区，因此该键在索引中不是唯一的。

可以像查询表一样查询全局辅助索引。你可以把全局辅助索引想象成由 DynamoDB 自动维
护的一个只读的 DynamoDB 表：每当你更改父表，所有的索引都会异步地更新（最终一致）。
图 13-3 展示了全局辅助索引的工作原理。

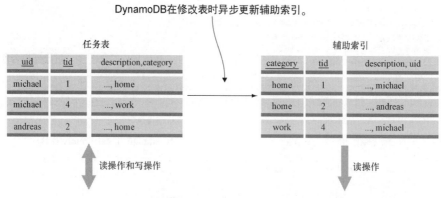

图 13-3　辅助索引包含表的数据的一份副本（投影），以便基于另一个键来快速查找

使用全局辅助索引是要付费的：索引需要存储空间（与原始表的成本相同）。你还必须为索
引配置额外的写容量单元，因为对表进行写操作也会导致对全局辅助索引进行写操作。

本地辅助索引

　　除了全局辅助索引，DynamoDB 还支持本地辅助索引。本地辅助索引必须使用与表相同的分区键。
你只能改变用作排序键的属性。本地辅助索引使用表的读写容量。

DynamoDB 的一个很大的优势就是可以根据工作负载配置容量。如果你的某个全局辅助索引
接收到了大量的读流量，你可以增加该索引的读容量。你还可以通过为表和索引配置充足的容量
微调数据库的性能。13.9 节将介绍更多相关信息。

回到 nodetodo 的示例上。为了实现按类别检索任务，你要为 todo-task 表添加一个辅助索引。
这将允许你按类别进行查询。

这里用到了分区键和排序键：分区键是 category 属性，排序键是 tid 属性。索引还需要一个
名称：category-index。你可以在 nodetodo 代码文件夹的 README.md 文件中找到下面的 CLI
命令：

你可以在创建表之后添加全局辅助索引

```
$ aws dynamodb update-table --table-name todo-task \          ◁──── 添加 category
➥ --attribute-definitions AttributeName=uid,AttributeType=S \       属性，因为索引
➥ AttributeName=tid,AttributeType=N \                               中将用到该属性
➥ AttributeName=category,AttributeType=S \      ◁────────────────
```

```
➥ --global-secondary-index-updates '[{\
➥ "Create": {\   ◁──── 创建新的辅助索引
➥ "IndexName": "category-index", \        category 属性是分区键, tid 属性是排序键
➥ "KeySchema": [{"AttributeName": "category", "KeyType": "HASH"}, \ ◁─────
➥ {"AttributeName": "tid", "KeyType": "RANGE"}], \
➥ "Projection": {"ProjectionType": "ALL"}, \  ◁──── 把所有的属性投影到索引
➥ "ProvisionedThroughput": {"ReadCapacityUnits": 5, \
➥ "WriteCapacityUnits": 5}\
➥ }}]'
```

创建全局辅助索引需要一定的时间。可以使用 CLI 查看索引是否已准备就绪：

```
$ aws dynamodb describe-table --table-name=todo-task \
➥ --query "Table.GlobalSecondaryIndexes"
```

代码清单 13-7 展示了如何使用 query 操作实现 nodetodo task-la <category> [--overdue|...]。

代码清单 13-7   nodetodo：从目录索引检索任务（index.js）

```
if (input['task-la'] === true) {
  const yyyymmdd = moment().format('YYYYMMDD');
  const params = {                                        对索引的查询与对表的
    KeyConditionExpression: 'category = :category', ◁──── 查询的工作方式相同
    ExpressionAttributeValues: {
      ':category': {S: input['<category>']}
    },
    TableName: 'todo-task',
    IndexName: 'category-index', ◁──── 但你必须指定要用的索引
    Limit: input['--limit']
  };
  if (input['--next'] !== null) {
    params.KeyConditionExpression += ' AND tid > :next';
    params.ExpressionAttributeValues[':next'] = {N: input['--next']};
  }                                              对索引的过滤与对表
  if (input['--overdue'] === true) {             的过滤工作方式相同
    params.FilterExpression = 'due < :yyyymmdd'; ◁────
    params.ExpressionAttributeValues[':yyyymmdd'] = {N: yyyymmdd};
  }
  [...]
  db.query(params, (err, data) => {
    if (err) {
      console.error('error', err);
    } else {
      console.log('tasks', data.Items.map(mapTaskItem));
      if (data.LastEvaluatedKey !== undefined) {
        console.log('more tasks available with --next='
          + data.LastEvaluatedKey.tid.N);
      }
    }
  });
}
```

但是仍然存在查询不起作用的情况：你无法检索所有用户。让我们看一下表扫描（scan）可以为你做点什么。

13.6.4   扫描和过滤表中的所有数据

有时键不起作用，是因为你事先无法预见需要哪些属性；相反，你需要遍历表中的所有项目。这种操作效率很低，但是在少数情况下，例如日常批量作业下，是可以进行的。DynamoDB 提供 scan 操作扫描表中的所有项目：

```
const params = {
  TableName: 'app-entity',
  Limit: 50    ⟵── 指定每次扫描操作返回的项目的最大数量
};
db.scan(params, (err, data) => {  ⟵── 在 DynamoDB 上调用 scan 操作
  if (err) {
    console.error('error', err);
  } else {
    console.log('items', data.Items);
    if (data.LastEvaluatedKey !== undefined) {  ⟵── 检查是否还有更多项目可供扫描
      console.log('more items available');
    }
  }
});
```

代码清单 13-8 展示了 nodetodo user-ls [--limit=<limit>] [--next=<id>]的实现。分页机制用于防止返回的项目太多。

代码清单 13-8   nodetodo：分页检索所有用户（index.js）

```
if (input['user-ls'] === true) {
  const params = {
    TableName: 'todo-user',
    Limit: input['--limit']    ⟵── 返回的项目的最大数量
  };
  if (input['--next'] !== null) {
    params.ExclusiveStartKey = {  ⟵── 命名的参数 next 包含最后一个评估的键
      uid: {S: input['--next']}
    };
  }
  db.scan(params, (err, data) => {  ⟵── 在 DynamoDB 上调用 scan 操作
    if (err) {
      console.error('error', err);
    } else {
      console.log('users', data.Items.map(mapUserItem));
      if (data.LastEvaluatedKey !== undefined) {    ⟵── 检查是否已到达最后一项
        console.log('page with--next=' + data.LastEvaluatedKey.uid.S);
```

```
      }
    }
  });
}
```

scan 操作能够读表中的所有项目。在本例中没有过滤任何数据，但你也可以使用 FilterExpression。注意，不要太频繁地使用 scan 操作——它很灵活但效率不高。

13.6.5　最终一致的数据检索

DynamoDB 不支持传统数据库支持的事务。不能在一个事务中修改（即创建、更新和删除）多个文档，因为 DynamoDB 中的原子单元是单个项目（更准确地说，是分区键）。

此外，DynamoDB 是最终一致的。这意味着，如果你创建了一个项目（版本 1），更新该项目到版本 2，然后马上获取该项目，你可能看到的还是旧版本 1；如果等一会儿再获取该项目，你会看到版本 2。图 13-4 展示了这个过程。出现这种情况的原因是该项目在后台的多台机器上存在，多台机器都响应你的请求，但真正响应请求的机器上可能没有最新版本的项目。

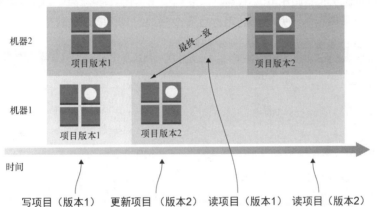

图 13-4　直到变更传播到所有机器之前，最终一致读可能返回旧值

你可以通过添加"ConsistentRead": true 选项到 DynamoDB 请求中来获取强一致读，避免最终一致读。getItem、query 和 scan 等操作支持强一致读。但是，强一致读比最终一致读要花更长的时间，消耗更多的读容量。从全局辅助索引读到的数据永远是最终一致的，因为索引本身是最终一致的。

13.7　删除数据

和 getItem 操作类似，deleteItem 操作需要指定要删除的项目的主键。根据你的表使用的是分区键还是分区键和排序键的组合，你需要指定一个或者两个属性。

你可以通过调用 `nodetodo user-rm <uid>`用 nodetodo 删除一个用户。在 Node.js 中，你可以如代码清单 13-9 所示做到这一点。

代码清单 13-9　nodetodo：删除一个用户（index.js）

```
if (input['user-rm'] === true) {
  const params = {
    Key: {
      uid: {S: input['<uid>']}      ◁—— 通过分区键识别一个项目
    },
    TableName: 'todo-user'          ◁—— 指定用户表
  };
  db.deleteItem(params, (err) => {  ◁—— 在 DynamoDB 上调用 deleteItem 操作
    if (err) {
      console.error('error', err);
    } else {
      console.log('user removed');
    }
  });
}
```

删除一个任务也类似：调用 `nodetodo task-rm <uid> <tid>`。唯一的不同是项目是通过分区键和排序键来识别的，并且表的名称也需要修改。具体实现如代码清单 13-10 所示。

代码清单 13-10　nodetodo：删除一个任务（index.js）

```
if (input['task-rm'] === true) {
  const params = {
    Key: {
      uid: {S: input['<uid>']},
      tid: {N: input['<tid>']}      ◁—— 用分区键和排序键标识一个项目
    },
    TableName: 'todo-task'          ◁—— 指定任务表
  };
  db.deleteItem(params, (err) => {
    if (err) {
      console.error('error', err);
    } else {
      console.log('task removed');
    }
  });
}
```

现在你学会了创建、读取和删除 DynamoDB 中的项目，还不了解的操作就是更新数据。

13.8　修改数据

更新项目可以使用 updateItem 操作。你必须通过其主键来标识你想要更新的项目，你也可以提供一个 UpdateExpression 更新表达式来指定想要完成的更新操作。你可以使用下面的更新操作

中的一种或者两种组合。

- 使用 SET 覆盖或者创建新属性，例如 SET attr1 = :attr1val、SET attr1 = attr2 + :attr2val、SET attr1 = :attr1val, attr2 = :attr2val。
- 使用 REMOVE 删除一个属性，例如 REMOVE attr1、REMOVE attr1, attr2。

在 nodetodo 应用中，你可以使用 nodetodo task-done <uid> <tid>将一项任务标记为已完成。为了实现这个功能，你需要更新任务的项目，如代码清单 13-11 中的 Node.js 代码所示。

代码清单 13-11 nodetodo：更新任务为已完成（index.js）

```
if (input['task-done'] === true) {
  const yyyymmdd = moment().format('YYYYMMDD');
  const params = {
    Key: {
      uid: {S: input['<uid>']},          ←—— 通过分区键和排序键标识该项目
      tid: {N: input['<tid>']}
    },
    UpdateExpression: 'SET completed = :yyyymmdd',  ←—— 定义应更新哪些属性
    ExpressionAttributeValues: {
      ':yyyymmdd': {N: yyyymmdd}         ←—— 必须以这种方式传递属性值
    },
    TableName: 'todo-task'
  };
  db.updateItem(params, (err) => {       ←—— 在 DynamoDB 上调用 updateItem 操作
    if (err) {
      console.error('error', err);
    } else {
      console.log('task completed');
    }
  });
}
```

资源清理

在本节结束时别忘了删除 DynamoDB 的表。可使用 AWS 管理控制台完成删除操作。

到现在，你已实现了 nodetodo 的所有功能。

13.9 扩展容量

在创建 DynamoDB 的表或者全局辅助索引时，必须配置吞吐量。吞吐量分为读容量和写容量。DynamoDB 使用 ReadCapacityUnits 和 WriteCapacityUnits 来分别指定表或者全局辅助索引的吞吐量。但是，如何定义容量单元呢？

13.9.1 容量单元

为了理解容量单元，我们先通过 CLI 来体验一下：

```
$ aws dynamodb get-item --table-name todo-user \
➥ --key '{"uid": {"S": "michael"}}' \
➥ --return-consumed-capacity TOTAL \          ◁──── 告诉 DynamoDB 返回已用容量单元
➥ --query "ConsumedCapacity"
{
    "CapacityUnits": 0.5,    ◁──── getItem 操作需要 0.5 个容量单元
    "TableName": "todo-user"
}

$ aws dynamodb get-item --table-name todo-user \
➥ --key '{"uid": {"S": "michael"}}' \
➥ --consistent-read --return-consumed-capacity TOTAL \   ◁──── 一致读
➥ --query "ConsumedCapacity"
{
    "CapacityUnits": 1.0,    ◁──── 需要两倍的容量单元
    "TableName": "todo-user"
}
```

下面是关于吞吐量消耗的更多抽象规则。

■ 最终一致读的容量是强一致读的容量的一半。

■ 如果项目大小不超过 4 KB，则强一致的 getItem 操作需要一个读容量单元。如果项目大小超过 4 KB，则需要额外的读容量单元。可以使用 roundUP(itemSize / 4) 计算需要的读容量单元。

■ 每 4 KB 项目大小的强一致的 query 需要一个读容量单元。这意味着，如果查询返回 10 个项目，每个项目大小为 2 KB，则项目的总的大小为 20 KB，需要 5 个读容量单元。这与 10 个 getItem 操作形成对比，getItem 操作将使用 10 个读容量单元。

■ 每 1 KB 的项目大小的写操作需要一个写容量单元。如果项目超过 1 KB，则可以使用 roundUP(itemSize) 计算需要的写容量单元。

如果你不熟悉容量单元的概念，可以使用 AWS 简单月度计算器，利用读写负载的详细信息来计算所需的容量。

表和全局辅助索引的配置吞吐量以秒为单位。如果用 ReadCapacityUnits=5 设置每秒 5 个读容量单元，只要项目大小不超过 4 KB，每秒就可以对该表发出 5 次强一致的 getItem 请求。如果你发出的请求比已配置的请求多，DynamoDB 会先限制你的请求。如果你发出的请求比已配置的请求多太多，DynamoDB 会拒绝你的请求。

监控所需的读容量单元和写容量单元很重要。幸运的是，DynamoDB 每分钟会向 CloudWatch 发送一些有用的指标。要查看这些指标，打开 AWS 管理控制台，切换到 DynamoDB 服务，然后选择其中一个表❶并点击 "Metrics" 选项卡❷。图 13-5 展示了 todo-user 表的

CloudWatch 指标。

需要的时候，你随时可以增加配置吞吐量，但是你每天（UTC 时间的一天）只能减少表的吞吐量 4~9 次。因此，你可能需要在一天中的某些时候多配置一些表的吞吐量。

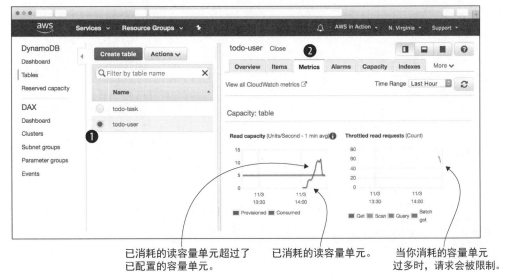

已消耗的读容量单元超过了
已配置的容量单元。

已消耗的读容量单元。

当你消耗的容量单元
过多时，请求会被限制。

图 13-5　监控 DynamoDB 表的已配置的容量单元和已消耗的容量单元

减少吞吐量的限制

通常，一天（UTC 时间的一天）只允许减少表的吞吐量 4 次。此外，即使你已经用完了 4 次，只要在最后一次发生 4 小时之后，还可以减少吞吐量。

从理论上讲，你最多可以每天减少表的吞吐量 9 次。当一天的第 1 个小时吞吐量减少 4 次时，你在第 5 小时会得到一次额外的减少吞吐量的机会。接着，在第 5 个小时的吞吐量减少之后，在第 11 个小时得到一次额外的减少吞吐量的机会是可能的，以此类推。

13.9.2　自动扩展

你可以根据数据库的负载调整 DynamoDB 表和全局辅助索引的容量。如果你的应用层自动扩展，那么扩展数据库也是一个好主意，否则你的数据库将成为瓶颈。用于实现此功能的服务称为应用自动扩展（Application Auto Scaling）。以下 CloudFormation 代码段显示了如何定义自动扩展规则：

```
# [...]
RoleScaling:
  Type: 'AWS::IAM::Role'      ←—— 需要 IAM 角色才能允许 AWS 调整你的表
  Properties:
```

```
    AssumeRolePolicyDocument:
      Version: 2012-10-17
      Statement:
      - Effect: Allow
        Principal:
          Service: 'application-autoscaling.a*******s.com'
        Action: 'sts:AssumeRole'
    Policies:
    - PolicyName: scaling
      PolicyDocument:
        Version: '2012-10-17'
        Statement:
        - Effect: Allow
          Action:
          - 'dynamodb:DescribeTable'
          - 'dynamodb:UpdateTable'
          - 'cloudwatch:PutMetricAlarm'
          - 'cloudwatch:DescribeAlarms'
          - 'cloudwatch:DeleteAlarms'
          Resource: '*'
TableWriteScalableTarget:
  Type: 'AWS::ApplicationAutoScaling::ScalableTarget'
  Properties:
    MaxCapacity: 20        ◁────  不多于 20 个容量单元
    MinCapacity: 5     ◁──── 不少于 5 个容量单元
    ResourceId: 'table/todo-user'              ◁──── 引用 DynamoDB 表
    RoleARN: !GetAtt 'RoleScaling.Arn'
    ScalableDimension: 'dynamodb:table:WriteCapacityUnits'    ◁
    ServiceNamespace: dynamodb                           比例是写容量单元, 你也可以选择
TableWriteScalingPolicy:                                 dynamodb:table:ReadCapacityUnits
  Type: 'AWS::ApplicationAutoScaling::ScalingPolicy'
  Properties:
    PolicyName: TableWriteScalingPolicy
    PolicyType: TargetTrackingScaling
    ScalingTargetId: !Ref TableWriteScalableTarget
    TargetTrackingScalingPolicyConfiguration:
      TargetValue: 50.0     ◁──── 调整容量以达到 50%的目标利用率
      ScaleInCooldown: 600  ◁──── 两次缩小之间至少等待 600 秒（容量减少）
      ScaleOutCooldown: 60                              ◁
      PredefinedMetricSpecification:                       两次增大之间至少等待
        PredefinedMetricType: DynamoDBWriteCapacityUtilization   60 秒（容量增加）
```

　　为了帮助你探索 DynamoDB 自动扩展，我们创建了一个 CloudFormation 模板（位于本书配套资源的/chapter13/tables.yaml）。通过点击 AWS 管理控制台的 CloudFormation Quick-Create 链接，基于该模板创建栈，它将创建 nodetodo 应用所需的表，包括自动扩展。

　　图 13-6 展示了自动扩展的实际操作。在 18:10，容量不再够用，因此容量在 18:30 自动增加。

　　可将扩展的数据库知识与第 17 章中扩展一组 EC2 实例的内容相结合。DynamoDB 是 AWS 上唯一随负载增大或缩小的数据库。

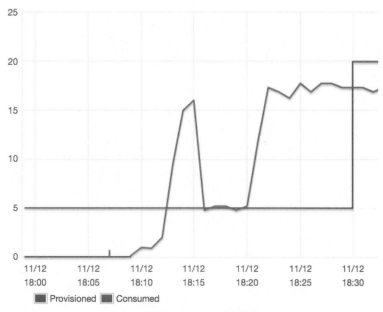

图 13-6 DynamoDB 读容量自动扩展

资源清理

在本节结束时别忘了删除 CloudFormation 栈 nodetodo。可使用 AWS 管理控制台完成删除操作。

13.10 小结

- DynamoDB 是一个 NoSQL 数据库服务，它可以消除你的所有操作负担，可以很好地扩展，并且可以按很多方式用作应用的后端存储。
- 在 DynamoDB 中查找数据是基于键的。只有在知道确切的键的情况下才能查找一个分区键。但是 DynamoDB 还支持使用分区键和排序键，它将分区键的功能与已排序的另一个键相结合，并且支持范围查询。
- 你可以强制执行强一致读，以避免遇到陈旧数据的最终一致性问题。但是从全局辅助索引读总是最终一致的。
- DynamoDB 不支持 SQL。相反，你必须使用 SDK 与应用中的 DynamoDB 通信。这也意味着，你无法在不编写代码的情况下使用现有的应用与 DynamoDB 一起运行。
- 如果要为表和索引配置足够的容量单元，则监控已消耗的读容量或写容量非常重要。
- DynamoDB 按每 GB 存储空间和每个已配置的读容量单元或写容量单元收费。
- 可以使用 query 操作来查询主键或者辅助索引。
- scan 操作很灵活但是效率不高，不应太频繁地使用。

第四部分

在 AWS 上搭架构

亚马逊公司的 CTO 沃纳·福格尔斯（Werner Vogels）经常被引用的一句名言是："任何事物在任何时刻都可能出现故障。"AWS 没有试图提供一个不可攻破的系统（这是一个高不可攀的目标），而是为应对故障做计划。

- 硬盘会出现故障，因此 S3 服务将数据存储在多个硬盘上，以防止数据丢失。
- 计算硬件会发生故障，因此必要时虚拟机可以在另一台服务器上自动重启。
- 数据中心可能会出现故障，因此每个区域有多个数据中心可以并行使用或按需使用。

IT 基础设施和应用的中断会导致信任和资金的损失，是业务的主要风险。你将了解如何通过使用正确的工具和架构来防止 AWS 应用的中断。

一些 AWS 服务默认在后台处理故障。对于某些服务，可按需响应故障场景。但有些服务本身并不处理故障，而是提供计划和应对故障的可能性。下表展示了最重要的服务及其故障处理的方法。

服务类别	描述	示例
容错	服务无须停机就可以从故障中自动恢复	S3（对象存储）、DynamoDB（NoSQL 数据库）、Route 53（DNS）
高可用	服务只需一个短暂的停机时间就可以从某些故障中自动恢复	RDS（关系数据库）、EBS（网络存储）
手动故障处理	默认情况下，服务不会从故障中恢复，但它提供了在其上构建高可用基础设施的工具	EC2（虚拟机）

为应对故障进行设计是 AWS 的一个基本原则。另一个原则是充分利用云计算的弹性。你还将学习如何基于当前的工作负载增加虚拟机数量。这将使你能够为 AWS 搭建可靠的系统结构。

第 14 章为不因丢失单个服务器或整个数据中心的风险而受影响奠定基础。你将学习如何在同一数据中心或其他数据中心恢复单个 EC2 实例。

　　第 15 章介绍解耦系统的概念以提高系统可靠性。你将学习如何在 AWS 负载均衡器的帮助下使用同步解耦。你还将了解使用 Amazon SQS（一个分布式队列服务）实现异步解耦来建立一个容错系统。

　　第 16 章利用很多到目前为止已经介绍过的服务来构建一个容错应用。你将学习基于 EC2 实例设计一个容错的（默认情况下是不容错的）Web 应用所需的一切。

　　第 17 章是关于弹性的，你将学习如何根据计划或系统当前的负载来扩展容量。

第14章 实现高可用性：可用区、自动扩展以及 CloudWatch

本章主要内容

- 用 CloudWatch 警报恢复出现故障的虚拟机
- 了解 AWS 区域中的可用区
- 用自动扩展来保证虚拟机一直运行
- 分析灾难恢复的必要条件

想象一下，如果你经营一家网店。在夜间，运行虚拟机的硬件出现故障，直到你第二天早上上班，你的用户才能再访问你的网店。在这约 8 小时停机期间，你的用户会选择其他网店，并停止在你的网店购买商品。这对任何企业来说都是灾难。现在想象一下，如果网店是高可用的会是怎样的情况。在硬件发生故障后几分钟内，无须人工干预，系统就在新硬件上重新启动从而恢复，你的网店重新上线，你的用户可以继续在你的网店购物。在本章中，我们将介绍如何基于 EC2 实例搭建一个高可用的架构。

在默认情况下，虚拟机不是高可用的。下面的场景中你的虚拟机可能会中断。

- 软件问题导致虚拟机的操作系统发生故障。
- 主机上出现软件问题，导致虚拟机崩溃（要么是主机的操作系统崩溃，要么是虚拟化层崩溃）。
- 物理主机的计算、存储或者网络等硬件出现故障。
- 虚拟机所依赖的数据中心的网络连接、供电或者制冷系统等出现故障。

如果物理主机的计算硬件出现故障，则运行在该主机上的所有 EC2 实例都会出现故障。如果你在一台受故障影响的虚拟机上运行自己的应用，那么这个应用也将出现故障，无法正常运行，直到有人（或许是你自己）在另一台物理主机上启动一个新虚拟机。为了避免停机造成损失，你应该启用自动恢复或者使用多台虚拟机。

示例都包含在免费套餐中

本章中的示例都包含在免费套餐中。只要不是运行这些示例好几天，就不需要支付任何费用。记住，这仅适用于本书读者为学习本书刚刚创建的全新 AWS 账户，并且在这个 AWS 账户中没有任何活动记录。尽量在几天的时间里完成本章中的示例，并在每个示例完成后务必清理账户。

高可用性通常被描述为系统的运行几乎没有停机时间。即使发生故障，系统也能够在大部分时间（例如一年内 99.99% 的时间）提供服务。尽管从故障中恢复可能需要短暂的中断，但这个过程不需要人工干预。哈佛大学研究团队（Harvard Research Group，HRG）使用 AEC-2 分类法对高可用性做出了定义，要求一年内的正常运行时间为 99.99%，或者每年停机时间不超过 52 分钟 35.7 秒。如果你按照本章其余部分中的说明操作，就可以利用 EC2 实例实现 99.99% 的正常运行时间。

高可用性与容错

一个高可用系统可以在较短的停机时间内自动从故障中恢复。相比之下，容错系统要求系统在一个组件发生故障时仍能不中断地提供服务。第 16 章将展示如何构建一个容错系统。

AWS 提供了基于 EC2 实例构建高可用系统的工具。

- 利用 CloudWatch 监控虚拟机的健康状况，并在需要时自动触发恢复。
- 通过一个区域内的多组隔离的数据中心（在 AWS 称作可用区）搭建高可用的基础设施。
- 使用自动扩展来保证一定数量的虚拟机一直运行，并自动替换出现故障的实例。

14.1　用 CloudWatch 从 EC2 实例故障中恢复

AWS 的 EC2 服务会自动检查每个虚拟机的状态。这种系统状态检查每分钟执行一次，结果以 CloudWatch 指标的形式提供。

AWS CloudWatch

AWS CloudWatch 是一个提供 AWS 资源的指标、事件、日志和警报的服务。我们在第 7 章中使用 CloudWatch 监控 Lambda 函数，在第 11 章中使用 CloudWatch 洞察关系数据库实例的当前负载。

系统状态检查会检测网络连接或电源中断，以及物理主机上的软件或硬件问题。AWS 需要通过系统状态检查修复检测到的故障。解决此类故障的一种可能策略是将出现故障的虚拟机移到另一台物理主机。

图 14-1 展示了避免中断影响虚拟机的过程。

（1）物理硬件出现故障导致 EC2 实例也出现故障。

（2）EC2 服务检测到中断并将故障报告给 CloudWatch 指标。

（3）CloudWatch 警报触发对虚拟机的恢复。

（4）在另一台物理主机上启动这个 EC2 实例。

（5）EBS 卷和弹性 IP 地址保持不变，并连接到新的 EC2 实例。

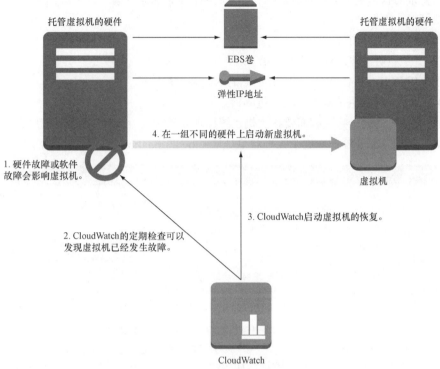

图 14-1　在硬件故障的情况下，CloudWatch 触发对 EC2 实例的恢复

完成恢复以后，新的 EC2 实例以相同的 ID 和私有 IP 地址运行。在网络附加 EBS 卷上的数据也是可用的。因为 EBS 卷保持不变，所以数据不会丢失。具有本地磁盘（实例存储）的 EC2 实例不支持这一过程。

如果原有的 EC2 实例连接到弹性 IP 地址，新的 EC2 实例也会连接到相同的弹性 IP 地址。

恢复 EC2 实例的必要条件

想要使用恢复功能，EC2 实例必须满足下列条件。

- 它必须运行在一个 VPC 网络。
- 实例系列必须是 C3、C4、C5、M3、M4、M5、R3、R4、T2 或 X1。不支持其他的实例系列。
- EC2 实例只能使用 EBS 卷，因为这样可以保证在实例恢复以后实例存储上的数据不会丢失。

14.1.1　创建 CloudWatch 警报来在状态检查失败时触发恢复

一个 CloudWatch 警报由以下部分组成。

- 一组监控数据的指标（健康状况检查、CPU 利用率等）。

- 一条根据一段时间内的统计函数定义阈值的规则。
- 当警报的状态发生变化时触发的动作（例如，警报状态变为 ALARM，就触发 EC2 实例的恢复）。

下列状态对警报可用。

- OK——一切正常，尚未达到阈值。
- INSUFFICIENT_DATA——没有足够的数据来评估警报。
- ALARM——发生了故障，已超过阈值。

要监控虚拟机的健康状况和需要在主机系统出现故障时进行恢复，你可以使用类似代码清单 14-1 所示的 CloudWatch 警报。这个代码清单是从 CloudFormation 模板中摘录出来的。

代码清单 14-1　创建一个 CloudWatch 警报来监控一个 EC2 实例的健康状况

```
# [...]
RecoveryAlarm:        ←  创建一个 CloudWatch 警报
                         来监控虚拟机的健康状况
  Type: 'AWS::CloudWatch::Alarm'
  Properties: {                      要监控的指标由具有
                                     命名空间 AWS/EC2 的
    AlarmDescription: 'Recover EC2 instance ...'   EC2 服务提供
    Namespace: 'AWS/EC2'
    MetricName: 'StatusCheckFailed_System'  ←  指标名称   用于检测指标的统计函数
    Statistic: Maximum
    Period: 60        ←  应用统计函数的持续时间，以秒为单位，必须是 60 的倍数
    EvaluationPeriods: 5      ←  用于将数据与阈值进行比较的周期数
    ComparisonOperator: GreaterThanThreshold  ←  将统计函数的输出结果与
    Threshold: 0   ←  阈值触发警报              阈值进行比较的操作
    AlarmActions:         ←  发生警报时采取的操作。对 EC2 实例使用预先定义好的恢复操作
    - !Sub 'arn:aws:automate:${AWS::Region}:ec2:recover'
    Dimensions:    ←
    - Name: InstanceId       虚拟机是指标的一个维度
      Value: !Ref VM
```

代码清单 14-1 根据名为 StatusCheckFailed_System 的指标（通过 MetricName 属性连接）创建一个 CloudWatch 警报。该指标包含由 EC2 服务每分钟完成的系统状态检查的结果。如果检查失败，一个具有数值 1 的测量点被添加到 StatusCheckFailed_System 指标中。因为 EC2 服务发布该指标，因此命名空间 Namespace 为 AWS/EC2，指标的 Dimension 是虚拟机的 ID。

CloudWatch 警报每 60 秒检查一次指标，该值由 Period 属性定义。正如在 Evaluation Periods 中定义的那样，警报会检查最后 5 个周期的状态，在本例中为最后 5 分钟。该检查在这几个周期内运行 Statistic 中指定的统计函数。使用所选的 ComparisonOperator 将统计函数（在本例中是最大值函数[①]）的结果与 Threshold 进行比较。如果结果为负，则执行 AlarmActions 中定义的警报动作，在本例中，警报动作是恢复虚拟机——EC2 实例的内置动作。

[①] 原书此处为最小函数，但根据代码清单 14-1，本例中使用的是最大值函数，不是最小值函数。——译者注

总之，AWS 每分钟检查一次虚拟机的状态。这些检查的结果被写入 StatusCheckFailed_System 指标。警报检查此指标，如果连续 5 次检查失败，就触发警报。

14.1.2　根据 CloudWatch 警报监控和恢复虚拟机

假如你的团队正在采用敏捷开发过程。为了加速这个过程，你的团队决定采用自动化测试、构建和部署。于是，你被要求搭建一个持续集成（CI）服务器。你为此选择使用 Jenkins，这是一个用 Java 编写的开源应用，它运行在 servlet 容器（如 Apache Tomcat）上。因为你使用基础设施即代码，所以你打算使用 Jenkins 将更改部署到自己的基础设施上。

Jenkins 服务器是一个典型的有高可用性设置的案例。它是基础设施中非常重要的组成部分，因为如果 Jenkins 遭受停机，你的同事将无法测试和部署新软件。但是，在自动恢复故障的情况下，停机时间很短，不会对你的业务造成太大影响，因此你并不需要一个容错的系统。Jenkins 只是一个例子。你可以将相同的原则应用于任何其他你可以容忍很短的停机时间但可自动从硬件故障中恢复的应用。例如，我们使用相同的方法来创建 FTP 服务器和 VPN 服务器。

在这个示例中，你将执行以下操作。

（1）在云中创建一个虚拟网络（VPC）。

（2）在 VPC 中启动一台虚拟机，并在启动期间自动安装 Jenkins。

（3）创建一个 CloudWatch 警报来监控虚拟机的健康状况。

我们将指导你借助 CloudFormation 模板完成这些步骤。

本例的 CloudFormation 模板可以在本书配套代码中找到。这里介绍的文件位于/chapter14/recovery.yaml。

下面的命令用于创建一个 CloudFormation 模板，该模板用 CloudWatch 警报启动新 EC2 实例，该警报会在虚拟机出现故障时触发恢复。用由 8～40 个字符组成的密码替换$Password。该模板在启动虚拟机时自动安装一个 Jenkins 服务器：

```
$ aws cloudformation create-stack --stack-name jenkins-recovery \
➥ --template-url [本书代码库]/chapter14/recovery.yaml\
➥ --parameters ParameterKey=JenkinsAdminPassword,ParameterValue=$Password
```

CloudFormation 模板包含了专用网络和安全配置的定义。但该模板重要的部分是下面这些。

■　虚拟机具有用户数据，其中包含在启动期间安装 Jenkins 服务器的 Bash 脚本。

■　给 EC2 实例分配的公有 IP 地址，以便在恢复后，你可以使用与以前相同的公有 IP 地址访问新实例。

■　基于 EC2 服务发布的系统状态指标的 Cloud Watch 警报。

代码清单 14-2 展示了 CloudFormation 模板的重要的部分。

代码清单 14-2 利用恢复警报启动运行 Jenkins CI 服务器的 EC2 实例

```
# [...]
ElasticIP:                          ◁────── 使用弹性 IP 地址时公有 IP
  Type: 'AWS::EC2::EIP'                     地址会在恢复后保持不变
  Properties:
    InstanceId: !Ref VM
    Domain: vpc
  DependsOn: GatewayToInternet
VM:                       ◁────── 启动一个虚拟机来运行 Jenkins 服务器
  Type: 'AWS::EC2::Instance'
  Properties:
    ImageID: 'ami-6057e21a'    ◁────── 选择 AMI（在本例中是 Amazon Linux）
    InstanceType: 't2.micro'   ◁────── t2 实例类型支持恢复
    KeyName: mykey
    NetworkInterfaces:
    - AssociatePublicIpAddress: true
      DeleteOnTermination: true
      DeviceIndex: 0
      GroupSet:                          用户数据，包含在启动期间被执行的
      - !Ref SecurityGroup               shell 脚本，这个脚本用来安装 Jenkins
      SubnetId: !Ref Subnet              服务器
    UserData:                      ◁──────
      'Fn::Base64': !Sub |
        #!/bin/bash -x
        bash -ex << "TRY"                                      下载并安装
          wget -q -T 60 https://.../jenkins-1.616-1.1.noarch.rpm ◁── Jenkins
          rpm --install jenkins-1.616-1.1.noarch.rpm
          # configure Jenkins [...]
          service jenkins start    ◁────── 启动 Jenkins
        TRY
        /opt/aws/bin/cfn-signal -e $? --stack ${AWS::StackName} \
➤ --resource VM --region ${AWS::Region}
      # [...]
RecoveryAlarm:
  Type: 'AWS::CloudWatch::Alarm' ◁── 创建一个 CloudWatch 警报来监控虚拟机的健康状况
  Properties:
    AlarmDescription: 'Recover EC2 instance ...'
    Namespace: 'AWS/EC2'    ◁────── 要监控的指标由命名空间为 AWS/EC2 的 EC2 服务提供
    MetricName: 'StatusCheckFailed_System'    ◁────── 指标名称
    Statistic: Maximum ◁────── 用于检测指标的统计函数。如果单个
    Period: 60                   状态检测失败，最低限度是会通知你
    EvaluationPeriods: 5                                   将数据与阈值进
    ComparisonOperator: GreaterThanThreshold ◁──          行比较的周期数
    Threshold: 0   ◁────── 触发警报的阈值     用于将统计函数的
    AlarmActions:                            输出与阈值进行比
    - !Sub 'arn:aws:automate:${AWS::Region}:ec2:recover'  较的运算符
    Dimensions:
    - Name: InstanceId   ◁────── 虚拟机是指标的一个维度    发生警报时采取的操作。对 EC2
      Value: !Ref VM                                        实例使用预先定义好的恢复操作
```

应用统计
函数的持
续时间，以
秒为单位，
必须是 60
的倍数

创建 CloudFormation 栈和在虚拟机上安装 Jenkins 需要几分钟的时间。执行下面的命令可以
得到栈的输出。如果输出为空，可以在几分钟后重试：

```
$ aws cloudformation describe-stacks --stack-name jenkins-recovery \
➡ --query "Stacks[0].Outputs"
```

如果该查询返回的输出包含一个 URL、一个用户和一个密码，则表示栈已创建好了，并且 Jenkins 服务器准备好使用了。如果在创建栈期间需要更多信息，建议使用 CloudFormation 管理控制台。在浏览器中打开其 URL，用用户名 admin 和之前你设置的密码登录 Jenkins 服务器：

```
[
  {
    "Description": "URL to access web interface of Jenkins server.",
    "OutputKey": "JenkinsURL",
    "OutputValue": "http://54.152.240.91:8080"   ◁──── 在浏览器中打开这个 URL，访问
  },                                                    Jenkins 服务器的 Web 界面
  {
    "Description": "Administrator user for Jenkins.",
    "OutputKey": "User",
    "OutputValue": "admin"   ◁──── 使用这个用户名登录 Jenkins 服务器
  },
  {
    "Description": "Password for Jenkins administrator user.",
    "OutputKey": "Password",
    "OutputValue": "********"   ◁──── 使用这个密码登录 Jenkins 服务器
  }
]
```

现在你已准备好在 Jenkins 服务器上创建自己的第一个构建作业。为此，你必须使用上一个输出中的用户名和密码登录。图 14-2 展示了 Jenkins 服务器的登录界面。

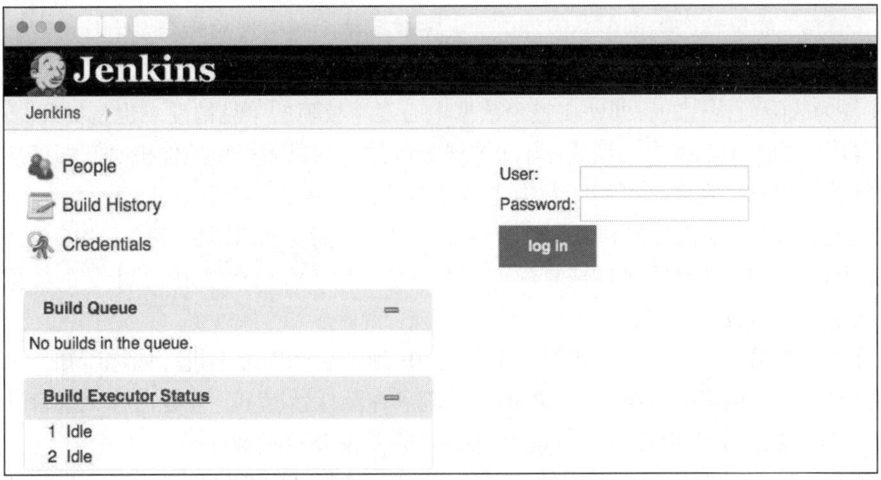

图 14-2　Jenkins 服务器的 Web 界面

登录后，你可以按照以下步骤创建第一个作业。

（1）点击左侧导航栏中的 "New Item"。

（2）输入 "AWS in Action" 作为新作业的名称。

（3）选择 "Freestyle Project" 作为作业类型，然后点击 "OK" 保存该作业。

Jenkins 服务器运行在具有自动恢复功能的虚拟机上。如果虚拟机因主机系统引发的问题出现故障，它将使用所有数据和相同的公有 IP 地址恢复。因为你正在为虚拟机使用弹性 IP 地址，所以 URL 不会变。因为新虚拟机与先前的虚拟机使用同一 EBS 卷，所以所有数据都可被恢复，以便你可以再次找到 AWS in Action 作业。

遗憾的是，你无法测试其恢复的过程。CloudWatch 警报监控主机系统的健康状况，但这只能由 AWS 控制。

资源清理

现在你已经完成了这个实例，是时候清理资源以避免产生不必要的费用。执行下面的命令删除与 Jenkins 设置相关的所有资源：

```
$ aws cloudformation delete-stack --stack-name jenkins-recovery
$ aws cloudformation wait stack-delete-complete\
➥ --stack-name jenkins-recovery    ◀──── 等待，直到栈被删除
```

14.2　从数据中心中断中恢复

如 14.1 节所述，底层软件或硬件故障之后，使用系统状态检查和 CloudWatch 恢复 EC2 实例是可能的。但是，如果整个数据中心因停电、火灾或其他问题出现故障会发生什么呢？正如 14.1 节描述的，恢复虚拟机将会失败，因为它试图在同一数据中心启动 EC2 实例。

AWS 是为故障而构建的，即使在整个数据中心发生故障的罕见情况下也是如此。AWS 区域由分组到可用区的多个数据中心组成。自动扩展会帮你启动只需很短的停机时间即可从数据中心中断中恢复的虚拟机。在多个可用区上构建高可用设置时有以下两个隐患。

（1）在默认情况下，故障转移到另一个可用区后，存储在网络附加存储（EBS 卷）上的数据将不可用。因此，在可用区重新被恢复前，你无法访问你（存储在 EBS 卷上）的数据（当然，在这种情况下你的数据并不会丢失）。

（2）你无法在另一个可用区中用同一个私有 IP 地址启动新虚拟机。如你所知，子网绑定到可用区，并且每个子网都具有唯一的 IP 地址范围。在默认情况下，恢复后你无法自动持有相同的公有 IP 地址，14.1 节中用 CloudWatch 警报触发恢复就是这种情况。

在本节中，我们将改进 14.1 节中的 Jenkins 设置，增加从整个可用区中断中恢复和解决隐患的能力。

14.2.1　可用区：一组独立的数据中心

如你所知，AWS 在全球多个地点（称为区域）运营。如果到目前为止你一直在跟进示例，你已经使用了美国东部（弗吉尼亚州北部）区域，也称为 us-east-1。

每个区域由多个可用区组成。你可以将可用区视为一组独立的数据中心，将区域视为由相距足够远的多个可用区组成的地域。例如，us-east-1 区域由 6 个可用区（从 us-east-1a 到 us-east-1f）组成。us-east-1a 可能是一个数据中心，也可能是多个数据中心，但我们其实并不知道，因为 AWS 没有公开其数据中心的信息。因此，从 AWS 用户的角度来看，你只需知道区域和可用区。

可用区是通过低延迟链路连接的，因此不同可用区之间的请求延迟并不会像互联网请求那样高。可用区内的延迟（例如从一个 EC2 实例到位于同一子网中的另一个 EC2 实例）比跨可用区的延迟低。可用区的数量取决于区域。大多数区域都有 3 个或 3 个以上可用区。选择区域时要记住 AWS 也只有两个可用区的区域。如果你想运行一个依赖共识决策的分布式系统，这可能会成为一个问题。图 14-3 说明了一个区域内可用区的概念。

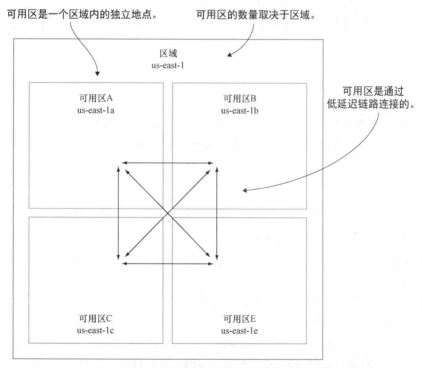

图 14-3　一个区域由多个通过低延迟链路相连的可用区组成

有些 AWS 服务默认是高可用的，甚至是容错的，还有些服务提供构建块以实现高可用的架构。你可以使用多个可用区甚至多个区域来构建一个高可用的架构，如图 14-4 所示。

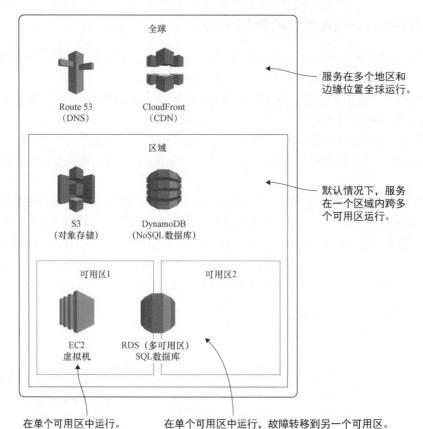

图 14-4　AWS 服务可以在单个可用区中运行、在一个区域内跨多个可用区运行，
甚至可以在全球运行

- 有些服务在全球多个区域运营，如 Route 53（DNS）和 CloudFront（CDN）。
- 有些服务使用一个区域内的多个可用区，以便可以从可用区中断中恢复，如 S3（对象存储）和 DynamoDB（NoSQL 数据库）。
- RDS 提供了部署主备用设置（称为多可用区部署）的能力。必要时可以以很短的停机时间故障转移到另一个可用区。
- 虚拟机运行在单个可用区中。但是 AWS 提供了一些工具基于 EC2 实例搭建架构，可以故障转移到另一个可用区。

可用区的标识符由区域的标识符（如 us-east-1）和一个字母（a、b、c……）组成。us-east-1a 是 us-east-1 区域内可用区的标识符。要跨不同的可用区分配资源，会为每个 AWS 账户随机生成可用区的标识符，这就意味着，在你的 AWS 账户中的 us-east-1a 与我们的 AWS 账户中的 us-east-1a 指向不同的可用区。

你可以用下面的命令查看在自己的 AWS 账户中的所有区域：

```
$ aws ec2 describe-regions
{
    "Regions": [
        {
            "Endpoint": "ec2.ap-south-1.a*******s.com",
            "RegionName": "ap-south-1"
        },
        {
            "Endpoint": "ec2.eu-west-2.a*******s.com",
            "RegionName": "eu-west-2"
        },
        {
            "Endpoint": "ec2.eu-west-1.a*******s.com",
            "RegionName": "eu-west-1"
        },
        [...]
        {
            "Endpoint": "ec2.us-west-2.a*******s.com",
            "RegionName": "us-west-2"
        }
    ]
}
```

要列出每个区域中所有的可用区，可以执行下面的命令，并在命令行中用上一条命令中的 RegionName 替换$Region：

```
$ aws ec2 describe-availability-zones --region $Region
{
    "AvailabilityZones": [
        {
            "State": "available",
            "ZoneName": "us-east-1a",
            "Messages": [],
            "RegionName": "us-east-1"
        },
        {
            "State": "available",
            "ZoneName": "us-east-1b",
            "Messages": [],
            "RegionName": "us-east-1"
        },
        [...]
        {
            "State": "available",
            "ZoneName": "us-east-1f",
            "Messages": [],
            "RegionName": "us-east-1"
        }
    ]
}
```

在你开始基于具有故障转移到多个可用区的 EC2 实例创建高可用架构之前，还有一些知识是需要了解的。如果你在 VPC 服务的帮助下在 AWS 中定义一个专用网络，则需要了解以下内容。

- VPC 总是绑定到一个区域。
- VPC 内的一个子网连接到一个可用区。
- 虚拟机被启动到单个子网中。

图 14-5 说明了这些依赖关系。

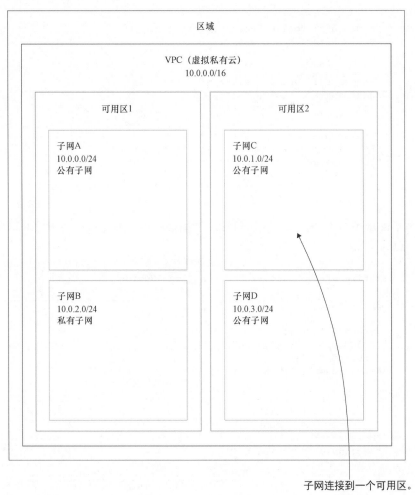

图 14-5　VPC 只绑定到一个区域，子网只链接到一个可用区

接下来，你将学习如何启动在发生故障时将在另一个可用区域中自动重启的虚拟机。

14.2.2　用自动扩展确保 EC2 实例一直运行

自动扩展是 EC2 服务的一部分，可以帮你确保即使在可用区不可用的情况下指定数量的 EC2 实例一直运行。你可以使用自动扩展来启动一台虚拟机，并确保在原始实例出现故障时可以启动新实例。你可以使用自动扩展在多个子网中启动虚拟机。因此，万一整个可用区中断，就可以在另一个可用区的另一个子网中启动新实例。

要配置自动扩展，需要创建配置的以下两个部分。

- 启动配置包含启动 EC2 实例所需的所有信息，如实例类型（虚拟机的大小）和启动所需的映像（AMI）。
- 自动扩展组会告诉 EC2 服务按指定的启动配置应该启动多少台虚拟机，应该如何监控实例，以及 EC2 实例应该在哪个子网中启动。

图 14-6 说明了这个过程。

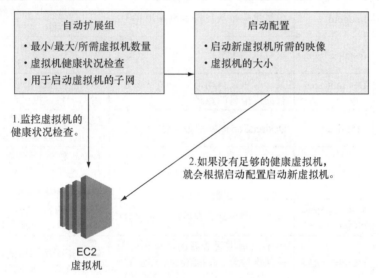

图 14-6　自动扩展确保指定数量的 EC2 实例一直运行

代码清单 14-3 展示了如何使用自动扩展来确保单个 EC2 实例一直运行。

代码清单 14-3　配置自动扩展组和启动配置

```
# [...]
LaunchConfiguration:
  Type: 'AWS::AutoScaling::LaunchConfiguration'   ◁—— 用于自动扩展的启动配置
  Properties:
    ImageId: 'ami-6057e21a'   ◁—— 选择 AMI（在本例中是 Amazon Linux）
    InstanceType: 't2.micro'   ◁—— 虚拟机的大小
    # [...]
AutoScalingGroup:                                 ◁—— 负责启动虚拟机的自动扩展组
  Type: 'AWS::AutoScaling::AutoScalingGroup'
  Properties:
    LaunchConfigurationName: !Ref LaunchConfiguration   ◁—— 链接到启动配置
    DesiredCapacity: 1   ◁—— EC2 实例的所需数量
    MinSize: 1   ◁—— EC2 实例的最小数量
    MaxSize: 1   ◁—— EC2 实例的最大数量
```

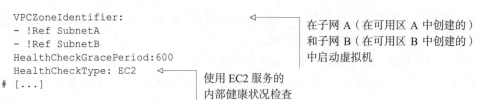

```
VPCZoneIdentifier:                          在子网 A（在可用区 A 中创建的）
- !Ref SubnetA                              和子网 B（在可用区 B 中创建的）
- !Ref SubnetB                              中启动虚拟机
HealthCheckGracePeriod:600
HealthCheckType: EC2                        使用 EC2 服务的
# [...]                                     内部健康状况检查
```

表 14-1 解释了具体的参数。

表 14-1　启动项配置和自动扩展组需要的参数

内容	属性	描述	值
LaunchConfig-uration	ImageId	虚拟机应该从其启动的 AMI 的 ID	在你的账户中可访问的任何 AMI 的 ID
LaunchConfig-uration	InstanceType	虚拟机的大小	所有可用的实例大小，如 t2.micro、m3.medium 和 c3.large
AutoScalingG-roup	DesiredCapa-city	某一时刻在自动扩展组中应该运行的虚拟机的数量	任何正整数。如果想根据启动配置启动一台虚拟机，就使用 1
AutoScalingG-roup	MinSize	DesiredCapacity 的最小值	任何正整数。如果想根据启动配置启动一台虚拟机，就使用 1
AutoScalingG-roup	MaxSize	DesiredCapacity 的最大值	任何正整数（大于等于 MinSize 值）。如果想根据启动配置启动一台虚拟机，就使用 1
AutoScalingG-roup	VPCZoneIde-ntifier	要在其中启动虚拟机的子网的 ID	来自你的账户的 VPC 的任何子网 ID。子网必须属于同一 VPC
AutoScalingG-roup	HealthCheck-Type	用于识别出现故障的虚拟机的健康状况检查。如果健康状况检查失败，则自动扩展组用新虚拟机替换该虚拟机	EC2 用于虚拟机的状态检查，ELB 用于负载均衡器的健康状况检查（见第 16 章）

如果你需要根据系统使用情况扩展虚拟机的数量，也会使用自动扩展组。在第 17 章中你将学习如何根据当前负载扩展 EC2 实例的数量。在本章中你只需确保一个虚拟机一直运行。因为你需要一个虚拟机，所以将自动扩展的下列参数设置为 1：

- DesiredCapacity；
- MinSize；
- MaxSize。

14.2.3 节将复用本章开始时介绍的 Jenkins 示例，展示在实践中如何用自动扩展实现高可用性。

14.2.3　借助自动扩展将出现故障的虚拟机恢复到另一个可用区

本章一开始就介绍了，万一发生故障，可以使用 CloudWatch 警报去触发运行 Jenkins CI

服务器的虚拟机的恢复。必要时这一机制启动一个与原始虚拟机相同的副本。这仅在同一可用区中可行，因为虚拟机的私有 IP 地址和 EBS 卷是和单个子网和单个可用区绑定的。但是，万一出现不太可能发生的可用区中断，你的团队不会满意自己无法使用 Jenkins 服务器去测试、构建和部署新软件这一事实，你会开始寻找可以让你在另一个可用区中恢复的工具。

借助自动扩展功能，故障转移到另一个可用区中变为可能。本例的 CloudFormation 模板可以在本书配套代码中找到。这里讨论的文件位于/chapter14/multiaz.yaml。

执行下面的命令创建必要时可在另一个可用区中恢复的虚拟机。用由 8～40 个字符组成的密码替换$Password。下面的命令用代码清单 14-4 所示的 CloudFormation 模板来搭建环境：

```
$ aws cloudformation create-stack --stack-name jenkins-multiaz \
➥ --template-url [本书代码库]/chapter14/multiaz.yaml \
➥ --parameters ParameterKey=JenkinsAdminPassword,ParameterValue=$Password
```

你可以在代码清单 14-4 所示的 CloudFormation 模板中找到启动配置和自动扩展组。

代码清单 14-4　通过自动扩展在两个可用区中启动 Jenkins 虚拟机

```
# [...]
LaunchConfiguration:
  Type: 'AWS::AutoScaling::LaunchConfiguration'          ← 用于自动扩展的启动配置
  Properties:
    InstanceMonitoring: false          ← 默认情况下，EC2 每 5 分钟向 CloudWatch 发送一次指标，当然你也可以通过额外付费，启动更详细的实例监控，每分钟获得指标
    ImageId: 'ami-6057e21a'            ← 选择 AMI（在本例中是 Amazon Linux）
    KeyName: mykey          ← 到虚拟机的 SSH 连接的密钥
    SecurityGroups:          ← 附加到虚拟机的安全组
    - !Ref SecurityGroup
    AssociatePublicIpAddress: true     ← 启用虚拟机的公有 IP 地址
    InstanceType: 't2.micro'           ← 虚拟机大小
    UserData:          ← 用户数据，包含在启动期间被运行的脚本，这个脚本在虚拟机上安装 Jenkins 服务器
      'Fn::Base64': !Sub |
        #!/bin/bash -x
        bash -ex << "TRY"
          wget -q -T 60 https://.../jenkins-1.616-1.1.noarch.rpm     ← 安装 Jenkins
          rpm --install jenkins-1.616-1.1.noarch.rpm
          # [...]
          service jenkins start
        TRY
        /opt/aws/bin/cfn-signal -e $? --stack ${AWS::StackName} \
➥ --resource AutoScalingGroup --region ${AWS::Region}
AutoScalingGroup:
  Type: 'AWS::AutoScaling::AutoScalingGroup'     ← 自动扩展组负责启动虚拟机
  Properties:
    LaunchConfigurationName: !Ref LaunchConfiguration     ← 链接到启动配置
    Tags:          ← 自动扩展组的标签
    - Key: Name
      Value: 'jenkins-multiaz'
      PropagateAtLaunch: true     ← 将相同的标签附加到由此自动扩展组启动的虚拟机
    DesiredCapacity: 1          ← EC2 实例的需要数量
    MinSize: 1          ← EC2 实例的最小数量
    MaxSize: 1          ← EC2 实例的最大数量
```

```
    VPCZoneIdentifier:
    - !Ref SubnetA
    - !Ref SubnetB
    HealthCheckGracePeriod: 600
    HealthCheckType: EC2
  CreationPolicy:
    ResourceSignal:
      Timeout: PT10M
```

在子网 A（在可用区 A 中创建）和子网 B
（在可用区 B 中创建）中启动虚拟机

使用 EC2 服务内部的健康状况
检查去发现虚拟机的问题

在 14.1 节中，当通过 CloudWatch 恢复警报启动单台虚拟机时，你已经使用了以下启动配置的重要的参数。

- ImageId——虚拟机的映像的 ID。
- InstanceType——虚拟机的大小。
- KeyName——SSH 密钥对的名称。
- SecurityGroupIds——指向安全组的链接。
- UserData——启动期间安装 Jenkins CI 服务器所运行的脚本。

单个 EC2 实例的定义和启动配置之间有一个重要的区别：虚拟机的子网在启动配置中没有定义，而是在自动扩展组中定义的。

创建 CloudFormation 栈需要几分钟。执行下面的命令获取虚拟机的公有 IP 地址。如果没有 IP 地址出现，说明虚拟机尚未启动，等几分钟再试一次：

```
$ aws ec2 describe-instances --filters "Name=tag:Name,\
➥ Values=jenkins-multiaz" "Name=instance-state-code,Values=16" \
➥ --query "Reservations[0].Instances[0].\
➥ [InstanceId, PublicIpAddress, PrivateIpAddress, SubnetId]"
[
  "i-0cff527cda42afbcc",          ◁—— 虚拟机的实例 ID
  "34.235.131.229",               ◁—— 虚拟机的公有 IP 地址
  "172.31.38.173",                ◁—— 虚拟机的私有 IP 地址
  "subnet-28933375"               ◁—— 虚拟机的子网 ID
]
```

通过浏览器访问 http://$PublicIP:8080，用前一条 describe-instances 命令输出的公有 IP 地址替换$PublicIP，Jenkins 服务器的 Web 界面就出现了。

执行下面的命令终止虚拟机，并测试由自动扩展触发的恢复过程。用前一条 describe-instances 命令输出的实例 ID 替换$InstanceId：

```
$ aws ec2 terminate-instances --instance-ids $InstanceId
```

几分钟后，自动扩展组会检测到虚拟机已终止并启动一台新虚拟机。重新执行 describe-instances 命令，直到输出中包含新的正在运行的虚拟机：

```
$ aws ec2 describe-instances --filters "Name=tag:Name,\
➥ Values=jenkins-multiaz" "Name=instance-state-code,Values=16" \
➥ --query "Reservations[0].Instances[0].\
➥ [InstanceId, PublicIpAddress, PrivateIpAddress, SubnetId]"
[
```

```
    "i-0293522fad287bdd4",
    "52.3.222.162",
    "172.31.37.78",
    "subnet-45b8c921"
]
```

对于新实例,实例 ID、公有 IP 地址、私有 IP 地址甚至子网 ID 都变了。通过浏览器访问 http://$ PublicIP:8080,用前一条 describe-instances 命令输出的公有 IP 地址替换$PublicIP, Jenkins 服务器的 Web 界面就出现了。

借助自动扩展,你已经构建了一个由 EC2 实例组成的高可用架构。当前设置存在下面两个问题。

- Jenkins 服务器将数据存储在磁盘上。当为了从故障中恢复启动新虚拟机时,因为创建了新磁盘, 所以数据会丢失。
- 在恢复启动新虚拟机后, Jenkins 服务器的公有 IP 地址和私有 IP 地址改变了。Jenkins 服务器在同一端点将不再可用。

接下来你将学习如何解决这些问题。

资源清理

　　为了避免产生不必要的费用, 接下来清理一下资源。执行下面的命令删除与 Jenkins 设置相关的所有资源:

```
$ aws cloudformation delete-stack --stack-name jenkins-multiaz
$ aws cloudformation wait stack-delete-complete \
➥ --stack-name jenkins-multiaz              ⟵———— 等待, 直到栈被删除
```

14.2.4　隐患: 网络附加存储恢复

　　EBS 服务为虚拟机提供了网络附加存储 (NAS)。EC2 实例连接到一个子网, 子网连接到一个可用区。EBS 卷也仅位于一个可用区中。如果你的虚拟机由于中断需在另一个可用区中启动新虚拟机,则无法从其他可用区访问 EBS 卷。假设你的 Jenkins 数据存储在可用区 us-east-1a 的 EBS 卷上,只要你在同一可用区中运行 EC2 实例, 就可以附加 EBS 卷。但是, 如果此可用区不可用, 并且你在可用区 us-east-1b 中启动了新的 EC2 实例, 则无法访问 us-east-1a 中的 EBS 卷, 这意味着你无法恢复 Jenkins,因为你无法访问到该数据。图 14-7 阐述了这个问题。

不要混淆可用性和持久性保证

　　EBS 卷保证在 99.999% 的时间内可用。因此, 万一可用区中断, 该卷就不再可用。这并不意味着你丢失了任何数据。只要可用区重新恢复, 你就可以再次访问 EBS 卷及其所有数据。

　　EBS 卷保证你在 99.9% 的时间内不会丢失任何数据。此保证称为 EBS 卷的持久性。如果你正在使用 1 000 个卷, 可能存在每年会丢失一个卷及其数据的概率。

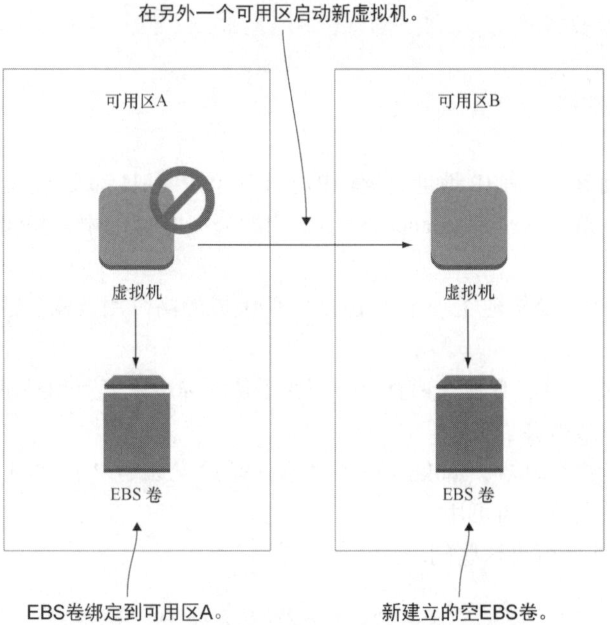

在另外一个可用区启动新虚拟机。

图 14-7　EBS 卷仅在一个可用区中可用

这个问题有以下很多种解决方案。

- 将虚拟机的状态外包给默认情况下使用多个可用区的托管服务，如 RDS、DynamoDB（NoSQL 数据库）、EFS（NFSv4.1 共享）或者 S3（对象存储）。
- 定期给 EBS 卷创建快照，如果虚拟机需要在另一个可用区中恢复就使用这些快照。因为 EBS 快照是存储在 S3 上的，所以在多个可用区中可用。如果 EBS 卷是 ECS 实例的根卷，则创建 AMI 来备份 EBS 卷而不是创建快照。
- 使用分布式第三方存储解决方案将数据存储在多个可用区中，如 GlusterFS、DRBD、MongoDB 等。

Jenkins 服务器直接将数据存储在磁盘上。要外包虚拟机的状态，你不能使用 RDS、DynamoDB 或者 S3，而是需要一个块存储解决方案。如你所知，EBS 卷只在单个可用区中可用，因此这不是解决这个问题的最佳方法。但是，你还记得第 10 章的 EFS 吗？EFS 提供块存储（通过 NFSv4.1），并在一个区域的可用区之间自动复制数据。

AWS 是一个快速发展的平台

当我们编写本书的第 1 版时，EFS 不可用。基本上没有简单的方法在多个 EC2 实例之间共享文件系统。可以想象一下，有许多客户向 AWS 抱怨这一点。亚马逊公司一直奉行客户至上，这意味着他们会认真倾听客户的意见。如果有足够多的客户需要解决方案，AWS 将统一提供解决方案。这就是为什么你应该关注每天发布的新功能。昨天很难解决的问题现在可能由 AWS 自己解决了。获取 AWS 更新的最佳渠道之一是 AWS 博客。

要将 EFS 加入 Jenkins 设置中，如代码清单 14-5 所示，你必须对 14.2.3 节中的多可用区模板进行以下 3 处修改。

（1）创建 EFS。

（2）在每个可用区中创建 EFS 安装目标。

（3）调整用户数据以安装 EFS。Jenkins 的所有数据存储在/var/lib/jenkins 目录下。

代码清单 14-5　在 EFS 上存储 Jenkins 状态

```
# [...]
FileSystem:
  Type: 'AWS::EFS::FileSystem'  ←—— 创建 EFS
  Properties: {}
MountTargetSecurityGroup:
  Type: 'AWS::EC2::SecurityGroup'  ←—— 文件系统受安全组保护
  Properties:
    GroupDescription: 'EFS Mount target'
    SecurityGroupIngress:
    - FromPort: 2049
      IpProtocol: tcp
      SourceSecurityGroupId: !Ref SecurityGroup  ←—— 仅允许来自 Jenkins EC2 实例的流量
      ToPort: 2049
    VpcId: !Ref VPC
MountTargetA:
  Type: 'AWS::EFS::MountTarget'
  Properties:
    FileSystemId: !Ref FileSystem
    SecurityGroups:
    - !Ref MountTargetSecurityGroup
    SubnetId: !Ref SubnetA  ←—— 在子网 A 中创建安装目标
MountTargetB:
  Type: 'AWS::EFS::MountTarget'
  Properties:
    FileSystemId: !Ref FileSystem
    SecurityGroups:
    - !Ref MountTargetSecurityGroup
    SubnetId: !Ref SubnetB  ←—— 在子网 B 中安装目标
# [...]
LaunchConfiguration:
Type: 'AWS::AutoScaling::LaunchConfiguration'
Properties:
  # [...]
  UserData:
    'Fn::Base64': !Sub |
      #!/bin/bash -x
      bash -ex << "TRY"                          安装 Jenkins
        wget -q -T 60 https://.../jenkins-1.616-1.1.noarch.rpm ←
        rpm --install jenkins-1.616-1.1.noarch.rpm
        while ! nc -z \
➥ ${FileSystem}.efs.${AWS::Region}.a*******s.com 2049; \
➥ do sleep 10; done  ←—— 等待 EFS 可用
        sleep 10
        echo -n "${FileSystem}.efs.${AWS::Region}.a*******s.com:/ \
```

```
➥ /var/lib/jenkins" >> /etc/fstab
       echo " nfs4 nfsvers=4.1,rsize=1048576,wsize=1048576,hard, \
➥ timeo=600,retrans=2,_netdev 0 0" >> /etc/fstab
       mount -a        ◀──── 安装 EFS
       chown jenkins:jenkins /var/lib/jenkins/
       # [...]
       service jenkins start
     TRY
     /opt/aws/bin/cfn-signal -e $? --stack ${AWS::StackName} \
➥ --resource AutoScalingGroup --region ${AWS::Region}
```

执行下面的命令创建在 EFS 上存储状态的新 Jenkins 设置。用由 8～40 个字符组成的密码替换$Password。

```
$ aws cloudformation create-stack --stack-name jenkins-multiaz-efs \
➥ --template-url [本书代码库]/chapter14/multiaz-efs.yaml \
➥ --parameters ParameterKey=JenkinsAdminPassword,ParameterValue=$Password
```

创建 CloudFormation 栈需要几分钟。执行下面的命令获取虚拟机的公有 IP 地址。如果未显示 IP 地址，则表示虚拟机尚未启动。在这种情况下，请等一下，再试一次：

```
$ aws ec2 describe-instances --filters "Name=tag:Name,\
➥ Values=jenkins-multiaz-efs" "Name=instance-state-code,Values=16" \
➥ --query "Reservations[0].Instances[0].\
➥ [InstanceId, PublicIpAddress, PrivateIpAddress, SubnetId]"
[
  "i-0efcd2f01a3e3af1d",      ◀──── 虚拟机的实例 ID
  "34.236.255.218",           ◀──── 虚拟机的公有 IP 地址
  "172.31.37.225",            ◀──── 虚拟机的私有 IP 地址
  "subnet-0997e66d"           ◀──── 虚拟机的子网 ID
]
```

通过浏览器访问 http://$PublicIP:8080，用前一条 describe-instances 命令输出的公有 IP 地址替换$PublicIP。你将看到 Jenkins 服务器的 Web 界面。

现在，按照以下步骤创建一个新的 Jenkins 作业。

（1）通过浏览器访问 http://$PublicIP:8080/newJob，用前一条 describe-instances 命令输出的公有 IP 地址替换$PublicIP。

（2）用启动 CloudFormation 模板时选择的用户名 admin 和密码登录。

（3）输入"AWS in Action"作为新作业的名字。

（4）选择"Freestyle Project"作为作业类型，然后点击"OK"保存该作业。

你对存储在 EFS 上的 Jenkins 状态进行了一些更改。现在，使用下面的命令终止 EC2 实例，你将看到 Jenkins 从故障中恢复而没有数据丢失。用前一条 describe-instances 命令输出的实例 ID 替换$InstanceId：

```
$ aws ec2 terminate-instances --instance-ids $InstanceId
```

几分钟后，自动扩展组会检测到虚拟机已终止并启动一台新虚拟机。重新执行 describe-instances

命令，直到输出中包含新的正在运行的虚拟机：

```
$ aws ec2 describe-instances --filters "Name=tag:Name,\
➥ Values=jenkins-multiaz-efs" "Name=instance-state-code,Values=16" \
➥ --query "Reservations[0].Instances[0].\
➥ [InstanceId, PublicIpAddress, PrivateIpAddress, SubnetId]"
[
    "i-07ce0865adf50cccf",
    "34.200.225.247",
    "172.31.37.199",
    "subnet-0997e66d"
]
```

对于新实例，实例 ID、公有 IP 地址、私有 IP 地址甚至子网 ID 都变了。通过浏览器访问 http://$PublicIP:8080，用前一条 describe-instances 命令输出的公有 IP 地址替换$PublicIP。你将看到 Jenkins 服务器的 Web 界面，它仍包含你最近创建的 AWS in Action 作业。

借助自动扩展，你已经构建了一个由 EC2 实例组成的高可用架构。数据存储在 EFS 上，并且在替换 EC2 实例时数据无丢失。不过，现在还有一个问题：在恢复启动新虚拟机后，Jenkins 服务器的公有 IP 地址和私有 IP 地址改变了。Jenkins 服务器在同一端点将不再可用。

资源清理

为了避免产生不必要的费用，接下来清理一下资源。执行下面的命令删除与 Jenkins 设置相关的所有资源：

```
$ aws cloudformation delete-stack --stack-name jenkins-multiaz-efs
$ aws cloudformation wait stack-delete-complete \
➥ --stack-name jenkins-multiaz-efs          ←—— 等待，直到栈被删除
```

接下来学习如何解决最后一个问题。

14.2.5 隐患：网络接口恢复

正如本章一开始描述的，在同一可用区中使用 CloudWatch 警报来恢复虚拟机是很容易的，因为私有 IP 地址和公有 IP 地址会自动保持不变。即使在故障转移后你仍可以使用这些 IP 地址作为端点去访问 EC2 实例。

当使用自动扩展从 EC2 实例或可用区中断中恢复时不能这样做。如果一个虚拟机必须在另一个可用区中启动，它必须在另一个子网中启动。因此，为新虚拟机使用相同的私有 IP 地址是不可能的，如图 14-8 所示。

在默认情况下，你也不能将弹性 IP 地址用作通过自动扩展启动的虚拟机的公有 IP 地址。但是，要求一个静态端点去接收请求是很常见的。对于 Jenkins 服务器的适用场景，开发人员希望标记 IP 地址或主机名以访问 Web 界面。在使用自动扩展为单个虚拟机构建高可用性时，提供静态端点有多种可能性。

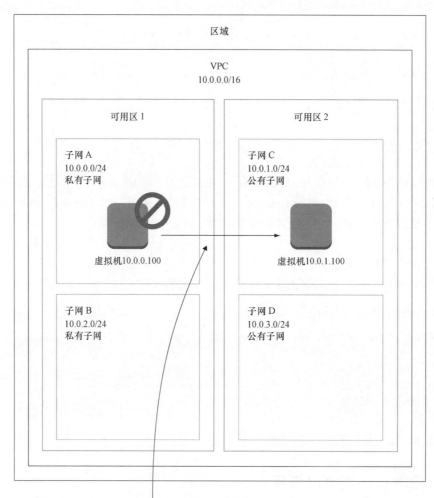

因为虚拟机在另一个子网中恢复，所以私有IP地址必须更改。

图 14-8　如果发生故障转移，虚拟机将在另一个子网中启动，并更改私有 IP 地址

- 在虚拟机启动期间分配弹性 IP 地址，并关联其公有 IP 地址。
- 创建或者更新链接到虚拟机的当前公有 IP 地址或私有 IP 地址的 DNS 条目。
- 使用 ELB 作为静态端点，将请求转发给当前虚拟机。

　　要使用第二种方案，你需要用 Route 53（DNS）服务连接到一个域。因为你需要一个注册的域名才能实现这种方案，所以我们选择跳过这种方案。在第 15 章中会介绍 ELB 解决方案，因此我们在本章中也先跳过这种解决方案。我们将专注于第一种方案：在虚拟机启动期间分配弹性 IP 地址，并关联其公有 IP 地址。

再次执行下面的命令，基于自动扩展创建 Jenkins 设置，使用弹性 IP 地址作为静态端点：

```
$ aws cloudformation create-stack --stack-name jenkins-multiaz-efs-eip \
➥ --template-url [本书代码库]/chapter14/multiaz-efs-eip.yaml \
➥ --parameters ParameterKey=JenkinsAdminPassword,ParameterValue=$Password \
➥ --capabilities CAPABILITY_IAM
```

该命令基于代码清单 14-6 中展示的模板创建栈。与使用自动扩展调整 Jenkins 服务器的原始模板的不同如下：

- 分配弹性 IP 地址；
- 将弹性 IP 地址的关联添加到用户数据的脚本中；
- 创建 IAM 角色和策略，允许 EC2 实例关联弹性 IP 地址。

代码清单 14-6 使用弹性 IP 地址作为通过自动扩展启动虚拟机的一个静态端点

```
# [...]
IamRole:                        ◀─── 创建一个 EC2 实例使用的 IAM 角色
  Type: 'AWS::IAM::Role'
  Properties:
    AssumeRolePolicyDocument:
      Version: '2012-10-17'
      Statement:
      - Effect: Allow
        Principal:
          Service: 'ec2.a*******s.com'
        Action: 'sts:AssumeRole'
    Policies:
    - PolicyName: root
      PolicyDocument:
        Version: '2012-10-17'
        Statement:
        - Action: 'ec2:AssociateAddress'  ◀─── 使用这一 IAM 角色允许
          Resource: '*'                        EC2 实例关联弹性 IP 地址
          Effect: Allow
IamInstanceProfile:
  Type: 'AWS::IAM::InstanceProfile'
  Properties:
    Roles:
    - !Ref IamRole
ElasticIP:            ◀─── 为运行 Jenkins 的虚拟机分配弹性 IP 地址
  Type: 'AWS::EC2::EIP'
  Properties:
    Domain: vpc       ◀─── 为 VPC 创建弹性 IP 地址
LaunchConfiguration:
  Type: 'AWS::AutoScaling::LaunchConfiguration'
  Properties:
    InstanceMonitoring: false
    IamInstanceProfile: !Ref IamInstanceProfile
```

```
    ImageId: 'ami-6057e21a'
    KeyName: mykey
    SecurityGroups:
    - !Ref SecurityGroup
    AssociatePublicIpAddress: true
    InstanceType: 't2.micro'
    UserData:
      'Fn::Base64': !Sub |
        #!/bin/bash -x
    bash -ex << "TRY"
      INSTANCE_ID="$(curl -s http://169.254.169.254/\
➡ latest/meta-data/instance-id)"        ⟵── 从实例元数据获得实例 ID
      aws --region ${AWS::Region} ec2 associate-address \
➡ --instance-id $INSTANCE_ID \
➡ --allocation-id ${ElasticIP.AllocationId}  ⟵── 将弹性 IP 地址与虚拟机关联
      # [...]
      service jenkins start
    TRY
    /opt/aws/bin/cfn-signal -e $? --stack ${AWS::StackName} \
➡ --resource AutoScalingGroup --region ${AWS::Region}
```

如果该查询返回的输出包括 URL、用户和密码，就表明栈已建好了，并且 Jenkins 服务器已
经可以用了。在浏览器中打开这个 URL，用 admin 用户和你选择的密码登录 Jenkins 服务器。如
果输出是空的，几分钟后重试：

```
$ aws cloudformation describe-stacks --stack-name jenkins-multiaz-efs-eip \
➡ --query "Stacks[0].Outputs"
```

你现在可以测试虚拟机的恢复是否按预期工作。要做到这一点，你需要知道正在运行的虚拟
机的实例 ID。执行下面的命令获取这一信息：

```
$ aws ec2 describe-instances --filters "Name=tag:Name,\
➡ Values=jenkins-multiaz-efs-eip" "Name=instance-state-code,Values=16" \
➡ --query "Reservations[0].Instances[0].InstanceId" --output text
```

执行下面的命令终止虚拟机，并测试由自动扩展触发的恢复过程。用前一条命令输出的实例
替换 $InstanceId：

```
$ aws ec2 terminate-instances --instance-ids $InstanceId
```

等待几分钟恢复你的虚拟机。因为你在启动过程中给新虚拟机分配了弹性 IP 地址，所以你
可以在浏览器中打开与旧实例终止之前相同的 URL。

资源清理

为了避免产生不必要的费用，接下来清理一下资源。执行下面的命令删除与 Jenkins 设置相关的
所有资源：

```
$ aws cloudformation delete-stack --stack-name jenkins-multiaz-efs-eip
$ aws cloudformation wait stack-delete-complete \
➥ --stack-name jenkins-multiaz-efs-eip          ←——— 等待，直到栈被删除
```

现在即使运行中的虚拟机需要被另一个可用区的另一台虚拟机代替，运行 Jenkins 的虚拟机的公有 IP 地址也不会变了。

14.3　分析灾难恢复的必要条件

开始在 AWS 上实现高可用或者容错的架构之前，你应该先分析灾难恢复的必要条件。与传统数据中心相比，云上的灾难恢复更容易、更经济。但是，这也增加了系统的复杂性，进而增加了系统的初始成本和运营成本。从业务的角度上看，恢复时间目标（Recovery Time Objective，RTO）和恢复点目标（Recovery Point Objective，RPO）是定义灾难恢复重要性的标准。

RTO 是让系统从故障中恢复所需的时间，它是系统在中断后再次恢复到可用状态（定义为系统服务级别）的时间长度。在使用 Jenkins 服务器的示例中，RTO 应该是在虚拟机或者整个可用区发生故障后，直到新虚拟机被启动且 Jenkins 服务器被安装并运行的时间。

RPO 是由故障导致的可接受数据丢失的时间。数据丢失的量是以时间来测量的。如果中断发生在早上 10 点，系统用早上 9 点的数据快照恢复，数据丢失的时间跨度就是 1 小时。在使用自动扩展的 Jenkins 服务器的例子中，RPO 将为零，因为数据存储在 EFS 上并且在可用区中断期间不会丢失。图 14-9 说明了 RTO 和 RPO 的定义。

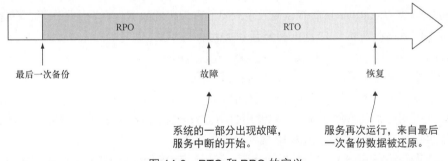

图 14-9　RTO 和 RPO 的定义

单个 EC2 实例的 RTO 和 RPO 对比

你已经有两种解决方案确保单个 EC2 实例具有高可用性。选择解决方案时，你必须了解应用的业务需求。如果可用区出现故障，你能否忍受不可用的风险？如果能接受这样的风险，EC2 实例恢复是最简单的解决方案之一，你不会丢失任何数据。如果你的应用需要在不太可能发生可用区中断时仍能提供服务，最安全的选择之一就是使用自动扩展并把数据存储在 EFS 上。但与在 EBS 卷上存储数据相比，这也会产生性能影响。如你所见，没有一个适合所有场景的解决方

案。你必须根据你的业务问题选择合适的解决方案。表 14-2 对几种解决方案进行了对比。

表 14-2　单个 EC2 实例的高可用性对比

解决方案	RTO	RPO	可用性
EC2 实例，数据存储在 EBS 根卷上：通过 CloudWatch 警报触发恢复	大约 10 分钟	无数据丢失	从虚拟机故障中恢复，但不能从整个可用区中断中恢复
EC2 实例，数据存储在 EBS 根卷上：通过自动扩展触发恢复	大约 10 分钟	所有数据丢失	从虚拟机故障中恢复，并且从整个可用区中断中恢复
EC2 实例，数据存储在具有常规快照的 EBS 根卷上：通过自动扩展触发恢复	大约 10 分钟	快照的实际时间跨度介于 30 分钟到 24 小时之间	从虚拟机故障中恢复，并且从整个可用区中断中恢复
EC2 实例，数据存储在 EFS 上：通过自动扩展触发恢复	大约 10 分钟	无数据丢失	从虚拟机故障中恢复，并且从整个可用区中断中恢复

如果想从可用区中断中恢复并降低 RPO，你应该尝试使用无状态服务器。使用 RDS、EFS、S3 和 DynamoDB 这样的存储服务，可以帮你做到这一点。如果需要使用这些服务，可阅读本书的第三部分。

14.4　小结

- 如果底层硬件或者软件出现故障，虚拟机就会出现故障。
- 可以借助 CloudWatch 警报恢复发生故障的虚拟机的数据：在默认情况下，存储在 EBS 卷上的数据以及私有 IP 地址和公有 IP 地址保持不变。
- AWS 区域由多个隔离的数据中心组成，称为可用区。
- 使用多个可用区可以从一个可用区中断中恢复。
- 虽然默认情况下，某些 AWS 服务使用多个可用区，但虚拟机是运行在单个可用区内的。
- 即使可用区出现故障，你也可以使用自动扩展来保证单个虚拟机一直运行。缺点是你不能再全部依赖 EBS 卷，因为 IP 地址会发生变化。
- 当数据存储在 EBS 卷而不是托管存储服务（如 RDS、EFS、S3 和 DynamoDB）上时，在另一个可用区中恢复数据是很棘手的。

第 15 章　基础设施解耦：ELB 与 SQS

本章主要内容
- 解耦系统的原因
- 利用负载均衡器同步解耦来分发请求
- 对用户和消息生产者隐藏后端
- 利用消息队列异步解耦来缓解消息峰值

设想一下，你打算从我这里得到一些关于使用 AWS 的建议，因此我们计划在咖啡馆见个面。为了使这次会面成功，我们必须：
- 同时有空；
- 到达同一个地点；
- 在咖啡馆找到彼此。

但这次会面的问题是它与一个具体的地点密切相关（紧密耦合）。例如，我在德国，而你可能不在。我们可以通过将会面与具体地点脱钩（解耦）来解决这个问题。于是，我们更改计划并安排使用 Google Hangout 会议来对话。那么，现在我们必须：
- 同时有空；
- 在 Google Hangout 上找到彼此。

Google Hangout（以及其他视频/语音聊天工具）让我们实现了同步解耦。它移除了在同一地点的要求，但仍然要求我们在同一时间对话。

但我们甚至还可以通过使用电子邮件来进行沟通。现在我们必须：
- 通过电子邮件找到彼此。

电子邮件可以做到异步解耦。我们可以在收件人睡觉的时候发出电子邮件，他们可以在醒来后回复。

示例都包含在免费套餐中

本章中的示例都包含在免费套餐中。只要不是运行这些示例好几天，就不需要支付任何费用。记住，这仅适用于本书读者为学习本书刚刚创建的全新 AWS 账户，并且在这个 AWS 账户中没有任何活动记录。尽量在几天的时间里完成本章中的示例，并在每个示例完成后务必清理账户。

注意 要完全理解本章的内容，你需要阅读并理解第 14 章中介绍的自动扩展的概念。

到目前为止，你已经了解了两种解耦会面的方法。

- 无解耦——我们必须到达同一个地点（咖啡馆），在同一时间（下午 3 点），找到对方（我是黑头发，并且穿着一件白衬衫）。
- 同步解耦——我们可以在不同的地方，但是我们必须在同一时间（下午 3 点），并找到彼此（交换 Skype ID）。
- 异步解耦——我们既可以在不同的地方，也可以不必在同一时间。我们只需找到对方即可（交换电子邮件地址）。

会面不是唯一可以解耦的事情。在软件系统中，你可以找到很多紧密耦合的组件。

- 公有 IP 地址就像我们会面的地点。要向 Web 服务器发出请求，就必须知道对方的公有 IP 地址，并且虚拟机必须与该地址相连。如果要更改公有 IP 地址，双方都要参与进来做适当的更改。
- 如果要向 Web 服务器发出请求，则 Web 服务器必须同时在线，否则请求将被拒绝。导致 Web 服务器离线的原因有很多，如正在安装更新、硬件故障等。

AWS 为异步解耦提供了一个解决方案。弹性负载均衡（Elastic Load Balancing，ELB）服务提供位于 EC2 实例和客户端之间的不同类型的负载均衡器，可用于同步解耦你的请求。对于异步解耦，AWS 提供一个简单队列服务（Simple Queue Service，SQS），它提供一个消息队列的基础设施。本章将介绍这两种服务。我们先从 ELB 开始。

15.1 利用负载均衡器进行同步解耦

将运行 Web 服务器的单个 EC2 实例暴露给外界会引入依赖：你的用户现在依赖于 EC2 实例的公有 IP 地址。只要将公有 IP 地址分发给用户，就无法再对其进行更改了。于是你将面临下列问题。

- 改变公有 IP 地址是不可能的，因为有许多客户端都使用并依赖它。
- 如果添加额外的 EC2 实例（以及 IP 地址）来处理增加的负载，则所有当前客户端都将会忽略掉这个变化：它们仍将所有请求发送到第一台服务器的公有 IP 地址。

你可以使用指向自己的服务器的 DNS 名称解决这些问题。但 DNS 并不完全在你的控制之下。DNS 解析器缓存响应，DNS 服务器缓存条目。有时它们不遵从你的 TTL 设置。例如，你可能会要求 DNS 服务器只缓存名称到 IP 地址映射 1 分钟，但某些 DNS 服务器可能只使用一天的最小缓存。更好的解决方案之一就是使用负载均衡器。

　　负载均衡器可以帮助解耦请求者等待即时响应这一类系统。你只需将负载均衡器暴露给外界，而不是将你的 EC2 实例（运行着 Web 服务器）暴露给外界。然后，负载均衡器将请求转发给其后面的 EC2 实例。图 15-1 展示了负载均衡器是如何工作的。

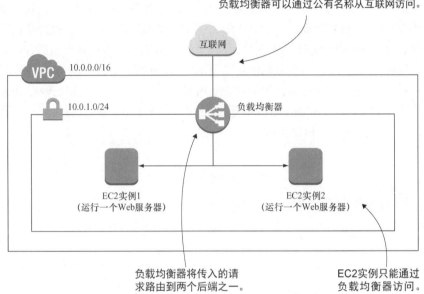

图 15-1　负载均衡器同步解耦 EC2 实例

　　请求者（如 Web 浏览器）向负载均衡器发送 HTTP 请求。然后，负载均衡器选择一个 EC2 实例并复制原始 HTTP 请求，发送到它选择的 EC2 实例。然后 EC2 实例处理请求并发送响应。负载均衡器接收响应，并将相同的响应转送给原始请求者。

　　AWS 通过 ELB 服务提供不同类型的负载均衡器。所有类型的负载均衡器都具有容错和可扩展性。它们的主要区别在于所支持的协议。

- 应用负载均衡器（Application Load Balancer，ALB）——HTTP、HTTPS。
- 网络负载均衡器（Network Load Balancer，NLB）——TCP。
- 传统负载均衡器（Classic Load Balancer，CLB）——HTTP、HTTPS、TCP、TCP+TLS。

CLB 是非常"古老"的负载均衡器。如果你开始一个新项目，我们建议你使用 ALB 或 NLB，因为它们在大多数情况下更具成本优势且功能更丰富。

　　注意　ELB 服务没有独立的管理控制台，它已被集成到 EC2 管理控制台中。

　　负载均衡器可以与多个 Web 服务器一起使用，只要通信基于 TCP，就可以在任何处理请求/响应类通信的系统之前使用负载均衡器。

使用虚拟机设置负载均衡器

当涉及将服务集成在一起时，AWS 的优势就会显现出来。在第 14 章中，你了解了自动扩展组。现在，你将 ALB 放在自动扩展组之前，以便将流量与 Web 服务器解耦，从而消除用户与 EC2 实例的公有 IP 地址之间的依赖关系。自动扩展组将确保你始终有两台 Web 服务器在运行。正如我们在第 14 章中了解到的那样，这是防止硬件故障导致产生停机时间的方法。在自动扩展组中启动的服务器将自动向 ALB 注册。图 15-2 展示了设置的方式。有趣的是，EC2 实例不再能直接从互联网访问，因此你的用户无须了解它们的具体信息。他们不知道负载均衡器背后是有 2 个还是 20 个 EC2 实例正在运行。只有负载均衡器是可访问的，并将请求转发给它背后的后端服务器。负载均衡器和后端 EC2 实例的网络流量的安全是由安全组来控制的，我们已经在第 6 章中了解了安全组的知识。如果自动扩展组添加或删除 EC2 实例，它还将使用负载均衡器注册新的 EC2 实例，或者取消注册已删除的 EC2 实例。

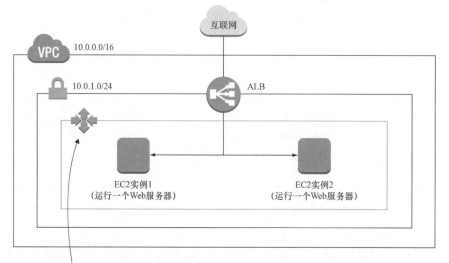

自动扩展组观察两个EC2实例。如果启动了新的EC2实例，则自动扩展组会向ALB注册EC2实例。

图 15-2 自动扩展组与 ALB 紧密耦合：它们向负载均衡器注册新的 Web 服务器

ALB 由 3 个必选组件和 1 个可选组件组成。

- 负载均衡器（load balancer）——负载均衡器定义一些核心配置，例如负载均衡器运行的子网、负载均衡器是否需要获取公有 IP 地址、是否使用 IPv4 或 IPv4 及 IPv6 的组合，以及其他属性。
- 监听器（listener）——监听器定义可用于向负载均衡器发出请求的端口和协议。如果你愿意，监听器也可以为你终止 TLS。监听器链接到一个目标组，如果没有其他监听器规则匹配请求，则将该目标组作为默认值。
- 目标组（target group）——目标组定义你的后端组。目标组负责通过定期健康状况检查来检查后端。通常后端是 EC2 实例，但也可以是在 EC2 容器服务上运行的 Docker 容器，或者是与你的 VPC 相搭配的数据中心中的机器。

■ 监听器规则（listener rule）——可选组件。你可以定义一个监听器规则。规则可以根据 HTTP 路径或主机选择不同的目标组。否则，请求将转发到监听器中定义的默认目标组。

图 15-3 展示了 ALB 的组成部分。

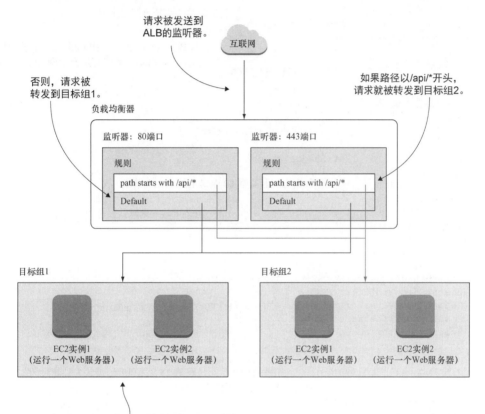

图 15-3 ALB 由负载均衡器、监听器、目标组和监听器规则这几个部分组成

代码清单 15-1 展示了一个 CloudFormation 模板片段，其作用是创建 ALB 并将其与自动扩展组连接。这段代码清单实现了图 15-2 展示的实例。

代码清单 15-1 创建负载均衡器并将其与自动扩展组连接

```
# [...]
LoadBalancerSecurityGroup:
  Type: 'AWS::EC2::SecurityGroup'
  Properties:
    GroupDescription: 'alb-sg'
    VpcId: !Ref VPC
```

```
      SecurityGroupIngress:
      - CidrIp: '0.0.0.0/0'    ←——— 只有来自互联网的 80 端口的流量才能到达负载均衡器
        FromPort: 80
        IpProtocol: tcp
        ToPort: 80
  LoadBalancer:
    Type: 'AWS::ElasticLoadBalancingV2::LoadBalancer'
    Properties:
      SecurityGroups:                          给负载均衡器分配安全组
      - !Ref LoadBalancerSecurityGroup  ←——┘
      Scheme: 'internet-facing'      ←——————— ALB 可公开访问（使用面向内部而非面向
      Subnets:                                 网络的负载均衡器仅可从专用网络访问）
      - !Ref SubnetA  ←——┐
      - !Ref SubnetB  ←——┘  将 ALB 附加到子网中
      Type: application
    DependsOn: 'VPCGatewayAttachment'
  Listener:
    Type: 'AWS::ElasticLoadBalancingV2::Listener'
    Properties:
      LoadBalancerArn: !Ref LoadBalancer
      Port: 80
      Protocol: HTTP    ←——— 负载均衡器监听 80 端口上的 HTTP 请求
      DefaultActions:
      - TargetGroupArn: !Ref TargetGroup  ←——— 将请求转发到默认目标组
        Type: forward
  TargetGroup:
    Type: 'AWS::ElasticLoadBalancingV2::TargetGroup'
    Properties:
      HealthCheckIntervalSeconds: 10 ←——— 每 10 秒
      HealthCheckProtocol: HTTP
      HealthCheckPath: '/index.html' ←——— HTTP 请求被发送到/index.html
      HealthCheckTimeoutSeconds: 5
      HealthyThresholdCount: 3
      UnhealthyThresholdCount: 2
      Matcher:
        HttpCode: '200-299' ←——— 如果 HTTP 状态代码是 2XX，则后端被认为是健康的
      Port: 80    ←——— EC2 实例上的 Web 服务器监听 80 端口
      Protocol: HTTP
      VpcId: !Ref VPC
  LaunchConfiguration:
    Type: 'AWS::AutoScaling::LaunchConfiguration'
    Properties:
      # [...]
  AutoScalingGroup:
    Type: 'AWS::AutoScaling::AutoScalingGroup'
    Properties:
      LaunchConfigurationName: !Ref LaunchConfiguration
      TargetGroupARNs:    ←——— 自动扩展组向默认目标组注册新的 EC2 实例
      - !Ref TargetGroup
      MinSize: 2
      MaxSize: 2
      DesiredCapacity: 2 ←——— 保持两个 EC2 实例运行（MinSize ≤ DesiredCapacity ≤ MaxSize）
      VPCZoneIdentifier:
      - !Ref SubnetA
```

```
  - !Ref SubnetB
  DependsOn: 'VPCGatewayAttachment'
```

ALB 和自动扩展组之间的连接是通过在自动扩展组描述中指定参数 TargetGroupARNs 来设置的。

完整的 CloudFormation 模板位于/chapter15/loadBalancer.yaml。使用 CloudFormation 控制台的快速创建链接（Quick-Create）创建基于该模板的栈，然后使用浏览器访问栈输出。每次重新加载页面时，都应该看到后端 Web 服务器的一个私有 IP 地址。

要在图形化界面中获取有关负载均衡器的一些详细信息，请切换至 EC2 管理控制台。左侧的子菜单有一个负载均衡器部分，你可以在其中找到你的负载均衡器的超链接。选择唯一的负载均衡器。你将在页面底部看到详细信息。详细信息包含"Monitoring"选项卡，你可以在其中找到有关延迟，请求数量等的图表。记住，这些图表"落后"一分钟，因此你可能需要等一下，直到看到对负载均衡器发出的请求为止。

资源清理

删除已创建的 CloudFormation 的栈。

15.2　利用消息队列进行异步解耦

利用 ELB 实现同步解耦是比较容易的，无须更改代码即可完成此操作。但是，对于异步解耦，必须调整代码来使用消息队列。

消息队列有一个头和一个尾。你可以从头部读取消息，向尾部添加新消息，这样可以使消息的生产和消费解耦。将生产者（请求者）与消费者（接收者）解耦可带来以下好处。

- 队列充当缓冲区——生产者和消费者不必以相同的速度运行。例如，你可以在 1 分钟内添加 1 000 条消息，而消费者每秒始终处理 10 条消息。消费者迟早会消费掉消息，并且队列将再次被清空。
- 队列隐藏了后端实现细节——与负载均衡器类似，消息生产者无须了解消费者。你甚至可以停止所有消费者的活动但仍然生产消息。这样，可以很方便地对消费者进行维护。

生产者和消费者彼此并不知道对方，它们都只知道消息队列而已。图 15-4 说明了这一原则。

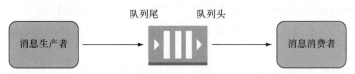

图 15-4　生产者将消息发送到消息队列，消费者消费消息

尽管没有人正在消费消息，你仍然可以将新消息放入队列，消息队列充当缓冲区。为了防止消息队列无限延长，消息只能保存一段时间。如果你消费了消息队列中的消息，就必须确认消息

已被成功地处理了，并将其从队列中永久删除。

简单队列服务（SQS）是完全托管的 AWS 服务。SQS 提供消息队列，确保消息至少被传送一次。

- 极少数情况下，一个消息可能被消费两次。如果将这一点与其他消息队列进行比较，你可能会觉得有点儿奇怪。但在本章的后面你将看到如何处理这一问题。
- SQS 并不保证消息的顺序，因此你可能会按照与生产消息不同的顺序读取消息。

SQS 的这个限制也是有其好处的。

- 你可以根据自己的需要将任意数量的消息放入 SQS 中。
- 消息队列随着生产和消费消息的数量伸缩。
- 默认情况下，SQS 是高可用的。
- 你将按每条消息来付费。

SQS 服务的定价模式也很简单：对每个 SQS 请求需要支付 0.0000004 美元，即每百万个请求需要支付 0.4 美元。生产消息是一个请求，消费消息是另一个请求（如果你的有效载荷大于 64 KB，则每 64 KB 存储块会被计为一个请求）。

15.2.1　将同步过程转换成异步过程

典型的同步过程如下：用户向你的 Web 服务器发出请求，Web 服务器完成一些处理，并将结果返回给用户。为了使这个过程看起来更具体，我们将在下面的示例中讨论创建 URL 预览图片的过程。

（1）用户提交 URL。

（2）Web 服务器下载 URL 中的内容，取出预览图片，并将其渲染为 PNG 格式的图片。

（3）Web 服务器将 PNG 格式的图片返回给用户。

利用一个小技巧，可以将这个过程转化成异步，并从消息队列的弹性获益，例如在高峰流量期间。

（1）用户提交 URL。

（2）Web 服务器将包含随机 ID 和 URL 的消息发入消息队列中。

（3）Web 服务器返回一个将来用户可以访问这个 PNG 格式的图片的链接，该链接包含随机 ID（例如 http://$Bucket.s3-website-us-east-1.a*******s.com/$RandomId.png）。

（4）在后台，工作进程消费队列中的消息，下载内容，将内容转换为 PNG 格式的图片，然后将图片上传到 S3。

（5）在某个时间点，用户尝试从已知位置下载 PNG 格式的图片。如果图片文件未被找到，用户应该在几秒内重新加载页面进行尝试。

如果要使这一过程异步，则必须管理该过程启动程序跟踪过程状态的方式。一种方法是将 ID 返回给可用于查找过程的启动器。在此过程中，这个 ID 被一步一步地传递。

15.2.2 URL2PNG 应用的架构

你现在将创建一个名为 URL2PNG 的简单且解耦的软件片段，它的功能是呈现一个网页的 URL 的 PNG 格式的图片。接下来，你将使用 Node.js 来完成编程的部分，并且将使用 SQS 作为消息队列。图 15-5 展示了 URL2PNG 应用是如何工作的。

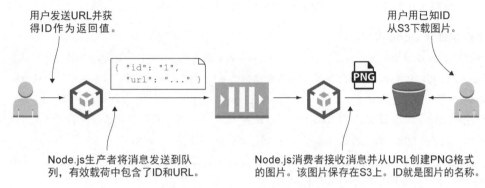

图 15-5　URL2PNG 是如何工作的

在消息生产者一端，一个小的 Node.js 脚本生成一个唯一 ID，以 URL 和 ID 作为有效载荷给队列发送消息，并将 ID 返回给用户。用户现在开始使用返回的 ID 作为文件名检查 S3 存储桶上是否已存在可用的文件。

同时，在消息消费者一端，一个小的 Node.js 脚本从队列中读取消息，生成有效载荷中的 URL 的屏幕截图，并使用有效载荷中的唯一 ID 作为结果图片的文件名将图片上传到 S3 存储桶。

为了完成这个示例，你需要创建一个启用了 Web 托管的 S3 存储桶。执行下面的命令，将 $yourname 替换为你的名字或昵称，以避免与其他读者的名字冲突（记住，S3 存储桶名称需要在所有 AWS 账户中保持全局唯一）。

```
$ aws s3 mb s3://url2png-$yourname
$ aws s3 website s3://url2png-$yourname --index-document index.html \
➥ --error-document error.html
```

Web 托管是需要的，以便用户以后可以从 S3 下载图片。现在是时候创建消息队列了。

15.2.3 创建消息队列

创建 SQS 队列是一件简单的事情——只需要指定队列的名字：

```
$ aws sqs create-queue --queue-name url2png
{
  "QueueUrl": "https://queue.a*******s.com/878533158213/url2png"
}
```

返回的 QueueUrl 将会在后面的示例中用到，一定要记下来。

15.2.4　以编程方式生产消息

你现在已经有了一个可以用来发送消息的 SQS 队列。为了生产消息，你需要指定队列以及有效载荷。你将再次将 Node.js 与 AWS SDK 结合使用，向 AWS 服务发出请求。

安装并开始使用 Node.js

Node.js 是一个在事件驱动环境下运行 JavaScript 脚本的平台，因此你可以轻松地构建网络应用。要安装 Node.js，可以访问 Node.js 官方网站并下载适合你所用操作系统的软件包。本书中的所有示例都使用 Node.js 8 进行开发与测试。

安装完 Node.js，你就可以在终端上执行 node --version 来验证一切是否就绪。你的终端应该响应一些类似 v8.* 的输出。现在你已准备好运行 URL2PNG 这样的 JavaScript 示例。

你想开始使用 Node.js 吗？我们推荐 Alex Young 等人编写的 *Node.js in Action, Second Edition* 或 P.J.Evans 开设的视频课程"Node.js in Motion"。

下面是借助 Node.js 的 AWS SDK 生产消息的方法。它将在以后被 URL2PNG 工作进程消费。Node.js 脚本可以像下面这样使用（现在不要尝试执行此命令，你需要先安装和配置 URL2PNG）：

```
$ node index.js [AWS 官网网址]
PNG will be available soon at
http://url2png-$YourName.s3-website-us-east-1.a*******s.com/XYZ.png
```

和之前一样，读者可以在本书配套资源中找到这段代码。URL2PNG 示例位于/chapter12/url2png/目录下。代码清单 15-2 展示了 index.js 的实现。

代码清单 15-2　index.js：发送消息到队列中

```
const AWS = require('aws-sdk');
const uuid = require('uuid/v4');
const sqs = new AWS.SQS({          ◁——— 创建一个 SQS 客户端
  region: 'us-east-1'
});

if (process.argv.length !== 3) {   ◁——— 检查是否提供了 URL
  console.log('URL missing');
  process.exit(1);
}
                                        创建一个随机 ID
const id = uuid();        ◁———
const body = {            ◁——— 消息有效载荷中包含随机 ID 和 URL
  id: id,
  url: process.argv[2]
};

sqs.sendMessage({                        在 SQS 上调用 sendMessage 操作
  MessageBody: JSON.stringify(body),  ◁———
```

```
  QueueUrl: '$QueueUrl' ◁——— 将消息内容转换为 JSON 字符串
}, (err) => { ◁——┌─ 消息发送到的队列（创建队列时返回的）
  if (err) {
    console.log('error', err);
  } else {
    console.log('PNG will be soon available at ...');
  }
});
```

在运行这段脚本之前，需要先安装 Node.js 模块。在终端中执行 npm install 来完成依赖项的安装。你会发现一个名为 config.json 的文件，这个文件需要修改。确保将 QueueUrl 改为你在本示例开头创建的队列，并将 Bucket 改为 url2png-$YourName。

现在就可以使用 node index.js [AWS 官网网址]来运行脚本了。程序应该用"PNG will be available soon at http://url2png-$YourName.s3-website-us-east-1.a*******s.com/ XYZ.png"这样消息进行响应。要验证消息是否已准备好被消费，可以查询队列中有多少条消息。将$QueueUrl 替换为你自己队列的 URL。

```
$ aws sqs get-queue-attributes \
➥ --queue-url $QueueUrl \
➥ --attribute-names ApproximateNumberOfMessages
{
  "Attributes": {
    "ApproximateNumberOfMessages": "1"
  }
}
```

SQS 只返回消息数量的近似值。这是由于 SQS 的分布特性。如果你没有在近似值中看到自己的消息，请再次执行该命令，确保最终你看到自己的消息。

接下来，是时候创建消费消息并完成生成 PNG 格式的图片的所有工作的工作进程了。

15.2.5　以编程方式消费消息

使用 SQS 处理消息需要完成以下 3 个步骤。

（1）接收消息。

（2）处理消息。

（3）确认消息已被成功处理。

现在，我们就来实现上述步骤，基于 URL 生成 PNG 格式的图片。

要从 SQS 队列接收消息，必须指定以下参数。

- QueueUrl——唯一的队列标识符。
- MaxNumberOfMessage——要接收的最大消息数量（1～10）。要获得更高的吞吐量，可以批量获取消息。我们通常将其设置为 10，以获得最佳性能和最低开销。
- VisibilityTimeout——要从队列中移除这条消息对其进行处理所花费的秒数。在这期间，还必须从队列中删除该消息，或者该消息被传送回队列。我们通常将其设置为平均处理时间乘以 4。

■ WaitTimeSeconds——如果消息不是立即可用的，你希望等待接收消息的最大秒数。从 SQS 队列接收消息是通过轮询队列来实现的，但是 AWS 允许的长轮询最长时间是 10 秒。使用长轮询时，如果没有可用的消息，你将无法立即从 AWS API 获得响应。如果一条新消息在 10 秒内到达，HTTP 响应将被发送给你。10 秒后，你还会得到一个空响应。

代码清单 15-3 展示了如何使用 SDK 实现从队列接收消息。

代码清单 15-3　worker.js：从队列中接收消息

```
const fs = require('fs');
const AWS = require('aws-sdk');
const webshot = require('webshot');
const sqs = new AWS.SQS({
  region: 'us-east-1'
});
const s3 = new AWS.S3({
  region: 'us-east-1'
});

const receive = (cb) => {
  const params = {
    QueueUrl: '$QueueUrl',
    MaxNumberOfMessages: 1,       ← 一次消费不超过一条消息
    VisibilityTimeout: 120,       ← 在 120 秒的时间内从队列中获取消息
    WaitTimeSeconds: 10           ← 10 秒的长轮询等待新消息
  };
  sqs.receiveMessage(params, (err, data) => {   ← 在 SQS 上调用 receiveMessage 操作
    if (err) {
      cb(err);
    } else {
      if (data.Messages === undefined) {        ← 检查是否有可用的消息
        cb(null, null);
      } else {
        cb(null, data.Messages[0]);             ← 获取一条且是唯一一条消息
      }
    }
  });
};
```

接收消息的步骤已经实现，下一步就是处理消息，如代码清单 15-4 所示。得益于一个名为 webshot 的 Node.js 模块，创建一个网站的屏幕截图成为一件很容易的事。

代码清单 15-4　worker.js：处理消息（得到屏幕截图并上传到 S3 上）

```
const process = (message, cb) => {
  const body = JSON.parse(message.Body);        ← 消息体是一个 JSON 字符串，你可将其转换为 JavaScript 对象
  const file = body.id + '.png';
  webshot(body.url, file, (err) => {            ← 使用 webshot 模块创建屏幕截图
    if (err) {
      cb(err);
```

```
    } else {
      fs.readFile(file, (err, buf) => {      ←── 打开由 webshot 模块保存到
        if (err) {                              本地磁盘的屏幕截图
          cb(err);
        } else {
          const params = {
            Bucket: 'url2png-$yourname',      允许所有人在 S3
            Key: file,                        上读取屏幕截图
            ACL: 'public-read',           ←──
            ContentType: 'image/png',
            Body: buf
          };
          s3.putObject(params, (err) => {    ←── 上传屏幕截图到 S3
            if (err) {
              cb(err);
            } else {
              fs.unlink(file, cb);  ←── 从本地磁盘删除屏幕截图文件
            }
          });
        }
      });
    }
  });
};
```

现在唯一缺少的步骤就是确认消息已经被成功消费。当成功完成任务后从队列中删除消息时要完成这一步。如果收到来自 SQS 的消息，就会获得一个 ReceiptHandle，它是一个唯一 ID，从队列中删除消息时必须指定这个 ID，如代码清单 15-5 所示。

代码清单 15-5 worker.js：确认消息（从队列中删除消息）

```
const acknowledge = (message, cb) => {
  const params = {
    QueueUrl: '$QueueUrl',              ReceiptHandle 对于每次
    ReceiptHandle: message.ReceiptHandle  收到的消息是唯一的
  };                              ←──
  sqs.deleteMessage(params, cb);  ←── 在 SQS 上调用 deleteMessage 操作
};
```

我们已经有了所有部件，现在是时候把它们连接起来了，如代码清单 15-6 所示。

代码清单 15-6 worker.js：连接所有部件

```
const run = () => {
  receive((err, message) => {  ←── 接收一条消息
    if (err) {
      throw err;
    } else {
      if (message === null) {  ←── 检查消息是否可用
        console.log('nothing to do');
```

```
      setTimeout(run, 1000);   ◁──── 在 1 秒内再次调用 run 方法
    } else {
    console.log('process');
    process(message, (err) => {   ◁──── 处理消息
      if (err) {
        throw err;
      } else {
        acknowledge(message, (err) => {   ◁──── 确认消息
          if (err) {
            throw err;
          } else {
            console.log('done');
            setTimeout(run, 1000);   ◁────
          }
        });
      }
    });
    }
  }
  });
};
```

在 1 秒内再次调用 run 方法来轮询更多消息（递归循环的类型，但中间有一个定时器。当定时器启动时，分配一个新的调用栈；这不会导致栈溢出！）

```
run();   ◁──── 调用 run 方法启动程序
```

现在，你就可以启动工作进程来处理已在队列中的消息了。用 node worker.js 运行脚本，应该看到输出的一些内容，说明工作进程正处在处理步骤，然后转换到完成状态。几秒后，屏幕截图应该被上传到 S3。你的第一个异步应用已经完成。

还记得调用 node index.js [AWS 官网网址] 向队列发送消息时你获得的输出吗？它看起来类似 http://url2png-$yourname.s3-website-us-east-1.a*******s.com/XYZ.png。现在将该 URL 输入你的 Web 浏览器中并访问，你将找到 AWS 网站的屏幕截图（或者你用作示例的任何内容）。

你已经创建了一个异步解耦的应用。如果 URL2PNG 服务流行起来，并且数以百万计的用户开始使用它，队列就会变得越来越长。因为你的工作进程无法从 URL 生产许多 PNG 格式的图片。很酷的事情是，你可以根据自己的需要添加任意数量的工作进程来消费这些消息。不是只启动 1 个工作进程，而是启动 10 个或者 100 个。另一个优点是，如果一个工作进程因某种原因终止，那么在 2 分钟后正在"飞行"中的消息将可用于消费，并由另一个工作进程接管。这就具有了容错性！如果将系统设计为异步解耦，则系统易于扩展，而且具有良好的容错基础。第 16 章将集中讨论这个主题。

资源清理

按照下面的方式删除消息队列：

```
$ aws sqs delete-queue --queue-url "$QueueUrl"
```

同时，不要忘记清理和删除示例中使用的 S3 存储桶。发出以下命令，将 $yourname 替换为你的名字：

```
$ aws s3 rb --force s3://url2png-$yourName
```

15.2.6　使用 SQS 传递消息的局限性

本章前面提到了 SQS 的一些局限性。这里将对此进行更详细的介绍。不过，在开始讨论这些局限性之前，我们先看一下 SQL 的好处。

■　你可以根据自己的需要将任意数量的消息放入 SQS 中。SQS 会为你扩展底层基础设施。

■　默认情况下，SQS 是高可用的。

■　你将按每条消息来付费。

这些好处同时伴随着一些折中。现在我们来了解一下 SQS 的局限性的更多细节。

1. SQS 不保证消息仅被传送一次

消息可能会被多次传递有下面两个原因。

（1）常见原因：如果在 VisibilityTimeout 内未删除收到的消息，则消息被将再次接收。

（2）罕见原因：由于 SQS 系统中的一个服务器在删除消息时不可用，导致 DeleteMessage 操作没有删除消息的所有副本。

消息的重复传递问题可以通过使消息处理幂等的方式解决。幂等意味着无论消息的处理频率如何，结果都是一样的[①]。在 URL2PNG 示例中，这在设计上是成立的：如果你多次处理消息，那么相同的图片将被多次上传到 S3。如果图片在 S3 上已经可用，那么它将会被替换。幂等解决了分布式系统中的许多问题，保证了消息至少被传递一次。

但不是所有的东西都可以做成幂等的，发送电子邮件就是一个很好的例子。如果你多次处理消息，并且每次都发送一封电子邮件，那么你会惹恼收件人。

在很多情况下，至少处理一次是一个很好的折中。在使用 SQS 之前检查你的需求，确认这种折中的处理满足你的需求。

2. SQS 不保证消息的顺序

顺序消息可能是按与生产消息的顺序不同的顺序被消费的。如果需要严格的顺序，就要寻找其他方法。SQS 是一个容错且可扩展的消息队列。如果你需要稳定的消息顺序，那么将很难找到像 SQS 一样具有扩展能力的解决方案。我们的建议是改变你的系统的设计，使你不再需要稳定的顺序或在客户端按顺序放置消息。

> **SQS FIFO 队列**
>
> FIFO（先进先出）队列保证消息的顺序，并具有检测重复消息的机制。如果你需要严格的消息顺序，它们值得考虑。缺点是定价更高且有每秒 300 次操作的限制。更多信息可查看 AWS 官方文档。

---

① 在编程中，幂等操作的特点是其任意多次执行所产生的影响均与一次执行产生的影响一样。——译者注

3．SQS 不会取代消息代理

SQS 只是一个消息队列，不是一个类似 ActiveMQ 那样的消息代理。不要指望 SQS 具有消息路由或消息优先级等功能。将 SQS 与 ActiveMQ 进行对比就像将 DynamoDB 与 MySQL 进行对比一样。

Amazon MQ

AWS 于 2017 年 11 月发布了 Amazon SQS 的替代方案：Amazon MQ 提供 Apache ActiveMQ 功能并作为服务。因此，你可以使用 Amazon MQ 作为消息代理，它使用 JMS、NMS、AMQP、STOMP、MQTT 和 WebSocket 协议。

访问 AWS 官方网站上的 Amazon MQ 开发人员指南可以了解更多信息。

15.3　小结

- 解耦减少了依赖，因此解耦使事情变得更容易。
- 同步解耦需要双方同时可用，但双方不必彼此知道。
- 利用异步解耦，无须在双方都可用的情况下进行通信。
- 大多数应用可以利用 ELB 服务提供的负载均衡器在不修改代码的情况下被同步解耦。
- 负载均衡器可以定期对应用进行健康状况检查，以确定后端是否准备好处理流量。
- 异步解耦仅适用于异步过程。但是在大多数情况下，可以将同步过程修改为异步过程。
- 使用 SQS 进行异步解耦需要使用 SDK 针对 SQS 进行编程。

第 16 章 容错设计

本章主要内容
- 什么是容错，为什么需要容错
- 使用冗余消除单点故障
- 故障后重试
- 使用幂等操作实现故障后重试
- AWS 服务保证

故障是不可避免的：磁盘、网络、电源等都可能会随着时间的推移出现故障。容错可以解决这个问题。容错架构就是为故障而构建的。如果出现故障，系统应保证不会中断，并且可以继续处理请求。如果架构中存在单点故障，它就不是容错的。你可以通过在系统中引入冗余并通过解耦架构的各个部件来实现容错，这样一方就不会依赖另一方的正常运行。

AWS 提供的服务提供不同类型的故障恢复。
- 无保证（单点故障）——万一出现故障，就无法处理请求。
- 高可用性——万一出现故障，就需要一些时间恢复，才能像故障发生前一样处理请求。
- 容错——万一出现故障，请求会像故障发生前一样得到处理，并且没有任何可用性问题。

要使系统容错，最便捷的方式之一就是使用容错块来构建架构。如果所有的块都是容错的，整个系统就是容错的。幸运的是，许多 AWS 服务默认情况下就是容错的，尽可能地使用这些服务，要不然你需要自己应对后果和排除故障。

遗憾的是，在默认情况下，AWS 中一项非常重要的服务即 EC2 实例，不是容错的。虚拟机不是容错的，这意味着，在默认情况下，使用 EC2 的架构不具有容错能力。但是 AWS 提供块来解决这个问题。这个解决方案包括自动扩展组、ELB 和 SQS。

AWS 提供的以下服务既不具备高可用性，也不具有容错性。在架构中使用这些服务之一时，你就是在向基础设施添加单点故障（Single Point of Failure，SPOF）。在这种情况下，要实现容错，你需要按照本章其余部分讨论的那样针对故障进行计划和构建，如本章其余部分所述。

- EC2 实例——单个 EC2 实例可能由于多种原因出现故障，如硬件故障、网络问题、可用区中断等。要实现高可用性或容错，可以使用自动扩展组来设置一组 EC2 实例，以冗余的方式处理请求。
- 单个 RDS 实例——单个 RDS 实例可能由于与 EC2 实例出现故障的原因相同而出现故障。使用多可用区模式能实现高可用性。

在默认情况下，下列服务默认都是高可用的（highly available）。高可用意味着，当故障发生时，服务将受到短暂停机时间的影响，但会自动恢复。

- 弹性网络接口（Elastic Network Interface，ENI）——网络接口绑定到可用区，因此，如果此可用区关闭，你的网络接口就是不可用的。
- VPC 子网——VPC 子网绑定到一个可用区，因此，如果此可用区遭到中断，你的子网也就无法访问。在不同的可用区中使用多个子网可以消除对单个可用区的依赖。
- EBS 卷——EBS 卷在可用区内的多台机器之间分布存储数据。但是，如果整个可用区出现故障，你的卷就是不可用的（尽管你不会丢失数据）。你可以经常创建 EBS 快照，以便在另一个可用区中重新创建 EBS 卷。
- RDS 多可用区实例——在多可用区模式下运行时，如果主实例出现问题，就会更改 DNS 记录以切换到备用实例，预计会有短暂停机时间（约 1 分钟）。

下列服务默认都是容错的（fault-tolerant）。容错意味着作为服务的消费者，你不会注意到任何故障。

- ELB，部署到至少两个可用区。
- Amazon EC2 安全组。
- 带有 ACL 和路由表的 VPC。
- 弹性 IP 地址（EIP）。
- S3。
- EBS 快照。
- Amazon DynamoDB。
- Amazon CloudWatch。
- 自动扩展组。
- SQS。
- AWS Elastic Beanstalk——管理服务本身，而不是应用内部的运行环境。
- AWS OpsWorks——管理服务本身，而不是应用内部的运行环境。
- AWS CloudFormation。
- AWS IAM（不绑定到单个区域；如果创建 IAM 用户，该用户在所有区域都可用）。

为什么要关心容错？因为最终容错系统为终端用户提供高质量的服务。无论你的系统中发生什么，用户都不会受到影响，可以继续消费娱乐内容、购买商品和服务或与朋友聊天。几年前，实现容错既昂贵又复杂，但在 AWS 中，提供容错系统正成为一种可负担得起的标准。然而，构建容错系统是云计算的最高原则之一，并且可能在一开始就具有挑战性。

阅读本章的必要条件

要充分理解本章，你需要阅读并理解以下概念。

- EC2（见第 3 章）。
- 自动扩展（见第 14 章）。
- 弹性负载均衡（见第 15 章）。
- SQS（见第 15 章）。

最重要的是，本章中包含的示例大量使用以下内容。

- Elastic Beanstalk（见第 5 章）。
- DynamoDB（见第 13 章）。
- Node.js Web 应用框架 Express。

在本章中，你将了解基于 EC2 实例设计容错 Web 应用所需的所有知识（默认情况下 EC2 实例不是容错的）。

16.1 使用冗余 EC2 实例提高可用性

下面是虚拟机可能出现故障的几个原因。

- 如果主机硬件出现故障，则它无法再将虚拟机运行在其上。
- 如果与主机的网络连接中断，则虚拟机将失去通过网络通信的能力。
- 如果主机系统断开电源，则虚拟机也会出现故障。

此外，在虚拟机上运行的软件也可能崩溃。

- 如果应用包含内存泄漏，内存会被耗尽，并出现故障。这可能需要一天、一个月、一年或更长时间，但终究会发生。
- 如果应用将数据写入磁盘但从不删除数据，则迟早会耗尽磁盘空间，从而导致应用出现故障。
- 应用可能无法正确地处理边界情况，也可能会出现意外崩溃。

无论故障是主机系统导致的还是应用导致的，单个 EC2 实例都是单点故障。如果你依赖单个 EC2 实例，你的系统最终将崩溃，这只是个时间问题。

16.1.1 冗余可以消除单点故障

设想制造蓬松的云馅饼的生产线。生产蓬松的云馅饼需要完成以下几个生产步骤（步骤已简化）。

（1）制作馅饼皮。

（2）冷却馅饼皮。

（3）把蓬松的云馅料铺洒在馅饼皮上。

（4）冷却蓬松的云馅饼。

（5）包装蓬松的云馅饼。

当前设置是单条生产线。这个设置有一个大问题：只要其中一个步骤"崩溃"，整个生产线就必须停止。图 16-1 演示了当第二步（冷却馅饼皮）崩溃时会出现的问题。后面的步骤将不再工作，因为它们收不到冷却的馅饼皮。

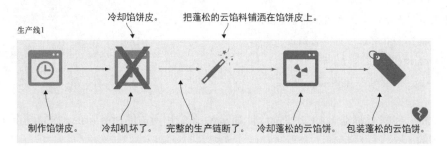

图 16-1　单点故障不仅影响自身，而且影响整个系统

为什么不能有多条生产线呢？假设我们有 3 条生产线，而不是 1 条生产线。如果其中 1 条生产线出现故障，另外 2 条生产线仍然可以生产蓬松的云馅饼。图 16-2 展示了这一改进，这样做的缺点是，我们需要原来的数量 3 倍的机器。

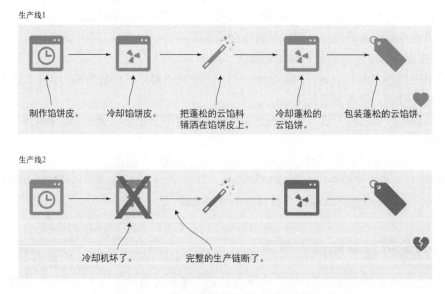

图 16-2　冗余消除单点故障，使系统更稳定

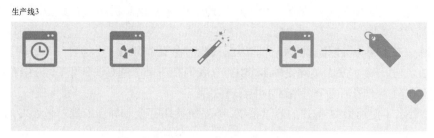

图 16-2　冗余消除单点故障，使系统更稳定（续）

该示例的逻辑也可以转移到 EC2 实例上。可以用 3 个 EC2 实例运行应用，而不是只用 1 个 EC2 实例。如果其中 1 个实例出现故障，另外 2 个实例仍然能够服务于传入的请求。你还可以确保 1 个实例对 3 个实例的成本影响最小：你可以选择 3 个小实例，而不是 1 个大型 EC2 实例。动态 EC2 实例池引发的问题是，如何与实例通信？答案是解耦（decoupling）：在 EC2 实例和请求者之间放置一个负载均衡器或者消息队列。接下来介绍这是如何实现的。

16.1.2　冗余需要解耦

图 16-3 展示了如何通过冗余和同步解耦使 EC2 实例容错。如果其中一个 EC2 实例崩溃，ELB 会停止将请求路由到崩溃的实例。自动扩展组在几分钟内替换故障的 EC2 实例，ELB 开始将请求路由到新实例上。

再观察一下图 16-3，看看哪些部分是冗余的。

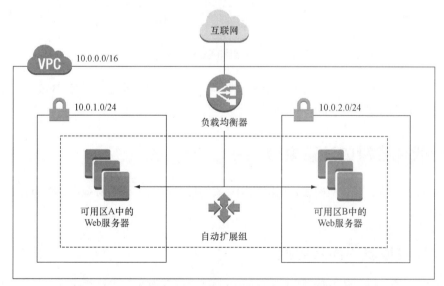

图 16-3　具有自动扩展组和 ELB 的容错 EC2 实例

- 可用区——使用两个。如果一个可用区遭受中断，我们仍然有在其他可用区中运行的实例。
- 子网——子网与可用区紧密耦合。因此，我们在每个可用区中需要一个子网。
- EC2 实例——为 EC2 实例提供多个冗余。我们在单个子网（单个可用区）中有多个实例，并且在两个子网（两个可用区）中都有实例。

图 16-4 展示了使用 EC2 构建的容错系统，该系统使用冗余和异步解耦功能处理来自 SQS 队列的消息。

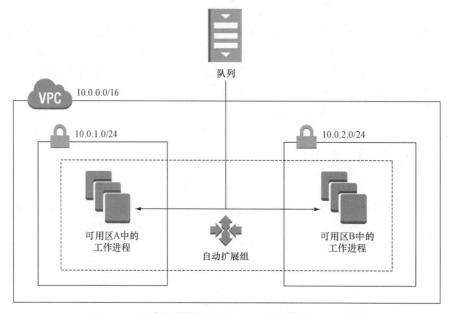

图 16-4　具有自动扩展组和 SQS 的容错的 EC2 实例

在这两张图中，负载均衡器和 SQS 队列只出现了一次。这并不意味着 ELB 或 SQS 是单点故障；相反，ELB 和 SQS 默认都是容错的。

16.2　使代码容错的注意事项

如果要实现容错，则必须构建相应的应用。我们可以遵循本节中将提出的两条建议，把容错设计到应用中。

16.2.1　让其崩溃，而且重试

Erlang 编程语言以“让其崩溃”（let it crash）这个概念而闻名。这意味着，每当程序不知道该做什么时，它就会崩溃，并且需要有人去处理“崩溃”。但大多数人忽视了一个事实——Erlang

也是以重试而闻名的。崩溃而不重试是没有用的——如果你无法从崩溃的情况下恢复，你的系统将关闭，这与你想要的正好相反。

我们可以将"让其崩溃"的概念（有些人称之为"快速失败"）应用到同步解耦和异步解耦场景中。在同步解耦场景中，请求的发送方必须实现重试逻辑。如果在一定时间内没有返回响应或返回错误，则发送方通过再次发送相同的请求来重试。在异步解耦场景中，事情更容易。如果消息被消耗，但在一定时间内未被确认，则它返回到队列。下一个消费者则抓取消息并再次处理它。默认情况下，重试被内置到异步系统中。

"让其崩溃"并不是在所有情况下都有用。如果程序想要响应发送方该请求包含无效内容，而这不是让服务器崩溃的原因，那么无论你多久重试一次，结果都将保持不变。但是，如果服务器无法访问数据库，重试就很有意义。在几秒内，数据库可能再次可用，并能够成功处理重试的请求。

重试也不是那么容易。想象一下，你想重试一个博客文章的创建。每次重试都将创建数据库中的一个新条目，其中包含与以前相同的数据。在数据库中最终有很多重复项。为防止这种情况发生，接下来需要介绍一个重要的概念：幂等重试。

16.2.2　幂等重试使容错成为可能

如何防止因重试而将博客文章添加到数据库中很多次？一个简单的方法是使用标题作为主键。如果已使用主键，则你可以假定该文章已经在数据库中，并跳过将其插入数据库的步骤。现在，博客文章的插入是幂等的，这意味着无论某个操作多久应用一次，结果都一定是相同的。在当前示例中，结果是一个数据库条目。

接下来介绍一个更复杂的示例。插入一篇博客文章在现实中更复杂，过程可能看起来像下面这样。

（1）在数据库中创建博客文章条目。

（2）因为数据已更改而使缓存无效。

（3）发布博客的 Twitter feed 链接。

让我们仔细研究每一步。

1．在数据库中创建一个博客文章条目

之前我们已经介绍了这一步骤，用标题作为主键。但是这次，我们用通用唯一标识符（UUID），而不是用标题作为主键。像 550e8400-e29b-11d4-a716-446655440000 这样的 UUID 是由客户端生成的随机 ID。由于 UUID 的性质，不太可能有两个相同的 UUID。如果客户端想要创建一个博客文章，它必须将包含 UUID、标题和文本的请求发给 ELB。ELB 将请求路由到其中一台后端服务器。后端服务器检查主键是否已经存在。如果不存在，则将新记录添加到数据库中。如果存在，则插入继续进行。图 16-5 展示了这个流程。

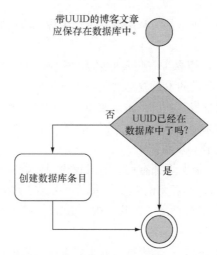

带UUID的博客文章
应保存在数据库中。

否

UUID已经在
数据库中了吗?

是

创建数据库条目

图 16-5 幂等的数据库插入操作：只有当数据库中不存在时，才在数据库中创建博客文章条目

创建一个博客文章是一个由代码控制的幂等操作的好例子。可以使用数据库来处理这个问题。只需向数据库发送一个插入操作。可能会发生以下 3 件事。

- 数据库插入数据。操作成功完成。
- 数据库响应一个错误，因为主键已在使用。操作成功完成。
- 数据库以不同的错误进行响应。该操作崩溃。

我们可以仔细想想实现幂等的最佳方式！

2．让缓存无效

这一步骤将向缓存层发送一条无效消息。你不需要在这里过多地担心幂等：如果缓存无效的次数超过需要的次数，则不会有什么影响；如果缓存无效，则下一次请求命中缓存时，缓存不包含数据，并且将查询原始源（在本例中是数据库）以获得结果，然后将结果放入缓存中，供后续请求使用；如果由于重试使缓存多次无效，最糟糕的事情就是可能需要对数据库进行更多次的调用，但这非常简单。

3．发送到 Twitter feed 的博客上

要使这一步骤幂等，你需要使用一些技巧，因为你要与不支持幂等操作的第三方进行交互。遗憾的是，没有解决方案保证你只发布一个状态更新到 Twitter。你可以保证至少创建一个（一个或多个）状态更新，或至多一个（一个或没有）状态更新。一个简单的方法可以是向 Twitter API 请求最新的状态更新，如果其中一个匹配了你要发布的状态更新，则跳过该步骤，因为它已经完成。

但是，Twitter 是一个最终一致性系统：无法保证你发布后立即看到状态的更新。因此，你最终可能会多次发布状态更新。另一种方法是在数据库中保存是否已经发布了状态更新的消息。但

想象一下，你发布的状态正在保存到 Twitter 的数据库，然后向 Twitter API 发出请求，但刚好那一刻系统崩溃。你的数据库提示说 Twitter 的状态更新已发布，但实际上没有。你需要做出选择：是容忍丢失状态更新，还是容忍多个状态更新。提示：这是一个业务决策。图 16-6 展示了两种解决方案的流程。

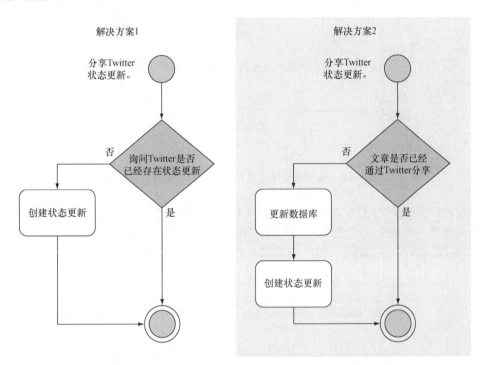

图 16-6   幂等的 Twitter 状态更新：如果它还没有完成，只共享状态更新

现在是时候举个实际的例子了。我们将在 AWS 上设计、实现和部署分布式容错 Web 应用。这个示例将综合本书中的大部分知识来演示分布式系统是如何工作的。

16.3   构建容错 Web 应用：Imagery

在开始架构和设计容错的 Imagery Web 应用之前，我们将简要介绍一下这个应用应该做什么。用户应该能够上传图片，然后将图片用深褐色过滤器转换，使其看起来很旧。接着，用户可以查看深褐色图片。图 16-7 展示了这一过程。

图 16-7 展示了这一过程的问题——它是同步的。如果 Web 服务器在请求和响应期间死机，则不会处理用户的图片。在许多用户想要使用 Imagery 应用时会出现另一个问题：系统变得很繁忙，可能会变慢或停止工作。因此，这个过程应该变成异步的。第 15 章介绍了使用 SQS 消息队列进行异步解耦的思想，如图 16-8 所示。

用户上传一张图片。

过滤器应用于图片。生成的图片已上传，可以从互联网访问。

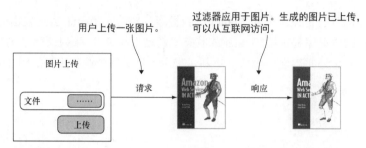

图 16-7　用户将图片上传到 Imagery，其中采用了过滤器

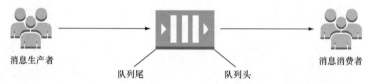

图 16-8　生产者发送消息到消息队列，消费者读取消息

在设计异步过程时，过程的跟踪非常重要。你需要某种标识符。当用户想要上传图片时，用户需要首先创建一个进程。这会返回唯一 ID。使用这一 ID，用户可以上传图片。如果图片上传完成，工作进程开始在后台处理图片。用户可以随时使用进程 ID 查找该进程。处理图片时，用户看不到深褐色图片。但是一旦图片被处理完，查找进程会返回深褐色图片。图 16-9 展示了这一异步过程。

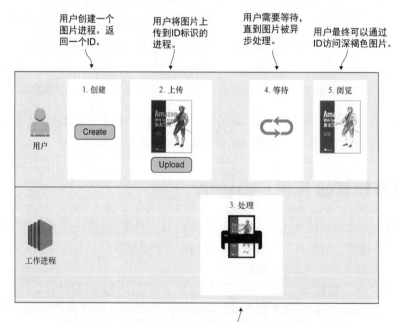

图 16-9　用户将图片异步上传到 Imagery，其中采用了过滤器

现在你已创建了一个异步过程，是时候把这一过程映射到 AWS 服务上去了。记住，AWS 上的大多数服务在默认情况下都是容错的，因此尽可能地选择它们是有意义的。图 16-10 展示了一种方法。

为了使事情尽可能简单，所有操作都可以通过 REST API 访问，REST API 将由 EC2 实例提供。最后，EC2 实例将提供进程并调用所有 AWS 服务，如图 16-10 所示。

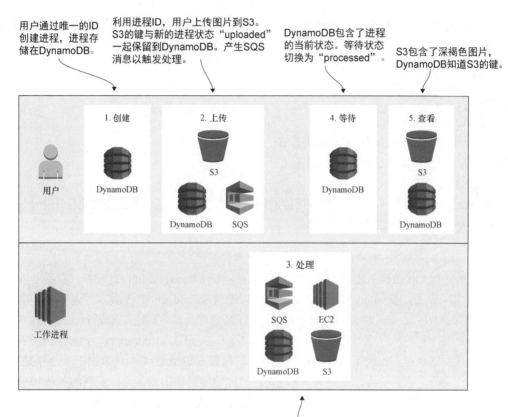

图 16-10　组合 AWS 服务实现异步 Imagery 过程

你将使用许多 AWS 服务来实现 Imagery 应用，它们中的大多数在默认情况下是容错的，但 EC2 不是。你将使用 16.3.1 节中介绍的幂等状态机来处理这个问题。

示例都包含在免费套餐中

　　本章中的示例都包含在免费套餐中。只要不是运行这些示例好几天，就不需要支付任何费用。记住，这仅适用于本书读者为学习本书刚刚创建的全新 AWS 账户，并且在这个 AWS 账户中没有任何活动记录。尽量在几天的时间里完成本章中的示例，在每个示例完成后务必清理账户。

16.3.1　幂等状态机

幂等状态机听起来很复杂。因为它是 Imagery 应用的核心，我们需要花一些时间来解释它。让我们来了解一下什么是状态机（state machine），什么是幂等（idempotent）。

1. 有限状态机

有限状态机具有至少一个开始状态和一个结束状态。在开始状态和结束状态之间，状态机可以具有许多其他状态。状态机还定义状态之间的转换。例如，具有 3 个状态的状态机可能如下：

```
(A) -> (B) -> (C)
```

这意味着：

- 状态 A 是开始状态；
- 有一个转换可能是从状态 A 到状态 B；
- 有一个转换可能是从状态 B 到状态 C；
- 状态 C 是结束状态。

但是在(A)→(C)或(B)→(A)之间没有可能的转换，考虑到这一点，我们将理论应用于 Imagery 示例。Imagery 状态机看起来像下面这样：

```
(Created)-> (Uploaded)-> (Processed)
```

创建了新进程（状态机）之后，唯一的转换可能是 Uploaded。要进行此转换，需要上传的原始图片的 S3 键。因此，Created→Uploaded 转换可以通过 uploaded(s3Key)定义。基本上，这同样适用于 Uploaded→Processed 转换。这个转换可以用深褐色图片的 S3 键来完成：processed(s3Key)。

不要因为上传和图片过滤处理没有出现在状态机中这一事实而感到迷惑。这些是基本操作，但我们只对结果感兴趣，我们不跟踪操作的进展。该过程不清楚是 10%的数据已上传还是 30%的图片处理已完成，它只关心操作是否 100%完成。你可能想象出很多可以实现的其他状态，但是为了简单起见，在本例中我们跳过了这些，只介绍调整大小和共享两个示例。

2. 幂等状态转换

无论转换发生的频率如何，幂等状态转换都必须具有相同的结果。如果知道状态转换是幂等的，就可以使用这样一个简单的技巧：万一在转换期间发生故障，就重试整个状态转换。

让我们看看需要实现的两个状态转换。第一个状态转换 Created→Uploaded 可以像下面这样实现（伪代码）：

```
uploaded(s3Key) {
  process = DynamoDB.getItem(processId)
  if (process.state !== 'Created') {
    throw new Error('transition not allowed')
  }
  DynamoDB.updateItem(processId, {'state': 'Uploaded', 'rawS3Key': s3Key})
```

```
SQS.sendMessage({'processId': processId, 'action': 'process'});
}
```

这种实现的问题是它不是幂等的。想象一下，SQS.sendMessage 失败了。状态转换将失败，因此你将重试。但第二次调用 Uploaded(s3Key)将抛出一个"transition not allowed"错误，因为 DynamoDB.updateItem 在第一次调用期间是成功的。

要解决这个问题，需要更改 if 语句来使函数幂等：

```
uploaded(s3Key) {
  process = DynamoDB.getItem(processId)
  if (process.state !== 'Created' && process.state !== 'Uploaded') {
    throw new Error('transition not allowed')
  }
  DynamoDB.updateItem(processId, {'state': 'Uploaded', 'rawS3Key': s3Key})
  SQS.sendMessage({'processId': processId, 'action': 'process'});
}
```

如果现在重试，将对 DynamoDB 进行多次更新，这没什么坏处。而且可以发送多个 SQS 消息，这也没什么坏处，因为 SQS 消息消费者也必须是幂等的。这同样适用于 Uploaded→Processed 转换。

接下来，我们将开始实现 Imagery 服务器。

16.3.2　实现容错的 Web 服务

将 Imagery 应用分为两部分：Web 服务器和工作进程。如图 16-11 所示，Web 服务器负责向用户提供 REST API，工作进程负责处理图片。

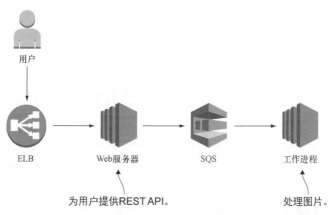

图 16-11　Imagery 应用分为两部分：Web 服务器和工作进程

代码在哪里

像之前一样，在本书配套资源中可以找到相关代码，Imagery 应用的代码位于/chapter16/目录中。

REST API 支持以下路由。

- POST /image——执行这一路由时会创建新的图片进程。
- GET /image/:id——这一路由将返回使用路径参数:id 指定的进程的状态。
- POST /image/:id/upload——这一路径为使用路径参数:id 指定的进程提供文件上传。

要实现这个 Web 服务器，你会再次用到 Node.js 和 Express Web 应用框架。这个项目将使用 Express 框架，但不要感到害怕，因为你不需要深入了解它。

1. 设置 Web 服务器项目

与以往一样，你需要一些样例代码来加载依赖项、初始化 AWS 端点以及其他类似的东西，如代码清单 16-1 所示。

代码清单 16-1　初始化 Imagery 服务（server/server.js）

```
var express = require('express');          ← 加载 Node.js 模块（依赖项）
var bodyParser = require('body-parser');
var AWS = require('aws-sdk');
var uuid = require('uuid/v4');
var multiparty = require('multiparty');

var db = new AWS.DynamoDB({    ← 创建 DynamoDB 端点
  'region': 'us-east-1'
});
var sqs = new AWS.SQS({    ← 创建 SQS 端点
  'region': 'us-east-1'
});
var s3 = new AWS.S3({    ← 创建 S3 端点
  'region': 'us-east-1'
});

var app = express();         ← 创建 Express 应用
app.use(bodyParser.json());  ← 告诉 Express 解析请求主体

// [...]

app.listen(process.env.PORT || 8080, function() {  ← 在环境变量 PORT 定义的端口上启动 Express，默认端口是 8080
  console.log('Server started. Open http://localhost:'
➥ + (process.env.PORT || 8080) + ' with browser.');
});
```

不用过于担心这个样例代码，有趣的部分后面很快就会介绍。

2. 创建一个新的 Imagery 进程

为了提供 REST API 来创建图片进程，一组 EC2 实例在负载均衡器后运行 Node.js 代码。图片进程存储在 DynamoDB 中。图 16-12 展示了创建新图片的请求流程。

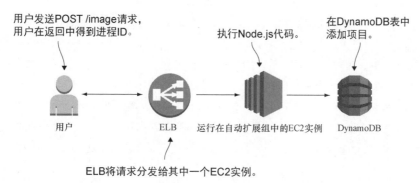

图 16-12　在 Imagery 中创建一个新图片的流程

现在在 Express 应用中添加一个路由来处理 POST /image 请求，如代码清单 16-2 所示。

代码清单 16-2　Imagery 服务器：POST/image 创建图片流程（server/server.js）

```
app.post('/image', function(request, response) {        ← 在 Express 应用中注册路由
  var id = uuidv4();                ← 为进程创建一个唯一 ID
  db.putItem({        ← 在 DynamoDB 上
    'Item': {            调用 putItem 操作
      'id': {
        'S': id        ← id 属性是 DynamoDB 的主键
      },
      'version': {
        'N': '0'        ← 使用乐观锁定的版本（乐观锁定
      },                在后文会有解释）
      'created': {
        'N': Date.now().toString()        ← 存储进程被创建的日期和时间
      },
      'state': {
        'S': 'created'        ← 进程现在处于 created 状态，当状态
      }                转换发生时这一属性会变化
    },
    'TableName': 'imagery-image',        ← DynamoDB 表将在本章后面创建
    'ConditionExpression': 'attribute_not_exists(id)'        ←
  }, function(err, data) {            如果项已经存在就阻止替换该项
    if (err) {
      throw err;
    } else {
      response.json({'id': id, 'state': 'created'});        ← 以进程 ID 进行响应
    }
  });
});
```

现在可以创建一个新进程了。

乐观锁定

　　要防止对 DynamoDB 项目进行多次更新，可以使用名为乐观锁定（optimistic locking）的技巧。当你要更新项目时，必须指定要更新的版本。如果该版本与数据库中项目的当前版本不匹配，则更新将被

拒绝。记住，乐观锁定是你的责任，而不是 DynamoDB 中可用的默认值。DynamoDB 仅提供实现乐观锁定的功能。

想象下面的场景。在版本 0 中创建一个项目。进程 A 查找该项目（版本 0），进程 B 也查找该项目（版本 0）。现在，进程 A 想通过在 DynamoDB 上调用 updateItem 操作来进行更改。因此，进程 A 指定期望的版本为 0。DynamoDB 将允许该修改，因为版本匹配，但 DynamoDB 也会将项目的版本更改为 1，因为执行了更新。现在，进程 B 想要进行修改并向 DynamoDB 发送一个请求，其中期望的项目版本为 0。DynamoDB 将拒绝该修改，因为期望的版本与 DynamoDB 知道的版本（即 1）不匹配。

要解决进程 B 的问题，可以使用前面介绍的同样的技巧——重试。进程 B 再次查找该项目，现在在版本 1 中查找，并且可以（你希望）进行更改。

乐观锁定有一个问题：如果许多修改并行发生，就会因为重试很多次而产生很多开销。但是如果你期望对单个项目进行大量并发写，且这是唯一的问题，可以通过更改数据模型来解决。在 Imagery 应用中并非如此。对于单个项目，只期望进行少量写操作：乐观锁定非常适合确保你没有两个写操作，其中一个操作会覆盖另一个写操作所做的更改。

与乐观锁定相对的是悲观锁定。悲观锁定可以通过使用信号量来实现。在更改数据之前，需要锁定信号量。如果信号量已经被锁定，则等待直到信号量再次变为空闲。

我们需要实现的下一个路由是查找进程的当前状态。

3. 查找 Imagery 进程

你将添加一条到 Express 应用的路由来处理 GET /image/:id 请求。图 16-13 展示了这一请求流程。

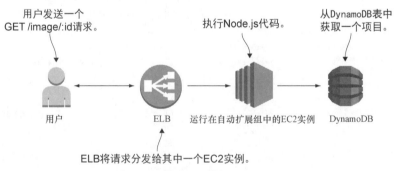

用户发送一个
GET /image/:id请求。

执行Node.js代码。

从DynamoDB表中
获取一个项目。

用户　　　ELB　　　运行在自动扩展组中的EC2实例　　　DynamoDB

ELB将请求分发给其中一个EC2实例。

图 16-13　在 Imagery 中查找图片进程返回其状态

Express 将处理路径参数:id，Express 在 request.params.id 中提供它。这一实现需要基于路径参数 ID 从 DynamoDB 获取项目，如代码清单 16-3 所示。

代码清单 16-3 GET /image/:id 查找图片进程（server/server.js）

```
function mapImage = function(item) {        辅助函数将 DynamoDB 结果
  return {                                  映射到 JavaScript 对象
    'id': item.id.S,
    'version': parseInt(item.version.N, 10),
    'state': item.state.S,
    'rawS3Key': // [...]
    'processedS3Key': // [...]
    'processedImage': // [...]
  };
};

function getImage(id, cb) {
  db.getItem({                        在 DynamoDB 上调用 getItem 操作
    'Key': {
      'id': {                         id 是主键散列值
        'S': id
      }
    },
    'TableName': 'imagery-image'
  }, function(err, data) {
    if (err) {
      cb(err);
    } else {
      if (data.Item) {
        cb(null, lib.mapImage(data.Item));
      } else {
        cb(new Error('image not found'));
      }
    }
  });
}

app.get('/image/:id', function(request, response) {     使用 Express 注册路由
  getImage(request.params.id, function(err, image) {
    if (err) {
      throw err;
    } else {
      response.json(image);     以 image 进程来响应
    }
  });
});
```

唯一缺少的是上传部分，接下来介绍上传部分。

4. 上传图片

通过 POST 请求上传图片需要执行以下几个步骤。

（1）将原始图片上传到 S3。

（2）修改 DynamoDB 中的项目。

（3）发送 SQS 消息来触发图片处理。

图 16-14 展示了这一流程。

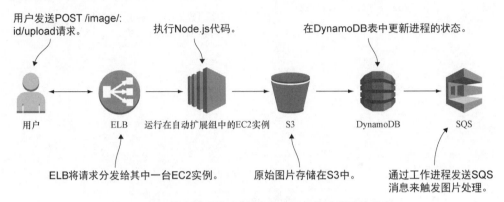

用户发送POST /image/:
id/upload请求。　　执行Node.js代码。　　在DynamoDB表中更新进程的状态。

用户　　　ELB　　运行在自动扩展组中的EC2实例　　S3　　DynamoDB　　SQS

ELB将请求分发给其中一台EC2实例。　　原始图片存储在S3中。　　通过工作进程发送SQS
消息来触发图片处理。

图 16-14　将原始图片上传到 Imagery 并触发图片处理

代码清单 16-4 展示了这些步骤的具体实现。

```
function uploadImage(image, part, response) {          为 S3 对象创
  var rawS3Key = 'upload/' + image.id + '-' + Date.now();  ◁  建一个键
  s3.putObject({                            ◁────  调用 S3 API，上传对象
    'Bucket': process.env.ImageBucket,                  S3 存储桶名作为环境变量传入
    'Key': rawS3Key,                                  （该存储桶将在本章后面创建）
    'Body': part,                    ◁
    'ContentLength': part.byteCount        body 是上传的
  }, function(err, data) {                 数据流
    if (err) {
      throw err;
    } else {
      db.updateItem({  ◁────  调用 DynamoDB API 更新对象
        'Key': {
          'id': {
            'S': image.id
          }
        },
        'UpdateExpression': 'SET #s=:newState,   ◁────  更新状态、版本和原始 S3 键
➥ version=:newVersion, rawS3Key=:rawS3Key',
        'ConditionExpression': 'attribute_exists(id)  ◁        仅当项目存在时更新。
➥ AND version=:oldVersion                               版本等于期望的版本，
➥ AND #s IN (:stateCreated, :stateUploaded)',             状态是允许的状态之一
        'ExpressionAttributeNames': {
          '#s': 'state'
        },
        'ExpressionAttributeValues': {
          ':newState': {
            'S': 'uploaded'
          },
```

```
            ':oldVersion': {
              'N': image.version.toString()
            },
            ":newVersion": {
              "N": (image.version + 1).toString()
            },
            ':rawS3Key': {
              'S': rawS3Key
            },
            ':stateCreated': {
              'S': 'created'
            },
            ':stateUploaded': {
              'S': 'uploaded'
            }
          },
          'ReturnValues': 'ALL_NEW',
          'TableName': 'imagery-image'
        }, function(err, data) {
          if (err) {
            throw err;
          } else {
            sqs.sendMessage({                   ◄─────────── 调用 SQS API 发布消息   创建包含图片 ID 和
              'MessageBody': JSON.stringify(                                        期望状态的消息体
                {'imageId': image.id, 'desiredState': 'processed'}
              ),
              'QueueUrl': process.env.ImageQueue, ◄─────
            }, function(err) {                            扩展策略通过设置
              if (err) {                                  绝对数量增加容量
                throw err;
              } else {
                response.redirect('/#view=' + image.id);
                response.end();
              }
            });
          }
        });
      }
    });
}

app.post('/image/:id/upload', function(request, response) {   ◄─────   使用 Express 注册
  getImage(request.params.id, function(err, image) {                    路由
    if (err) {
      throw err;
    } else {
      var form = new multiparty.Form();          ◄─────   我们使用 multiparty 模块来
      form.on('part', function(part) {                     处理多线程上传
        uploadImage(image, part, response);
      });
      form.parse(。request);
    }
  });
});
```

服务器端已完成。接下来，将继续在 Imagery 工作进程中实现处理部分。之后，就可以部署该应用了。

16.3.3 实现容错的工作进程来消费 SQS 消息

Imagery 工作进程在后台执行异步操作：应用深褐色过滤器处理图片。工作程序处理 SQS 消息和处理图片。幸运的是，消耗 SQS 消息是一个可以由 Elastic Beanstalk 解决的常见任务，稍后将使用它来部署应用。Elastic Beanstalk 可以配置为监听 SQS 消息并对每条消息执行 HTTP POST 请求。最后，工作进程实现了一个由 Elastic Beanstalk 调用的 REST API。要实现工作进程，将再次使用 Node.js 和 Express 框架。

1. 设置服务器项目

与以往一样，你需要一些样例代码来加载依赖项、初始化 AWS 端点等，如代码清单 16-5 所示。

代码清单 16-5 初始化 Imagery 工作进程（worker/worker.js）

```
var express = require('express');         ◁────  加载 Node.js 模块（依赖项）
var bodyParser = require('body-parser');
var AWS = require('aws-sdk');
var assert = require('assert-plus');
var Caman = require('caman').Caman;
var fs = require('fs');

                                          创建 DynamoDB 端点
var db = new AWS.DynamoDB({    ◁────
  'region': 'us-east-1'
});
var s3 = new AWS.S3({         ◁────  创建 S3 端点
  'region': 'us-east-1'
});

                                       创建 Express 应用
var app = express();          ◁────
app.use(bodyParser.json());
                                       注册返回空对象的健康
                                       状态检查的路由
app.get('/', function(request, response) {   ◁────
  response.json({});
});

// [...]
                                                在由环境变量 PORT 定义的
                                                端口或者默认端口 8080 上
                                                启动 Express
app.listen(process.env.PORT || 8080, function() {   ◁────
  console.log('Worker started on port ' + (process.env.PORT || 8080));
});
```

Node.js 模块 caman 用于创建深褐色图片，接下来我们会用到该模块。

2. 处理 SQS 消息和处理图片

SQS 消息能够触发图片处理，这由工作进程处理。一旦接收到消息，工作进程就开始从 S3 下载原始图片，应用深褐色过滤器，并将处理过的图片上传回 S3。之后，在 DynamoDB 中进程状态将被修改。图 16-15 展示了这些步骤。

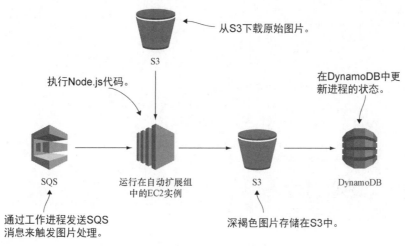

图 16-15　处理原始图片，将深褐色图片上传到 S3

如果不直接从 SQS 接收消息，可以采用一个捷径。Elastic Beanstalk 是将要使用的部署工具，它提供了消费队列中消息的功能，并为每个消息调用 HTTP POST 请求。配置对资源/sqs 进行的 POST 请求。代码清单 16-6 展示了其具体实现。

代码清单 16-6　Imagery 工作进程：POST /sqs 处理 SQS 消息（worker/worker.js）

```
                                      processImage 的实现在这里没有展示，
                                      可以在本书的源代码文件夹中找到
function processImage(image, cb) {  ◁
  var processedS3Key = 'processed/' + image.id + '-' + Date.now() + '.png';
  // download raw image from S3
  // process image
  // upload sepia image to S3
  cb(null, processedS3Key);
}

function processed(image, request, response) {
  processImage(image, function(err, processedS3Key) {
    if (err) {
      throw err;
    } else {
      db.updateItem({      ◁——  在 DynamoDB 上调用 updateItem 操作
        'Key': {
          'id': {
            'S': image.id
```

```
            }
          },
          'UpdateExpression': 'SET #s=:newState,
 version=:newVersion, processedS3Key=:processedS3Key',
          'ConditionExpression': 'attribute_exists(id)
 AND version=:oldVersion
 AND #s IN (:stateUploaded, :stateProcessed)',
          'ExpressionAttributeNames': {
            '#s': 'state'
          },
          'ExpressionAttributeValues': {
            ':newState': {
              'S': 'processed'
            },
            ':oldVersion': {
              'N': image.version.toString()
            },
            ':newVersion': {
              'N': (image.version + 1).toString()
            },
            ':processedS3Key': {
              'S': processedS3Key
            },
            ':stateUploaded': {
              'S': 'uploaded'
            },
            ':stateProcessed': {
              'S': 'processed'
            }
          },
          'ReturnValues': 'ALL_NEW',
          'TableName': 'imagery-image'
        }, function(err, data) {
          if (err) {
            throw err;
          } else {
            response.json(lib.mapImage(data.Attributes));
          }
        });
    }
  });
}

app.post('/sqs', function(request, response) {
  assert.string(request.body.imageId, 'imageId');
  assert.string(request.body.desiredState, 'desiredState');
  getImage(request.body.imageId, function(err, image) {

    if (err) {
      throw err;
    } else {
      if (request.body.desiredState === 'processed') {
        processed(image, request, response);
      } else {
        throw new Error("unsupported desiredState");
      }
    }
  });
});
```

更新状态、版本和已处理的 S3 键

仅当项目存在时更新状态，版本等于期望的版本，状态是允许状态中的一个

以进程的新状态作为响应

使用 Express 注册路由

getImage 的实现与服务器上的相同

如果 SQS 消息的 desiredState 等于 processed，调用 processed 函数

如果 POST /sqs 路由以 2XX HTTP 状态代码响应，则 Elastic Beanstalk 会认为消息传递成功，并从队列中删除该消息，否则该消息被重新提交。

现在可以处理 SQS 消息来转换原始图片，并将深褐色图片上传到 S3。接下来是以容错方式将所有代码部署到 AWS。

16.3.4　部署应用

如前所述，你将使用 Elastic Beanstalk 来部署服务器和工作进程。你将使用 CloudFormation 执行此操作。这可能听起来很奇怪，因为你正在通过一个自动化工具来使用另一个自动化工具。但 CloudFormation 不仅仅是部署两个 Elastic Beanstalk 应用。它定义了以下内容：

- 用于存储原始图片和已处理图片的 S3 存储桶；
- DynamoDB 表 imagery-image；
- SQS 队列和死信队列（Dead-Letter Queue，DLQ）；
- 用于服务器和工作进程 EC2 实例的 IAM 角色；
- 用于服务器和工作进程的 Elastic Beanstalk 应用。

创建 CloudFormation 栈需要相当长的时间，这就是你现在应该这样做的原因。创建栈后，查看模板。之后，栈就可以使用了。

为了部署 Imagery，我们创建了 CloudFormation 模板（在本书配套资源的/chapter16/template. yaml 中）。基于该模板创建一个栈，该栈输出 EndpointURL 返回一个可以从浏览器访问以使用 Imagery 的 URL。以下代码用于从终端创建栈。

```
$ aws cloudformation create-stack --stack-name imagery \
➥ --template-url [本书代码库]/chapter16/template.yaml \
➥ --capabilities CAPABILITY_IAM
```

现在我们来看一下 CloudFormation 模板。

1.　部署 S3、DynamoDB 和 SQS

代码清单 16-7 所示的 CloudFormation 模板片段描述了 S3 存储桶、DynamoDB 表和 SQS 队列。

代码清单 16-7　Imagery CloudFormation 模板：S3、DynamoDB 和 SQS

```
---
AWSTemplateFormatVersion: '2010-09-09'
Description: 'AWS in Action: chapter 16'
Parameters:
  KeyName:
    Description: 'Key Pair name'
    Type: AWS::EC2::KeyPair::KeyName'
    Default: mykey
Resources:
```

```
  Bucket:                          ←──────────┐   S3 存储桶用于上传和处理
    Type: 'AWS::S3::Bucket'                   │   图片，启用 Web 托管
    Properties: {                                                    桶名包含账户 ID，
      BucketName: !Sub 'imagery-${AWS::AccountId}'  ←────────────   确保名称的唯一性
      WebsiteConfiguration:
        ErrorDocument: error.html
        IndexDocument: index.html
  Table:                           ←──────   包含图片进程信息的 DynamoDB 表
    Type: 'AWS::DynamoDB::Table'
    Properties:
      AttributeDefinitions:
      - AttributeName: id          ←──────   id 属性用作分区键
        AttributeType: S
      KeySchema:
      - AttributeName: id
        KeyType: HASH
      ProvisionedThroughput:
        ReadCapacityUnits: 1
        WriteCapacityUnits: 1
      TableName: 'imagery-image'
  SQSDLQueue: {                    ←──────   用于接收无法处理的消息的 SQS 队列
    Type: 'AWS::SQS::Queue'
    Properties:
      QueueName: 'message-dlq'
  SQSQueue: {                      ←──────   SQS 队列触发图片处理
    Type: 'AWS::SQS::Queue'
    Properties:
      QueueName: message
      RedrivePolicy:                                          如果一条消息接收超过 10 次，
        deadLetterTargetArn: !Sub '${SQSDLQueue.Arn}'  ←──   就将其移至死信队列
        maxReceiveCount: 10
# [...]
Outputs:
  EndpointURL:    ←──────   在浏览器中访问输出以使用 Imagery
    Value: !Sub 'http://${EBServerEnvironment.EndpointURL}'
    Description: Load Balancer URL
```

　　DLQ 的概念在这里也需要简要介绍一下。如果无法处理单个 SQS 消息，则该消息在其他工作进程的队列中再次变为可见，这称为重试。但是，如果由于某种原因每次重试都失败（可能是你的代码中有错误），该消息将永远驻留在队列中，并可能因为所有的重试浪费大量的资源。为了避免这种情况，可以配置 DLQ。如果消息被重试超过特定次数，就将其从原始队列中删除并转发到 DLQ。不同之处在于 DLQ 上没有工作进程监听消息。但是，如果 DLQ 包含的消息超过 0 个，则应创建一个 CloudWatch 告警，因为需要通过查看 DLQ 中的消息来手动了解这一问题。

　　现在已经设计了基本资源，接下来设计更具体的资源。

2. 用于服务器和工作进程 EC2 实例的 IAM 角色

记住，仅授予必要的权限很重要。所有服务器实例必须能够执行以下操作。

- sqs:SendMessage——发送消息到在模板中创建的 SQS 队列以触发图片处理。
- s3:PutObject——把对象放到在模板中创建的 S3 存储桶，以上传文件到 S3（可以进一步限制对 upload/键前缀的写）。
- dynamodb:GetItem、dynamodb:PutItem 和 dynamodb:UpdateItem——对在模板中创建的 DynamoDB 表获取项目、放入项目和更新项目。
- cloudwatch:PutMetricData——这是 Elastic Beanstalk 需要的。
- s3:Get*、s3:List*和 s3:PutObject——这些是 Elastic Beanstalk 需要的。

所有工作进程实例必须能够执行以下操作。

- sqs:ChangeMessageVisibility、sqs:DeleteMessage 和 sqs:ReceiveMessage——对在模板中创建的 SQS 队列修改消息可见性、删除消息和检索消息。
- s3:PutObject——把对象放到在模板中创建的 S3 存储桶，以上传文件到 S3（可以进一步限制对 processed/键前缀的写）。
- dynamodb:GetItem 和 dynamodb:UpdateItem——对模板中创建的 DynamoDB 表获取项目和更新项目。
- cloudwatch:PutMetricData——这是 Elastic Beanstalk 需要的。
- s3:Get*、s3:List*和 s3:PutObject——这些是 Elastic Beanstalk 需要的。

如果对 IAM 角色不满意，可以查看本书配套资源的代码。具有 IAM 角色的模板可以在 /chapter16/template.yaml 中找到。

接下来开始设计 Elastic Beanstalk 应用。

3. 用于服务器的 Elastic Beanstalk

首先，简短回顾一下在第 5 章中介绍过的 Elastic Beanstalk。Elastic Beanstalk 由下面这些元素组成。

- 应用是一个逻辑容器。它包含版本、环境和配置。要在区域中使用 AWS Elastic Beanstalk，必须先创建应用。
- 版本包含应用的特定版本。要创建新版本，必须将可执行文件（打包到归档文件中）上传到 S3。一个版本基本上是一个指向这个归档可执行文件的指针。
- 配置模板包含默认配置。可以使用自定义配置模板管理应用的配置（如应用监听的端口）以及环境配置（如虚拟机的大小）。
- 环境是 AWS Elastic Beanstalk 运行应用的地方。环境由版本和配置组成。为一个应用运行多个环境可以多次使用版本和配置。

图 16-16 展示了 Elastic Beanstalk 应用的各个部分。

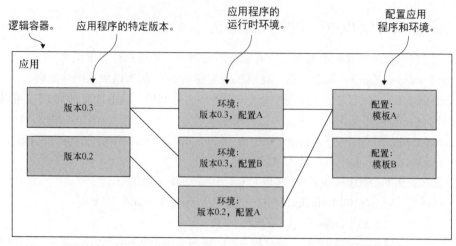

逻辑容器。　应用程序的特定版本。　应用程序的运行时环境。　配置应用程序和环境。

图 16-16　AWS Elastic Beanstalk 应用由版本、环境和配置组成

回顾完 Elastic Beanstalk 的知识，让我们来看一下部署 Imagery 服务器的 Elastic Beanstalk 应用，如代码清单 16-8 所示。

代码清单 16-8　Imagery CloudFormation 模板：用于服务器的 Elastic Beanstalk

```
EBServerApplication:                          ←── 描述服务器应用容器
  Type: 'AWS::ElasticBeanstalk::Application'
  Properties:
    ApplicationName: 'imagery-server'
    Description: 'Imagery server: AWS in Action: chapter 16'
EBServerConfigurationTemplate:
  Type: 'AWS::ElasticBeanstalk::ConfigurationTemplate'
  Properties:                                 默认使用运行 Node.js 6.11.5 的
    ApplicationName: !Ref EBServerApplication  Amazon Linux 2017.09 版本
    Description: 'Imagery server: AWS in Action: chapter 16'
    SolutionStackName:
➡  '64bit Amazon Linux 2017.09 v4.4.0 running Node.js'
    OptionSettings:
    - Namespace: 'aws:autoscaling:asg'
      OptionName: 'MinSize'
      Value: '2'                              ←── 为了容错，最少需要两个 EC2 实例
    - Namespace: 'aws:autoscaling:launchconfiguration'
      OptionName: 'EC2KeyName'
      Value: !Ref KeyName                     ←── 以 KeyName 参数传递值
    - Namespace: 'aws:autoscaling:launchconfiguration'
      OptionName: 'IamInstanceProfile'
      Value: !Ref ServerInstanceProfile       ←┐
    - Namespace: 'aws:elasticbeanstalk:container:nodejs'  连接到在 16.3.4 节中创建
      OptionName: 'NodeCommand'                │的 IAM 实例的配置文件
      Value: 'node server.js'      ←── 启动命令
    - Namespace: 'aws:elasticbeanstalk:application:environment'
      OptionName: 'ImageQueue'
      Value: !Ref SQSQueue                    ←── 将 SQS 队列传递到环境变量
```

```
    - Namespace: 'aws:elasticbeanstalk:application:environment'
      OptionName: 'ImageBucket'
      Value: !Ref Bucket            ◁──────────  将 S3 存储桶传递到环境变量
    - Namespace: 'ws:elasticbeanstalk:container:nodejs:staticfiles'
      OptionName: '/public'
      Value: '/public'  ◁───────  将所有来自/public 的文件作为静态文件
EBServerApplicationVersion:
  Type: 'AWS::ElasticBeanstalk::ApplicationVersion'
  Properties:
    ApplicationName: !Ref EBServerApplication
    Description: 'Imagery server: AWS in Action: chapter 16'
    SourceBundle:
      S3Bucket: 'awsinaction-code2'
      S3Key: 'chapter16/build/server.zip'  ◁───  从本书的 S3 存储桶中加载代码
EBServerEnvironment:
  Type: 'AWS::ElasticBeanstalk::Environment'
  Properties:
    ApplicationName: !Ref EBServerApplication
    Description: 'magery server: AWS in Action: chapter 16'
    TemplateName: !Ref EBServerConfigurationTemplate
    VersionLabel: !Ref EBServerApplicationVersion
```

在实现层面，Elastic Beanstalk 使用 ELB 将流量分发到由 Elastic Beanstalk 管理的 EC2 实例。你只需关心 Elastic Beanstalk 的配置和代码。

4．用于工作进程的 Elastic Beanstalk

工作进程的 Elastic Beanstalk 应用与服务器很像。它们的区别将在代码清单 16-9 中注明。

代码清单 16-9　Imagery CloudFormation 模板：用于工作进程的 Elastic Beanstalk

```
EBWorkerApplication:                       ◁────  描述工作进程应用容器
  Type: 'AWS::ElasticBeanstalk::Application'
  Properties:
    ApplicationName: 'imagery-worker'
    Description: 'Imagery worker: AWS in Action: chapter 16'
EBWorkerConfigurationTemplate:
  Type: "AWS::ElasticBeanstalk::ConfigurationTemplate",
  Properties: {
    ApplicationName: !Ref EBWorkerApplication
    Description: 'Imagery worker: AWS in Action: chapter 16'
    SolutionStackName:
➥ '64bit Amazon Linux 2017.09 v4.4.0 running Node.js'
    OptionSettings:
    - Namespace: 'aws:autoscaling:launchconfiguration'
      OptionName: 'EC2KeyName'
      Value: !Ref KeyName
    - Namespace: 'aws:autoscaling:launchconfiguration'
      OptionName: 'IamInstanceProfile'
      Value: !Ref WorkerInstanceProfile
    - Namespace": 'aws:elasticbeanstalk:sqsd'
      OptionName": 'WorkerQueueURL'
```

```yaml
        Value: !Ref SQSQueue
      - Namespace: 'aws:elasticbeanstalk:sqsd'
        OptionName: 'HttpPath'
        Value: '/sqs'   ←—— 配置在收到 SQS 消息时调用的 HTTP 资源
      - Namespace: 'aws:elasticbeanstalk:container:nodejs'
        OptionName: 'NodeCommand'
        Value: 'node worker.js'
      - Namespace: 'aws:elasticbeanstalk:application:environment'
        OptionName: 'ImageQueue'
        Value: !Ref SQSQueue
      - Namespace: 'aws:elasticbeanstalk:application:environment'
        OptionName: 'ImageBucket'
        Value: !Ref Bucket
EBWorkerApplicationVersion:
  Type: "AWS::ElasticBeanstalk::ApplicationVersion",
  Properties:
    ApplicationName: !Ref EBWorkerApplication
    Description: 'Imagery worker: AWS in Action: chapter 16'
    SourceBundle:
      S3Bucket: 'awsinaction'
      S3Key: 'chapter16/build/worker.zip'
EBWorkerEnvironment:
  Type: 'AWS::ElasticBeanstalk::Environment'
  Properties:
    ApplicationName: !Ref EBWorkerApplication
    Description: 'Imagery worker: AWS in Action: chapter 16'
    TemplateName: !Ref EBWorkerConfigurationTemplate
    VersionLabel: !Ref EBWorkerApplicationVersion
    Tier:          ←—— 切换到工作进程环境层（将 SQS 消息推送给你的应用）
      Type: 'SQS/HTTP'
      Name: 'Worker'
      Version: '1.0'
```

在所有的 YAML 读取之后，应该创建 CloudFormation 栈。验证栈状态的代码如下：

```
$ aws cloudformation describe-stacks --stack-name imagery
{
  "Stacks": [{
    [...]
    "Description": "AWS in Action: chapter 16",
    "Outputs": [{
      "Description": "Load Balancer URL",
      "OutputKey": "EndpointURL",                            将输出复制到浏览器中
      "OutputValue": "http://awseb-...582.us-east-1.elb.a*******s.com"   ←—┐
    }],                                                                     │
    "StackName": "imagery",
    "StackStatus": "CREATE_COMPLETE"   ←—— 等到变为 CREATE_COMPLETE
  }]
}
```

栈的 EndpointURL 输出包含用于访问 Imagery 应用的 URL。在 Web 浏览器中打开 Imagery 时可以上传图片，如图 16-17 所示。

图 16-17   Imagery 应用操作步骤

继续上传一些图片，欣赏正在处理的图片。

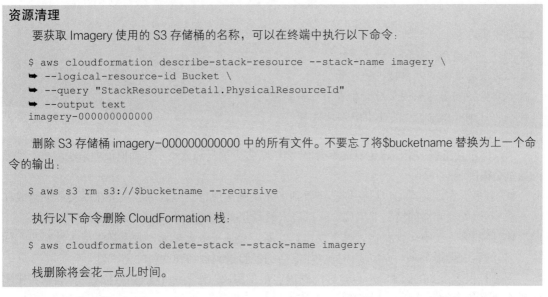

资源清理

要获取 Imagery 使用的 S3 存储桶的名称，可以在终端中执行以下命令：

```
$ aws cloudformation describe-stack-resource --stack-name imagery \
➥ --logical-resource-id Bucket \
➥ --query "StackResourceDetail.PhysicalResourceId"
➥ --output text
imagery-000000000000
```

删除 S3 存储桶 imagery-000000000000 中的所有文件。不要忘了将$bucketname 替换为上一个命令的输出：

```
$ aws s3 rm s3://$bucketname --recursive
```

执行以下命令删除 CloudFormation 栈：

```
$ aws cloudformation delete-stack --stack-name imagery
```

栈删除将会花一点儿时间。

恭喜，你已经到达了一个重要的里程碑：在 AWS 上构建容错的应用。距离终点只有一步之遥，即根据负载动态扩展应用。

16.4   小结

- 容错意味着预料到故障的发生，并可以处理故障的方式设计系统。
- 要创建容错的应用，可以使用幂等操作从一个状态转换到下一个状态。
- 状态不应驻留在 EC2 实例（无状态服务器）上作为容错的先决条件。
- AWS 提供容错服务，并提供创建容错系统所需的所有工具。EC2 是为数不多的非容错的开箱即用的服务之一。
- 可以使用多个 EC2 实例消除单点故障。不同可用区中的冗余 EC2 实例（以自动扩展组开始）是使 EC2 容错的方法。

第 17 章 向上或向下扩展：
自动扩展和 CloudWatch

本章主要内容
- 创建带有启动配置的自动扩展组
- 通过自动扩展更改虚拟机的数量
- 在负载均衡器（ALB）后面扩展同步解耦应用
- 利用队列（SQS）扩展异步解耦应用

假设你正在组织一个庆祝生日的聚会。你要购买多少饮料和食物？准确地预测采购清单上物品的数量是很困难的。

- 有多少客人会参加？尽管你已经收到了几次确认消息，但有些客人会在聚会前取消或在不事先通知你的情况下出现。所以客人的数量是不确定的。
- 你的客人会吃多少食物，喝多少饮料？那天会是一个大热天，大家都喝很多饮料吗？你的客人会很饿吗？你需要根据以往聚会的经验猜测食物和饮料的需求量。

因为有很多未知的因素，所以这种问题确实很难解决。作为一个好客的主人，你会购买比实际需求要多的食物和饮料，这样就不会有客人饿着或者渴着。

满足未来需求的计划几乎是不可能制订的。为防止供应缺口，你需要在计划需求上增加额外余量，以防止资源短缺。

在云计算出现之前，我们的行业在规划 IT 基础设施的容量时也是如此。在为数据中心采购硬件时，我们总是不得不基于未来的需求购买硬件。做出这些决定时有很多不确定因素。

- 这一基础设施需要为多少用户提供服务？
- 用户需要多少存储空间？
- 处理用户的请求需要多大的计算能力？

为了避免供应短缺，我们不得不订购比所需更多、更快的硬件，因此增加了不必要的开支。在 AWS 上，你可以按需使用服务。规划容量已经越来越不重要了。你可以从一个 EC2 实例扩展到数千个 EC2 实例。存储可以自动从 GB 级别扩容到 PB 级别。你可以按需扩展，取代容量规划。

这种按需扩展的能力就是 AWS 所称的弹性（elasticity）。

和 AWS 一样的公有云提供商可以在较短的等待时间内提供你所需的容量。AWS 为数百万客户提供服务，在这种规模下，如果你突然需要 100 台额外的虚拟机，AWS 在几分钟内提供它们并不会有什么问题。这就解决了典型的流量模式问题，如图 17-1 所示。假想一下，你的基础设施在白天和晚上的负载、工作日和周末的负载或者圣诞节前和一年中的其他时间的负载。如果你可以在流量增多的时候增加容量，流量减少的时候减小容量，这岂不是很好的做法吗？在本章中，你将学习如何根据当前负载来扩展虚拟机的数量。

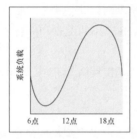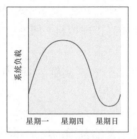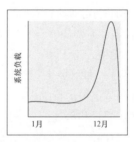

图 17-1　网店的典型流量模式

扩展虚拟机的数量可以在 AWS 上通过自动扩展组（ASG）和扩展策略来实现。自动扩展组是 EC2 服务的一部分，可以帮你扩展完成系统当前负载所需的 EC2 实例的数量。我们在第 14 章中介绍过自动扩展组，以确保即使整个数据中心发生中断，单台虚拟机仍在运行。在本章中，你将了解如何使用动态 EC2 实例池。

- 使用自动扩展组启动多个相同类型的虚拟机。
- 借助 CloudWatch 警报，依据 CPU 负载更改虚拟机的数量。
- 根据计划更改虚拟机的数量，以适应反复出现的流量模式。
- 使用负载均衡器作为动态 EC2 实例池的入口点。
- 使用队列把从动态 EC2 实例池来的任务解耦。

示例都包含在免费套餐中

本章中的示例都包含在免费套餐中。只要不是运行这些示例好几天，就不需要支付任何费用。记住，这仅适用于本书读者为学习本书刚刚创建的全新 AWS 账户，并且在这个 AWS 账户中没有任何活动记录。尽量在几天的时间里完成本章中的示例，在每个示例完成后务必清理账户。

能够横向扩展应用需具有以下两个先决条件，这意味着根据当前工作负载增加和减少虚拟机的数量。

- 要扩展的 EC2 实例需要是无状态的。你可以通过在 RDS（SQL 数据库）、DynamoDB（NoSQL 数据库）、EFS（弹性文件系统）或 S3（对象存储）等服务的帮助下，存储数据以实现无状态服务器，而不是将数据存储在仅适用于单个 EC2 实例的磁盘上（实例存储或 EBS 卷）。

■ 需要动态 EC2 实例池的入口点能够在多个 EC2 实例上分配工作负载。EC2 实例可以与负载均衡器同步解耦，也可以与队列异步解耦。

我们在本书的第三部分中介绍了无状态服务器的概念，在第 15 章中解释了如何使用解耦。在本章中，我们会回到无状态服务器的概念，并通过一个实际示例了解同步解耦和异步解耦。

17.1　管理动态 EC2 实例池

设想一下，你需要提供可扩展的基础设施来运行 Web 应用，例如一个博客平台。你需要在请求的数量增加时启动多个统一的虚拟机，并在请求的数量减少时终止虚拟机。要以自动方式适应当前工作负载，需要能够自动启动和终止虚拟机。因此，Web 应用的配置和部署需要在启动期间自动完成，无须人工干预。

AWS 提供了一种服务来管理这种动态 EC2 实例池，称为自动扩展组。自动扩展组可帮你实现：

■ 动态调整正在运行的虚拟机的数量；

■ 启动、配置和部署统一的虚拟机。

自动扩展组确保实例的数量在你定义的范围内增加和减少。定义虚拟机的最小数量，可以确保至少有两台虚拟机在不同的可用区中运行，以避免服务出现故障。相反，定义虚拟机的最大数量，可以确保你不会在基础设施上花的钱超出预期。

如图 17-2 所示，自动扩展由以下 3 部分组成。

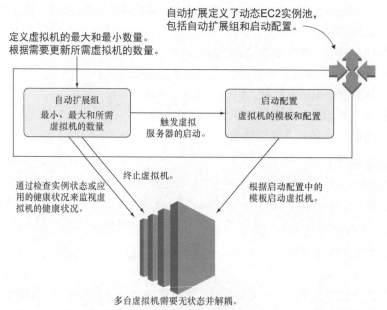

图 17-2　自动扩展由自动扩展组和启动配置组成，统一启动和终止虚拟机

（1）启动配置，用于定义虚拟机的大小、映像和配置。

（2）自动扩展组，用于根据启动配置指定需要运行多少台虚拟机。

（3）伸缩计划，用于根据计划或动态调整自动扩展组中所需 EC2 实例的数量。

由于自动扩展组需要参考启动配置，因此在创建自动扩展组之前需要创建启动配置。如果使用模板（像本章一样），这种依赖直接由 CloudFormation 自动解决。

如果你想要多个 EC2 实例处理工作负载，启动相同的虚拟机来构建同构的基础就非常重要。你可以使用启动配置来定义和配置新虚拟机。表 17-1 展示了启动配置的重要的参数。

表 17-1　启动配置参数

名称	描述	可能值
ImageIdID	启动一个新的虚拟机所需要的映像	Amazon 系统映像的 ID
InstanceType	新虚拟机的大小	实例类型（如 t2.micro）
UserData	在启动期间运行脚本的虚拟机的用户数据	Base64 编码字符串
KeyName	用于通过 SSH 认证的密钥对	EC2 密钥对的名称
AssociatePublicIpAddress	将公有 IP 地址关联到虚拟机上	真或假
SecurityGroups	将安全组附加到新虚拟机上	安全组名称的列表
IamInstanceProfile	将链接的 IAM 实例配置文件附加到 IAM 角色	IAM 实例配置文件的名称或 Amazon 资源名称（一个 ID）

创建启动配置后，你可以创建一个引用它的自动扩展组。自动扩展组定义了虚拟机的最大、最小和所需数量。"所需"的意思是应该运行此数量的 EC2 实例。如果当前 EC2 实例的数量低于所需数量，则自动扩展组将添加 EC2 实例。如果当前 EC2 实例的数量高于所需数量，则删除 EC2 实例。所需容量可以根据负载或计划自动更改，也可以手动更改。虚拟机的最小和最大数量是自动扩展组中虚拟机数量的下限和上限。

自动扩展组还会监视 EC2 实例是否健康，并替换损坏的实例。表 17-2 展示了自动扩展组的一些重要参数。

表 17-2　自动扩展组重要参数

名称	描述	可能值
DesiredCapacity	健康虚拟机的所需数量	整数
MaxSize	虚拟机的最大数量，扩展上限	整数
MinSize	虚拟机的最小数量，扩展下限	整数
HealthCheckType	自动扩展组如何检查虚拟机的健康状况	EC2（实例的健康状况）或者 ELB（由负载均衡器执行的实例健康状况检查）
HealthCheckGracePeriod	新启动一个实例之后暂停健康状况检查到启动配置的时间间隔	秒数
LaunchConfigurationName	用来启动新虚拟机的启动配置名称	启动配置的名称
TargetGroupARNs	负载均衡器的目标组，自动扩展在目标组中自动注册新实例	目标组 ARN 列表
VPCZoneIdentifier	启动 EC2 实例的子网列表	VPC 的子网标识符的列表

如果在 VPCZoneIdentifier 的帮助下为自动扩展组指定多个子网，EC2 实例就会均匀分布在不同可用区的这些子网之间。

不要忘记定义健康状况检查宽限期

如果你对自动扩展组使用 ELB 的健康状况检查，还要确保你指定了 HealthCheckGracePeriod 参数。根据从启动 EC2 实例到应用运行并通过 ELB 的健康状况检查所花费的时间指定一个检查宽限期。对于简单的 Web 应用，5 分钟的健康检查周期是合适的。

通常，你无法编辑启动配置，例如更改实例类型、系统映像或者实例的安全组。要更改启动配置，需要按照下列步骤操作。

（1）创建新的启动配置。

（2）编辑自动扩展组，并引用新的启动配置。

（3）删除旧的启动配置。

幸运的是，当你对模板中的启动配置进行更改时，CloudFormation 会为你执行此操作。代码清单 17-1 展示了如何在 CloudFormation 模板的帮助下设置此类动态 EC2 实例池。

代码清单 17-1　Web 应用的自动扩展组和启动配置

```
# [...]
LaunchConfiguration:
  Type: 'AWS::AutoScaling::LaunchConfiguration'
  Properties:
    ImageId: 'ami-6057e21a'              ◁─── 映像启动新的虚拟机
    InstanceMonitoring: false
    InstanceType: 't2.micro'            ◁─── 新的 EC2 实例的实例类型
    SecurityGroups:                     ◁─── 启动新的虚拟机时附加这些安全组
    - webapp
    KeyName: mykey                      ◁─── 用于新的虚拟机的密钥对的名称
    AssociatePublicIpAddress: true      ◁─── 将公有 IP 地址关联到新的虚拟机
    UserData:
      'Fn::Base64': !Sub |              虚拟机启动期间运行的脚本
        #!/bin/bash -x
        yum -y install httpd
AutoScalingGroup:
  Type: 'AWS::AutoScaling::AutoScalingGroup'    在负载均衡器的目标
  Properties:                                   组中注册新的虚拟机
    TargetGroupARNs:
    - !Ref LoadBalancerTargetGroup
    LaunchConfigurationName: !Ref LaunchConfiguration   引用启动配置
    MinSize: 2          ◁─── EC2 实例的最小数量    自动扩展组试图达到的
    MaxSize: 4          ◁─── EC2 实例的最大数量    健康虚拟机的数量
    DesiredCapacity: 2
    HealthCheckGracePeriod: 300         由于健康状况检查不成功，因此
    HealthCheckType: ELB                在终止新虚拟机之前等待 300 秒
    VPCZoneIdentifier:
    - 'subnet-a55fafcc'    在 VPC 的这两个子      使用 ELB 的健康状况检查来
    - 'subnet-fa224c5a'    网中启动虚拟机         检查 EC2 实例的健康状况
# [...]
```

如果需要在多个可用区中启动同一类型的多台虚拟机，则自动扩展组是一个非常好用的工具。此外，自动扩展组会自动替换出现故障的 EC2 实例。

17.2 使用指标或计划触发扩展

到目前为止，你已经学习了如何使用自动扩展组和启动配置来管理虚拟机。基于这些，你可以手动更改自动扩展组的所需容量，并且将启动新实例或终止旧实例以达到新的所需容量。

要为博客平台提供可扩展的基础设施，你需要通过使用扩展策略调整自动扩展组的所需容量，因而自动增加和减少动态 EC2 实例池中虚拟机的数量。

许多人在午休期间上网冲浪，因此你可能需要在每天上午 11:00 至下午 1:00 之间增加虚拟机。你还需要适应不可预测的负载模式，例如，在你的博客平台上发表的文章可能经常被通过社交网络分享。

图 17-3 说明了修改虚拟机的数量的两种不同方法。

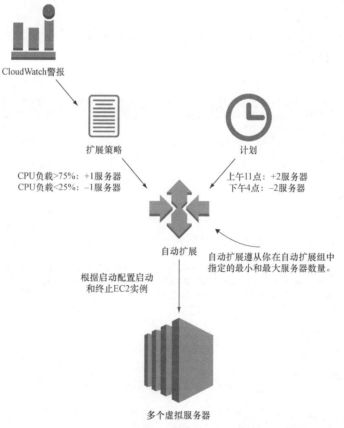

图 17-3 根据 CloudWatch 警报或根据计划触发自动缩放

■ 定时计划。定时计划将根据重复性负载模式来增加或减少虚拟机的数量（如夜间减少虚拟机的数量）。

■ 使用 CloudWatch 警报。警报将触发扩展策略，根据监控指标（如 CPU 利用率或负载均衡器上的请求数）来增加或减少虚拟机的数量。

根据计划扩展没有根据 CloudWatch 指标扩展那么复杂，因为很难找到能可靠地扩展的指标。但是，根据计划扩展也不太精确，因为你必须多配置一些基础设施才能处理负载中不可预测的峰值。

17.2.1　根据计划进行扩展

在运营博客平台时，你可能会注意到下列负载模式。

■ 一次性操作——当你在晚上投放电视广告后，你的注册页面的请求会大幅增加。

■ 重复性操作——许多人似乎在午休时间（上午 11:00 至下午 1:00 之间）阅读文章。

幸运的是，计划的操作通过一次性操作或重复性操作来调整你的容量。你可以使用不同类型的操作来响应两种负载模式类型。

代码清单 17-2 展示了一个一次性计划操作，在 2018 年 1 月 1 日 12:00（UTC）增加 Web 服务器的数量。和之前一样，你可以在本书配套代码中找到这段代码。WordPress 示例的 CloudFormation 模板位于/chapter17/wordpress-schedule.yaml。

代码清单 17-2　计划一次性扩展操作

```
OneTimeScheduledActionUp:
  Type: 'AWS::AutoScaling::ScheduledAction'   ◁—— 定义一个计划操作
  Properties:
    AutoScalingGroupName: !Ref AutoScalingGroup  ◁—— 自动扩展组的名称
    DesiredCapacity: 4              ◁—— 将所需容量设置为 4
    StartTime: '2018-01-01T12:00:00Z'  ◁—— 在 2018 年 1 月 1 日 12:00（UTC）更改设置
```

你还可以使用 cron 语法来计划重复性扩展操作。代码清单 17-3 展示了如何使用两个计划的操作在每天的工作时间（08:00 到 20:00 UTC）内增加所需容量。

代码清单 17-3　计划每天在工作时间运行的重复性扩展操作

```
RecurringScheduledActionUp:
  Type: 'AWS::AutoScaling::ScheduledAction'   ◁—— 定义一个计划操作
  Properties:
    AutoScalingGroupName: !Ref AutoScalingGroup
    DesiredCapacity: 4  ◁—— 将所需容量设置为 4
    Recurrence: '0 8 * * *'          ◁—— 每天 8:00（UTC）增加容量
RecurringScheduledActionDown:
  Type: 'AWS::AutoScaling::ScheduledAction'
  Properties:
    AutoScalingGroupName: !Ref AutoScalingGroup
    DesiredCapacity: 2     ◁—— 将所需容量设置为 2
    Recurrence: '0 20 * * *'          ◁—— 每天 20:00（UTC）减少容量
```

Recurrence 是用 Unix cron 语法定义的，如下：

```
* * * * *
| | | | |
| | | | +- day of week (0 - 6) (0 Sunday)
| | | +--- month (1 - 12)
| | +----- day of month (1 - 31)
| +------- hour (0 - 23)
+--------- min (0 - 59)
```

我们建议，只要你的基础设施的资源需求是可预测的（例如，只在工作时间使用的内部系统，或者计划在特定的时间进行的营销活动），就可以使用计划的扩展操作。

17.2.2 根据 CloudWatch 指标进行扩展

预测未来是一项艰巨的任务。流量超出我们已知模式的时候，会不时地增加或减少。如果在你的博客平台上发布的一篇文章通过社交媒体被大量转发，那么你需要能够对计划外的负载变化进行应对，并扩展 EC2 实例的数量。

你可以使用 CloudWatch 警报和扩展策略调整 EC2 实例的数量来处理当前的工作负载。CloudWatch 可帮你监控 AWS 上的虚拟机和其他服务。通常，该服务会将使用情况指标发布到 CloudWatch 上，从而帮你评估可用容量。

有以下 3 种类型的扩展策略。

（1）步进扩展策略（step scaling）允许更高级的扩展，因为支持多种扩展调整，这具体取决于你设置的阈值已超出了多少。

（2）目标跟踪扩展策略（target tracking）使你无须定义扩展步骤和阈值。你只需要定义目标（例如 CPU 利用率为 70%），并相应地调整 EC2 实例的数量。

（3）简单扩展（simple scaling）是一种遗留选项，已被步进扩展策略所取代。

所有类型的扩展策略都使用指标和警报来根据当前工作负载扩展 EC2 实例的数量。如图 17-4 所示，虚拟机不断向 CloudWatch 发布指标。CloudWatch 警报会监控其中的一个，并在达到定义的阈值时触发扩展操作。然后，扩展策略增加或减少自动扩展组的所需容量。

EC2 实例默认向 CloudWatch 发布几个指标，CPU、网络、磁盘利用率是非常重要的几个指标。但目前还没有虚拟机内存使用的相关指标信息。如果达到瓶颈，你可以使用上述 3 个指标来扩展虚拟机的数量。例如，CPU 利用率达到容量极限，则添加 EC2 实例。

下列参数描述了 CloudWatch 指标。

- Namespace——定义指标的来源（如 AWS/EC2）。
- Dimensions——定义指标范围（如所有自动扩展组里的虚拟机）。
- MetricName——指标的唯一名称（如 CPUUtilization）。

CloudWatch 警报是基于 CloudWatch 指标的。表 17-3 详解了警报的相关参数。

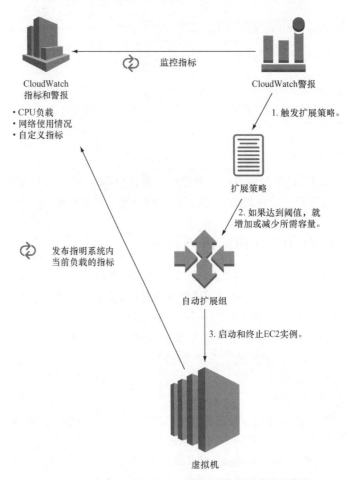

图 17-4　根据 CloudWatch 指标和警报触发自动扩展

表 17-3　基于自动扩展组中所有虚拟机的 CPU 利用率触发扩展的 CloudWatch 警报的参数

上下文	名称	描述	可能值
条件	statistic	应用于指标的统计函数	Average、Sum、Minimum、Maximum、SampleCount
条件	Period	根据指标定义基于时间的值切片	秒数（为 60 的倍数）
条件	EvaluationPeriods	检查警报时要评估的周期数	整数
条件	Threshold	警报的阈值	数值
条件	ComparisonOperator	运算符将阈值与统计函数的结果进行比较	GreaterThanOrEqualToThreshold、GreaterThanThreshold、LessThanThreshold、LessThanOrEqualToThreshold

上下文	名称	描述	可能值
指标	Namespace	指标的来源	AWS/EC2，用于 EC2 服务的指标
指标	Dimensions	指标的范围	取决于指标，引用自动扩展组以获得所有关联的 EC2 实例的聚合指标
指标	MetricName	指标的名称	例如 CPUUtilization
动作	AlarmActions	达到阈值时触发的动作	扩展策略的引用

你可以在许多不同的指标上定义警报。你在 AWS 官方网站上可以找到 AWS 提供的所有命名空间、维度和指标的概述。例如，你可以根据负载均衡器的指标进行扩展，该指标计算每个目标的请求数或 EC2 实例的网络吞吐量。你还可以直接从应用发布自定义指标，例如线程池使用、处理时间或用户会话等。

> **根据虚拟机 CPU 负载进行扩展，提供突发性能**
>
> 　　某些虚拟机（如实例系列 t2）能够提供突发性能。这些虚拟机提供基准 CPU 性能，并且能够根据信用额度在短时间内突破性能。如果所有信用额度都用光了，实例在基准水平工作。对于 t2.micro 实例，基准性能是底层物理 CPU 性能的 10%。
>
> 　　使用具有突发性能的虚拟机可以帮你对负载峰值进行应对。你在低负载时节省信用额度，并在高负载时花费信用额度来突破性能。但是，根据 CPU 负载扩展具有突发性能的虚拟机的数量是很棘手的，因为你的扩展策略必须考虑你的实例是否具有足够的信用额度来突破性能。因此可以考虑针对另一个指标扩展（如会话数量）或使用无突发性能的实例类型。

你已经学习了如何使用自动扩展来调整虚拟机的数量以适应工作负载。现在是时候将它付诸行动了。

17.3　解耦动态 EC2 实例池

如果你需要根据需求扩展运行博客平台的虚拟机数量，自动扩展组可以帮你提供正确的统一虚拟机的数量，而扩展计划或 CloudWatch 警报可以自动增加或减少所需 EC2 实例的数量。但是用户如何通过 EC2 实例池中的 EC2 实例来浏览其上托管的文章？HTTP 请求应该路由到哪里？

第 15 章介绍了解耦的概念：利用 ELB 进行同步解耦，利用 SQS 进行异步解耦。如果要使用自动扩展来增加和减少虚拟机的数量，则需要将 EC2 实例与客户端解耦，因为无论幕后有多少 EC2 实例工作，从系统外部可达的接口都需要保持不变。

图 17-5 展示了如何基于同步解耦或异步解耦构建可扩展系统。负载均衡器在一组虚拟机之间分配请求，充当同步解耦的入口点。消息队列用作异步请求的入口点。来自生产者的消息存储在队列中。然后虚拟机轮询队列并异步处理消息。

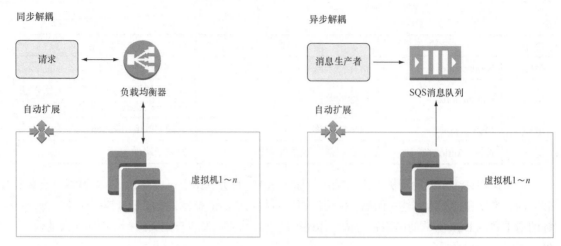

图 17-5　解耦允许动态扩展虚拟机的数量

解耦可扩展应用需要无状态服务器。无状态服务器将在数据库或在存储系统中远程共享数据。下面的两个示例解释了无状态服务器的概念。

- WordPress 博客——利用 ELB 解耦，根据 CPU 利用率利用自动扩展和 CloudWatch 进行扩展，数据外包给 MySQL 数据库（RDS）和网络文件系统（EFS）。
- URL2PNG 提取 URL 的屏幕截图——利用队列（SQS）解耦，根据队列长度利用自动扩展和 CloudWatch 进行扩展，数据外包给 NoSQL 数据库（DynamoDB）和对象存储（S3）。

17.3.1　通过负载均衡器同步解耦扩展动态 EC2 实例池

响应 HTTP（S）请求是一个同步任务。如果用户想要使用你的 Web 应用，Web 服务器必须立即响应相应的请求。当使用动态 EC2 实例池运行 Web 应用时，通常使用负载均衡器将 EC2 实例与用户请求解耦。负载均衡器将 HTTP（S）请求转发到多个 EC2 实例，充当动态 EC2 实例池的单个入口点。

假设你的公司有一个企业博客，用于发布公告和与社区互动。你负责博客的托管。市场部抱怨晚上流量达到每日的峰值时，网页加载速度太慢甚至超时。你想要利用 AWS 的弹性，根据当前工作负载扩展 EC2 实例的数量。

你的公司使用流行的博客平台 WordPress 部署企业博客。第 2 章和第 11 章介绍了基于 EC2 实例和 RDS（MySQL 数据库）的 WordPress 安装。在本章中，我们将通过添加扩展的能力来完成这个示例。

图 17-6 展示了最终的可扩展的 WordPress 示例。下列服务用于搭建这个高可用的可扩展架构。

- 运行 Apache 的 EC2 实例为 WordPress（PHP 应用）提供服务。
- RDS 通过多可用区部署提供了一个高可用的 MySQL 数据库。
- EFS 存储 PHP、HTML 和 CSS 文件以及用户上传（如图片和视频）。

- ELB 将 Web 服务器与访问者同步解耦。
- 自动扩展和 CloudWatch 根据所有正在运行的虚拟机的当前 CPU 负载来扩展 EC2 实例的数量。

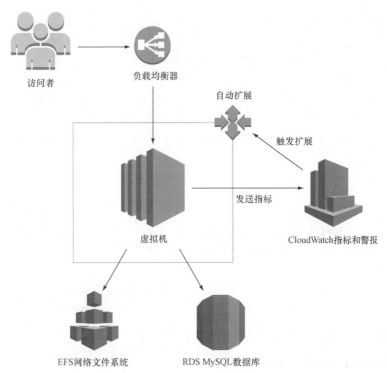

图 17-6　自动扩展运行 WordPress 的 Web 服务器，数据存储在 RDS 和
EFS 上，通过负载均衡器基于负载解耦。

和之前一样，你可以在本书配套资源中找到相关代码。WordPress 示例的 CloudFormation 模板位于/chapter17/wordpress.yaml。

执行以下命令创建一个 CloudFormation 栈，用于启动可扩展的 WordPress 设置。使用你自己的密码替换$Password，密码由 8～30 位字母和数字组成：

```
$ aws cloudformation create-stack --stack-name wordpress \
➥ --template-url [本书代码库]/chapter17/wordpress.yaml --parameters \
➥ ParameterKey=WordpressAdminPassword,ParameterValue=$Password \
➥ --capabilities CAPABILITY_IAM
```

创建栈最多需要 15 分钟。登录 AWS 管理控制台，切换到 AWS CloudFormation 服务来监控名为 wordpress 的 CloudFormation 栈的创建过程。你可以浏览 CloudFormation 模板重要的部分，如代码清单 17-4 和代码清单 17-5 所示。

代码清单 17-4 创建一个可扩展、高可用 WordPress 设置（第一部分）

```
LaunchConfiguration:
  Type: 'AWS::AutoScaling::LaunchConfiguration'    ◁———— 创建自动扩展的启动配置
  Metadata: # [...]
  Properties:
    AssociatedPublicIpAddress: true
    ImageId: 'ami-6057e21a'        ◁———— 用于启动虚拟机的系统映像
    InstanceMonitoring: false
    InstanceType: 't2.micro'       ◁———— 虚拟机的大小
    SecurityGroups:                ◁———— 具有虚拟机防火墙规则的安全组
     - !Ref WebServerSecurityGroup
    KeyName: !Ref KeyName          ◁———— 用于 SSH 访问的密钥对
    UserData: # [...]              ◁———— 自动安装和配置 WordPress 脚本
AutoScalingGroup:
  Type: 'AWS::AutoScaling::AutoScalingGroup'   ◁———— 创建自动扩展组
  DependOn:
  - EFSMountTargetA
  - EFSMountTargetB
  Properties:
    TargetGroupARNs:               ◁———— 在负载均衡器目标组上注册虚拟机
    - !Ref LoadBalancerTargetGroup
    LaunchConfigurationName: !Ref LaunchConfiguration    ◁———— 引用启动配置
    MinSize: 2
    MaxSize: 4       ◁———— 启动不超过 4 台虚拟机，以节省成本
    DesiredCapacity: 2       ◁———— 启动两台所需的 Web 服务器，如有必要，稍后通过扩展策略更改
    HealthCheckGracePeriod: 300
    HealthCheckType: ELB         使用 ELB 健康状况检查来
    VPCZoneIdentifier:           监视虚拟机的健康状况
    - !Ref SubnetA
    - !Ref SubnetB               在两个不同可用区的不同子网中
    Tags:                        启动虚拟机，以获得高可用性
    - PropagateAtLaunch: true
      Value: wordpress           添加一个标记，包含自动扩展
      Key: Name                  组启动的所有虚拟机的名称
    # [...]
```

确保至少有两台虚拟机正在运行，两个可用区，每个可用区中各有一台，以获得高可用性

你将学习如何在下一个示例中创建用于扩展的 CloudWatch 警报。目前，我们正在使用目标跟踪扩展策略，该策略在后台自动创建 CloudWatch 警报。目标跟踪扩展策略的工作方式类似你家中的恒温器：你可以设定目标值，恒温器会不断调整加热功率以达到目标值。

用于目标跟踪扩展策略的预定义指标有以下几个。

- ASGAverageCPUUtilization——可根据自动扩展组中所有实例的平均 CPU 利用率进行扩展。
- ALBRequestCountPerTarget——根据从 ALB 转发到目标的请求的数量进行扩展。
- ASGAverageNetworkIn 和 ASGAverageNetworkOut——根据接收或发送的平均字节数进行扩展。

在某些情况下，基于 CPU 利用率、每个目标的请求计数或网络吞吐量的扩展是无效的。例如，你可能需要突破另一个瓶颈，如磁盘 I/O。任何 CloudWatch 指标都可用于目标跟踪。但还有一个要求：添加或删除实例必须按比例影响指标。例如，请求延迟不是目标跟踪的有效指标，因

为调整实例数不会直接影响请求延迟。

代码清单 17-5　创建一个可扩展、高可用的 WordPress 设置（第二部分）

```
ScalingUpPolicy:
  Type: 'AWS::AutoScaling::ScalingPolicy'  ◄──── 创建一个扩展策略
  Properties:
    AutoScalingGroupName: !Ref  AutoScalingGroup  ◄──── 调整自动扩展组的所需容量
    PolicyType: TargetTrackingScaling  ◄──── 创建扩展策略跟踪一个指定的目标量
    TargetTrackingConfiguration:  ◄──── 配置目标跟踪
      PredefinedMetricSpecification:  ◄──── 使用一个预定义的扩展指标
        PredefinedMetricType: ASGAverageCPUUtilization  ◄──────────┐
      TargetValue: 70  ◄──── 定义 70% 的 CPU 利用率，作为目标      │
    EstimatedInstanceWarmup: 120  ◄────┐                          │
```
将新启动的 EC2 实例从 CPU 指标中减去 120 秒，　　　　自动扩展组中的所有 EC2
以避免由虚拟机和应用的启动而导致的负载扩展　　　　实例的平均 CPU 利用率

在 CloudFormation 栈达到 CREATE-COMPLETE 状态后，按照以下步骤创建包含图片的新博客文章。

（1）选择 CloudFormation 栈 wordpress，并切换到"Outputs"选项卡。

（2）使用 Web 浏览器打开所显示的 URL 链接。

（3）在导航栏中搜索"Log In"链接，然后点击它。

（4）使用用户名 admin 和你在使用 CLI 创建栈时指定的密码登录。

（5）点击左侧菜单中的"Posts"。

（6）点击"Add New"。

（7）输入标题和文字，然后将图片上传到你的文章。

（8）点击"Publish"。

（9）点击"View Post"链接返回博客。

现在你已经准备好扩展，我们准备了一个负载测试，将在几分钟内向 WordPress 发送 500 000 个请求。不要担心成本，所使用的资源都在免费套餐中。3 分钟后，新虚拟机将启动以处理负载。负载测试需要 10 分钟。在随后的 15 分钟，新增的虚拟机将消失。听起来如此好玩，你绝对不能错过。

注意　如果计划进行大负载测试，可考虑 AWS 可接受的使用策略，并在开始之前请求获得许可。

简单的 HTTP 负载测试

　　我们使用一个名为 Apache Bench 的工具来进行 WordPress 设置的负载测试。该工具是 Amazon Linux 包存储库中 httpd-tools 包的一部分。

　　Apache Bench 是一个基本的基准测试工具。你可以使用指定数量的线程发送指定数量的 HTTP 请求。我们使用以下命令进行负载测试，使用 15 个线程向负载均衡器发送 500 000 个请求。负载测试限制为 600 秒，我们使用 120 秒的连接超时。将 $UrlLoadBalancer 替换为负载均衡器的 URL：

```
$ ab -n 500000 -c 15 -t 300 -s 120 -r $UrlLoadBalancer
```

使用以下命令更新 CloudFormation 栈以启动负载测试：

```
$ aws cloudformation update-stack --stack-name wordpress \
➥ --template-url [本书代码库]/chapter17/wordpress-loadtest.yaml \
➥ --parameters ParameterKey=WordpressAdminPassword,UsePreviousValue=true \
➥ --capabilities CAPABILITY_IAM
```

借助 AWS 管理控制台，观察以下事情的发生。

（1）打开 CloudWatch 服务，点击左侧的 "Alarms"。

（2）当负载测试开始时，名为 TargetTracking-wordpress-AutoScalingGroup-*-AlarmHigh-*的警报将在 3 分钟后到达 ALARM 状态。

（3）打开 EC2 服务，列出所有 EC2 实例。观察另外两个要启动的实例。最后，你将看到 5 个实例（4 个 Web 服务器和 1 个运行负载测试的 EC2 实例）。

（4）回到 CloudWatch 服务，等待名为 TargetTracking-wordpress-AutoScaling Group-*-Alarm High-*的警报到达 ALARM 状态。

（5）打开 EC2 服务，列出所有 EC2 实例。观察另外两个要消失的实例。最后，你将看到 3 个实例（2 个 Web 服务器和 1 个运行负载测试的 EC2 实例）。

整个过程大约需要 20 分钟。

你已经看到自动扩展操作：你的 WordPress 设置可以适应当前的工作负载，也就解决了在晚上页面加载太慢甚至超时的问题。

资源清理

执行以下命令删除与 Word-Press 设置相对应的所有资源：

```
$ aws cloudformation delete-stack --stack-name wordpress
```

17.3.2 通过队列异步解耦扩展动态 EC2 实例池

想象一下，你正在开发社交书签服务，用户可以保存和共享链接。提供链接网站的预览功能是非常重要的。但是，当大多数用户向你的服务添加新书签时，从链接（如 URL）到图片（如 PNG 格式的图片）的转换会在晚上引起高负载。因此，客户对你的应用响应时间较慢表示不满意。

你将学习如何动态扩展一组 EC2 实例，以便在下面的示例中异步地生成 URL 的屏幕截图。将负载密集型的工作负载分离到后台处理，这样做可以保证随时有低响应时间。

如果你想要根据工作负载进行扩展，异步解耦动态 EC2 实例池提供了一个优势：因为请求不需要立即响应，所以你可以将请求放入队列中，并根据队列的长度扩展 EC2 实例的数量。这为你提供了一个非常准确的扩展指标，并且因为请求存储在队列中，加载峰值期间请求也不会丢失。

要在晚上处理峰值负载，你应该使用自动扩展。为此，你需要对创建新书签和生成网站预览的过程进行解耦。第 12 章介绍了一个名为 URL2PNG 的应用，它用于将 URL 转换为 PNG 格式的图片。图 17-7 展示了这一架构，其中包括用于异步解耦的 SQS 队列和用于存储生成的映像的 S3。创建书签将触发以下过程。

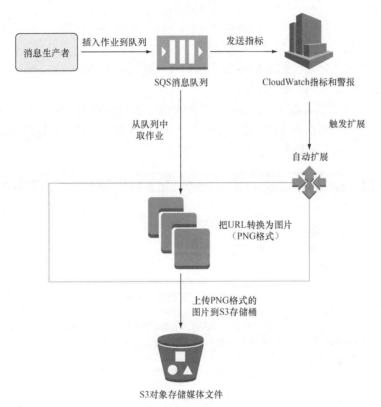

图 17-7　将 URL 转换为图片的自动扩展虚拟机，利用 SQS 队列解耦

（1）将消息发送到 SQS 队列，该队列包含新书签的 URL 和唯一 ID。

（2）运行 Node.js 应用的 EC2 实例轮询 SQS 队列。

（3）Node.js 应用加载 URL 并创建屏幕截图。

（4）屏幕截图上传到 S3 存储桶，将对象键设置为唯一 ID。

（5）用户可以使用唯一 ID 直接从 S3 下载屏幕截图。

CloudWatch 警报用于监视 SQS 队列的长度。如果队列的长度达到 5，则启动一个新的虚拟机来处理工作负载。如果队列长度小于 5，则另一个 CloudWatch 警报会减少自动扩展组的所需容量。

具体代码可在本书配套资源中找到。URL2PNG 示例的 CloudFormation 模板位于/chapter17/url2png.yaml。

执行以下命令创建一个 CloudFormation 栈，用于启动 URL2PNG 应用。将$ApplicationID 替换为你的应用的唯一 ID（如 url2png-andreas）：

```
$ aws cloudformation create-stack --stack-name url2png \
➤ --template-url [本书代码库]/chapter17/url2png.yaml \
➤ --parameters ParameterKey=ApplicationID,ParameterValue=$ApplicationID \
➤ --capabilities CAPABILITY_IAM
```

创建栈最多需要 5 分钟。登录 AWS 管理控制台，切换到 AWS CloudFormation 服务，检查名为 url2png 的 CloudFormation 栈的过程。

我们使用 SQS 队列的长度来扩展 EC2 实例的数量，如代码清单 17-6 所示。由于队列中的消息数与处理来自队列的消息的 EC2 实例的数量不相关，因此无法使用目标跟踪策略。因此，你将在此方案中使用步进扩展策略。

代码清单 17-6   监视 SQS 队列的长度

```
# [...]
HighQueueAlarm:
  Type: 'AWS::CloudWatch::Alarm'
  Properties:
    EvaluationPeriods: 1       ◁────── 检查警报时要评估的周期数
    Statistic: Sum             ◁────── 汇总一个周期内的所有值
    Threshold: 5               ◁────── 如果达到阈值 5，则发出警报
    AlarmDescription: 'Alarm if queue length is higher than 5.'
    Period: 300                ◁────── 使用 300 秒的周期，因为 SQS 指标每 5 分钟发布一次
    AlarmActions: ◁────── 通过扩展策略将所需实例的数量增加 1
    - !Ref ScalingUpPolicy
    Namespace: 'AWS/SQS'       ◁────── 该指标由 SQS 服务发布
    Dimensions:
    - Name: QueueName          ◁────── 队列（按名称引用）用作指标的维度       如果在周期内的值的总和
      Value: !Sub '${SQSQueue.QueueName}'                                大于阈值 5，则发出警报
    ComparisonOperator: 'GreaterThanThreshold'  ◁──────────────┘
    MetricName: 'ApproximateNumberOfMessagesVisible'  ◁────── 指标包含了队列中挂起的
# [...]                                                        消息的大致数量
```

CloudWatch 警报触发扩展策略。扩展策略定义了如何扩展。为了简单起见，我们只使用单步长的步进扩展策略，如代码清单 17-7 所示。如果希望以更细粒度的方式对指标进行处理，可以增加其他步长。

代码清单 17-7   步进扩展策略，向自动扩展组添加一个实例

```
# [...]
ScalingUpPolicy:
  Type: 'AWS::AutoScaling::ScalingPolicy'  ◁────── 受限于某些版本       body 是上传的数据流
  Properties:
    AdjustmentType: 'ChangeInCapacity'                          ◁──────┘
```

```
AutoScalingGroupName: !Ref AutoScalingGroup      ◁──── 将扩展策略附加到自动扩展组
PolicyType: 'StepScaling'  ◁── 创建步进扩展类型的扩展策略
MetricAggregationType: 'Average'
EstimatedInstanceWarmup: 60 ◁─
StepAdjustments:
 ▷ - MetricIntervalLowerBound: 0
    ScalingAdjustment: 1
 # [...]   将自动扩展组的所需容量增加 1
```

根据 CloudWatch 警报
中定义的触发扩展策
略的指标评估步长时
使用的聚合类型

新启动实例的
指标在启动时
将被忽略 60 秒

扩展步长从警报阈值到
无穷大都是有效的

定义扩展步长。我们在
这个例子中使用了单步

为了在队列为空时减少实例的数量，需要定义一个 CloudWatch 警报和具有相反值的扩展策略。

现在你已经准备好进行扩展了。我们准备了一个负载测试，为 URL2PNG 应用快速生成 250 条消息。将启动一台虚拟机处理来自 SQS 队列的作业。几分钟后，当负载测试完成时，这台虚拟机将会消失。

使用以下命令更新 CloudFormation 栈以启动负载测试：

```
$ aws cloudformation update-stack --stack-name url2png \
➥ --template-url [本书代码库]/chapter17/url2png-loadtest.yaml \
➥ --parameters ParameterKey=ApplicationID,UsePreviousValue=true \
➥ --capabilities CAPABILITY_IAM
```

借助 AWS 管理控制台，观察以下事情的发生。

（1）打开 CloudWatch 服务，点击左侧的"Alarms"。

（2）当负载测试开始时，名为 url2png-HighQueueAlarm-*的警报将在几分钟后到达 ALARM 状态。

（3）打开 EC2 服务，列出所有 EC2 实例。观察要启动的其他实例。最后，你将看到 3 个实例（2 个工作实例和 1 个运行负载测试的 EC2 实例）。

（4）回到 CloudWatch 服务，等待名为 url2png-LowQueueAlarm-*的警报达到 ALARM 状态。

（5）打开 EC2 服务，列出所有 EC2 实例。观察要消失的其他实例。最后，你将看到 2 个实例（1 个工作实例和 1 个运行负载测试的 EC2 实例）。

整个过程大约需要 15 分钟。

你已经看过了自动扩展的实际应用。现在 URL2PNG 应用可以适应当前工作负载，这样生成屏幕截图较慢的问题也就解决了。

资源清理

执行以下命令删除与 URL2PNG 设置对应的所有资源（记住，替换$ApplicationID）：

```
$ aws s3 rm s3://$ApplicationID --recursive
$ aws cloudformation delete-stack --stack-name url2png
```

无论何时在多个 EC2 实例之间分发应用，都应该使用自动扩展组。这样做让你可以轻松地启动相同的实例。你可以最大限度地利用云的能力，根据计划或指标（取决于负载模式）来扩展实例的数量。

17.4　小结

- 可以通过启动配置和自动扩展组使用自动扩展来启动多个同构的虚拟机。
- EC2、SQS 和其他服务将指标发布到 CloudWatch（CPU 利用率、队列长度等）。
- CloudWatch 警报可以更改自动扩展组的所需容量。这允许你根据 CPU 利用率或其他指标增加虚拟机的数量。
- 如果要根据当前工作负载扩展服务器，则虚拟机必须是无状态的。
- 为了在多台虚拟机之间分配负载，需要借助于负载均衡器进行同步解耦，或者使用消息队列进行异步解耦。

终于到达终点了！你已经掌握了"最终游戏"：动态扩展你的基础设施。值得赞扬的是，你已经了解并体验了 Amazon Web Services 各个重要的服务。我们真诚地希望你将第一个生产工作负载迁移到云。

附录 A　术语及缩写

计算与网络

缩写	名称	描述	章/节
EC2	Amazon Elastic Compute Cloud	使用 Linux 和 Windows 的虚拟机	3
	AWS Lambda	不需要虚拟机就可以运行代码	7
EIP	Elastic IP Address	EC2 实例的固定的公有 IP 地址	3.6
ENI	Amazon EC2 Elastic Network Interface	用于 EC2 实例的虚拟网络接口	3.7
VPC	Amazon Virtual Private Cloud	云内部的专用网络	6.5
	Amazon EC2 Security Group	网络防火墙	6.4

部署与管理

缩写	名称	描述	章/节
	AWS Elastic Beanstalk	用于简单应用的部署工具	5.4
	AWS OpsWorks	用于多层应用的部署工具	5.5
	AWS CloudFormation	基础设施自动化和部署工具	5.3
IAM	AWS Identity and Access Management	安全访问云资源（身份验证和授权）	6.3
CLI	AWS command-line interface	终端中的 AWS 命令行工具	4.2
SDK	AWS software development kits	在应用中调用 AWS 服务	4.3

存储与数据库

缩写	名称	描述	章/节
S3	Amazon Simple Storage Service	用来保存数据的对象存储，没有任何容量的限制	8
	Amazon Glacier	低成本的数据存档解决方案	8.4
EBS	Amazon Elastic Block Store	EC2 实例的网络附加块级存储	9.1
	Amazon EC2 Instance Store	EC2 实例的块级存储	9.2
EFS	Amazon Elastic File System	基于 NFSv4 的可扩展网络文件系统	10
RDS	Amazon Relational Database Service	MySQL、Oracle 数据库、Microsoft SQL Server 或者 PostgreSQL	11
	Amazon DynamoDB	专有的 NoSQL 键值数据库，具有有限但强大的查询选项	13
	Amazon ElastiCache	基于 Redis 或 Memcached 的内存数据存储，通常用于缓存数据	12

AWS 上的架构

缩写	名称	描述	章/节
AZ	Availability Zone	区域内的一组相互隔离的数据中心	14.2
ASG	Amazon EC2	观察一个服务器集群：替换故障的服务器，并根据外部触发器（如 CPU 使用情况）增加/减少集群的大小	17
	auto-scaling group		
	Amazon CloudWatch	跟踪指标并在达到阈值时触发警报	14.1
ELB	Elastic Load Balancing	EC2 实例的负载均衡器	15.1
ALB	Application Load Balancer	7 层负载均衡器，支持 HTTP 和 HTTPS	15.1
SQS	Amazon Simple Queue Service	消息队列	15.2